玄岳擎宫

南水北调工程中的文脉守护

王风竹　编著

科学出版社

北　京

内 容 简 介

这是一本真实、系统、权威记录和解读我国南水北调中线工程建设过程中涉及世界文化遗产——武当山古建筑群的重要组成部分遇真宫的保护、论证、实施和展示利用全过程的图书。

遇真宫是我国加入世界遗产公约以来，第一次因大型工程建设而采取对世界文化遗产重要组成部分进行保护的项目，本书图文并茂地记录了遇真宫文物保护的整个过程，是一份中国政府保护世界文化遗产的国家记忆。

记录一段历史，让历史告诉未来！

本书可供考古学、历史学和相关专业的高等院校师生参考阅读。

图书在版编目（CIP）数据

玄岳擎宫：南水北调工程中的文脉守护 / 王风竹编著. -- 北京：科学出版社, 2025. 5. -- ISBN 978-7-03-081805-8

Ⅰ. K878.64

中国国家版本馆CIP数据核字第2025S5B357号

责任编辑：王光明　王　蕾 / 责任校对：邹慧卿

责任印制：肖　兴 / 封面设计：金舵手世纪

科学出版社 出版

北京东黄城根北街16号

邮政编码：100717

http://www.sciencep.com

北京汇瑞嘉合文化发展有限公司印刷

科学出版社发行　各地新华书店经销

*

2025年5月第　一　版　开本：787×1092　1/16

2025年5月第一次印刷　印张：24 3/4

字数：594 000

定价：368.00 元

（如有印装质量问题，我社负责调换）

前言

南水北调工程是继三峡工程之后，我国又一项跨地区、跨流域的水利工程，是为解决北方缺水问题，优化我国水资源配置，保障我国经济社会全面协调和可持续发展而实施的一项具有战略意义的特大型水利工程，其分为东线、中线和西线三条输水线路。其中，南水北调中线工程是通过加高位于湖北丹江口市的丹江口水库大坝（从162米加高到176.6米），提高正常蓄水位（从156米提高到170米），增加库容，从而实现向华北地区调水的目的。丹江口水库蓄水后淹没影响湖北省十堰市下辖的丹江口市、郧县（现郧阳区）、郧西县、张湾区、武当山旅游经济特区，影响人口11.63万。已经发现和发掘的一系列文化遗存表明，丹江口水库淹没区的古文化遗址、古墓葬、古建筑不仅数量多，而且文化价值高。这里有举世闻名的距今100万年左右的“郧县人”头骨化石，它是继“北京人”之后，我国发现年代最早且最完整的两颗古人类头骨化石（2022年5月18日在同一遗址又发现了第三颗完整的古人类头骨化石），是实证百万年人类史和探索人类起源与演化不可多得的珍品；这里有规模庞大的东周至明代的北泰山庙墓地，发现的大型车马坑以及几千件精美的器物，对研究楚文化的发展及历代墓葬制度具有重要价值；这里有唐太宗李世民三子李泰的家族墓地，它是目前发现的唐代京畿之外的唯一一处皇室家族墓地，是研究唐皇室政治斗争的重要实物资料；这里有世界文化遗产——武当山古建筑群，它是明代除北京紫禁城之外的又一处皇家兴建的特大型建筑工程，是当时全国最大的皇家庙观和道场，在中国建筑史上具有重要的意义。同时，作为长江、黄河流域古代文化相互交流、碰撞、融合的重要过渡地带，这里的文化遗存对于研究中华文化多元一体格局的形成以及中华文明的发展进程具有不可替代的作用，其意义十分重大。保护这些不可再生的珍贵历史文化遗产，是我们肩负的历史责任。

遇真宫是世界文化遗产武当山古建筑群的重要组成部分，是明代大规模修建武当山、道教兴盛与发展的重要历史见证。遇真宫地处武当山脚下，海拔160米，南水北调中线工程丹江口水库大坝加高后，水库蓄水量增多，遇真宫将受到影响，其保护问题世所瞩目，这也是我国加入世界遗产组织后因建设工程的影响对世界文化遗产采取保护措施的第一个项目。为此，国家文物局及国务院南水北调工程建设委员会办公室对此高度重视。为了体现我国政府对世界文化遗产保护的科学态度，尽可能保持武当山这处世界文化遗产的真实性和完整性，从2004年以来，在进行南水北调中线工程勘察设计的过程中，文物部门与工程设计部门组织有关方面专家，通过一系列充分、科学的论证，最终确定对遇真宫实施原地垫高加局部顶升的保护方案，这是在多个保护方案中反复论证优选出来的，可以做到相对更好地使遇真宫世界文化遗产的真实性和完整性得到有效保护，尽最大可能把南水北调中线工程对武当山遇真宫的影响降至最低程度。

2012年，武当山遇真宫的保护工程开始正式实施，这项工程受到世界遗产组织的高度关注，2013年6月，第37届世界遗产大会在柬埔寨首都金边举行，会议审议了由世界遗产中心及其咨询机构提交的报告，形成了对中国世界文化遗产地武当山古建筑群保护状况的决议，要求缔约国邀请相关国际组织实施对武当山古建筑群的反应性监测。2014年3月8～13日，受中国国家文物局邀请，联合国教科文组织世界遗产中心、国际古迹遗址理事会和国际文物保护与修复研究中心的三位专家组成反应性监测考察团，对武当山遇真宫保护工程进行现场考察并启动了对武当山古建筑群的反应性监测。根据国际组织专家提出的意见和建议，在遇真宫保护工程实施的过程中，我们针对遇真宫原地垫高后的土台形状、景观、场地功能、遗产地保护管理规划等方面进行了进一步的调整和补充完善。后经过第38～42届世界遗产大会对我国提交的武当山古建筑群保护状况报告的多轮讨论，2021年7月在中国福州举办的第44届世界遗产大会上，先后审议并通过我国丝绸之路：长安—天山廊道的路网、长城、武当山古建筑群等6处世界文化遗产保护状况报告，大会决议中提到“赞赏中国在实施武当山遇真宫抬升项目和制订实施遗产管理规划等方面做出的努力”，与此同时，决议重申各国在世界遗产地开展相关建设开发项目前，应充分开展遗产影响评估，且均需提前向世界遗产委员会通报可能对遗产突出普遍价值造成负面影响的重大项目计划。

世界文化遗产武当山遇真宫保护工程的论证和实施，是在国家文物局的具体指导下，由湖北省文物局负责进行的。这项工程不仅是整个南水北调中线工程中规模最大的一项文物保护工程，也是中国文物保护史上第一次对大型水利工程建设影响的世界文化遗产进行科学论证和成功实施保护的一次伟大实践，全面、系统、科学的论证和复杂、富有挑战性的工程实施，空前的资金投入，多部门的协作攻关，有效的组织管理和良好的工程质量与效果，都充分体现了中国政府在世界文化遗产保护方面秉持的正确理念和对世界遗产组织在保护世界文化遗产方面的庄严承诺，很多方面的做法在世界文化遗产保护领域堪称典范。

在我国，湖北是唯一一个三峡工程和南水北调工程两大世纪水利工程建设都涉及的省份，非常幸运的是，我从吉林大学考古专业毕业以后来到湖北工作，在长达近35年的工作经历中，得以有机会先后直接参加了由国家文物局组织的三峡工程和南水北调中线工程的文物保护规划的编制工作，在湖北又先后参与和具体负责组织实施了三峡工程坝区和湖北库区的文物保护工作，以及南水北调中线工程丹江口库区及引江济汉工程的文物保护工作，两大工程的文物保护工作，我都自始至终全程参与规划编制、组织管理和项目具体实施，特别是先后组织实施了三峡工程湖北库区秭归屈原祠仿古新建工程和凤凰山古民居群的规划复建工程项目（建成开放后已升格为全国重点文物保护单位和5A级景区，成为长江三峡30个最佳旅游核心景区之一。屈原祠仿古新建工程被评为首届“中华建筑文化奖”，是持续二十余年三峡工程文物保护大行动中唯一获此殊荣的项目），具体负责组织南水北调中线工程武当山遇真宫原地垫高（加局部顶升）保护工程等重大项目的论证和工程的实施，创新实行了一些行之有效的管理办法和措施，也积累了大量第一手资料。编著《玄岳擎宫：南水北调工程中的文脉守护》一书，既是对我国政府高度重视世界文化遗产保护的一个客观记录，也是从一个文物保护管理工作者的角度，客观真实地反映这一重大文物保护工程论证和组织实施过程，并做一个全面的回顾，目的就是记录和总结我们对抢救保护遇真宫所做的一切，向世界文化遗产武当山古建筑群、向遇真宫这座在武当山具有重要地位、充满传奇色彩的宫殿建筑致敬！

王风竹

2022年12月23日

晨曦载曜（摄影：颜京利）

翠掩仙山（摄影：王劲）

云卷云舒天柱（摄影：李军）

紫气东来

目 录

第一章
南水北调工程与武当山古建筑群

一、南水北调工程对武当山影响

（一）南水北调工程的论证建设概况

“南水北调工程”是为解决我国北方地区，尤其是黄河、淮河、海河流域的水资源短缺问题而兴建的一项战略性水利工程。是缓解我国北方水资源严重短缺局面的重大战略性和跨流域、跨省市的特大型水利基础设施，具有公益性和经营性双重功能。兴建南水北调工程最早是源自1952年10月国家主席毛泽东同志视察黄河时提出的“南方水多，北方水少，如有可能，借点水来也是可以的”这一宏伟构想。此后，国家有关部门组织开展南水北调工程前期相关论证，先后分析比较了50多种方案后，确定了调水方案。

1958年8月中共中央在北戴河召开的政治局扩大会议上，通过并发出的《中共中央关于水利工作的指示》中明确指出，“除了各地区进行的规划工作外，全国范围的较长远的水利规划，首先是以南水（主要指长江水系）北调为主要目的地，即将江、淮、河、汉、海各流域联系为统一的水利系统规划”，第一次提出南水北调问题。此后，1958年9月开始正式在汉江上

丹江口水利枢纽工程大坝

建设丹江口水利枢纽工程，到1973年11月丹江口大坝下闸蓄水，标志着丹江口水库正式建成，并在防洪、发电、灌溉、航运以及养殖等方面发挥了重要作用，为南水北调工程建设积累了经验，奠定了基础，也标志着南水北调工程的前期准备工作迈出了重要一步。

1978年，第五届全国人民代表大会（简称“全国人大”）一次会议通过的《政府工作报告》正式提出：兴建把长江水引到黄河以北的“南水北调工程”。当年年底，中华人民共和国水利部（简称水利部）正式成立南水北调规划办公室，统筹领导协调全国的南水北调工作。20世纪90年代开始，由于我国北方地区缺水形势愈加严峻，我国加快了南水北调工程建设的相关工作。1991年4月，第七届全国人大四次会议将“南水北调”列入“八五计划”和十年规划。1992年10月，中国共产党第十四次全国代表大会把“南水北调”列入中国跨世纪的骨干工程之一。1995年，国务院专门研究了南水北调工程，并专门成立了由国务院副总理邹家华为主任的南水北调工程审查委员会，至此，南水北调工程开始进入全面论证阶段。2000年，国务院召开南水北调工程座谈会，专题研究南水北调工程。此后，水利部组织开展的南水北调工程总体规划工作有序展开，经过前后数十年研究、论证，南水北调工程总体格局定为西、中、东三条线路，分别从长江流域上、中、下游调水，这是一项宏伟的、前所未有的生态工程和民生工程。

2002年10月，中共中央政治局常务委员会会议审议并通过了经国务院同意的《南水北调工程总体规划》。2002年12月23日，国务院正式批复《南水北调工程总体规划》。至此，南水北调工程走过了前期的项目建议、项目研究和项目审批三个重要阶段，正式进入详细规划和工程实施阶段。

按照南水北调总体规划，其分为东、中、西三条线路，东线工程起点位于江苏扬州江都水利枢纽；中线工程起点位于汉江中上游丹江口水库，从河南邓州的陶岔渠首自流引水，开挖明渠，经唐白河流域西部的江、淮分水岭方城垭口，在郑州附近穿过黄河，一路向北，基本靠自流到北京，供水区域为河南、河北、北京、天津4个省（直辖市）。西线工程截至目前，尚处于规划阶段，没有开工建设。通过东线、中线和西线三条调水线路与长江、黄河、淮河和海河四大江河的联系，构成以“四横三纵”为主体的总体布局，以利于实现中国水资源“南北调配、东西互济”的合理配置格局。

南水北调工程是迄今为止世界上最大规模的调水工程，涉及政治、经济、社会、文化、生态环境、文物保护等诸多领域，工作关系十分复杂，工程建设的复杂性、艰巨性、紧迫性前所未有。从已经实施的南水北调工程看，整个工程规划区涉及人口4.38亿。工程规划中的东、中、西线干线总长度达4350千米。东、中线一期工程干线总长为2899千米，沿线六省市一级配套支渠约2700千米。南水北调工程规划最终调水规模448亿立方米，其中东线148亿立方米，中线130亿立方米，西线170亿立方米，全部规划建设时间需要40～50年。

南水北调中线工程是从长江最大的支流汉水中上游的丹江口水库调水，通过干渠从长江流域经淮河流域，沿华北平原，通过修建隧道穿越黄河，之后通过自流到达北京颐和园团城湖的输水工程。这项工程的输水干渠地跨河南、河北2省和北京、天津2个直辖市，在重点解决4个省（直辖市）水资源短缺问题的同时，也为输水沿线的一些大中城市提供生产生活和工农业用水。根据规划设计，南水北调中线工程总干渠长1432千米，设计引水流量800立方米/秒，调水145亿立方米。输水干渠总长达1277千米，供水范围达15.5平方千米。中线工程的一项重要内容就是对丹江口水库的大坝进行加高，海拔由原来的162米加高到176.6米，正常蓄水水位要从157米提高到170米，以确保满足规划设计的调水量。

丹江口大坝

根据《国务院办公厅关于严格控制丹江口水利枢纽大坝加高工程坝区和库区淹没线以下区域人口增长和基本建设的通知》（国办发〔2003〕12号）和水利部《关于商请开展丹江口水利枢纽大坝加高工程水库淹没实物指标调查的函》（水利部办公厅函〔2002〕459号）的要求，2003年5月，长江水利委员会长江勘测规划设计研究院制定了《南水北调中线工程水库征地移民安置规划设计工作计划》，该计划工作内容主要有丹江口水库淹没实物指标调查和丹江口水库征地移民规划设计两部分。征地移民规划设计部分共有8个方面的工作内容，其中第6部分是库区文物保护规划，而第5部分任务是开展丹江口库区9处防护区的分析论证，完成柳陂、遇真宫、郧县县城、龙门塘防护区初步设计。由于设计的蓄水水位提高，丹江口水库大坝上游地区水位提高后，水库淹没范围相应增加，涉及淹没面积144平方千米，根据淹没实物指标调查涉及移民34.5万人。

南水北调工程上马以后，为做好南水北调工程的文物保护工作，国家文物局、水利部在反复协商的基础上，于2003年6月18日印发了《关于做好南水北调东、中线工程文物保护工作的通知》，强调了文物保护工作是南水北调工程的重要组成部分，对工程部门及时提供工程线路设计图纸、文物保护经费、施工中意外发现文物的保护等六个方面的问题提出了原则性的意见。这标志着南水北调工程文物保护工作的正式启动。2003年9月2日，国家文物局与国务院南水北调工程建设委员会办公室共同召开了“配合南水北调工程文物保护工作会议”，就南水北调工程中的文物保护工作进一步统一了认识。2003年11月14日，国家文物局印发《关于进一步做好配合南水北调工程文物保护工作的通知》，部署开展南水北调中、东线工程的文物保护工作。

2003年12月27日，南水北调工程（东、中线）正式开工，这项工程由很多不同性质的子工程组成。其中，南水北调中线京石段应急供水工程动工，标志着南水北调中线一期工程正式启动。国家文物局组织成立了南水北调工程文物保护工作领导小组，工程涉及的各有关省市也相继成立了专门领导机构，负责组织、协调工程建设过程中的文物保护工作。

南水北调工程开工之初，工程涉及地区文物主管部门在没有专项经费的困难条件下，按照国家文物局和水利部印发的《关于做好南水北调东、中线工程文物保护工作的通知》的有关规定，做了大量前期工作。河南、湖北两省在以往调查工作的基础上进行了库区文物点的复核工作，沿线各省完成了文物保护规划的初稿，为做好南水北调工程文物保护工作奠定了良好的基础。根据调查掌握的情况，南水北调中、东线一期工程涉及文物点数量之庞大、分布之密集、内涵之丰富令世人瞩目。此后，在社会各方面的关心和支持下，南水北调工程文物保护工作逐步走入正轨。

2004年5月，国家文物局与国务院南水北调办、水利部、中华人民共和国国家发展和改革委员会（简称发改委）等部门成立南水北调工程文物保护工作协调领导小组，召开专题会议，明确南水北调工程文物保护前期工作的有关程序。

2004年8月3日，水利部会同国家文物局、国务院南水北调办在北京组织召开了“南水北调工程文物保护专题报告编制工作会议”，原则通过了《南水北调东线、中线一期工程文物保护专题报告编制大纲（审定稿）》，部署了开展南水北调工程文物保护专题报告的编制工作，要求南水北调工程沿线各省在11月底前完成文物保护专题报告的编制工作，分别由长江水利委员会和淮河水利委员会汇总，经国家文物局同意后，纳入工程总体可行性报告。根据此次会议精神，2004年8月31日，水利部办公厅印发了《关于加快南水北调工程文物保护前期工作的通知》，进一步明确南水北调文物保护前期工作的有关事项。

各地按照南水北调东线、中线一期工程文物保护专题报告编制大纲的要求，积极开展调查核实工程占地范围内的文物数量，评估文物价值，提出文物保护方案及投资估算，编制文物保护专题报告。此后，湖北省文物局组织湖北省文物考古研究所垫支经费，对丹江口水库淹没区内暴露和面临被盗危险的丹江口市熊家庄遗址、郧县中学汉代墓群等进行了抢救性发掘，发现一批重要文物，率先开始了南水北调中线工程文物保护工作，此后湖北省文物局在国家文物局的指导下，组织省内外科研院所和大专院校的考古力量开展了湖北丹江口库区大规模抢救性考古发掘和地面文物保护工作。

2005年9月26日，南水北调中线标志性工程，中线水源地丹江口水库的控制性工程——丹江口大坝加高工程正式动工，此后，南水北调中线工程进入全面实施阶段。

2008年11月25日，湖北省在武汉召开丹江口库区移民试点工作动员会议，开启南水北调中线丹江口库区移民试点工作。

2010年3月31日，丹江口大坝加高坝段的施工全部加高到设计标高，这是南水北调中线工程最关键的丹江口大坝加高工程取得的重大阶段性胜利。

丹江口大坝及水库鸟瞰

2013年8月28日，南水北调中线丹江口库区移民安置工作正式通过蓄水前的最终验收，标志着库区蓄水前的各项移民相关任务，包括抢救性文物保护工作全面完成。8月29日，丹江口大坝加高工程通过蓄水验收，正式满足蓄水条件。

2014年9月29日，南水北调中线一期工程通过全线通水验收，具备通水条件。当年12月27日，长1432千米，历时11年建设的南水北调中线工程一期正式通水运行，来自丹江口水库的汉江优质饮用水正式进入北京市民家中。截至2019年9月初，南水北调中线工程已经完工并实现向北方地区调水的目标，北京市累计接收丹江口水库来水达到50亿立方米，直接受益人口超过1200万。而到2020年11月1日，南水北调中线一期工程2019～2020调水年度结束，渠首陶岔闸累计向北方输水87.6亿立方米，极大提升了沿线河流水质，改善了河流周边生态环境，发挥了良好的社会效益和生态效益。

（二）南水北调工程文物保护的情况

南水北调工程涉及中国古代文化、文明的核心地区，其中南水北调中线工程干渠线路穿过荆楚文化、夏商文化、燕赵文化等中国历史上重要的文化区域，是我国古代文化遗存分布非常密集的地区，其文物价值和意义非常重大。南水北调中线工程涉及的丹江口水库及其周边的淹没区是古人类起源与演化的重要地域，自古便是长江流域通往关中的要道，也是我国古代南北、东西文化的交汇地，大量的文献记载和考古发掘成果表明这一地区的文物非常丰富和重要。在这片土地上，留存了大量地下、地面文物，其中包括郧县人遗址、淅川龙城古城、下寺楚国贵族墓葬群和丹江口武当山古建筑群等一批特别珍贵的文化遗产。在丹江口水库淹没线下的地面代表性文物建筑——遇真宫是武当山道教建筑群的九宫之一，永乐十六年（1418年）明成祖朱棣敕建，现有保存完好的八字形壁墙宫门、宫墙、龙虎殿、东西配殿和廊庑、东西宫门，保存了明初的建筑格局和建筑特色，是世界文化遗产武当山古建筑群的重要组成部分。此外，丹江口大坝加高后水位上升，还将影响到郧阳府学宫、浪河老街、郧县小西关传统民居等一批具有地域特色的地面文物。

南水北调工程中的文物保护工作是工程的重要组成部分，做好南水北调工程文物保护工作对于保护我国的历史文化遗产、确保南水北调工程的顺利实施具有十分重要的意义。

南水北调中线丹江口大坝加高工程的淹没区文物保护工作有一定的工作基础，早在丹江口水库建设时期，为配合水库建设，1958年5月～1959年12月，文化部、中国科学院考古研究所、长江流域规划办公室联合组建了“长江流域规划办公室考

丹江口水库建设期均州静乐宫石碑赑屃搬迁情况

襄府桥老照片

2002年，国务院正式批复《南水北调工程总体规划》后，为做好南水北调工程的文物保护工作，国家文物局、水利部于2003年6月18日，根据《中华人民共和国文物保护法》和《国务院关于加强和改善文物工作的通知》的规定，印发了《关于做好南水北调东、中线工程文物保护工作的通知》（以下简称《通知》），强调南水北调工程是为实现我国水资源合理配置、从根本上缓解京津华北地区及胶东地区严重缺水问题而实施的一项宏伟工程。南水北调工程中的文物保护工作是南水北调工作的重要组成部分，要求水利部淮河水利委员会和长江水利委员会应当分别要求东线第一期和中线第一期工程沿线各省（直辖市）水利部门和南水北调工作机构，及时向各省级文物行政主管部门提供准确的工程及辅助设施范围图，明确工程施工占地范围，合理预留实施时间，切实保证南水北调工程文物保护工作的顺利开展；强调规划设计南水北调东线第一期和中线第一期工程应尽量避开不可移动文物，如必须涉及不可移动文物的，应当按照有关规定，事先由工程建设管理单位按程序报批。对涉及全国重点文物保护单位和省级文物保护单位的，应报国家文物局批准；各省级文物行政部门应依法积极配合，统一管理和协调各省（直辖市）南水北调工程中的文物保护工作，纳入部门年度计划，并据此组织开展配合工程的文物保护和考

古队”，具体负责对库区范围的文物保护与考古发掘工作，调查发现了100多处古文化遗址、古墓葬。但由于历史的原因，限于当时的财力和认识水平，丹江口水库一期工程中，未系统开展文物保护工作，据不完全统计，只发掘了古遗址23处，约8800平方米，古墓葬15处，约200座，拆迁地面文物建筑11处。

为满足南水北调中线工程的建设需要，1994～1997年，由长江水利委员会组织中国科学院古脊椎动物与古人类研究所、中国社会科学院考古研究所、湖北省文物考古研究所、河南省文物考古研究所及武汉大学历史地理研究所等有关单位，对丹江口水库二期工程高程在172米以下的淹没区进行了一次较全面的文物考古调查。核实大坝加高涉及的文物点有287处，其中地面文物点38处，地下文物点189处，古脊椎动物与古人类化石地点60处，长江水利委员会在此次调查成果的基础上汇总编写了《南水北调中线工程丹江口水库淹没区文物调查报告》。

古发掘工作，切实保证工作质量，确保南水北调工程顺利实施；强调工程建设管理单位和省级文物行政管理部门应组织、协调有关工程设计单位和文物保护机构，根据已完成的前期工作成果，对工程范围内的文物保护进行认真分析研究，确定需要补充调查或勘探的范围。在已有的南水北调前期工作和补充调查或勘探的成果基础上，拟定文物保护措施和方案，按程序报批后，尽快组织文物保护和考古发掘工作。《通知》同时强调按照《中华人民共和国文物保护法》的有关规定，因工程建设而进行的文物调查、勘探、发掘、保护等所需费用，应列入工程项目预算，费用标准按照国家文物局、国家计委、财政部印发的《考古调查、勘探、发掘经费预算定额管理办法》(〔90〕文物字248号）执行。工程建设管理单位应与相关文物保护机构签订相应的合同，并及时拨付文物保护工作经费。文物保护机构必须按要求完成文物调查、勘探、发掘和保护工作，合理使用经费，确保专款专用。《通知》最后要求工程施工中如意外发现文物遗迹，施工单位应立即采取措施保护好现场，及时通知当地省级文物行政管理部门进行处理。对于工程建设中遇到的重要考古发现，工程建设部门和文物保护部门应积极协商，制订妥善的保护方案，确保文物不受损失。《通知》的发布，标志着南水北调工程文物保护工作的正式启动。

2003年9月2日，国家文物局与国务院南水北调工程建设委员会办公室共同召开了“配合南水北调工程文物保护工作会议”，就做好南水北调工程中的文物保护工作进一步统一了认识。11月14日，国家文物局印发《关于进一步做好配合南水北调工程文物保护工作的通知》，部署开展南水北调中、东线工程的文物保护工作。国家文物局还组织成立了南水北调工程文物保护工作领导小组，工程涉及的各有关省市也相继成立了专门领导机构，负责组织、协调工程中的文物保护工作。南水北调中线工程涉及文物点数量之庞大、分布之密集、内涵之丰富令世人瞩目，在各方面的关心和支持下，南水北调工程文物保护工作逐步走入正轨。

湖北是南水北调中线工程的水源地，文物保护工作任务紧迫而繁重，2004年3月，为进一步推动南水北调中线工程文物保护规划的编制和抓紧做好丹江口水库淹没区文物保护工作，国家文物局单霁翔局

国家文物局局长单霁翔考察湖北南水北调工程文物保护工作（2004年）

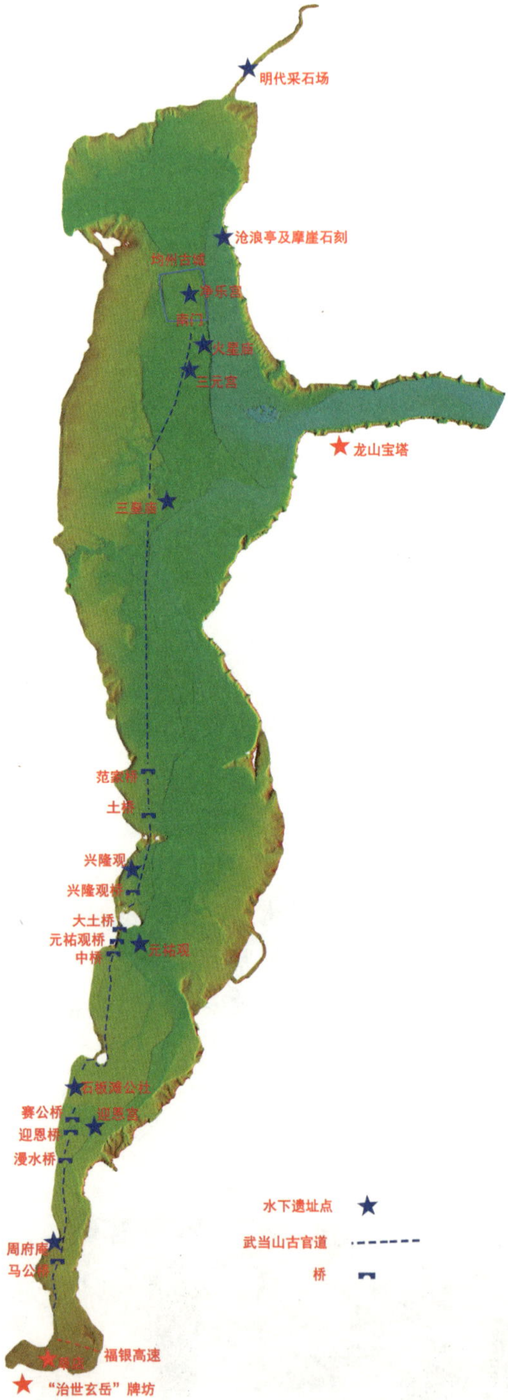

丹江口库区扫测全图

长带队到湖北考察南水北调工程文物保护工作，与湖北省副省长刘友凡共同主持召开“南水北调中线工程湖北段文物保护工作座谈会”，并形成会议纪要，明确“遇真宫是世界文化遗产武当山古建筑群的重要组成部分，要认真做好保护方案的论证工作，尽快报批，组织实施”。2004年5月，国家文物局与国务院南水北调办、水利部、发改委等部门成立南水北调一期工程文物保护工作协调小组，并召开专题会议，明确了南水北调工程文物保护前期工作的有关程序。

为规范南水北调工程文物保护前期工作，2004年，根据水利部南水北调规划设计管理局《关于编制南水北调工程文物保护专题报告工作大纲的函》（调水综〔2004〕35号）的要求，长江水利委员会长江勘测规划设计研究院和中国文物研究所（现中国文化遗产研究院）编制了《南水北调东、中线文物保护专题报告工作大纲（送审稿）》，共分南水北调东线工程文物保护专题报告工作大纲、丹江口水利枢纽大坝加高工程水库淹没区文物保护专题报告工作大纲、南水北调中线工程总干渠文物保护专题报告工作大纲和南水北调中线工程汉江中下游四项工程文物保护专题报告工作大纲四部分，大纲由前言、指导思想和原则、编制依据、基础资料、文物的确定、标准干线（渠线）建设期的文物保护、组织与分工、工作（规划）范围、内容和深度、工作进度、调查成果、规划成果、经费概算、调查（核查）、规划工作经费等部分构成。送审稿提交后由水利部水利水电规划设计总院主持对送审稿进行审查，根据审查意见进行修改完善后形成《南水北调东、中线文物保护专题报告工作大纲（审定稿）》上报水利部。2004年8月2～3日，水利部会同国家文物局、国务院南水北调办在北京组织召开了“南水北调工程文物保护专题报告编制工作会议”，原则通过了《南水北调东线、中线一期工程文物保护专题报告编制大纲（审定稿）》，部署了开展南水北调工程文物保护专题报告的编制工作，要求南水北调工程文物保护专题报告须经国家文物局同意后，纳入南水北调工程总体可研报告。

2004年12月29日，南水北调一期工程文物保护工作协调小组在北京召开第二次会议。国家发改委投资司、农经司，水利部调水局，国务院南水北调办投资计划司、环境移民司和国家文物局文物保护司的有关同志参加了会议。会议要求有关省市对保护工作量大、保护方案复杂、对南水北调一期工程建设工期构成制约的少数控制性文物保护项目，尽快编制达到初步设计深度的文物保护方案和投资概算，由南水北调一期工程项目法人和省级文物行政部门联合报国务院南水北调办和国家文物局。国务院南水北调办、国家文物局组织对文物保护方案进行审查，并根据审定的文物保护方案对投资概算进行审核后报国家发改委核定。投资概算经核定后的相应的文物保护方案由国务院南水北调办会同国家文物局审批。为进一步做好重点文物保护项目方案的论证工作，会议提请有关部门和单位尽快提出遇真宫保护的比选方案。

（三）南水北调工程对武当山的影响

南水北调中线工程以丹江口水库为水源地，实现向河南、河北、北京、天津4个省（直辖市）的20多座大中城市调水的目标，以达到有效缓解中国北方的水资源严重短缺的局面。丹江口水库位于汉江中上游，坐落在湖北省丹江口市，库区还涉及湖北省十堰市郧县（现郧阳区）、张湾区、郧西县、武当山旅游经济特区等和河南省南阳市淅川县，水域横跨鄂、豫两省，由湖北境内的汉江库区和河南境内的丹江库区两大部分组成。20世纪50年代末期，

清库前的均州城南大街

静乐宫全景老照片

静乐宫山门老照片

国家兴建的丹江口水利枢纽是综合开发和治理汉江流域的大型水利枢纽工程，丹江口水库便是丹江口大坝下闸、拦截汉江蓄水后形成的。丹江口水库总面积846平方千米，有“亚洲天池”之美誉，是汉江的天然水位调节器，国家一级水源保护区，曾经是亚洲最大的人工淡水湖。丹江口水库多年平均入库水量为394.8亿立方米，水库蓄水量主要来自汉江和汉江的支流丹江。丹江口水利枢纽大坝设计高程162米，正常最高蓄水水位157米。南水北调中线工程实施后是通过加高丹江口水库大坝，增加水库库容，实现向北方调水的目标。大坝加高后水库正常蓄水位将从157米提高至170米，库容将从174.5亿立方米增加到290.5亿立方米，水域面积将达到1022.75平方千米。

丹江口水利枢纽工程，由拦江丹江口大坝、丹江口水力发电厂、升船机和两个灌溉引水渠渠首四部分组成，丹江口混凝土大坝高97米，总长2494米（其中混凝土坝长1141米），设计蓄水水位157米，相应库容为174亿立方米，平均泄洪能力为9200立方米/秒，电站装机6台，单机容量为17万千瓦时，年发电量为45亿千瓦时。丹江口大坝升船机经过改造升级后一次可载重300吨级驳船过坝。丹江口大坝位于湖北省丹江口市城区，大坝加高工程于2005年9月开工，历经8年的建设，丹江口大坝“长”高了近15米，从162米加高至176.6米。为了南水北调中线工程的顺利实施，丹江口大坝将蓄水至170米，比过去的蓄水水位抬高13米。

早在丹江口水利枢纽工程建设阶段，由于处于特殊的历史时期，在工程建设期没有进行系统的文物保护工作，1967年11月工程建成蓄水后，大量地面文物建筑和地下古文化遗址、古墓葬被淹没水下。其中被水库蓄水淹没的最为著名的是均州古城。该城址位于丹江口市均县镇，东临汉水，从城址周边众多战国至汉代的古墓群分析，城址的始建年代应该为战国时期，有记载为东汉建武四年（28年）将领延岑修筑土城，为古均州、均县，汉代为武当县的县治所在。明洪武五年（1372年），守御千户李春以砖石修筑了均州古城，到明永乐年间，永乐皇帝敕令重建均州城，建筑规模宏大，城墙结构为内填土夯实、外包城砖的形式，城池结构坚固，此后一直延续至今。均州古城平面呈不规则正方形，南北长1、东西宽0.9千米，占地约1平方千米，城墙最高处达8.5米，上部宽4、下部宽20米，设雉堞790个，垛口长度从几十厘米到2米不等。均州古城共设城门6座，其中东、南、西、北门较大，北面设瓮城。此外，古城东面临汉水，以汉水为池，北、西、南三面设护城河，临汉水一侧还设小东门和下水门各一座，相对较小。均州古城内部保持了明朝典型的官署和街坊格局。

宋代以来，封建王朝自上而下开始信奉崇拜玄武神，宋代为避宋太祖父赵玄朗讳，改“玄武”为“真武”，并称之为道教始祖老子的“变化之身”。自明代，真武神受到历代皇帝的奉祀，尤其是明初的“靖难之役”后，永乐皇帝朱棣取得皇位，自称得到真武神的庇护，开始把武当山道场作为皇室家庙进行营造。始建于唐贞观年间的武当山古建筑群是根据《真武经》中真武修真的神话，依据真武出生、修炼、成仙的传说进行总体布局设计和建造的，突出了真武信仰的主题，在《真武经》中，真武的出生地为静乐国。据《太和山志》记载：“祖传帝之先（真武大帝之父）为静乐国王，静乐治麇，而均（均州）即麇地。故以名宫焉。”因此，为纪念真武大帝的父亲，就在均州城内修宫供奉。静乐宫（亦写作“净乐宫”）是武当山九宫之首，当年进武当山朝拜就是从这里出发，这座宫殿建筑始建于明永乐十一年（1413年），明永乐十六年（1418年）落成，永乐皇帝御赐“元天静乐宫”匾额。据记载，静乐宫位于均州城的正北部中轴线上，共四重殿，依次为龙虎殿、朝拜殿、玄帝殿、圣父母殿，各殿都建在高台之上，宫门前设有六柱华表式冲天大石牌坊，穿过牌坊是静乐宫的山门，为单檐歇山式，开三孔大门，门为砖石结构，门两侧是绿色琉璃八字墙。

从均州城内的静乐宫出发至武当山下的玄岳门约有25千米，是上武当山的古官道，两侧分布宫、观、庵、堂、亭、祠、庙、阁、桥各类建筑近200处（与武当山古建筑有关的就有静乐宫、迎恩宫、三元宫、周府庵等173处大小及类别不同的古建筑被淹没）。丹江口水库兴建时，我国正处在特殊历史时期，受当时文物保护观念、条件的限制和影响，仅对古均州城部分珍贵文物（主要是石质文物）进行了拆迁，从1958年开始进行部分搬迁，到1967年11月丹江口水库建成蓄水，还有大量各类建筑由于来不及进行系统保护和抢救，大部分随着工程的蓄水而永久被淹没水下。据了解，在丹江口水库建设过程

静乐宫大石牌坊拆迁前

静乐宫大石牌坊老照片

静乐宫西碑亭

静乐宫大石碑

静乐宫无量殿石狮柱础

中，均州城内的部分建筑在水库清库的过程中被拆除，部分城墙包砖、条石、石板等被当地居民拆除，用以修建房舍、铺路等。而不幸中的万幸是，整个均州古城的城墙、城门等在当时的清库过程中并没有被拆毁，得以比较完整地保存下来，并淹没于水下。

2013～2017年，国家文物局水下文化遗产保护中心、湖北省水下文化遗产保护中心（国家水下文化遗产保护武汉基地）联合组建水下考古工作队，开展丹江口水库湖北库区水下考古调查。据2019年第12期《文物》杂志发表的丹江口水库古城遗址水下考古的成果显示：水下均州古城布局清楚，护城河、城墙、建筑基址、部分街道、汉江河道等清晰可辨。古城城墙四角为圆弧形。调查显示，均州古城内泥沙淤积严重，平均深度达3.5米。均州古城的东城墙长约1010米，较平直。这段城墙在南、北近两端处开有两道水门，中间略偏南处开有东城门。由于汉江长年冲刷，东城墙坍塌处较多，东城门和水门门洞亦全部坍塌。均州古城东城楼面阔34、进深25米。均州古城的南城墙长798米，城墙的东段临近江水有部分塌陷。南城墙中段偏东处设有南城门，古称“望岳门”，是古均州城眺望武当山金顶的最佳位置。南城门门洞砌双层条石，门框以双层竖条石构建，上接券顶，以7块楔形条石对搭起券；券顶往上还有6层城墙石，高1.7米。由于泥沙淤积，门洞仅露出2.7米，其中券顶高2.17米，门洞内宽4.6米，门框及券顶宽0.6米。南城门上方城墙保存完好，20世纪五六十年代的标语“一切为了早日实现社会主义”仍清晰可见。南城楼面阔32.4、进深22.8米。调查显示，在所有城楼里，南城楼淤泥覆盖最薄，条石保存最为完

静乐宫大石牌坊搬迁复建后照片

整，是目前古均州城发现保存最好的城楼遗址。西城墙长840米，中段偏南处设有西城门，古称“夕照门”，该处城墙上部宽4.7米，夯土墙体上的包砖已不存。北城墙长740米，其北城门位于城墙近正中位置，门洞全部坍塌。瓮城位于均州古城的北城门外，外墙与均州城墙同等规格，外包城砖，城门开在瓮城的西部，可避免江水直冲。瓮城平面为椭圆形，内径东西长35、南北宽27米。

静乐宫是在明永乐十六年（1418年）建成的，位于古均州城内东北部，面积占均州城的一半之多，建有玄帝殿、圣父母殿、左右御碑亭、神库、神厨、斋堂、道房、厨室等197间。静乐宫专门管理营建武当山的建材供应和接待，也是进入武当山的第一宫。明嘉靖三十一年（1552年）扩建，建筑面积达3万平方米。明朝末年，李自成率领的农民起义军将静乐宫大殿焚毁。到清朝，又遭遇火灾，后几经修葺。修建丹江口水库时，静乐宫的赑屃石碑等被运往丹江口城区丹赵路，原址已被基本拆平。

丹江口水库淹没古官道上的古桥较多，调查显示，古桥由于长期受泥沙的淤积，大多已被泥沙完全覆盖，仅少部分古桥露出泥沙之外。水下考古发现，迎恩桥的桥拱顶部清晰可见，桥面损毁，桥宽8.5米，桥拱已被淤泥覆盖；赛公桥的桥面损毁，石质桥墩基本完好，左侧三桥拱顶部清晰可见，右侧两桥拱之间有桥体连接。被淹没的古桥还有仙都桥、襄府桥、遇真桥、青徽铺古桥等。

南水北调中线工程修建以后，由于水库蓄水水位的抬高，武当山古建筑群中在20世纪60年代丹江口水库修建过程中得以幸免的部分建筑，此时将再次受到水库蓄水的影响，其中最为著名的就是武当山进

武当山“治世玄岳”牌坊

入“治世玄岳”牌坊后的武当山神界里的第一个宫殿“遇真宫”，遇真宫原有地面海拔160米，南水北调工程建成蓄水后，最高水位将达170米，遇真宫被淹没，其他受到淹没影响的还有武当山襄府庵、泰山庙等建筑。

可见，当年丹江口水库的修建对武当山的影响是巨大的，可以说20世纪60年代丹江口水利枢纽工程建成，丹江口水库蓄水后，从古均州城到武当山的近75千米的古官道已经不复存在了，官道沿线两侧的各类古建筑已经永久消失在人们的记忆中了；如今南水北调中线工程的修建，水库蓄水高程上升到170米，淹没范围进一步加大，整个武当山古建筑群总体布局的完整性不可避免地再一次受到了影响。

二、南水北调工程文物保护规划

南水北调工程是我国继三峡工程之后，又一项跨地区、跨流域的水利工程，世界瞩目。根据工程建设规划，该工程分东线、中线和西线三个部分进行。南水北调中线工程，是通过加高丹江口水库大坝（从162米加高到176.6米），提高正常蓄水位（从157米提高到170米），增加库容从而实现向华北地区调水的工程。南水北调工程涉及中国古代文化、文明的核心地区，其中线干渠线路经过的山前地带和东线大运河段连接着夏商文化、荆楚文化、燕赵文化、齐鲁文化等中国历史上重要的文化区域，是我国古代文化遗存分布非常密集的地区，其文物价值和意义非常重大。南水北调中线工程丹江口水库淹没区影响涉及湖北省十堰市所辖丹江口市、武当山旅游经济特区、郧县（现郧阳区）、郧西县、张湾区这5个市（区、县），位于汉水上、中游，地处鄂西北、豫西南、陕东南的交界处，是我国历史上开发较早的地区，也是南北方之间交通和文化交流的重要区域，蕴藏有丰富的地下和地面文物资源，其中一些重要的历史文化遗存对于研究中华文化多元一体格局的形成，以及中国古代文明的进程具有重要的学术价值。

南水北调工程从提出到最终付诸实施经过了半个多世纪，南水北调工程的总体规划涉及很多内容，工程涉及的文物保护问题十分重要，已经引起社会各界的广泛关注，但在南水北调工程总体规划中并没有单独考虑，而是作为一个专业项目被纳入南水北调工程移民安置规划中。在最初的南水北调工程移民安置规划中，规划编制单位长江水利委员会是以其掌握的已公布的文物保护单位情况和以往零星的考古调查和发掘材料作为依据，提出文物保护的处理意见，作为暂列内容，涉及的经费也是以此为参照估列的。在工程规划部门开展规划前，没有通过专业的文物保护机构对工程淹没区域的地下古遗址、古墓葬和地面文物建筑受工程蓄水淹没影响情况进行调查、勘探等摸底工作。因此，在工程建设前，进行全面的调查、勘探和考古发掘，并在工作成果基础上进行系统的文物保护规划，依据规划有计划、有次序地开展工程淹没区域的抢救性文物保护工作，最大限度地减少因工程建设对文物保护造成的破坏和影响，才能真正做到对历史负责，对未来负责。

（一）南水北调工程前期的文物工作

从某种意义上说，湖北省丹江口水利枢纽工程的建设是南水北调工程的前期准备工程，是实施南水北调中线工程的关键性工程。早在工程建设阶段，文物保护工作就被纳入工程建设中加以统筹考虑，只是受当时对文物保护工作的认识和重视程度的限制，很多文物没有得到系统和有效的保护，遗留了大量问题。

1958年5月，为配合中央做出的《中

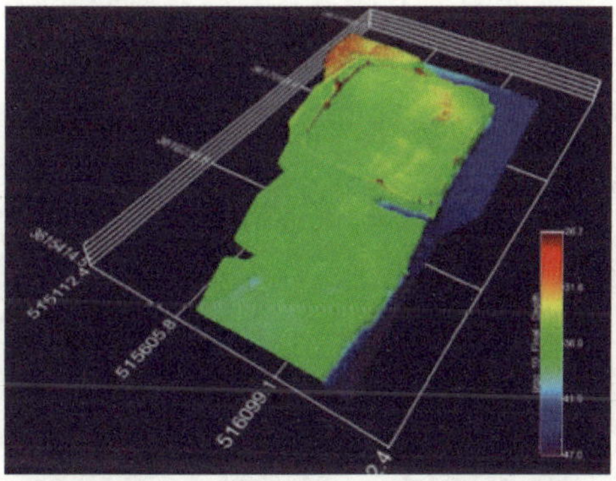

均州古城水下考古测绘三维彩色水位图

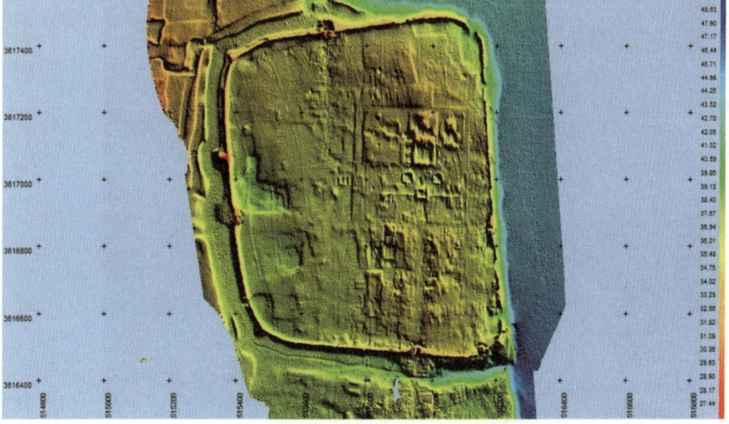

均州古城水下考古测绘（多波束）图

共中央关于三峡水利枢纽和长江流域规划的意见》中相关工作的开展，中央文化部、中国科学院考古研究所、长江流域规划办公室联合召开了“长江流域文物考古工作会议”，长江流域各省文物考古部门的代表参加了会议，会上组建了“长江流域规划办公室文物考古队”，具体负责开展长江流域的文物保护及考古发掘工作。在配合丹江口水库建设进行的文物抢救工作中，“长江流域规划办公室文物考古队”直属湖北分队。中国科学院考古研究所长江工作队、襄阳和黄冈专署，以及郧县与均县的文教局等单位，先后在湖北省郧县和均县进行了一系列的考古调查、发掘及地面文物建筑构件的拆迁工作。其中拆迁涉及库区地上文物85处，工作的重点是将大量精美的琉璃、石雕艺术构件，搬运到今丹江口市区、武当山遇真宫、元和观等地存放。同时，对文化内涵丰富、研究价值较高的古文化遗址和古墓葬进行了科学发掘，获得了一批研究价值较高的文物标本，发表了数篇考古调查报告及发掘简报，使我们对该地区各时期的古文化面貌有了新的认识。

上述工作是文物工作者第一次对这一区域进行的相对系统和专业的考古调查和发掘工作，意义重大。1960年举办的“长江流域文物考古工作人员训练班”的学员以及来自云南、四川、贵州、湖南、江西、安徽、江苏、浙江等省的文物工作者参与了此后开展的相关考古调查和发掘工作，通过调查发现了100多处古文化遗址、古墓葬。但由于特殊的历史原因，当时未能大规模和系统地开展文物保护工作，据不完全统计，当时只发掘了古遗址23处，约8800平方米，古墓葬15处，约200座，拆迁地面文物建筑11处。其中，比较重要的文物保护工作有湖北郧县唐代李泰家族墓地、郧县青龙泉和大寺遗址，以及河南淅川下王岗遗址等重要遗址的发掘，获得了一批重要的实物资料。此外，当时湖北省文物管理委员会还在极其困难的条件下组织搬迁了位于古均州城内、被誉为武当山九宫之首的“静乐宫”以及附近的“迎恩宫”“三元宫”“周府

静乐宫大石牌坊拆迁构件

国务院南水北调办李铁军副主任到丹江口库区调研文物保护工作

庵”等一批地面古建筑的石质构件，对100多处无法搬迁的文物建筑分别采取绘图、拍照、文字记录等记录手段留取资料。这些工作，是该区域第二次开展的规模比较大的文物保护工作，通过调查和考古发掘，抢救了一大批重要的考古材料和文物古迹，对该地区主要的历史文化发展脉络有了进一步认识，虽然限于当时的认识和条件，一些文物保护工作不够彻底、考古发掘的总量相对较少，一些重要遗址还来不及开展工作就被淹没了，留下了太多遗憾和遗留问题，但在当时的历史条件下，能做到这个程度也已经是非常难能可贵的了。

1974年丹江口水库建成，蓄水后大量来不及抢救的重要古文化遗址和古墓葬被淹没在水下，但一到枯水季节，受水库水位消落影响，大量古遗址和古墓葬又暴露在外，由于消落区地广人稀，居民多已移民外迁，加之水陆交通极为不便，给文物保护工作带来极大的难度。库区古遗址遭受破坏，古墓葬被冲毁，特别是遭到盗掘的事件频繁发生，尤其是20世纪90年代以后形势更加严峻，发生了多次大规模的盗掘古墓葬的事件，大量重要的古遗址特别是古墓葬被破坏，大批精美的青铜器被盗掘一空，一度引起社会的广泛关注。国家文物局对此高度重视，并拨专款开展丹江口水库消落区的抢救性考古发掘工作，同时还积极和水利、计划等部门协调，丹江口水库消落区遗留的文物保护问题才得到各方的高度重视。

1994～1997年，在开展南水北调中线工程的规划设计和实物指标调查过程中，为满足南水北调中线工程的建设需要，长江水利委员会组织对丹江口水库二期工程（大坝加高工程）淹没区进行了一次较全面的文物考古调查。1994年10月，长江水利委员会在武汉主持召开“南水北调文物工作会议”，参加会议的有湖北、河南两省移民和文化行政主管部门、有关业务单位和库区内各地市县的移民、文物部门。会议明确长江水利委员会负责调查组织协调工作，着手开展丹江口水库淹没区文物复核调查工作。中国社会科学院考古研究所负责丹江口市地上、地下文物的调查；湖北省文物考古研究所负责郧县地上、地下文物的调查；长江水利委员会文物考古队负责郧西、十堰、白河三县市的调查；中国科学院古脊椎动物与古人类研究所负责全库区古脊椎动物与古人类遗存的调查；武汉大学历史系负责丹江口库区历史地理沿

土城墙现状

口水库淹没区文物调查成果评审会”，与会专家学者肯定了已形成的调查成果，进一步强调做好这一区域文物保护工作的紧迫性和重要性。后由于三峡工程正式开工建设，南水北调中线工程暂缓进行，相关工作暂时停止。

革的调查；河南省文物考古研究所负责淅川县境地上地下文物的调查等。长江委长江勘测规划设计研究院对上述调查成果进行了汇总，根据各单位提供的调查资料，湖北水库淹没范围内共有文物点379处，其中地下文物点269处、地上文物点45处，古脊椎动物与古人类遗址65处。此后，又经过各单位的复核。1996年8、9月，湖北省文物考古研究所和河南省文物考古研究所分别去函予以确认。在此基础上，1997年3月，水利部长江水利委员会长江勘测规划设计研究院形成了《南水北调中线工程丹江口水库淹没区文物调查报告》，确认丹江口水库淹没区确定的文物点有287处，其中地上文物点38处，地下文物点189处，古脊椎动物与古人类化石地点60处。其中属初期工程的63处，后期工程的151处，跨初、后期的71处，淹没线上保留的2处。湖北水库淹没范围内共有文物点164处，其中地下文物点95处、地上文物点25处，古脊椎动物与古人类遗址44处。1997年10月，在北京召开“南水北调中线工程丹江

但湖北省文物部门对这一区域的文物保护关注并没有中断，而是及时组织开展了打击盗墓行动，并对丹江口水库消落区大量面临破坏的地下古遗址和古墓葬进行了抢救性考古发掘。1997年10月以来，由于丹江口区域连续干旱，水库蓄水水位持续下降，丹江口水库的消落区范围不断扩大，湖北省文化厅组织湖北省文物考古研究所等单位在地方文物部门的配合下，迅速开展消落区考古调查，进行抢救性考古发掘工作，在原有工作的基础上，又新发现文物点14处，其中丹江口市8处，郧县5处，武当山旅游经济特区1处。

2002年8月，新华社国内动态清样《南水北调中线库区文物保护亟待加强》的报道得到了湖北省有关领导的批示，湖北省文化厅在给省政府办公厅的《湖北省文化厅关于南水北调中线工程（湖北境）文物保护问题的报告》中，对存在问题进行了梳理，同时提出了成立联合考古队及相应机构，参照三峡工程的做法邀请省外单位参与库区抢救性文物保护工作；积极寻求公安部门的配合，严厉打击盗墓行为，最大限度地保护好库区文物等主要措施。

特别提出遇真宫是世界文化遗产武当山古建筑群的组成部分，实施南水北调工程将完全淹没该建筑，遇真宫占地面积大，保存完好，文物价值高，是此次文物保护的难点，原地保存将会对该建筑造成极大的影响；而异地搬迁重建不但费用高，而且对文物的损坏也是不可避免的。如何保护这一国家级的重点文物保护单位，将协调有关单位，邀请专家多方论证，尽快寻找解决问题的办法，确定解决方案。

南水北调中线工程丹江口水库及其周边地区是古人类起源与演化的重要区域，自古便是长江流域通往关中的要道，也是我国古代南北、东西文化的交汇地，大量的文献记载和考古发掘成果表明这一地区的文物非常丰富和重要。在这片土地上，留存了大量地下、地面文物，其中包括郧县人、淅川龙城古城、下寺楚国贵族墓葬群和丹江口武当山古建筑群等一批特别珍贵的文化遗产。在丹江口水库淹没线下的遇真宫是武当山道教建筑群的九宫之一，永乐十六年（1418年）明成祖朱棣敕建。现有保存完好的宫门、八字形壁墙、宫墙、龙虎殿、东西配殿和廊庑、东西宫门，保存了明初的建筑格局，是明代建筑艺术的杰作。遇真宫作为武当山古建筑群的一部分，1994年被列入世界文化遗产名录。此外，丹江口大坝加高还将影响到郧阳府学宫、浪河老街、郧县小西关传统民居等一批具有地域特色的地面文物建筑。

南水北调工程中的文物保护工作是工程的重要组成部分，做好南水北调工程文物保护工作对于保护我国的历史文化遗产、确保南水北调工程的顺利实施具有十分重要的意义。

（二）相关领导及规划机构的成立

2002年12月23日，国务院对国家计委和水利部联合上报的《关于审批南水北调工程总体规划的请示》（计农经〔2002〕2506号）做出正式批复，原则同意《南水北调工程总体规划》。批复要求“根据前期工作的深度，先期实施东线和中线一期工程，西线工程先继续做好前期工作”。同时批复，“同意成立南水北调工程领导小组，领导小组下设办公室负责日常工作”（以下简称“国务院南水北调办”）。至此，南水北调中线工程的建设任务得以明确，工程建设的组织领导机构正式建立。

南水北调工程上马以后，为加强对南水北调工程文物保护工作的组织领导，国

湖北省文物局组织开展丹江口库区文物调查工作

家文物局成立了南水北调工程文物保护工作领导小组，工程涉及的各有关省、市也相继成立了专门领导机构，负责组织、协调开展南水北调工程建设过程中的文物保护工作。湖北省文化厅党组高度重视南水北调中线工程文物保护工作，2003年5月12日下发《省文化厅关于成立“湖北省文物局南水北调中线工程文物保护工作领导小组”的通知》(鄂文化文〔2003〕69号)，指出南水北调工程经国务院批准已由规划阶段转入实施建设阶段，它涉及面广，建设期长，投资量大，协调任务多，其中南水北调中线工程涉及我省部分地区的文物保护任务繁重。为了适应南水北调中线工程的需要，加强对南水北调中线工程文物保护工作的领导、切实做好配合工程建设的文物保护抢救工作，经研究同意成立“湖北省文物局南水北调中线工程文物保护工作领导小组”，全面负责南水北调中线工程所涉及的文物保护工作，领导小组下设办公室（简称“湖北省文物局南水北调办”），为领导小组办事机构，负责处理南水北调中线工程文物保护抢救的日常工作，办公室与湖北省文物局“三峡办”合署办公。领导小组组长由湖北省文化厅副厅长、省文物局局长沈海宁担任，副组长由省文物局副局长王建刚、吴宏堂及省文物考古研究所所长王红星担任，邢光、黎朝斌、张少山、祝建华、王风竹、官信、张昌平为成员，吴宏堂为办公室主任，王风竹、官信为副主任。

2003年6月18日，为做好南水北调工程的文物保护工作，国家文物局、水利部在反复协商的基础上联合印发了《关于做好南水北调东、中线工程文物保护工作的通知》，强调文物保护工作是南水北调工程的重要组成部分，对加强工程建设中的文物保护问题提出了原则性的意见，标志着南水北调工程文物保护工作正式启动。2003年9月2日，国家文物局与国务院南水北调办联合召开“配合南水北调工程文物保护工作会议”，就南水北调工程中的文物保护工作进一步统一了认识。2003年11月14日，国家文物局印发《关于进一步做好配合南水北调工程文物保护工作的通知》，全面部署开展南水北调中、东线工程的文物保护工作。2004年2月，国家文物局专门下发了《关于请报送南水北调工程文物保护规划的函》(文物保函〔2004〕135号)，要求南水北调工程涉及省份的文物

国务院南水北调办李铁军副主任（左三）
到丹江口库区调研文物被盗掘情况

部门做好文物保护规划工作。

为摸清南水北调中线工程丹江口水库湖北淹没区文物家底，根据水利部和国家文物局关于做好南水北调工程文物保护及规划工作的要求，湖北省文化厅迅速成立“南水北调中线工程丹江口水库淹没区湖北省文物保护规划组”，负责编制南水北调中线工程丹江口水库湖北省文物保护规划，规划组由湖北省文物局、武汉大学、华中科技大学、湖北省文物考古研究所、湖北大学等单位的专家、学者组成，聘请中国工程院院士、武汉岩土力学研究所研究员、博士生导师葛修润先生和全国哲学社会科学“十五”规划考古学科组成员、湖北省文物考古研究所研究员陈振裕先生为顾问，武汉大学历史学院考古与博物馆学系教授、博士生导师杨宝成先生担任规划组组长。规划组下设地下、地面、课题和综合四个小组，着手开展文物调查复核和文物保护规划的编制工作。

2004年5月，国家文物局与国务院南水北调办、水利部、发改委等部门成立“南水北调工程文物保护工作协调小组”，召开专题会议，明确南水北调工程文物保护前期工作的有关程序。

从2004年开始，在社会各方面的关心和支持下，南水北调工程文物保护工作逐步走上正轨。

（三）省级保护规划的编制情况

南水北调中线工程湖北丹江口水库淹没区淹没涉及湖北省十堰市下辖的丹江口市、郧县（现郧阳区）、郧西县、张湾区、武当山旅游经济特区。在以往调查工作的基础上，2004年2月，湖北省文物局从规划组成员单位和全省有关市（区、县）、大专院校和科研院所共计19个单位，抽调60余名文物保护专业技术人员，组成10个文物复查工作组，深入丹江口水库淹没区，在长江水利委员会1997年调查形成的《南水北调中线工程丹江口水库淹没区文物调查报告》成果的基础上，对原有文物点进行复查，对重点区域和地面民居类文物建筑等进行补充调查，对重点遗址进行勘探、试掘。经调查复核，绝大多数文物点的情况与长江水利委员会1997年的报告基本一致，但也有一些出入，有的遗址面积有增减，个别遗址已经被完全破坏，但也新发现一批文物点。这次工作进一步查清了丹江口水库湖北淹没区的文物状况，对该区域的文物分布、内涵、特征、价值等方面也有了更加深入的认识，尤其是补充进行的对重点遗址的勘探、试掘和对部分有代表性的古建筑的测绘等工作，使得已有的

静乐宫1（多波束图像）

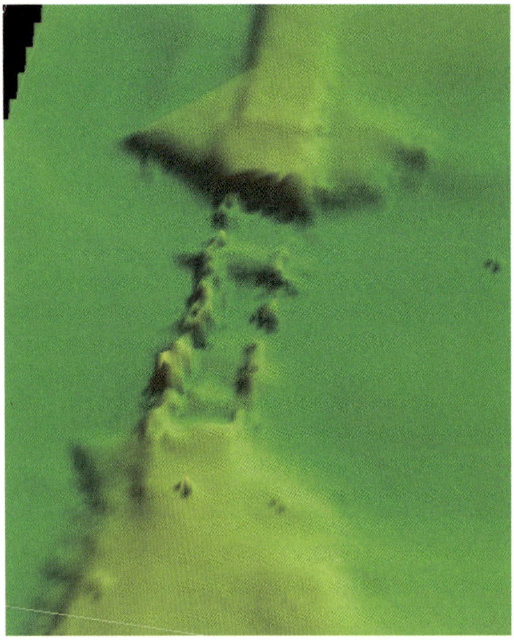

迎恩桥正北（多波束图像）

调查资料更加科学和符合实际，为规划编制打下了良好的基础。调查工作结束后，2月27日，湖北省文物局在丹江口市召开"南水北调中线工程丹江口水库湖北淹没区文物保护规划编制情况通报会"，来自十堰市及库区"一市、两县、两区"文化（物）局、博物馆的负责同志，一致认为，湖北省南水北调中线工程丹江口水库淹没区域调查确认共有各类文物点210处，包括地下文物176处，地上文物34处，纳入文物保护规划实事求是、符合实际，基本上反映了这一地区文物受淹的实际情况。

调查成果显示，南水北调中线工程湖北省丹江口水库文物点数量众多、分布密集、内涵丰富、价值重大，但保护状况堪忧，令人瞩目。根据调查和复核掌握的情况，针对地下古遗址、古墓葬和地面文物建筑提出了文物保护方案。在此基础上规划组编制了《南水北调中线工程丹江口水库淹没区湖北省文物保护规划》，为做好南水北调工程文物保护工作奠定了良好的基础。

《南水北调中线工程丹江口水库淹没区湖北省文物保护规划》共计6本，即湖北省总报告1本，丹江口市、郧县（现郧阳区）、郧西县、张湾区和武当山旅游经济特区的分县区报告5本。规划坚持"保护为主、抢救第一""重点保护、重点发掘""抢前争先、考古先行""服从全局、服务大局"和"突出课题、科学保护""着眼未来、可持续发展"及"继承传统、弘扬优秀文化""迁建选址、避开文物"的原则。规划确定的文物点共计210处（占本行政区域文物总量的46.05%），包括地下文物176处，其中遗址131处，面积330万平方米；墓地45处，面积383万平方米；地上文物34处，包括宗教建筑6处、祭祀建筑8处、会馆建筑4处、传统民居9处、桥梁3处、石刻2处及其他文物2处，总建筑面积3.2万平方米。规划在210处文物点的重要性和保存情况进行价值评估的基础上，对地下遗址和墓地划分为A、B、C、D类进行发掘，其中A类发掘面积不少于10000平方米，B类遗址不少于5000平方米，C类不少于3000平方米，D类在3000平方米以下；四类遗址的计划发掘面积为46.45万平方米，占遗址分布面积的6.51%，计划勘探面积为413万平方米。对地面文物按照搬迁保护、原地保护、留取资料三种保护方式进行保护，搬迁保护项目25处，建筑面积23727.34平方米；原地保护项目5处，建筑面积3356.1平方米；留取资料项目3处，建筑面积1099平方米。并根据南水北调中线工程的工期，确定丹江口水库淹没区文物保护的年度工作计划，全部工作计划从2004年到2008年，共分5年完成。

规划在文物保护经费测算方面，根据国家文物局1990年248号文件进行，人工费根据水利部2002年116号文件的标准，按水利工程初级工日工资18.53元计算；地上文物参照三峡工程库区文物保护规划的办法加上价差进行计算。

丹江口水库湖北省淹没区文物保护经费共需45745万元，其中地下文物保护经费24713万元，地上文物保护经费12957.5万元（明确遇真宫文物保护经费单独计列），占地补偿费210万元，文物征集与保护费100万元，遥感物探经费843万元，文物库房建设经费600万元，人才培养及档案建设费85万元，其他行政管理、规划、科研、预备费6236.8万元。

在总规划的基础上，《南水北调中线工程丹江口水库淹没区湖北省武当山特区文物保护规划》，对武当山特区范围的文物工作沿革及对受淹没文物采取的保护方式做了进一步的阐述。武当山特区行政区划是一直隶属于丹江口市，最早的文物保护工作始于1958年丹江口水库修建时期，此后间断开展过一些工作，1994年10月，长江水利委员会组织对南水北调中线工程武当山特区淹没区进行了文物调查工作，发现文物点8处，其中地上5处、地下3处。2000年，由于持续干旱，水库水位下降，消落区的范围不断扩大，文物部门重点对消落区进行调查，在1994年长江水利委员会组织的文物调查基础上，新发现文物点1处。2004年2月，南水北调中线工程丹江口水库淹没区湖北省文物保护规划组在组织的调查中，新增补古桥3座，核减1994年调查报告中编列的古墓葬1处。武当山淹没区的文物主要分布于丹江口库区南岸的蒿口、草店、青徽铺等区域。经过多年的考古调查核实，基本确定了南水北调中线工程武当山境内的文物数量和种类，新发现的仙都桥、遇真桥、青徽铺古桥等，对研究明代交通、建筑史及工程力学都有较高的学术研究价值。武当山特区文物点在淹没区所涉及的范围、比重较小，被淹没的文物点占本行政区文物点的17%。通过调查复核，确定武当山特区境内被淹没的文物点共11处，地下3处、地上8处；地上文物点有8处，包括寺庙、宫殿、民居、古桥几种建筑形式。8处地面文物点中，计划进行搬迁保护的文物点有6处，进行原地保护的有2处。

武当山古建筑群于1994年被正式列入世界文化遗产名录。风景与建筑、道教与神话构成了武当山独有的特色。其古建筑规模宏大、灵活多变，布局在长达70千米的古神道两侧，分布在峰峦、坡陀和岩洞之中。它集营造、风水、园林和铸造工艺于一体，集中地反映了明代官式建筑的规制，其类型众多，形制多样，反映了古代劳动人民在建筑艺术和工程技术方面的辉煌成就。

武当山特区的古建筑群和古文化遗址是华夏文明的组成部分，全力保护好珍贵的文化遗产，是我们光荣而艰巨的任务。南水北调工程是当今中国的宏伟工程之一，是造福于子孙后代的千秋伟业。其中被列

2004年3月湖北省文物局召开《南水北调中线工程丹江口水库淹没区湖北省文物保护规划》专家评审会议

为世界遗产名录的武当山古建筑群组成部分之一的遇真宫等古建筑，是地上文物的精华，具有重要的历史、艺术、科学价值。世界遗产委员会对武当山古建筑群的评价是："武当山古建筑中的宫阙庙宇集中体现了中国元、明、清三代世俗和宗教建筑的建筑学和艺术成就。这些建筑代表了近千年的中国艺术和建筑的最高水平。"

关于遇真宫古建筑群的保护问题，规划中第一次提出采取修建护岸方式，避免回浪长年冲击，进行原地保护，以保护遇真宫建筑组群的整体性。同时提出建议：遇真宫古建筑群是世界文化遗产武当山古建筑群的一部分，处在170米方案淹没线以下，南水北调中线工程蓄水后将完全淹没该建筑。由于遇真宫等级高、占地面积大、保存完好，非一般常规保护措施所能处理。特别是根据《保护世界文化和自然遗产公约》的约定，一切改变遇真宫现状的做法，都必须向联合国教科文组织世界遗产委员会报备后才能实施。南水北调中线工程中遇真宫的保护方式是否科学合理，直接关系到中国政府对待世界文化遗产的态度，因此，为慎重保护好这一世界级文物建筑，在制定丹江口水库湖北省淹没区文物保护规划时，将遇真宫作为特殊项目单列出来。提出建议由国家文物局组织或授权湖北省文物局组织有关部门和学术界、工程部门的专家在充分论证的基础上制定保护方案，报世界遗产组织备案后实施。

2004年3月，湖北省文物局组织相关专家对《南水北调中线工程丹江口水库淹没区湖北省文物保护规划》进行评审。参加会议的有湖北省文化厅厅长蒋昌忠，湖北省文物局南水北调工程文物保护工作领导小组组长、省文化厅副厅长、省文物局局长沈海宁，副组长省文物局副局长王建刚、吴宏堂（兼办公室主任）及省文物考古研究所所长王红星，领导小组办公室副主任王风竹、官信等，与会的专家有中国工程院院士、武汉岩土力学研究所所长葛承雍，北京大学教授高崇文，中国社会科学院考古研究所副所长、研究员王巍，华中理工大学教授张良皋、李晓峰，湖北省社会科学院研究员张正明、刘玉堂，中南建筑设计院教授级高工高介华，武汉大学教授朱雷、杨宝成、陈伟，武汉理工大学教授李百浩，湖北省文管会研究员胡美洲、孙启康，湖北省文物考古研究所原所长、研究员陈振裕等。会后，规划组根据专家评审提出的意见，对规划进行修改完善后，正式上报国家文物局。

2004年4月6～9日，国家文物局在北京召开了“南水北调中线工程文物保护规划论证会”，会议由国家文物局文物保护与考古司副司长关强主持，国家文物局副局长张柏到会讲话。会上专家组在详细听取南水北调中线工程丹江口水库淹没区涉及的湖北省和河南省的工作情况汇报后，对湖北和河南省文物局提交的《南水北调中线工程丹江口水库淹没区文物保护规划》进行了充分论证，与会专家和领导一致同意两省提交的《南水北调中线工程丹江口水库淹没区文物保护规划》，并认为南水北调工程规划编制汇总单位应尽快与文物部门一起，在现有工作成果的基础上，共同进行实地复核，对已有规划进一步修改完善并纳入《南水北调工程文物保护专题报告》，上报有关部门审批，全面启动南水北调中线工程丹江口水库淹没区文物抢救和保护工作，减少工程建设对文物的影响和进一步破坏。

（四）文物保护专题报告汇总编制

南水北调工程中的文物保护工作是南水北调工程建设的重要组成部分。做好南水北调工程涉及区域的文物保护工作是工程建设者和文物工作者的共同责任。南水北调中线工程丹江口水库文物保护规划是丹江口水库大坝加高工程建设征地及移民安置规划的重要内容之一，按照水利部《关于进一步加强南水北调东线中线一期工程总体可行性研究工作的通知》要求，南水北调一期工程总体可行性研究报告要在2004年12月底前完成。为了规范南水北调工程文物保护前期工作，根据水利部南水北调规划设计管理局《关于编制南水北调工程文物保护专题报告工作大纲的函》（调水综〔2004〕35号）的要求，长江水利委员会长江勘测规划设计研究院和中国文物

葛修润、王巍、张正明、张良皋、高崇文等与会专家发言

研究所共同编制了《南水北调东、中线文物保护专题报告工作大纲（送审稿）》。

2004年8月2～3日，水利部水利水电规划设计总院、水利部南水北调规划设计管理局在北京分别组织召开了“南水北调东线、中线一期工程文物保护专题报告编制大纲审查会”和“南水北调工程文物保护专题报告编制工作会议”，国务院南水北调办环境移民司副司长袁松龄、国家文物局文物保护司副司长关强等领导，故宫博物院张忠培、中国社会科学院考古研究所徐光冀等特邀专家，南水北调工程沿线各省南水北调办、文物局、设计院有关负责同志共70余人出席会议。会议听取了国家有关部门领导的指示和长江勘测规划设计研究院、中国文物研究所关于《南水北调东、中线文物保护专题报告工作大纲（送审稿）》编制的情况汇报，并根据国家有关法律法规和三峡等特大型建设工程文物保护的实施情况，就南水北调一期工程文物保护工作的指导思想、原则、依据、范围、方法、内容、组织和分工、进度和成果等进行了认真的讨论，会议认为《南水北调东、中线文物保护专题报告工作大纲（送审稿）》基本符合国家现行的法律、法规和技术标准，经过适当补充、修改和完善后，可以作为南水北调一期工程文物保护规划设计工作依据，原则通过了《南水北调东线、中线一期工程文物保护专题报告编制大纲》。在此后召开的“南水北调工程文物保护专题报告编制工作会议”上，进一步就开展南水北调工程文物保护专题报告的编制工作，南水北调工程文物保护前期工作交流经验进行了部署，明确了任务，落实了责任。要求南水北调工程沿线各省在11月底前完成文物保护专题报告的编制工作，分别由长江水利委员会和淮河水利委员会汇总，经国家文物局、国务院南水北调办同意后，纳入南水北调东线、中线一期工程总体可研报告。

在上述两次会议的基础上，为推动南水北调工程文物保护工作，2004年8月31日，水利部办公厅印发了《关于加快南水北调工程文物保护前期工作的通知》，进一步明确了加快做好南水北调文物保护前期工作的有关事项。

召开“南水北调工程湖北库区文物保护工作座谈会”（2006年9月）

各地按照《南水北调东线、中线一期工程文物保护专题报告编制大纲》的要求，在前期积极开展文物调查、复核工程淹没范围内的文物数量，评估文物价值，提出文物保护方案及投资估算等工作的基

召开湖北省“文物保护世纪行——南水北调工程文物保护宣传行动”座谈会（2008年11月）

础上，编制本省文物保护专题报告。

南水北调中线工程丹江口水利枢纽大坝加高工程文物保护专项工作，属于南水北调中线丹江口水利枢纽大坝加高工程前期工作的组成部分，根据国家发改委、水利部、国务院南水北调办公室和国家文物局《南水北调工程文物保护工作协调小组第一次会议纪要》的要求，由长江水利委员会组织，各有关文物业务单位分区域（或项目）开展文物核查和规划工作，长江水利委员会长江勘测规划设计研究院参加核查和规划，并负责汇总工作。此后，在南水北调中线水源有限责任公司、湖北、河南两省南水北调办公室、移民主管机构与文物行政主管部门的组织协调下，长江水利委员会分别与湖北和河南省文物考古研究所签订规划委托合同，在两省规划成果的基础上，由长江水利委员会长江勘测规划设计研究院汇总全库区文物保护专题报告，统一纳入《南水北调东线、中线一期工程总体可研报告》。

2004年9月，水利部成立了以故宫博物院原院长张忠培先生为组长，水利部教授级高工高安泽为副组长，文物、工程方面的七位专家组成的“南水北调工程文物保护前期工作专家组”。同月，长江水利委员会召开“南水北调中线工程丹江口大坝加高工程库区文物保护规划协调会议”，成立《南水北调中线工程丹江口水库文物保护前期工作领导小组》，聘请张荣国、高崇文为组长，由文物、淹没、概算方面的13位专家组成的“南水北调中线工程丹江口水库文物保护前期专家工作组”。专家工作组会议讨论并通过了长江水利委员会长江勘测规划设计研究院组织编写的“丹江口大坝加高工程水库淹没区文物保护专题报告编制细则”。

2004年10月，受长江水利委员会的委托，湖北省文物考古研究所组织有关单位文物工作者，以湖北省文物局2004年4月组织编制的《南水北调中线工程丹江口水库淹没区湖北省文物保护规划》为蓝本，按照长江勘测规划设计研究院确定的技术要求，对淹没区海拔157米以下、157—172米范围的地下、地面文物进行全面复查和补查，有选择、有重点地对北泰山庙墓群、辽瓦店子遗址等6处地下文物点进行勘探，面积达14万平方米，对丹江口熊家庄遗址、郧县老幸福院墓群进行试掘，同时，对地面有代表性的庙观、宫殿、民居等进行分类测绘，选择丹江口浪河老街、郧县大成殿、武当山襄府庵等古建筑进行测绘和概算编制，形成三份地面搬迁保护项目的单价测算和分析报告，最终形成《丹江口水利枢纽大坝加高工程水库淹没区湖北省文物保护专题报告》，收入文物点241处，其中地下文物点210处，地面文物点31处，共需文物保护经费39790万元（不包括遇真宫文物保护经费）。报告在建议中关于遇真宫保护问题提到：遇真宫是世界文化遗产武当山古建筑群的一部分，处在170米方案淹没线以下，实施南水北调工程将完全淹没该建筑。由于遇真宫等级高，占地面积大，保存完好，非一般常规保护措施所能处理。特别是根据《保护世界文化和自然遗产公约》的约定，一切改变遇真宫现状的做法，都必须报联合国教科文组织遗产委员会认同，才能实施。在南水北调中线工程中，遇真宫的保护方式是否科学合理，直接关系到中国政府对待世界文化遗产的态度，因此，为慎重保护好这一世界级文物建筑，规划中将遇真宫作为特殊项目单列出来。建议国家有关部门和学术界、工程部门进一步研究探讨，共同寻找解决问题的最佳办法。

2004年11月，长江水利委员会长江勘测规划设计研究院对武当山遇真宫三种保护方案（工程防护、搬迁保护、原地垫高）进行比选。

2005年1月，长江水利委员会召开“南水北调中线工程文物保护专题报告编制会议”，长江勘测规划设计研究院与相关文物业务单位和南水北调中线工程办公室就文物保护专题报告的若干编制原则交换意见。

2005年2月，湖北省人民政府印发

太子坡的绿

《湖北省人民政府关于加强湖北境内南水北调中线工程涉及地区文物保护工作的通知》（鄂政办函〔2005〕23号），对于系统做好湖北省南水北调工程文物抢救保护工作提出了明确要求，进行了全面部署。

2005年4月，长江水利委员会召开“南水北调中线工程文物保护专题专家咨询会”，对长江勘测规划设计研究院汇总编制的《南水北调中线一期工程文物保护专题报告》进行咨询，与工程涉及的五省（市）调水、文物管理部门及业务单位一起，对专题报告与各省（市）分项成果之间存在的差异进行沟通、讨论、协商，并对如何修改和完善提出咨询意见。此后，又相继召开工作会议，研究确定修改专题报告的工作程序，与河北、河南、湖北三省就专题报告中文物保护的工作量交换意见，并于2005年6月汇总编制完成了《南水北调中线一期工程文物保护专题报告（送审稿）》。2005年8月10～12日，水利部水电规划设计总院受相关主管部门委托，组织文物、水利、移民、概算等方面的13位专家，在北京召开“南水北调中线一期工程文物保护专题报告审查会”，会议组由中国文物研究所研究员黄景略为组长、水利部教授级高工高安泽、中国社会科学院考古研究所研究员徐光冀为副组长，对报告进行了认真的讨论和评审，认为该报告的编制完成为全面开展南水北调中线一期工程的文物保护工作奠定了坚实的基础；报告在2005年4月咨询稿的基础上，根据专家咨询意见进行了修改和完善，具有较强的可操作性；经过反复核实的文物实物指标基本准确，文物保护措施基本可行，投资估算编制的原则和依据基本合理。报告中对武当山遇真宫的保护推荐采取工程防护（方案三）方案，总费用5604.6万元。

武当山紫霄宫大殿全景

2005年12月，长江水利委员会长江勘测规划设计研究院完成《南水北调中线工程可行性研究总报告》的汇总编制工作，其中附件四是《工程建设征地移民规划设计报告》（编号：S71F05-036X），共有四个分册，第一分册为水源工程，第二分册为输水工程，第三分册为汉江中下游治理工程，第四分册是文物保护规划。

在第四分册文物保护规划中，确定的文物实物指标涉及丹江口水库（含河南）淹没区共有文物295处，其中地下文物260处（古人类与生物化石地点73处，古文化遗址90处、古墓葬97处）；地面文物35处（湖北22处、河南13处）。根据价值对所有文物点进行评估，采取分级（A、B、C、D四个等级）保护。对库区A、B、C三个等级的地下文物进行661805平方米的考古发掘；对地面文物采取搬迁、原地保护、登记建档等方式保护，规划搬迁保护21处，面积8693平方米。规划确定开展上述丹江口水库的文物保护经费共计50871.1万元。

文物保护规划的第三部分单独对遇真宫保护方案进行了详细介绍，对遇真宫保护初步提出三种方案。

第一为工程防护方案，即在水磨河右岸一级阶地布置防护堤，在防护堤后开挖排水沟汇集区内来水，通过闸、站排出区外。根据防护区地质地形条件，工程防护方案可继续分解为大防护方案、小防护方案、中防护方案三个子方案，经综合比较，推荐方案三即中防护方案，按2004年价格

丹江口水库与武当山（张波）

水平工程投资为4630.61万元，计入工程运行费后总费用为5604.6万元。

第二为垫高方案，将遇真宫区域高程低于172米的部分全部回填垫高，回填分两部分：遇真宫围墙外推5米，北侧接316国道，垫高至高程175米，围墙外面垫高至172米，并尽可能保持遇真宫与周边环境的协调一致，垫高后统一绿化。同时拟定了两个方案进行比较，方案一为局部垫高，即只垫高遇真宫围墙范围与316国道衔接部分；方案二为扩大范围垫高方案，即较好地体现文物保护原址、原样、原环境的基本准则，其周边环境有较大的可塑性。报告倾向推进方案二，按2004年价格水平，工程总投资为3227.38万元。

第三为异地搬迁方案，拟将遇真宫整体搬迁至距现址5千米处的朱家洼，需征用土地45亩（耕地）。按2004年价格水平计算，总投资为806.83万元。

文物保护规划报告认为，遇真宫保护方案的权衡首要问题不在投资，关键在于如何更有效地保护好文物。报告在遵循“对文物保护单位应当尽可能实施原址保护”，体现“不改变文物原状，减少对文物的干预”“全面的保护并延续其历史信息及全部价值”和“对世界文化遗产武当山道教建筑群内的遇真宫要原址保护”的专家论证意见，认为工程防护方案既能最大容量地保存遇真宫文物的各种文化信息，同时为武当山古建筑群这一世界文化遗产增添一处全新的景点，做到文物保护与开发利用的“双赢”，最终建议对遇真宫保护采取工程防护方案，总费用5604.6万元。

三、武当山古建筑群概况及价值

（一）武当山古建筑群总体情况

武当山地处湖北省十堰市武当山旅游经济特区内，又名太和山、参上山、谢罗山和仙室山等。从地理位置看，武当山属秦岭的余脉大巴山脉的重要组成部分，呈近东西方向分布。古有“八百里武当”之说，地貌雄奇幽秀，众多奇峰幽涧和岩、潭、泉、石错落有致地分布于最高峰——天柱峰周围，在方圆30余平方千米的范围内有大小山峰72座，可谓峰奇谷险，风景秀丽。天柱峰，海拔1612米，四周群峰围绕并呈向主峰倾斜分布，形成“七十二峰朝大顶”的“万峰来朝”奇观。

关于武当山名称的来历一直有不同

武当山金顶

云卷云舒天柱峰

的说法，“武当”之名最早出现在《汉书》中，汉末至魏晋隋唐时期，这里是求仙学道者的栖隐之地。相传东晋谢允、唐吕洞宾等道教名流均曾于此修炼。他们赋予武当山以“太和”“仙室”等具有道教色彩的名称。到了宋代，道经开始将传说中的真武神与武当山联系起来，将武当山附会成真武的出生地和飞升处。元代，道士刘道明所撰的《武当山福地总真集》提到真武在此修道成功，飞升之后，此山非真武不足以当之，由此而得名“武当山”。武当山得到历代皇帝的重视，大约从唐代开始，被封为“武当”，唐贞观年间（627～649年），唐太宗诏武当节度使姚简到武当山祈雨而应，敕建“五龙祠”，可见其地位的重要。明代以来，武当山进一步得到皇家的青睐，先后被尊称为“大岳”“太岳”“玄岳”等。从明永乐十年（1412年）明成祖朱棣开始大修武当山，明永乐十五年（1417年）武当山被封为“大岳”，位列五岳之上；明嘉靖三十一年（1552年）敕建“治世玄岳”石牌坊一座，被封为“玄岳”。通过三十多年的大规模修建，武当山宫、观、庙、堂遍布，成为至高无上的“皇室家庙”，为五岳之冠，并最终发展成为我国道教第一名山。

武当山不仅有独特而绚丽的自然景观，尤为令人沉醉和称赞的是这里还有着厚重的历史文化和丰富多彩、令人叹为观止的人文景观。从唐代开始一直到明清时期，经历朝历代的修建，形成了武当山独有的规模庞大、特色鲜明的古建筑群。武当山最早的古建筑是始建于唐代贞观年间（627～649年）的五龙观（祠），至宋徽宗宣和年间（1119～1125年）在武当山又建紫霄宫，但唐、宋时期兴建的这些宫殿建筑都毁于宋元交兵及元末战乱而没有得以完整地保留下来。现存武当山古建筑群总体布局是明代永乐年间才逐渐形成的，据史载，朱棣皇帝敕建皇家道场，派遣道录司右正一孙碧云勘测设计“相其广狭，定其规制，朕将卜日营建”。孙碧云为在这座大山上体现“君权神授”的寓意，在全面勘察了武当山内外地理环境和山峦分布与山势地貌后，得出将玄武修仙的故事融入大武当独特的自然山水之中，让这座南方奇特的大山体现出至高无上的皇权的规划理念，得到了朱棣皇帝的肯定。为把武当山作为皇室家庙建设，在“北建故宫”及太庙、社稷坛、天坛等建成后，明永乐十年七月十一日（1412年7月11日），朱棣用黄榜昭告天下，为“祈福于天，同乐太平”，开始“南修武当”，遣工部侍郎郭琎、隆平侯张信、驸马都尉沐昕、礼部尚书金纯等“统领天下亿万钱粮”，先后率近30万众进驻武当山，开始了历时13年的大规模建设，从均县（属丹江口市，现已淹没在丹江口水库中）城内的静乐宫到武当山天柱峰上的太和宫金顶沿线，相继建成静乐、迎恩、遇真、玉虚、紫霄、五龙、南岩、清微、太和等九宫八观、十二亭、三十六庵堂、三十九桥梁、七十二岩庙等，共计33组建筑群落；至明嘉靖三十一年（1552年）又增修扩建，形成了长达60千米，殿宇房屋2万多间，100多里石蹬道，建筑面积160余万平方米的规模宏大的武当山古建筑群，堪称明代“皇家建筑博物馆”。

1994年12月，武当山古建筑群被联合国教科文组织列入《世界遗产名录》，共包括49处遗产点。2006年，武当山建筑全部被国务院列入全国重点文物保护单位，包括66处文物点，现存建筑面积2.7万平方米，占地面积20多万平方米；武当山博物馆及山上部分宫观现存各类珍贵文物6599件（其中一级文物919件，二级文物204件，三级文物4603件，未定级文物897件）。

武当山金顶雪景

武当山金殿翼角上的仙人及神兽

磨针井

太子坡全景

按照真武修仙的路线进行统一规划布局的武当山古建筑群，是以天柱峰太和宫金殿为中心，以官道和上山朝拜的古神道为轴线向四周和山下辐射，采用皇家建筑规制统一设计，在官道和古神道的沿路依山就势，并依从道教礼仪的需要布局修建相应的宫、观、庵、庙，从而形成主题突出、尊崇有序、气势磅礴、规模宏大的建筑群。从山下的静乐宫开始一直到武当山金顶，整个建筑群绵延60千米，体现了道教“天人合一”的思想，明代洪翼圣的《武当道中杂咏》中“五里一庵十里宫，丹墙翠瓦望玲珑。楼台隐映金银气，林岫回环画境中。门裂双岩容马度，天开一径许人通，当年丹灶传犹在，羽翮何由矗碧空”是对武当山古建筑群的最好写照。而顺应自然之道，遵循客观规律规划建造的皇家道场中的一些宫观建筑和地名都有特别的寓意，如依山就势体现静乐国太子寂寞修行的住地“太子坡”、太子进山与母后作别的“上下十八盘”、太子拔剑劈山成河的“剑河”、太子九渡剑水不能入山的“九渡涧”、太子在道教神仙紫原真君的点化下回头苦读修行的“复真观”“磨针井”等，是把太子入山修道的故事融入了武当山的山水之间，每个建筑都有特别的构思，建筑或大或小，或富丽堂皇或端庄朴实，但无不寓意深远，这也是武当山古建筑群作为世界文化遗产的独特之处。

武当山古建筑群从唐代开始陆续修建，后经历代屡次废兴，现存比较完好的古建筑有100余处，近千间，其中最有代表性的有太和宫及金殿、紫霄宫、南岩宫、玉虚宫、“治世玄岳”牌坊等。武当山古建筑的修建严格尊崇道教崇尚自然“天人合一”的思想，最大限度地保持了武当山独特的自然地理风貌。在规划和建设武当山宫观庙庵的过程中，匠人们很好地遵从了明成祖朱棣提出的“相其广狭”“定其规制”和“其山本身分毫不要修动”的原则，充分利用武当山以最高峰天柱峰为中心的众多峰峦的高大雄伟和散落其间那些岩涧的奇峭幽邃的特点，借用山形地势和峰峦叠嶂的自然环境布置出或气势宏伟、大气磅礴，或依山就势、小巧玲珑的一个个建筑单元，它们都恰到好处地建造在峰、峦、岩、涧的不同位置上，错落有致、时隐时现，玄妙超然，与大山很好地融为一体。沿着古神道拾级而上，你会感到这些或大或小、或高或低的建筑会在恰当的时候自然而然地出现在你的视野里，让你朝圣的内心怦然而动，顿受涤荡，建筑与环境融为一体，宛若天成。

（二）武当山世界文化遗产的申报

中华人民共和国成立以来，中央和省、市地方政府对武当山文物保护工作高度重视。早在1955年湖北省人民委员会公布的湖北省文物保护单位第一批名单中，就将“武当山及其附近明代建筑群”明确列入并加以保护。1961年3月，国务院《关于公布第一批全国重点文物保护单位的通知》公布的180处国保单位中，武当山金殿就被列入。1982年2月，国务院《关于公布第二批全国重点文物保护单位的通知》公布的62处国保单位，武当山紫霄宫名列其中。1988年，国务院《关于公布第三批全国重点文物保护单位的通知》公布的258处国保单位中湖北共有12处，武当山“治世玄岳”牌坊被列入。几十年来，一代代文物保护工作者为保护武当山古建筑群做了大量工作，各级政府及社会各界也给予诸多关心和支持。

1990年1月，时任中共中央政治局常委、中央书记处书记的李瑞环同志视察武

武当山太子坡九曲黄河墙

当山，强调武当山古建筑要保持原貌原样，要做好宣传推介工作，要求当地政府要切实加强文物保护工作，管理好这批难得的历史文化遗产。

1991年4月23日，国家文物局张德勤局长专程到武当山考察调研，对武当山文物保护的情况有了深入的了解。当年，国家文物局进一步加大了对武当山文物保护工作的支持力度，下拨了武当山文物保护专项经费，武当山玉虚宫成为首批重点文物抢救保护项目。

同时，国家文物局派出文物保护及世界遗产方面的专家组成武当山文物考察专家组，黄景略、马自树等专家参加了这次对武当山古建筑群进行的实地勘察，提出了存在的问题和工作建议。专家们认为武当山历经500余年风雨，仍保持了明初的风格，为明初国家政治、经济和中国宗教发展的实物见证，应积极采取有效的保护措施，抢救保护好这些珍贵的遗产。考虑到地方财力有限，专家们又积极向中央反映情况，呼吁国家要加大投入，切实做好重要文物的抢救性保护。

1992年5月，“全国文物工作会议”在西安召开，会议决定全国每年递增8000万元文物保护经费，用于抢救重要的文化遗产。为积极争取国家对武当山文物保护维修工作的重点支持和国家文物局资金向湖北特别是武当山倾斜，时任湖北省文化厅副厅长胡美洲先生提出要争取将武当山列入“九五”计划国家重点支持项目，同时应该借国家重点支持抢救武当山遗产的机

紫霄宫玄帝殿

遇，把武当山古建筑群推向世界，争取列入《世界遗产名录》。1992年9月，丹江口市政府正式向省政府提出了将武当山古建筑群列入世界文化遗产名录的书面申请，与此同时，湖北省文化厅也向国家文物局提交了《关于将武当山古建筑群列入世界文化遗产的请示》的正式报告。

国家文物局对湖北省提出武当山古建筑群申报世界文化遗产的请示高度重视，1993年5月，国家文物局组织国务院顾问、故宫博物院原院长单士元，国家文物局专家组顾问、七届全国政协委员郑孝燮，国家文物局古建筑专家组组长、著名古建筑保护专家罗哲文等著名专家组成的文物考察组，对武当山古建筑群再次进行深入考察调研。专家们对武当山外部条件及环境、武当山总体规划和重点风景区的规划、防止破坏性建设等方面提出了具体意见，罗哲文先生指出"我们要像保护眼睛一样保护文物。文物不像新建筑，它不能再生，毁一件少一件。文物要发挥作用，一保二用是大课题"，专家们对武当山申报世界文化遗产工作表示积极支持，建议搞好保护。8月，国家文物局明确将武当山等五处文化遗产作为我国第四批申报世界文化遗产项目。为做好武当山申报世界文化遗产的环境整治工作，10月，全国人大执法检查组到武当山检查《文物保护法》贯彻落实情况，对武当山存在的违章建筑，要求迅速整治。

1993年下半年，国家文物局正式向联合国教科文组织提交《武当山古建筑群 Wudang Mountain Ancient Building Groups》申请列入《世界遗产名录》文本。该文本对武当山历史、现状和价值在文本的概述部分，是这样描述的：

武当山金殿

神光普照（紫霄宫内部陈设）

武当山，又名太和山，唐贞观年间（627～649年）武当节度使姚简在此祷雨成功，“太宗敕于中山别创五龙祠”，其后建太乙、延昌两庙，乾宁三年（896年）建威武公新庙。宋天禧二年（1018年）宋真宗扩建五龙祠，更祠为观，其后建紫霄观、老君庵、仙关。元至元二十二年（1285年）元世祖敕修五龙观，升观为宫，大德八年（1304年）建福地门，封“武当福地”。先后建天乙真庆宫、玉虚岩、雷神洞、尹仙岩等。明初，成祖鼓吹“天人合一”，于永乐十年（1412年）遣隆平侯张信、驸马都尉沐昕、礼部尚书金纯、工部侍郎郭琎等400多名高级官员，率20余万军民工匠，经13年建成八宫、二观、三十六庵堂、七十二岩庙的硕伟建筑群，封为“大岳太和山”“设官铸印以守”。嘉靖三十一年（1552年），明世宗又拨皇帑银11万两，重修武当，封为“治世玄岳”。至此，武当山以雄伟的建筑规模著称于世。

玉虚宫

从内容上看，武当山唐宋建筑大多坍塌，成为遗址，少数经后代改建已不复原貌。元代建筑多为石结构，建筑在峰岩洞穴及险要处，以天乙真庆宫石殿、龙头香、雷神洞、尹仙岩等为代表，另有古铜殿（铜构建筑珍品）。现存最完整、最具体系的是经明代营建所形成的以宫观为主体的古建筑群。它有以下特点：①有统一规划，皇帝直接过问勘测、设计和施工；②建筑规模巨大，整体性强，全山建筑以金殿为中心，宫、观、庵、堂按序列形成不同规制，具有很强的等级观念；③建筑结构以木结构为主，有穿斗式、抬梁式、混合式等，各具章法，为中国木结构建筑集大成者；④宫观内附属泥塑、铜铸鎏金神像、供器等，品位高、数量多，并与建筑融为一体。

现状：武当山古建筑群因1958年兴建丹江口水库淹没一部分，大部分保存完整，现存太和、南岩、紫霄、遇真四宫及玉虚、五龙二宫遗址，元和、复真二观及大量庵堂、神祠岩庙等，共有庙房千余间，建筑面积五万平方米，占地百余万平方米。中国政府为保护这一珍贵遗产颁布了一系列政策和法规，并于1961年成立了武当山文物管理所，对此进行了精心的护理和维修保护。

价值：①以元代天乙真庆宫石殿、龙头香和明代天柱峰紫禁城、玄岳门等为代表的石雕建筑标志着元明时期独特的艺术，是天才创造力的杰作。②古建筑总体规划中所体现出的人、仙、神三境界和术数观念，使“山川冲和之气融结于斯，与神相为表里”。是中国古代建筑环境学的科学结晶，对中国明清宫殿建筑总体规划具有相当程度的影响。③铸于元大德十一年（1307年）的古铜殿独具一格，是中国现存最早的古铜殿。④建于明永乐十四年（1416年）的铜铸鎏金金殿，代表了明代文化、社会、艺术、科学、技术和冶金工业的最大发展。⑤以木构为主的建筑群，集南北建筑方法于一体，有穿斗和抬梁构架及悬柱、悬空楼阁；在建筑空间上形成祠庙附属庵观，再附属宫殿，统属金殿的总格局。既有山地护卫形空间，又有庄严肃穆的对称形四合院空间，以及江南园林注重幽静曲折多变的形式，是人类住所的典型范例。因木构本身的抗腐蚀的物理性能有限，加上山地气候环境的影响，部分建筑岌岌可危。⑥依据真武修仙坐镇武当、号令群真的传说而修建的古建筑群，体现了创建者“皇权神授”的思想，是明初“靖难之役”、明惠帝出逃等重大历史事件的实物见证，亦是武当道形成独立道教派别的实物见证。

1994年1月，国家文物局确认：武当山古建筑群申报世界文化遗产材料已通过联合国教科文组织初步审议，并在世界遗产中心注册。1994年5月25～26日，联合国世界遗产专家来自印度的考斯拉先生和

玉虚宫碑亭

南岩宫龙头香

南岩宫龙头香

来自印度尼西亚的苏敏塔迦先生来湖北武当山开展申遗前的现场考察评估工作，先后考察了武当山金顶等10处古建筑，并召开有省市及武当山有关方面参加的座谈会，会上考斯拉表示："武当山是世界上最美的地方之一，因为这里融汇了古代的智慧、历史的建筑和自然美景。"苏敏塔迦则称赞道："中国的伟大历史，依然留在武当山。"此次考察国际专家对武当山古建筑群的价值给予充分认可和高度评价，这对武当山古建筑群正式列入《世界遗产名录》起到了决定性的作用。

1994年7月，联合国教科文组织世界遗产中心的主席团会议在巴黎召开，会上武当山古建筑群申遗通过初步评审，注册编号705，同时主席团会议明确提出：希望中国政府提供有关该遗产管理的详细计划，并就武当山较偏远地区庙宇保护措施做出保证。此后，在湖北省文化厅的积极协调推动下，丹江口市陆续有针对性地开展了《武当山文物保护管理办法（试行）》《武当山文物保护管理五年计划》《武当山风景区环境保护规划图》《关于加强武当山较偏远古建筑保护管理的通知》等法规和文件的准备，后经湖北省文化厅审核作为补充材料及时通过国家文物局提交给世界遗产组织。

1994年12月15日，世界遗产委员会第十八届理事会三次全体会议表决通过：中国湖北武当山古建筑群、西藏布达拉宫、河北承德避暑山庄、山东曲阜孔林孔庙孔府，被联合国教科文组织列入《世界遗产名录》。1995年6月29日，联合国教科文组织和中国国家文物局在北京人民大会堂举行隆重的世界遗产证书颁发仪式。武当山被授予《世界遗产名录》证书。

根据世界文化遗产遴选标准，武当山古建筑群符合世界文化遗产的第Ⅰ、Ⅱ、Ⅵ三条标准而被世界遗产组织列入《世界遗产名录》。世界遗产委员会的评价是："武当山古建筑中的宫阙庙宇集中体现了中国元、明、清三代世俗和宗教建筑的建筑学和艺术成就。古建筑群坐落在沟壑纵横、风景如画的湖北省武当山麓，在明代期间逐渐形成规模，其中的道教建筑可以追溯到公元七世纪，这些建筑代表了近千年的中国艺术和建筑的最高水平。"

武当山古建筑群被列入世界文化遗产的主要代表性文化遗产点包括：太和宫、

世界遗产专家考察武当山

太和宫远眺

紫霄宫、南岩宫、复真观、"治世玄岳"牌坊等。

太和宫：位于武当山主峰天柱峰的南侧，包括古建筑20余栋，建筑面积1600多平方米。太和宫主要由金殿、古铜殿、紫禁城等建筑组成。金殿，始建于明永乐十四年（1416年），位于天柱峰顶端的石筑平台正中，铜铸仿木结构宫殿式建筑，是我国现存体量最大的铜铸鎏金大殿。面积约160平方米，朝向为东偏南8°。殿面阔与进深均为三间，面阔4.4、进深3.15、高5.54米。莲花柱础，四周立柱12根，柱上叠架、额、枋及重翘重昂与单翘重昂斗拱，分别承托上、下檐部，构成重檐庑殿式屋顶。正脊两端铸龙吻对峙，垂脊园和。翼角舒展，其上依次装饰有仙人、龙、凤、狮子、海马、天马等灵禽瑞兽。四壁于立柱之间装四抹头格扇门。殿内顶部作平棋天花，铸浅雕流云纹样，线条柔和流畅。地面以紫色石纹墁地，洗磨光洁。屋顶采用"推山"做法为特点。殿内于后壁屏风前设神坛，塑真武大帝铜质坐像，左侍金童捧册，右侍玉女端宝，水火二将，执旗捧剑拱卫两厢。坛下玄武一尊，为金婉合体。坛前设香案，置供器。神坛上方高悬镏金匾额，上铸清圣祖爱新觉罗·玄烨手迹“金光妙相”四字。殿外檐际，悬盘龙斗边镏金牌额，上竖铸“金殿”二字。殿体各部分采用失蜡法铸造，遍体镏金，不论是瓦作还是木作构件，均结构严谨，合缝精密，虽经500多年的严寒酷暑，至今仍辉煌如初，显示我国古代铸造业发展的高超水平。古铜殿，位于天柱峰前小莲峰上。元代大地十一年（1307年）铸，高3、阔2.8、深2.4米，悬山式屋顶，全部构件为分件铸造，卯榫拼装而成，各铸件均有文字标明安装部位，格扇裙板上铸有“此殿于元大德十一年铸于武昌梅亭万氏作坊”，是中国现存最早的铜铸仿木结构建筑。紫禁城，又名皇城，永乐十七年（1419年）敕建，是一组建筑在悬崖峭壁上的城墙，环绕于主峰天柱峰的峰顶。周长345米，墙基厚2.4、墙厚1.8米，城墙依山势高度不等，最高处达10米，用条石依岩砌筑，每块条石重达千斤，城墙采用一定比例收分，外看向内倾斜，围绕山顶的金殿十分壮观。城墙四个方向，建有东、南、西、北四座石雕仿木结构的城楼象征天门，其中只有南天门可通内外，为出入紫禁城的通道，其他三个门都是假做实封，实际不能通行。紫禁城选址奇特、造型雄伟、用料讲究、工程浩大，历经600年风雨依然基稳石固、宏伟壮美。

南岩宫：位于独阳岩下，海拔965米。南岩因上接碧霄，下临深涧，以峰峦秀美而著名。南岩区域的宫殿建筑始建于元至元二十二年至元至大三年（1285～1310年），后大都毁于兵火，明永乐十年（1412

武当山金殿供奉真武像

金殿匾额及斗拱

金殿匾额特写

年）敕建玄帝殿等，清同治元年（1862年）先后得到两次大规模扩建。现保留有天乙真庆宫石殿、两仪殿、龙虎殿、皇经堂、八封亭、大碑亭和南天门等建筑物，共21栋，建筑面积3505平方米，占地9万平方米。主体建筑天乙真庆宫石殿，建于元至大三年（1310年）以前，面阔11、进深6.6、通高6.8米，梁、柱、门、窗等均以青石雕凿而成。顶部前坡为单檐歇山式，后坡依岩，做成悬山式，檐下斗拱均作两跳，为辽金建筑斗拱的做法。石殿是武当山年代最早、现存最大的石殿。龙头香，长3、宽仅0.33米，为真庆宫石殿向外伸出的一个雕龙石梁，上雕盘龙横空挑出，下临深谷，龙头上置一小香炉，号称天下第一香——龙头香，状极峻险，具有较高的艺术性和科学性。

紫霄宫：位于武当山东南的展旗峰下，始建于北宋宣和年间（1119～1125年），明永乐十一年（1413年）重建，明嘉靖三十一年（1552年）扩建，清嘉庆八年至二十五年（1803～1820年）大修，素有“云外清都”的美誉。现存有建筑29栋，建筑面积6854平方米。中轴线上为五级阶地，由上而下递建龙虎殿、碑亭、十方堂、紫霄大殿、圣文母殿，两侧以配房等建筑分隔为三进院落，构成一组殿堂楼宇、鳞次栉比、主次分明的建筑群。宫的中部两翼为四合院式的道人居所。宫内主体建筑紫霄殿，建在三层石台基之上，台基前正中及左右侧均有踏道通向大殿的月台。大殿面阔进深各五间，高18.3、阔29.9、深12米，面积358.8平方米。共有檐柱、金柱36根，排列有序。大殿为重檐歇山顶式大木结构，由三层崇台衬托，比例适度，外观协调。上下檐保持明初以前的做法。柱头和斗拱显示明代斗杠的特征。殿内金柱斗拱，施井口天花，明间内槽有斗八藻井。明间后部建有刻工精致的石须弥座神龛，其中供玉皇大帝、左右胁侍神像，其建筑式样和装饰具有明显的明代特色。屋顶全部盖孔雀蓝琉璃瓦，正脊、垂脊和戗脊等以黄、绿两色为主镂空雕花，装饰丰富多彩华丽，为其他宗教建筑所少见。是武当山古建筑群八大宫观中规模最为宏大、保存最为完整的一处道教建筑。

“治世玄岳”牌坊：又名“玄岳门”，位于武当山镇东4千米处，是进入武当山

南岩宫远眺

南岩宫远景

神界的第一道门户。牌坊始建于明嘉靖三十一年（1552年），为石质仿大木建筑结构，三间四柱五楼牌坊，高11.9、阔14.5米。坊身全部以榫卯拼合，明间与次间之比为5∶3。坊柱方形高6.4米，柱周设夹杆石以铁箍加固。柱顶架龙门枋，枋下明间为浮雕大小额枋，以卷尾龙鱼为雀替，承托浮雕上、下枋，枋间嵌夹堂花板，构成明间高敞、两侧稍低的三个门道。正楼架于龙门枋上，明间左右立枋柱，中嵌矩形横式牌匾。次间各分两层架设边楼、云板与次楼，构成宽阔高耸的正楼、边楼，由上而下逐层外展的三滴水歇山式的坊楼，中嵌横式牌匠刻明世宗嘉靖皇帝赐额“治世玄岳”，赋予武当山极高的地位。此坊结构简练，构件富于变化，全用榫卯拼合，装配均衡严谨，坊身装饰华丽，雕刻精工，运用浮、镂、线、圆及剔、凿等雕刻方法，雕刻了八仙人物、仙鹤动物和花鸟、祥云等众多图案，造型肃穆大方，做工精美，是我国南方石作牌楼之佳作，也是明代石雕艺术珍品。

复真观：也称“太子坡”，因传静乐国太子在此读书修炼得名。建于明永乐十年（1412年），清康熙二十二年（1683年）重修。位于狮子峰前，是一组建筑群，现存建筑20栋，建筑面积3505平方米，占地6万平方米。观门侧开，依山势建夹墙复道，状如游龙。观内外中轴线上有照壁、梵帛炉、龙虎殿、大殿、太子殿。左侧道院建皇经堂、芷经阁、庙亭、斋房，随山势重叠错落。前有五云楼，五层楼翼角立柱上架设12根梁枋，交叉叠阁，为大木建筑中少见的结构，有“一柱十二梁”之称。作为一组建筑群，它主体建筑纵向布局，运用对称手法设计，充分利用山地有限空间修建；附属建筑则横向展开，院落大小错落、依次布开，又依山就势，修建四座山门，用夹墙复道连接，借景造景，达到移步换景的效果，整个建筑群布局巧妙，设计完美，有“琳宫仙馆”的效果。

武当山古建筑群历经沧桑，现存道教

复真观

紫禁城石质城墙

宫殿、道观及大量神祠、岩庙。在布局、规制、风格、材料和工艺等方面都基本保存了历史原状。武当山古建筑群以真武修仙的神话故事进行统一规划布局，以天柱峰金殿为中心，通过官道和神道连接，其建筑主体以宫观中气势恢宏的宫殿为核心，庵堂神祠分布于宫观附近地带，岩庙则占峰踞险，形成巨大的建筑景观体系。明代诗人洪翼圣的诗“五里一庵十里宫，丹墙翠瓦望玲珑”是对此最好的描述。在建筑艺术、建筑美学上达到了极为完美的境界，有着丰富的中国古代文化和科技内涵，是

武当山“治世玄岳”牌坊

研究明初政治和中国宗教历史及古建筑的实物见证。武当山古建筑群具有皇家建筑的宏伟壮丽、道教建筑的神奇玄妙、园林环境的幽静典雅，总结起来还有以下主要特色。

完美的建筑规划：武当山地处秦巴山脉，主峰天柱峰一峰独秀，外围群峰拱持，形成“七十二峰朝大顶”之势。武当山古建筑群在选址上分布在以天柱峰为中心的群山之中，总体规划严密，主次分明，大小有序，布局合理。建筑位置选择注重环境，依山形水脉分布，疏密有致。建筑规划设计或宏伟壮观，或小巧精致，或深藏山坳，或濒临险崖，追求天人合一，达到了建筑与自然的和谐共存，具有浓郁的建筑韵律和适应自然的天才创造力，这也是世界文化遗产价值的突出体现。

精湛的建筑技艺：武当山古建筑群类型丰富、选址独特、用材广泛，各项设计、构造、装饰、陈设，不论木构宫观、铜铸殿堂、石作牌坊岩庙，还是鎏金、铜铸、木雕、石雕、泥塑等各类建筑技艺、工艺在大量建筑及神像上的运用，都达到了高超的技术水平与堪称伟大的艺术成就。

独特的宗教建筑：武当山古建筑群于明代达到鼎盛，特别是明代朱棣发动“靖难之役”取得皇位后，为“君权神授”找到真武大帝阴佑，开始“北修故宫，南修武当”以来，始终由皇帝亲自策划营建，皇室派员管理，这种独特的历史背景使得武当山成为明代诸帝为朝廷祈福禳灾的家庙，加封武当，扶持道教，武当山成为当时全国规模最大的道场。现存建筑主题之鲜明、规模之宏大、构造之严谨、主次之分明、装饰之精美、技艺之高超，以及宫观庵堂神像供器之丰富，都是中国道教建筑集大成者，在中国现存宗教建筑中也堪称是绝无仅有的。

高超的科技成就：武当山太和宫的元代古铜殿是我国现存最早的铜铸仿木结构建筑；位于武当山至高位置的金殿及殿内神像、供桌等全为铜铸鎏金，铸件体量巨大。金殿设计巧妙、制作精美，屹立于天柱峰之巅，成为一个体量庞大的金属导体，很好地利用了殿脊和垂脊脊兽曲率不大的特点，构成一个通畅的放电通路，雷暴天

武当山大型铜像

气产生独特的“雷火炼殿”的现象，炼殿奇观使得铜殿表面镀金天长日久产生的氧化层自然被击掉，可以使金殿表面始终保持熠熠生辉，在保护金顶的建筑不被雷击的同时，也营造出金顶神秘的色彩，代表了中国明代初年科学技术和铸造工业的最高水平。

总之，武当山古建筑群规模宏大、工程浩大、工艺精湛，是我国古代建筑在规划、设计、建造、艺术方面的典范，具有世界文化遗产的突出普遍价值，在世界建筑史上也可堪称奇迹。

（三）武当山古建筑群的遗产价值

武当山古建筑群，无论在地形勘测、整体规划、建筑布局、功能寓意、建筑手法，还是用材与工艺方面，均体现出中国古代建筑体系最杰出的一面，同时，还集中体现了皇家建筑的庄严大气，道教建筑的神奇玄妙，建筑融入武当山水形势间所显现出的幽静典雅特色，形成了丰富多彩、气势恢宏又独具特色的传统建筑风格。明代张开东《大岳赋并序》中：“补秦皇汉武之遗，历朝罕见；张金阙琳宫之胜，亦寰宇所无”是对武当山建筑的客观评价。

武当山古建筑群规模之大、等级之高、规划之完美、布局之巧妙、类型之多样、构造之严谨、用材之考究、装饰之精美，在我国建筑史上都是绝无仅有的。山上按照中国传统的风水理论所建的那些依山就势、错落有致的宫、观、庙、庵等各类建筑，集中代表了我国近千年来建筑与

紫霄宫秋色

艺术的最高水平。整个建筑群以真武信仰为主题，突出了尊崇“道法自然”的道教理念，是世界宗教建筑群中规模最大、保存最完整、最能体现“天人合一”思想的建筑群，无论在建筑艺术、建筑美学方面，还是在道教建筑及宗教文化方面都达到了相当高的水平，也蕴含有非常丰富的中华传统文化内涵，是研究明代初期中国封建王朝“君权神授”政治统治、中国宗教历史特别是道教发展史的主要实物，符合世界文化遗产突出普遍价值六条标准中的Ⅰ、Ⅱ、Ⅵ三条标准。1994年12月15日，武当山古建筑群被联合国教科文组织正式列入《世界遗产名录》，其评价为：“武当山古建筑中的宫阙庙宇集中体现了中国元、明、清三代世俗和宗教建筑的建筑学和艺术成就。古建筑群坐落在沟壑纵横、风景如画的湖北省武当山麓，在明代期间逐渐形成规模，其中的道教建筑可以追溯到公元七世纪，这些建筑代表了近千年的中国艺术和建筑的最高水平。”

武当山古建筑群的形成在明代初年，包括了九宫、九观、三十六庵堂、七十二岩庙的古建筑群体系，后经兴废变化，现存66处文物点（其中古建筑53处），建筑面积2.7万平方米，占地面积20多万平方米。

武当山古建筑群在建筑艺术和建筑美学上达到了很高的成就，有着丰富的中国古代文化和科技内涵，是研究明初政治和中国宗教历史的重要实物见证。

世界遗产是指被联合国教科文组织和世界遗产委员会确认的人类罕见的、无法替代的财富，是全人类公认的具有突出意义和普遍价值的文物古迹及自然景观。狭义的世界遗产包括“世界文化遗产”“世界自然遗产”“世界文化和自然遗产”“文化景观”四类。世界遗产的评定标准是联合国教科文组织依据《保护世界文化和自然遗产公约》，对申报遗产项目是否被列入《世界遗产名录》，成为世界遗产进行考核的标准。

在文化遗产方面，首先：《保护世界文化和自然遗产公约》规定，属于下列各类内容之一者，可列为文化遗产（Cultural Heritage）。①文物：从历史、艺术或科学角度看，具有突出、普遍价值的建筑物、雕刻和绘画，具有考古意义的成分或结构，铭文、洞穴、住区及各类文物的综合体。②建筑群：从历史、艺术或科学角度看，因其建筑的形式、同一性及其在景观中的地位，具有突出、普遍价值的单独或相互联系的建筑群。③遗址：从历史、美学、人种学或人类学角度看，具有突出、普遍价值的人造工程或与自然的共同杰作以及考古遗址地带。

其次：提名列入《世界遗产名录》的文化遗产项目，必须符合下列6项中的1项或几项标准。标准Ⅰ：代表一种独特的艺术成就，一种创造性的天才杰作。标准Ⅱ：能在一定时期内或世界某一文化区域内，对建筑艺术、纪念物艺术、城镇规划或景观设计方面的发展产生极大影响。标准Ⅲ：能为一种已消逝的文明或文化传统提供一种独特的至少是特殊的见证。标准Ⅳ：可能为一种建筑或建筑群或景观的杰出范例，展示出人类历史上一个或几个重要阶段。标准Ⅴ：可能作为传统的人类居住地或使用地的杰出范例，代表一种（或几种）文

武当山金殿鸱吻特写

武当山金殿鸱吻细部

化，尤其在不可逆转之变化的影响下变得易于损坏。标准Ⅵ：与具特殊普遍意义的事件或现行传统或思想或信仰或文学艺术作品有直接或实质的联系。只有在某些特殊情况下或该项标准与其他标准一起作用时，此款才能成为列入《世界遗产名录》的理由。

根据《保护世界文化和自然遗产公约》确定的世界文化遗产的标准，武当山古建筑群申请列入世界文化遗产名录，其符合世界文化遗产价值6条标准中的Ⅰ、Ⅱ、Ⅵ条。

符合标准Ⅰ：武当山古建筑群代表了中国近千年最高的艺术和建筑成就。武当山古建筑群是由皇家统一规划建造，分布在以主峰天柱峰为中心的群山之中，其建筑体系从地形勘测，规划设计到兴工营建等，都有比较周密的筹划。具体建筑设计规制严谨，或宏伟壮观，或小巧精致，或深藏山坳，或濒临险崖，都十分注重与环境的相互补益，具有浓郁的建筑韵律，达到了建筑与自然的高度和谐。这种以宫观为核心，用神道连接庵堂、岩庙的建筑布局对明代宗教建筑有普遍影响，是皇室利用道教实现思想统治的重要场所。其建筑规模之大，等级之高，构造之严谨，装饰之精美，神像、供器品类之多，在中国现存的道教建筑中都是绝无仅有的，是目前保存最完整、规模最大的道教建筑群，在世界上也是独特的、稀有的。

符合标准Ⅱ：武当的古建筑对宗教、民间艺术和建筑艺术的发展产生了巨大影响。建筑类型多样，用材广泛，各项建筑的设计、构造、装饰、陈设，不论木结构宫观、铜铸鎏金殿堂、石作岩庙，还是铜铸、木雕、石雕、泥塑等各类神像，都达到了很高的技术和艺术成就。武当山金殿内神像、供器等全部为铜铸鎏金，铸件体量硕大，代表了中国明代初年（15世纪）科学技术和铸造工业的重大成就。

符合标准Ⅵ：武当山的宗教体系是以道教为中心的，而道教是东方主要宗教之一，对区域宗教信仰和哲学思想的发展起到了深远作用。武当山建筑是根据真武帝修仙神话来安排布点的，并且按照政权和神权相结合的意图营建，体现皇权和道教所需要的“庄严”“威武”“玄妙”“神奇”的氛围。在武当山规划与建设的过程中，也体现了道教“崇尚自然”的思想。朱棣皇帝特别下谕要求对山体不要有分毫修动，这也是武当道教建筑群的又一个特点。

在遗产完整性方面：武当山全山62处古建筑群均划定有保护范围和建设控制地带并树立标志说明，提高文物古建筑安全保障系数。同时，按照“保护为主，抢救第一”的方针，分轻重缓急对文物古建筑进行整修，保证了古建筑群的完整性。

在遗产真实性方面：除了对古建筑群进行必要的清理、加固和防蚁、防雷等工作外，在古建筑维修方面，严格遵照“不改变文物原状”的原则，使古建筑在布局、规制、风格、材料等各方面保持了原状。同时，对后期违建的搬迁及改善，使文物所处的环境得到整治，使文物的真实性和环境的原生性得到更好地恢复，较好地确保了其真实性。

武当山自1412年开始大规模修建并最终形成规模庞大、气势恢宏的武当山古建筑群，这距今已经过去600余年，武当山古建筑群是一个划时代的进步，是中国古代建筑史上的一个标志性事件。华中科技大学著名建筑学家张良皋教授认为：武当山的大规模修建绝对可以称得上是中国建筑文艺复兴时代开始的标志。

武当山金殿建筑结构细部

武当山金殿翼角及仙人特写

武当山金殿翼角及仙人走兽

第二章

武当山遇真宫的历史及保护现状

一、遇真宫在武当山的特殊地位

（一）遇真宫与武当山古建筑群

武当山又名“太和山”，位于中国中部湖北省十堰市的东南部。武当山古建筑群坐落在沟壑纵横、风景如画的湖北省武当山麓，武当山相传为道教玄武大帝（北方神）修仙得道飞升之胜地，历代道教名流曾在此修炼。据记载，唐太宗贞观年间即在灵应峰创建五龙祠。宋、元以来，历代均有开拓扩建。明成祖于永乐十年（1412年）曾动用各路工匠30多万人在此大兴土木。现存的36处宫观大多是明代所建，并逐渐形成规模，其中的宫阙庙宇集中体现了中国元、明、清三代世俗和宗教建筑的艺术成就。武当山古建筑群是世界上现存的保存最完整、建设规模最大、建筑等级最高的道教古建筑群。武当山各宫观内保存有大量各类神像、法器、经籍等，都具有较高的文物和艺术价值。明代（1368～1644年）时，武当山被皇帝敕封为“大岳”“玄岳”，地位在“五岳”诸山之上。武当主峰天柱峰，海拔1612米，周围又有“七十二峰”“三十六岩”“二十四涧”等胜景环绕，风光旖旎，气势宏伟，武当山七十二峰的峰顶都朝向主峰天柱峰，被世人赞为“七十二峰朝大顶”，形成“万山来朝”的特殊景观，尽显武当山的神奇。武当山古建筑群融自然风光与人文景观于一体，是中国古代建筑及装饰艺术的精华。

有史记载，武当山古建筑始建于唐代贞观年间（627～649年），唐太宗建五龙祠，宋真宗升五龙祠为五龙观，宋宣和年间（1119～1125年）建紫霄宫。元时建成南岩宫。明代是其发展的鼎盛时期，这一时期在武当山兴建了大批建筑，到嘉靖三十一年（1552年）“治世玄岳”牌坊建成，终于形成了九宫（明永乐年间建静乐宫、遇真宫、玉虚宫、紫霄宫、五龙宫、南岩宫、清徽宫、朝天宫、太和宫，后清徽宫、朝天宫塌废，成化二年添建迎恩宫）。九观三十六庵堂七十二岩庙三十九桥十二亭等组成规模庞大的武当山古建筑群，面积达160万平方米，使武当山成为当时全国最大的道场。

武当山古建筑群现存古建筑主要包括太和宫、南岩宫、紫霄宫、遇真宫四座宫殿，以及玉虚宫、五龙宫两座宫殿遗址，还有各类庵堂祠庙等。此外，武当山各宫观中还保存有各类造像1486尊，碑刻、摩崖题刻409通，法器、供器682件，还有大量图书经籍等珍贵文物7400多件，尤以道教文物著称于世。1982年被命名为全国重点风景名胜区。1956年，湖北省将武当山古建筑群列为重点文物保护单位；1961年、1982年、1988年、1996年、2001年，国务院分别将武当山金殿、紫霄宫、“治世玄岳”石牌坊、南岩宫、玉虚宫遗址列

武当山名胜古迹分布示意图

为全国重点文物保护单位；2006年，武当山其他61处古建筑群全部被列为全国重点文物保护单位。特别值得一提的是，1994年12月武当山古建筑群被列入《世界遗产名录》。

遇真宫是武当山古建筑群的主体建筑之一，是武当山古建筑群中第一批修建的九宫之一，其建造时间早，在武当山宫观布局中所处位置特殊。遇真宫位于武当山脚下，相传明初著名道士、武当拳创始人张三丰在此结庵修行，名曰“会仙馆”。关于张三丰其人，历史上多有记载，他是元末明初著名的道人，是内家拳派的开山祖师，他结合道家的导引吐纳术，以阴阳五行、经络学说为基础把天地阴阳二气运转的规律引入人体，形成独特的中国内家拳功夫。明太祖朱元璋的第四个儿子燕王朱棣通过发动“靖难之变”起事攻打侄儿建文帝夺取皇位。朱棣在成为明朝第三位皇帝以后，为巩固政权体现“君权神授”，自称真武神保佑才取得天下的，为回报神恩以及其他特殊的目的，朱棣派正一派高道孙碧云持香奉书请见张三丰，称“朕久仰真仙，思亲承议范。尝遣使致香奉书，遍

隐仙岩全景

隐仙岩近景

2011年12月五龙宫保存状况

旨名山虔请”。但张三丰始终避而不见，明永乐十年（1412年），明成祖为纪念张三丰，以“遇真”为名敕建道观，这便是“遇真宫”的由来。在皇权至上的封建社会，皇帝为一名道士建造宫观，并塑像祀奉，派官员洒扫，这在中国历史上是绝无仅有的，遇真宫也因此为武当山古建筑群、武当道教、武当内家拳等增添了浓重而神秘的一笔。

明代在遇真宫附近建有“仙关”，作为分隔凡间和仙界的标志。到嘉靖三十一年（1552年），位于武当山镇东4000米处，遇真宫以东300米处，嘉靖皇帝敕建“治世玄岳”牌坊并赐额，这是一座道教门洞式建筑，它位于由山下到武当山朝山进香的必经之路上，横跨于古均州城至武当山的“官道”与进香“神道”相接的山垭之间，是进入武当山（神界）的第一道门户，又名玄岳门，相传进入此门即为进入武当山神界，踏上朝山进香的神道。“治世玄岳”牌坊建成后，取代了“仙关”的地位。在武当山的整体布局当中民间流传有：“进了玄岳门，性命交给神。出了玄岳门，还是阳间人”的说法。至此，遇真宫便成为武当山通过分隔凡间和仙界的“治世玄岳”牌坊后，进入武当山神界的第一座宫殿，足见遇真宫在武当山宫观中的特殊地位。

遇真宫选址于武当山北麓，背靠凤凰山、面对九龙山，整个宫殿区视野开阔，地势相对平坦。整个建筑由宏大的宫墙围合，由东、中、西三宫并列构成，建筑呈南北轴线布局，中宫山门前有长达70余米的进宫道路，进入山门后中宫中轴线上依次建有山门、龙虎殿、正殿。龙虎殿与正殿通过东西配殿和连廊组成一个独立院落，使中宫呈“前庭后院”式格局。中轴线以东为东宫、西为西宫。遇真宫山门即“宫门”，为明代永乐十五年皇帝敕建，现基本保持原貌，面阔3间，宽17.67、进深6.5、通高9米。为砖石三拱门结构，下碱为石雕须弥座。山门主体两侧接“八字照壁”和宫墙。八字照壁保持完好，下为石质和砖砌双重须弥座，照壁上饰砖雕琼花图案。进入山门后中宫龙虎殿前为一空旷院落，东、西两侧各有一个宫门与东、西宫相连。龙虎殿是遇真宫中轴线上第一个殿，面阔3间，为16米；进深2间，为5.92米；通高8.2米。为明代抬梁式结构，檐下为重昂五彩斗拱，枋上饰彩绘。龙虎殿主体建筑东、西两山与厢房、配殿、连廊相连。

大殿，也称为“真仙殿”，位于中宫中轴线最后，明代敕建，大殿建在用条石垒砌的崇台之上，为歇山式顶，清康熙二十四年（1685年）大修，维修时对屋面进行改动，去掉了建筑的后檐和翼角，改为后封檐。原建筑檐下四周设重昂五彩真昂斗拱，为武当山古建筑群中之孤例，全国少见。大殿原面阔3间，为20.3米，进深3间，为11.15米，通高11.23米，殿内方砖墁地，斗拱、梁、枋、檩上存有元代营造手法，上饰彩画，大殿是武当山保存最具明初风格的建筑。原来殿内供奉有一组张三丰和侍童神像，为明代御制，铜铸鎏金，高1.47米，重约715公斤，人像身穿道袍，面容丰润，表情慈祥，一派仙风道骨的形象，两位侍童，形象恭谨雅顺，立于两侧，这组鎏金铜像造型生动，雕塑独特，制作精美，是武当山代表性的明代艺术珍品（现存武当山博物馆）。遇真宫地处武当山脚下，在武当山发展旅游的过程中，因地处偏僻，一直没有纳入旅游景区开放参观的文物点，常年处在缺少维修和有效维护的状态，后地方有关部门将遇真宫整体租借给私人开办武馆。2003年1月19日，因管理不善，遇真宫遭受火灾大殿焚毁。现存崇台、残墙、残柱，残柱为明代的包心柱（防止开裂用铁箍对大型柱、

遇真宫远景

明代御制张三丰和侍童鎏金铜像

梁加固施工的工艺），都是明代建筑技术的见证，价值十分重要。

（二）遇真宫的历史与变迁过程

遇真宫是武当山古建筑群的重要组成部分，位于武当山脚下，中心地理坐标为东经111°02′15″，北纬32°30′11″，海拔160米，坐北朝南，背依凤凰山，面对九龙山，水磨河从宫前自西向东流过。明永乐十年（1412年），明成祖为纪念张三丰，敕建“遇真宫”殿堂、斋房、方丈（寺庙住持的居处）、楼阁等97间，并铸造张三丰鎏金铜组像供奉，历时5年建成，主体建筑由宫墙环绕的中宫、西宫和东宫三部分构成。明嘉靖年间（1522～1566年），遇真宫扩建到396间，宫内建筑规划严整、主次分明、功能有序、错落有致、庄严肃穆。

根据湖北省文物考古研究所对遇真宫东、中、西宫进行的考古发掘和清理掌握的情况，并结合文献资料研究，认为遇真宫作为一组宫殿建筑，在特定时期具有特定的历史功能。遇真宫的历史功能演变分为“生祠”“宗教斋醮场所”和“普通建筑场所”几个时期。

张三丰铜像

明初，朱棣多次召见张三丰，张三丰避而不见。朱棣为表其诚意，于永乐十年（1412年）特敕建遇真宫，贻赐三丰仙像，摆放于中宫正殿（真仙殿）内，东西两配殿摆放张三丰所使用过的遗物。此时，遇真宫号称武当山“八宫九观”之一，但同其他宫观相比，其最大功能不是为了敬拜以真武神为首的众仙，而是为张三丰修建，相当于修建“生祠”[1]来供奉、朝拜张三丰，并尊称其为张仙人。在此期间，据相关文献可知，遇真宫同玉虚宫、南岩宫、紫霄宫等几个主要宫殿都曾进行过大规模皇家斋醮活动，在皇帝钦降的像器和斋醮过程中，与其他几个主要宫观相比，数量相对平均，也有皇帝单独钦降像器和斋醮活动，但未见民间的斋醮活动记载。推测遇真宫在修建之初，主要举行官家斋醮活动以纪念张三丰。虽对民间百姓开放，但民间百姓的斋醮活动较少，相关史籍也未对民间斋醮活动有所记载。

永乐年间以后，关于张三丰的踪迹和传说逐渐减少，遇真宫作为张三丰的“生祠”，逐渐失去其存在的意义。据遇真宫东宫出土的碑文东T13：42可知，明天顺二年（1458年）的一次皇帝钦降像器活动中，将从北京运来的真武神像“于遇真宫正殿奉安。真武神位仍安，张神仙于东廊”，遇真宫作为纪念张三丰而修建的“生祠”已完成其历史使命，同武当山其他宫观相同，开始敬拜以真武神为首的众仙。受早期修建规模和所处地理位置的局限性，遇真宫的地位相对于武当山玉虚宫、南岩宫、紫霄宫等宫殿而言略低，在以求“皇国巩固，宗社均安”的明政府斋醮活动中逐渐丧失原有的地位，最明显的变化就是明成化年间以后，在武当山五龙宫、玉虚宫、紫霄宫等主要宫殿的钦降像器斋醮活动中，仍有单独的斋醮活动和皇帝钦降像器，而遇真宫目前没有发现单独钦降像器和斋醮活动的记录。在多数情况下，遇真宫都是作为武当山33个主要宫观庙宇一起钦降像器的，并且钦降像器的数量并未如五龙宫、玉虚宫、紫霄宫等宫殿单独提出钦降像器的数目，可知其在武当山众多宫殿的地位较明永乐年间下降程度很大，但同时对遇真宫放开了很多限制，加之其地理位置仍处于从襄阳方向进山的必经之地，进山的民间香客也可在遇真宫进行斋醮活动，并立碑以作纪念。据文献及出土碑文可知，遇真宫此时仍作为一个繁华昌盛的宗教场所，进山香客络绎不绝地在遇真宫食宿以及斋醮活动，尤其在明万历年间达到了一个高潮。与此相应，考古发掘所反映出来的宫殿建筑较早期有所增加，出土器物中发现大量明代民窑瓷器和生活用品，但却只有少量官式器物及宗教色彩的器物（不排除大量金属制宗教器物被运走或破坏的情况）。

明末至民国初期，包括遇真宫在内的整个武当山宫观均失去明皇家道观的地位，政府主导的对遇真宫进行钦降像器和斋醮活动已未有所闻，仅民间香客还在遇真宫举行过斋醮活动。从清代出土碑文和相关文献来看，斋醮活动数量极少，而从东宫出土的碑文T23：246中发现清代建醮碑文里有“释子佛喜佛缘”的佛家用语，这说

［1］生祠是中国古代为纪念官员功德而在其生前所立的祠庙。西汉初年即有此习俗，至唐代则有明确记载。“唐代御史霍献可以首叩殿陛苦争，欲必杀仁杰等，乃贬仁杰彭泽令，邑人为置生祠。”见（宋）欧阳修、宋祁：《新唐书》卷一百一十五·列传第四十狄郝朱（狄仁杰），中华书局，1975年，第4210页。

遇真宫中宫龙虎殿及前院落

遇真宫中宫东配殿

明清代遇真宫内宗教活动尚存，但道教已经开始式微，并在一定程度上表现出武当山道教整体的衰落。东宫考古发掘所反映出来的各类建筑随意性较强，出土器物中

遇真宫山门及八字宫墙

遇真宫大殿——真仙殿

遇真宫省保标志

生活器皿和生产工具增加等现象或可作为这种变化的注脚。

据相关文献资料记载和当地老人描述，民国中后期至20世纪末，遇真宫被先后当作军营、保育院、仓库、学校等使用，其宗教活动功能已经被彻底抛弃，由一个皇家道观建筑彻底演变成为一般建筑场所[1]。

从地方有关记载看，遇真宫清代被废弃后，还遭受过自然灾害的破坏。民国二十四年（1935年）七月，武当山暴发洪水，遇真宫部分被大水淹毁。民国二十七年秋（1938年），国民党“抗战青年干部训练团”进驻遇真宫，其间将宫内部分古建筑拆毁。

1956年11月15日，湖北省人民政府将遇真宫作为“武当山明代建筑群”的重要组成部分，公布为第一批湖北省文物保护单位。20世纪80年代，遇真宫被当地中学占用，至1990年迁出。1994年12月，遇真宫作为武当山古建筑群的主要组成部分列入《世界遗产名录》。1996年起，遇真宫被地方有关管理部门租借给一个武术教练，用于开办武术学校。2006年，遇真宫作为武当山古建筑群的主要组成部分被列入第六批全国重点文物保护单位。

（三）遇真宫大殿的焚毁与复原

遇真宫位于武当山北麓的丹江口武当山旅游经济特区遇真宫村。元末明初时，传奇道人张三丰曾在此结庵，故又名“会仙馆”。明永乐十年（1412年）于此敕建遇真宫，包括真仙殿、山门、斋堂、道房97间。到了明嘉靖年间，本宫扩大到396间。现存庙房33间，建筑面积1459平方米，占地面积56780平方米。遇真宫建成后，大

[1]《武当山遇真宫遗址》，科学出版社，2017年。

殿供奉明朝永乐皇帝御制的张三丰铜铸鎏金像，因此大殿又称真仙殿。遇真宫真仙殿建在由大型条石垒砌的崇台之上，崇台高约2米，整个建筑气势恢宏，遗留元代建筑的痕迹。真仙殿原为庑殿顶式建筑，后遭受火灾在乾隆十年进行大修，改为单檐歇山式建筑形制，并去掉后檐和翼角改为封檐板，形制独特。建筑面阔和进深均为3间，建筑面积236平方米。单檐上挑翼角凌空，灵动而庄严。根据历史照片和专家考证，真仙殿的梁、枋、斗拱等构件的做法均有元代建筑营造法式的风格，最为重要的是原建筑檐下四周设重昂五彩真昂斗拱，为武当山古建筑群中之孤例，全国少见。大殿是武当山保存最具明初风格的建筑，是研究元末明初建筑的难得实例，具有较高的历史、艺术和科学价值。遇真宫是专为纪念张三丰所建，而张三丰是武当内家拳的创始人，因此，遇真宫自古就是武林豪杰崇拜和向往的地方。

1994年在武当山申报世界文化遗产的过程中，遇真宫作为武当山古建筑群的重要组成部分被列入其中。在世界文化遗产申报期间，该文物点并没有列入世界遗产专家进行现场考察的对象，这里的环境和现存建筑并没有得到及时的维修和整治。当时遇真宫还属于湖北省文物保护单位。据媒体报道：1996年2月，武当山文物管理所以“想引进外面的资金来共同修缮遇真宫”为由，将遇真宫租给湖南人陈逵兴办“陈逵文化武术影视学校”使用，《关于遇真宫房屋、土地租用协议》写明租期3年，到1999年4月1日止。1999年9月，“陈逵文化武术影视学校”又与武当山文物管理所签订租赁40年的《武当山遇真宫房屋、场地租用合同》，约定前10年每年租金1万元，前10年古建筑维修由学校负责，后30年每年租金1.5万元。陈逵自称是张三丰的嫡传弟子，在遇真宫这座具有数百年历史的建筑群中收徒讲武，高峰

2002年11月3日拍摄的遇真宫武校情况

时期，该校曾有600余名学员。陈逵租用遇真宫之初曾出资几十万元，经文物管理所同意对部分建筑做过一定的维修。遇真宫出租给私人办武馆一事，在当地反响很大，一开始就遭到人大代表、政协委员的强烈反对，2000年前后，省内多家媒体对武当山遇真宫开办陈逵武馆使文物受到破坏进行过报道并提出批评，为此丹江口市文化局组织专班进行调查并向省文物局做了专门报告，2000年10月，省文物局下发了《关于加强武当山遇真宫文物保护工作的通知》，要求为确保遇真宫文物安全，武当山文物管理所必须加派一名专职管理人员进驻遇真宫，切实承担起文物保护与安全的职责，要求丹江口市文化局与公安消防部门对遇真宫文物安全进行一次全面检查，找出安全隐患，配备必要的消防设施，并协助武当山文物局制定一个全面的消防计划。但在持续多年的反对声中，双方租赁关系并没有得到改变。

2003年1月19日下午6点40分，作为世界文化遗产——武当山古建筑群重要组成部分之一的遇真宫古建筑群突发大火，大火从遇真宫内临时搭建的厢房中燃起，一时间，火光冲天，很快殃及大殿，由于武当山根本没有消防队，等到丹江口市及25千米外的十堰市消防队赶到时，大火已经燃烧了2个多小时，大殿已经坍塌，最后经过4个多小时的抢救，大火扑灭，然而遇真宫主殿已化为了灰烬。主殿的木质构件已基本烧完，石质构件和砖质构件还有残存，龙虎殿和偏殿完好无损，烧毁大殿的面积为236平方米。

火灾发生后，湖北省、丹江口市有关部门组成联合调查组，对火灾事故现场进行全面清理、筛选、勘察，走访了现场周

2002年11月7日拍摄遇真宫大殿清代去掉后檐和翼角后的情况

围的居民和遇真宫内武术学校的学员。初步查明：1月19日的大火从遇真宫大殿东侧的第一间厢房烧起，大火很快蔓延到遇真宫大殿；随即大殿东侧开始坍塌；2个小时左右，大殿及厢房全部坍塌。引发火情的东侧第一间厢房是遇真宫的值班室，联合调查组初步认定，遇真宫火灾系原住人员杨某某搭设照明线路和灯具不规范，埋

武当山遇真宫大殿焚毁现场

遇真宫大殿烧毁前正面

下了事故隐患；现居住人员周某某疏忽大意，使用电灯不当，导致电灯烤燃他物而引发的火灾事故。

国家文物局对遇真宫火灾事故高度重视，2003年3月，国家文物局《关于遇真宫正殿“1·19”火灾事故调查结果及初步处理意见的复函》（文物办函〔2003〕130号）明确指出：“这是一起典型的只注重利用而忽视文物保护的事件”，指出理顺文物保护单位的管理体制，是防止类似事件发生的关键。遇真宫正殿“1·19”火灾事故是擅自改变文物保护单位管理体制的惨痛教训。2003年5月24日，武当山遇真宫火灾事故负有责任的有关人员受到了行政处理和法律的严惩。

遇真宫大殿遭受火灾被毁后，在国内外引起极大反响，联合国教科文组织世界遗产委员会要求国家文物局就此事报告有关情况。国内各大媒体连篇报道，大家的关注点主要在遇真宫被焚毁大殿如何处理，采取什么办法才能弥补这处受到损坏的世界文化遗产上。遇真宫发生火灾后，省委、省政府对此高度重视，提出要尽快修复遇真宫大殿的要求。十堰市政府也高度关注，

遇真宫大殿烧毁后状况

遇真宫大殿烧毁后状况

并迅速采取行动，在遇真宫火灾事故调查期间，就成立了以市长为组长的遇真宫大殿恢复领导小组，决定由十堰市、丹江口、武当山旅游经济特区三方出资90万元，用2个月时间在原址上按原貌重新修建遇真宫大殿。并于2月18日就恢复重建遇真宫荷叶殿（遇真宫大殿即真仙殿，民间又称荷叶殿）一事致函湖北省文化厅。2月25日、3月10日，省文化厅、省文物局分别回复《湖北省文化厅关于回复重建武当山遇真宫荷叶殿有关问题的复函》《省文物局关于做好武当山遇真宫大殿复建方案履行报批手续的函》。令人略感欣慰的是，早在1990年，华中理工大学建筑学院的张良皋先生及李晓峰、陈刚伦等6位老师带领38名学生前往武当山遇真宫大殿进行了为期1个月的测绘实践活动，当时测量的大殿数据及图片资料仍保存在建筑学院资料库内，这一资料应是遇真宫大殿现存最新的测量数据。该院随后依据1990年的测量数据，利用现代电脑技术，成功模拟出武当山遇真宫大殿三维建筑图形，完成武当山遇真宫大殿电脑模拟重建方案，希望能为有关部门重建遇真宫提供参考。

根据省政府提出的尽快修复遇真宫大殿的要求，省文物局立即组织由中南建筑设计院牵头，省内有关专家参与的团队，在查阅大量历史测绘资料和记录的基础上，制定了《武当山遇真宫荷叶殿修复方案》，组织相关专家审定后形成《湖北省文物局关于上报武当山遇真宫荷叶殿修复方案的请示》（鄂文物发〔2003〕17号），并于3

遇真宫大殿焚毁后残墙、包心柱情况

遇真宫焚毁后大殿残留的须弥座

遇真宫山门须弥座全景

遇真宫山门须弥座石雕图案

遇真宫山门须弥座石雕细部

遇真宫山门须弥座石雕局部

遇真宫焚毁后大殿须弥座细部

遇真宫焚毁后大殿须弥座东段

遇真宫焚毁后大殿须弥座东段细部

月21日正式上报国家文物局。国家文物局于2003年6月正式批复该方案。

后由于南水北调中线工程进入规划和正式实施阶段，遇真宫处在水库蓄水后的淹没区域，有关遇真宫的保护已经不再是大殿是否恢复重建的问题，而是整个遇真宫建筑群如何保护的问题，大殿的复建问题就此搁置，并与遇真宫其他建筑一道被纳入整体保护的考虑之中。

二、遇真宫现状及工程蓄水影响

（一）遇真宫蓄水前的保存状况

遇真宫是武当山古建筑群中最具明初风格的建筑之一，其坐北朝南，平面呈长方形，由中宫、西宫、东宫三部分组成。宫墙保存比较完整，高3.85米，全长857米，宫墙以内占地面积56780平方米。

遇真宫现存砖石结构三孔卷拱宫门一座，宫墙、东西宫门各一座，以及中宫的龙虎殿、真仙殿（大殿失火后仅剩祟台和后墙）、东西配殿、左右廊庑、斋堂、耳房等建筑33间，东、西宫仅存建筑基址，宫门外现存青石金水桥一座。

中宫由前院和主院前后两部分院落构成，整个建筑群沿中轴线对称布局，从南至北依次为八字宫门、前院、龙虎殿、主院、遇真宫大殿等。宫门为琉璃琼花八字门，砖石结构，九脊歇山顶，卷拱三孔，石雕琼花须弥座，两侧的八字墙镶嵌琉璃琼花浮雕图案。宫门面阔3间，面阔20米，进深1间，为5米。崇台长23.4、通宽4.74米，金水桥长6、通宽4.4米。中宫前面院落部分为空旷的广场，从山门进入前院后有一条石条砌筑的神道连接前后两院，前院左、右两侧分别设有东西两个宫门连通东西两宫。中宫龙虎殿为砖木结构，坐北朝南，歇山顶，抬梁式大木构架，四周安装斗拱，梁架满饰彩绘。穿过龙虎殿进入主院，院内东西两侧为配殿和廊庑，共有砖木结构古建筑33间，建筑面积3366平方米。真仙殿前为崇台，青石地墁，周围用石雕栏板望柱围护，面阔19.52、宽4.75米。大殿面阔3间，为20.3米，进深3间，为11.15米，明间面阔7.83米。立柱有覆盆式柱础，柱径0.57米，檐高5.6米，通高11.23米。清康熙二十四年（1685年）对大殿进行维修时，将后檐及翼角做了修改，去掉后改为后封檐。

从考古调查、发掘掌握的情况看，遇真宫东宫、西宫明清时期的地面建筑都已完全被毁，仅存建筑基址。

遇真宫的一些建筑在武当山古建筑群当中非常有代表性，如琼花琉璃八字宫门，特别是用于供奉张三丰鎏金铜像的真仙殿，它是一座歇山顶式建筑，单檐飞展，彩栋朱墙，梁和斗拱等许多结构沿袭元代的营建手法，有些是明朝定制的实证。如据2014年9月华中科技大学张良皋教授接受《大武当》杂志专访时提到，1990年张先生带领一批师生，对武当山遇真宫进行了为期1个月的实地测绘，形成一套较为完备的图表和数据。张先生讲到“武当山建筑形式上，有古典的也有创新的，比如

遇真宫中宫西厢房

遇真宫大殿的镏金斗拱，用的是‘真昂’，以前仅见于北京社稷坛拜殿用‘真昂’一例，武当山遇真宫用‘真昂’可证此例不孤，应是明朝定制”。

遇真宫在武当山古建筑群中位置突出，虽有关记载不多，但不论在建筑布局、建筑功能，还是建筑特色方面都具有代表性，其价值体现在历史、艺术、科学、社会等方面。遇真宫选址背靠凤凰山，对望九龙山，左有望仙台，右有黑虎洞，周边群山环抱，严格按照古代堪舆理论选址布局，体现了中国传统朴实的规划理论，是研究明代建筑特征的实物；遇真宫是武当山道教和武当文化的物质载体，其前身是武当派开山和道家内丹祖师、丹道修炼集大成者张三丰结庵修炼之地，是永乐皇帝为纪念张三丰而敕建的宫殿，在道教和武当文化的传承与发展方面地位独特。遇真宫建筑院落宽敞，优雅静穆，早在明代就被誉为“香霭亲霞楼，仙乐空中流”的“仙室灵境”；遇真宫建筑规制和等级特殊，作为明朝定制镏金斗拱中“真昂”使用的实例，为武当山仅有，是研究明代皇家道教建筑特点为数不多的宝贵实物遗存，是明代道教繁荣发展的重要历史见证。

（二）南水北调工程的淹没影响

武当山遇真宫是武当山古建筑群的主体建筑“九宫八观”之一，在武当山总体布局中，遇真宫位于武当山脚下，是从进山的“官道”进入“治世玄岳”牌坊后，

遇真宫拆迁前中宫全景鸟瞰

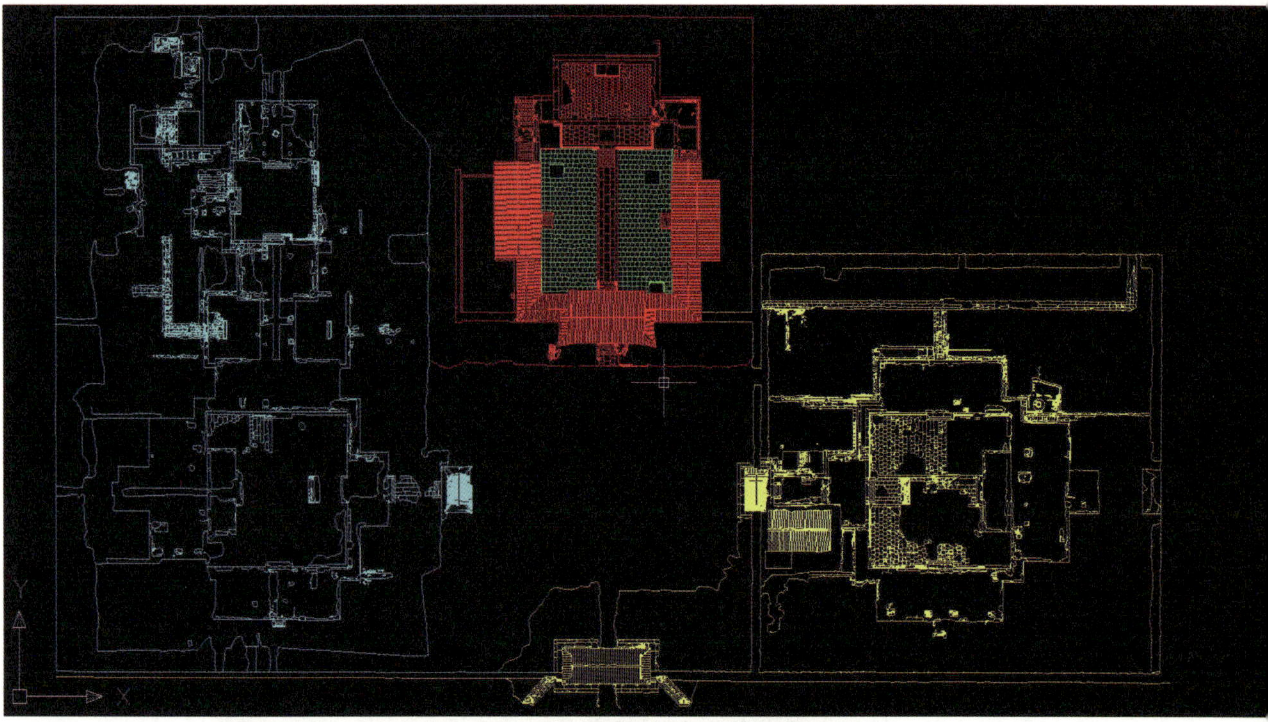

遇真宫中宫建筑及东西宫建筑基址三维扫描总图

2002年11月7日遇真宫龙虎殿

踏入“神界”，踏上武当山“神道”后需拜谒的第一个宫。遇真宫是明永乐十年（1412年）明成祖敕建，历时5年建成，其主体由周长857米的宫墙环绕的中宫、西宫和东宫三部分组成。遇真宫选址在武当山脚下一块相对开阔平坦的山前阶地上，背靠凤凰山，宫前有一条从武当山流下来的小河，自西向东流入丹江口水库。遇真宫整体建筑与周边山水环境融为一体，现存中宫有宫门、宫墙、龙虎殿、真仙殿残迹、配殿等建筑30间，建筑面积1459平方米，东、西宫明清以来的地面建筑全部被毁，仅保留了建筑遗址。遇真宫总占地面积56780平方米。宫墙内面积28000平方米，其中东宫遗址占地7700平方米，西宫遗址占地11822平方米，中宫占地8400平方米。

武当山遇真宫所处位置背靠凤凰山，对望九龙山，整个建筑群所处的山前阶地地势开阔平坦，海拔在160米左右。南水北调中线工程丹江口水库大坝加高工程设计坝顶高程为172米，枯水水位145米，汛期蓄水最高水位170米。丹江口大坝加高后，到丹江口水库蓄水时，由于水位提高10～12米，水库沿岸大量地方将被淹没。武当山遇真宫所在的山前阶地海拔仅有160米，因此也将被完全淹没在水下，遇真宫地面建筑基本上属于在台地地面平整后分层夯实的基础上建设的单层建筑，除中宫后部分院落，为增加龙虎殿、大殿的气势，在平整的地面用大型条石垒砌1米左右的高台，之后在高台之上起建，其中真仙殿建在约2米高的崇台之上，大殿举架略高外，其他建筑总高度都不足10米，都将被淹没。

遇真宫东宫门

遇真宫西宫门

遇真宫八字宫门背部

考虑到南水北调中线大坝加高工程设计有2米的风浪线，那么，一旦遇到特殊情况，武当山遇真宫将整体遭受灭顶之灾。

遇真宫龙虎殿三维激光扫描影像

2011 年 11 月与上海科洛博公司合作开展遇真宫大殿基础三维激光扫描影像

遇真宫八字宫门及宫墙

武当山遇真宫的保护问题，是我国加入联合国世界遗产保护公约后，第一次遇到的因工程建设影响到世界文化遗产保护命运的问题。遇真宫的保护是我国历史上因工程建设涉及到的保护级别最高、规模最大、价值最重要的文物保护项目之一，也是南水北调工程涉及到的最重要的文物保护项目。对遇真宫采取什么样的保护方式加以保护，一定意义上直接关系到我国政府对待世界文化遗产的态度和履行世界遗产公约的承诺问题，故国务院南水北调办和国家文物局对此都高度重视。

遇真宫中宫院落扫描影像

第三章

武当山遇真宫保护方案论证过程

一、遇真宫文物保护方式的提出

（一）遇真宫的保护方式备受关注

南水北调工程的兴建备受世人关注。其中，南水北调中线工程是通过对20世纪50年代修建的丹江口水利枢纽工程大坝的加高，提高丹江口水库的蓄水水位实现向北方输水的工程，湖北是丹江口水库的大坝坝址所在地，受水库蓄水淹没影响最大，20世纪50年代丹江口水库建设过程中，由于处于特殊历史时期，有大量文物来不及得到系统的抢救和保护而被淹没在丹江口水库下，成为那个时代留下的特殊遗憾。因此，在进入新千年后，南水北调工程的建设过程中，如何处理好工程建设和文物保护的关系成为社会各界关心的话题。令人感到欣慰的是，在南水北调工程建设之前，我国建设了举世瞩目的三峡工程，在三峡工程建设过程中，文物部门与工程建设部门为工程建设过程中的文物保护问题，进行了长达10年的努力争取，最终取得了令世界瞩目的文物保护成就，我和老领导吴宏堂先生在文物出版社出版的《守望大三峡——三峡工程文物保护与管理》一书的后记中写了这样一段话："在三峡工程文物保护工作过程中，我们认为特别值得总结和铭记的东西很多，从文物保护规划的编制到文物保护项目的分类实施；从文物科技的运用到文物队伍的培养；从文物保护理念的转变到文物管理机制的创新等，开创了中国文物保护史上的新局面。坚持工程建设与文物保护两不误的保护理念；坚持文化遗产人人保护、保护成果人人共享的保护宗旨；坚持保护为主、合理利用

2002年11月3日遇真宫被用作开办武校时的情况

的保护方针；坚持先规划后实施的保护原则；坚持专业队伍与群众队伍相结合的保护模式等，不仅确保了三峡文物保护任务的顺利完成，也为日后的南水北调及其他工程建设的文物保护工作提供了可资借鉴的经验与教训。”正是有了三峡工程文物保护工作取得的丰富经验、良好声誉、深远的社会影响，因此在南水北调工程建设过程中，从一开始文物保护工作就被全社会关注，并列入南水北调工程建设的淹没安置总体规划中。

南水北调工程从1952年开始提出构想，经过项目建议前期、项目研究期、项目审批期和工程建设期几个大的阶段，为期数十年。1995年12月，南水北调工程开始进入全面论证，到2000年6月，南水北调工程规划开始有序展开，文物保护工作的相关内容包含在南水北调工程的移民安置规划中。

南水北调中线工程的移民安置规划起步较早，一开始负责编制工程移民安置规划的长江水利委员会，是从其掌握的淹没区以往文物保护的基本情况出发考虑文物保护需求的，应该说在没有针对南水北调中线工程淹没区域文物情况进行系统调查基础上的这种参考是不科学的，也是对文物保护和对历史不负责任的一种做法。文物部门对南水北调工程建设的文物保护工作高度重视，从工程规划阶段就积极呼吁、积极争取。1994年10月，为配合南水北调中线工程建设（当时称为丹江口水库续建项目），长江水利委员会在武汉主持召开了“南水北调文物工作会议”，会议明确了丹江口库区文物专项调查工作，由长江水

遇真宫八字山门与宫墙连接处细部

利委员会统一组织协调全面工作，长江水利委员会规划设计院考古队负责十堰市张湾区、郧西县，中国社会科学院考古所负责丹江口市，湖北省文物考古研究所负责郧县，中国科学院古脊椎动物与古人类研究所、武汉大学历史系分别负责全库区的旧石器时代考古调查和历史地理调查，河南省文物考古研究所负责河南淅川县的考古调查，到1997年3月，根据各单位提供的初步调查资料，湖北省丹江口水库淹没范围内共有文物点164处，其中地下文物点95处、地上文物点25处，古脊椎动物与古人类遗址44处。其中地上文物点中列入《世界遗产名录》的一处，即世界文化遗产——武当山古建筑群重要组成部分的遇真宫。遇真宫地处武当山山脚下，是进入武当山“治世玄岳”牌坊后的武当山神界

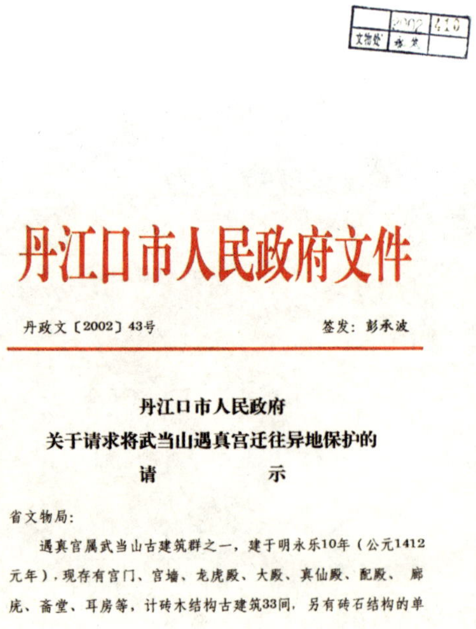
丹江口市人民政府文件

丹政文〔2002〕43号　　签发：彭承波

丹江口市人民政府
关于请求将武当山遇真宫迁往异地保护的
请　　示

省文物局：

遇真宫属武当山古建筑群之一，建于明永乐10年（公元1412元年），现存有宫门、宫墙、龙虎殿、大殿、真仙殿、配殿、廊庑、斋堂、耳房等，计砖木结构古建筑33间，另有砖石结构的单

丹江口市人民政府
关于请求将武当山遇真宫迁往异地保护的请示

的第一个宫殿，地位特殊，价值巨大。遇真宫是南水北调工程涉及的唯一一处世界文化遗产，是保护级别最高、规模最大、影响最广的文物，其保护方式备受地方政府、社会各界，特别是新闻媒体的广泛关注。

鉴于南水北调工程文物保护的内容纳入了水库移民安置规划中，相关文物保护的内容、措施一直没有征求省级及地方文物部门意见，一些论证工作也没有文物部门参与，主导权一直在移民安置规划部门。2002年5月12日，丹江口市人民政府专门行文向湖北省文物局上报《丹江口市人民政府关于请求将武当山遇真宫迁往异地保护的请示》（丹政文〔2002〕43号），提出：“丹江口市是南水北调中线工程水源地，丹江口大坝二期续建工程动工在即，遇真宫海拔工程160米，属淹没范围，其保护问题还没有确切方案，而就地保护又存在很多无法解决的问题。一是如果采用围堰保护方案，遇真宫所处位置较四周低，又属正常蓄水范围，四周压力太大。围坝可以拦住库水，但拦不住四周的渗水。二是水库里水向内渗，内部的自然水又无法向外排，势必造成地下湿度过大反而加速了木结构的腐朽过程。三是遇真宫对面是襄渝铁路线，又不能建造防护设施。四是用抽水机排水，开支太大，反而会给国家造成一些不必要的负担，同时也给地方政府带来一系列后患。因此，我们建议对遇真宫进行迁移保护。”

2002年7月23日，新华社新闻信息中心、新华社湖北分社信息中心编发的《决策参考》（第28期）刊发《南水北调中线

文物“武当山遇真宫保护方案”不宜悬而不决》。2022年8月23日，人民日报《情况汇编》刊发《南水北调保护遇真宫方案应尽快定夺》。两篇报道内容大体相同，采访了地方文物部门的有关同志，就普遍关心的“围堰保护”和“异地搬迁”的利弊及争论做了报道。指出：“由于南水北调中线工程即将上马，而关于这一地区需要抢救的、价值最大的文物——武当山遇真宫保护方案仍存在争议，究竟采取哪种方案保护这一宝贵的历史文化遗产，已是一个迫在眉睫的问题，专家呼吁有关部门尽早明确保护措施，以免仓促上阵而造成不必要和不可挽回的损失。”这两篇关于遇真宫保护的报道，受到时任湖北省委书记俞正声同志的高度重视，并作出批示：“应调查并提出意见报有关部门。”同时，分别请分管湖北南水北调工作和文物保护工作的贾天增和王少阶副省长重视此事。王少阶副省长批示给省文物局要求“尽快提出处理意见”。

为落实省委、省政府领导的批示精神，在组织有关专家进行现场调查研究的基础上，2002年11月10日，湖北省文物局组织召开了“南水北调工程淹没区武当山遇真宫文物保护专家座谈会”，清华大学世界遗产研究中心主任谢凝高教授，清华大学建筑学院副院长、ICOMOS China副主席吕舟教授，国家文物局文物保护司遗产处副处长谢晖、研究员罗涛，中南建筑设计院高介华教授，湖北省文物管理委员会研究员胡美洲、孙启康，湖北省文物考古研究所陈振裕研究员等专家，以及湖北省文物局、湖北省博物馆、湖北省文物考古研究所、十堰市文体局、十堰市博物馆、丹江口市政府、丹江口市文体局、武当山旅游经济特区、武当山宗教文物局等相关同志参加。与会专家听取了南水北调中线工程蓄水后将淹没遇真宫的情况介绍，就遇真宫的保护情况进行了座谈，形成搬迁保护和就地保护两种意见。主张搬迁保护的专家认为：由于兴修老百公路和汉丹铁路，遇真宫前后的山体和自然环境受到破坏，原有历史氛围已受到很大的影响，如果就地保护和围堰，环境情况就更差，势必形成遇真宫门前是堤堰，宫后是公路的情况。而且围堰后文物低于水面，地下水对文物的侵蚀是长期的，同时宫后从山上排下来的雨水及自身的排积问题也将是长期的，若能找到相近的地理环境，以搬迁为宜。主张就地保护的专家认为：遇真宫建在这里，与

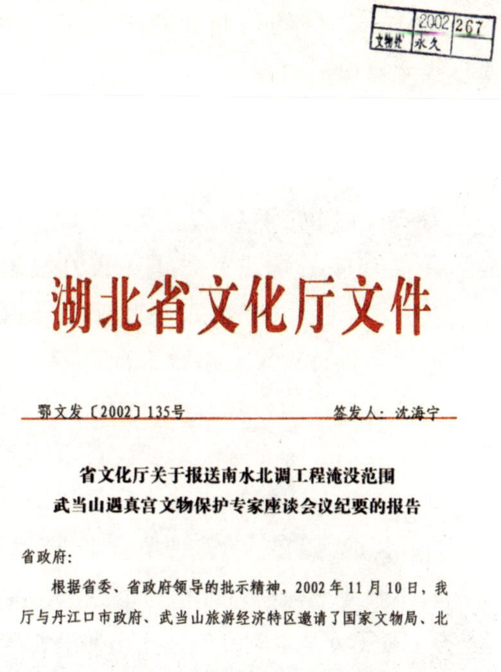

2002　267
文物处　永久

湖北省文化厅文件

鄂文发〔2002〕135号　　签发人：沈海宁

省文化厅关于报送南水北调工程淹没范围
武当山遇真宫文物保护专家座谈会议纪要的报告

省政府：

根据省委、省政府领导的批示精神，2002年11月10日，我厅与丹江口市政府、武当山旅游经济特区邀请了国家文物局、北

省文化厅关于报送南水北调工程淹没范围
武当山遇真宫文物保护专家座谈会议纪要的报告

武当山的总体规划、山势水情已融为一体，如果迁移，它的价值会大打折扣，现在通过遇真宫后面的公路应该改线。至于地下水抬升的问题，可以利用现代技术解决。遇真宫是列入世界文化遗产名录的武当山古建筑群的一部分，处理要积极慎重，要依据《世界遗产公约》的要求来处理。专家们认为关键问题是要将水利工程对遇真宫的环境造成的消极因素转化为积极因素，现在遇真宫周围的环境不太好，要充分利用工程建设所创造的条件做好文物保护工作。为此，建议无论是原地保护还是搬迁保护，上级有关管理部门均应授权文物管理部门组织有关专家做具体方案，并解决制定方案的相关经费，待方案做好后再组织专家进行论证，从而选择最佳保护方案。与会的丹江口市及武当山旅游经济特区的负责同志表示在积极做好南水北调各项工程的同时，认真履行《世界遗产公约》，切实做好文物保护工作。会后湖北省文化厅将会议形成的“南水北调工程淹没区武当山遇真宫文物保护专家座谈会会议纪要”正式报送省政府，提出“无论采取哪种方案，南水北调工程领导机构应授权我厅组织专家做具体方案，并解决相应经费，方案完成后立即组织专家论证，再按程序报批实施”。会议纪要的上报也从侧面反映了在南水北调中线工程规划设计阶段，文物部门虽然高度关注工程涉及以遇真宫为代表的淹没区文物的命运，但在当时文物保护工作内容是归到南水北调工程移民安置规划的一个部分，存在文物保护工作是水利部门主导并不是文物部门可以参与和决策的尴尬情况。

2002年12月，国务院正式批复《南水北调工程总体规划》，“同意成立南水北调工程领导小组”，至此，南水北调工程建设的组织领导机构正式建立。国家文物局作为领导小组的成员单位，高度重视南水北调工程建设过程中的文物保护工作，并成立“国家文物局南水北调工程文物保护工作领导小组”。2003年5月，湖北省文化厅批准成立了“湖北省文物局南水北调中线工程文物保护工作领导小组”并下设办公室。2003年6月，国家文物局和水利部联合印发了《关于做好南水北调东、中线工程文物保护工作的通知》，强调文物保护工作是南水北调工程的主要组成部

遇真宫八字宫门细部

分，对加强工程建设中的文物保护问题提出了原则性意见，标志着南水北调工程文物保护工作逐步走向正轨。

遇真宫大殿梁架彩绘局部

为科学做好遇真宫保护工作，湖北省文物局于2004年4月组织完成了《南水北调中线工程丹江口水库淹没区湖北省文物保护规划》并召开了专家论证会，根据论证会专家意见，将遇真宫作为单列项目编制保护方案。同时以“不改变文物原状，减少对文物的干预”“全面地保存、延续文物的真实历史信息和价值”“保护与文物本体相关的历史、人文和自然环境”为目标，组织清华大学建筑设计研究院就遇真宫保护方案进行实地调研，对遇真宫的保护方式初步提出了顶升、围堰、搬迁三种保护思路，形成了《遇真宫保护方案可行性研究》的成果。

（二）遇真宫防护工程的设立背景

南水北调中线工程立项建设后，在工程规划设计阶段就明确丹江口水库作为南水北调中线工程的水源，要实现向北方调水的目标，必须对丹江口水利枢纽工程大坝进行加高，以提高丹江口水库的蓄水水位。为了减少大坝加高工程形成的库区淹没范围和损失，降低移民搬迁和安置的难度，长江水利委员会在《丹江口水库后期续建工程库区淹没处理及移民安置规划》（1992年）中，选择了13处淹没深度不大、具备防护条件及一定防护效益的淹没区进行了初步规划。早在2003年初，在丹江口水利枢纽大坝加高工程初步设计阶段水库淹没实物指标的调查过程中，经实地查勘并充分考虑地方政府的意见，就增加了遇真宫、孙家湾2处防护区，并开展了遇真宫防护工程可行性研究。2004年7月，长江水利委员会长江勘测规划设计研究院在原防护工程初步规划的基础上完成阶段设计工作，形成《南水北调中线水源工程丹江口库区遇真宫防护工程可行性研究报告》，这是工程规划设计部门从防护工程设置的角度最早对遇真宫提出的保护方式。

这份《南水北调中线水源工程丹江口库区遇真宫防护工程可行性研究报告》，分为前言、综合说明、水文、工程地质、设计依据和标准、工程布置、主要建筑物设计、工程管理、施工、环境影响评估、投资估算、经济评价及结论，从工程规划设计部门的角度对遇真宫防护工程进行了全面的设计研究。研究报告的综合说明部分对遇真宫防护工程做了以下说明：

1. 设计条件

（1）设计标准

防护工程等级：按照《防洪标准》，遇真宫防护区为Ⅲ级；按照《水利水电枢纽工程等级划分及设计标准》，根据工程规模和防护对象确定遇真宫防护工程为三等，防护堤、排水闸、泵站等主要建筑物按三级建筑物设计。

防洪除涝标准：遇真宫防护工程外江设计洪水受丹江口水库水位控制，防护堤设计水位按100年一遇回水位确定；防护区内排水闸、排水沟（渠）按汛期（6～9月）区内10年一遇24小时暴雨洪峰流量设计，泵站按汛后（10～5月）5年一遇24小时暴雨设计。

（2）水文

外江设计水位：遇真宫防护工程防护区外江设计水位由丹江口水库水位控制。丹江口水库坝前设计水位168.23米时，防护区外江为平水，即与坝前水位一致。

区内设计洪水：沿高程171米附近设置截洪沟后，方案一至方案三（依据防护堤堤线位置设置不同，分大、中、小三个防护方案）防护区内设计洪峰流量按汛期（6～9月）10年一遇分别为15.08、5.82、8.85立方米每秒，按汛后（10～5月）5年一遇分别为1.37、0.42、0.66立方米每秒。

校核洪水：按100年一遇洪水校核，方案一至方案三的洪峰流量分别为28.11、11.52、17.51立方米每秒。

（3）地质

遇真宫防护区位于水磨河一级阶地及漫滩上，地面高程一般为151～162米。一级阶地及漫滩的沙砾层为统一连续的潜水含水层，其为中等至强透水性，其下伏基岩为中元古界武当群片岩，强—弱风化状，强风化片岩具中等至弱透水性，弱风化片岩具弱—微透水性，局部段因裂隙发育弱风化片岩呈中等透水性。大坝加高后，防护堤外库水位将会持续高出堤内地表，库水将会以砂砾石层和透水率较大的片岩为渗漏通道，穿越堤基，由堤内地表无黏性土盖层或黏性土盖层薄弱处向堤内渗漏，并可能发生渗透变形破坏。

遇真宫八字山门砖雕影壁墙

丹江口大坝加高后，防护堤外库水位持续高出堤内地表8～19米，库水将会向防护区内渗漏，致使防护区内地下水壅高，防护区内可能存在浸没的问题。

遇真宫山门砖雕细部照片

2. 工程规模及效益

（1）工程的任务和规模

遇真宫防护工程建设的任务主要是保护防护区内的遇真宫在丹江口水库运行过程中不致淹没（汛期外江水位低时，防护区内部的洪水能通过排水闸自排，汛后外江高水位时，防护堤挡住外江洪水，区内渍水通过泵站抽排），保护重点文物及不可再生的土地资源。

遇真宫山门砖雕须弥座细部

防护工程由防护堤、排水闸、泵站、截洪沟、排水沟组成，防护堤设计堤型为黏土心砂卵石堤，堤基砂卵石层采用塑性砼防渗墙进行垂直防渗，透水性较大的岩层采用灌浆处理。在高程171米附近开挖排水沟，汇集区内来水通过闸、站排出区外。

方案一：堤线全长1320米，最大堤高17米，平均堤高12米，堤顶高程170.2米，堤顶宽6米，临水坡1∶2.75，背水坡1∶2.5。排水闸布置在堤轴线与区内排水沟交汇处，排水闸设计流量15.08立方米每秒，设计水位155.5米，涵洞全长100米，闸口尺寸2米×2.5米，共2孔。泵站布置在排水闸左侧，设计流量0.23立方米每秒，共一台机组，总装机75千瓦。

方案二：堤线全长816米，最大堤高11.4米，平均堤高10米，堤顶高程170.2米，堤顶宽6米，临水坡1∶2.75，背水坡1∶2.5。排水闸布置在堤轴线与区内排水沟交汇处，排水闸设计流量5.82立方米每秒，设计水位158米，涵洞全长70米，闸口尺寸2米×2.5米，共1孔。泵站布置在排水闸左侧，设计流量2.5立方米每秒，共4台机组，总装机385千瓦。

方案三：堤线全长844米，最大堤高

11.4米，平均堤高10米，堤顶高程170.2米，堤顶宽6米，临水坡1∶2.75，背水坡1∶2.5。排水闸布置在堤轴线与区内排水沟交汇处，排水闸设计流量8.85立方米每秒，设计水位155.5米，涵洞全长158米，闸口尺寸2.5米×2.5米，共1孔。泵站布置在排水闸左侧，设计流量5.7立方米每秒，共一台机组，总装机75千瓦。

（2）工程效益

遇真宫作为武当山古建筑群九宫之一，始建于明朝永乐年间，1994年被列为世界文化遗产，是我国重要的历史文物，其价值不可估量。本工程以方案三作为推荐方案，对遇真宫这一文化遗产进行原址、原样、原环境保护，工程投资为7750.87万元（含30年运行费），具有较大的社会效益。

3. 主要建筑物设计

（1）堤线

方案一：堤线自遇真宫南边的水磨河右岸一级阶地自西向东布置，至东侧玄岳门接170.2米高程止，堤线全长1320米，最大堤高17米，平均堤高12米。

方案二：堤线自遇真宫南边自西向东布置，至遇真宫小学接170.2米高程止，堤线全长816米，最大堤高11.4米，平均堤高10米。

方案三：堤线自遇真宫南边的水磨河自西南向东北布置，至遇真宫小学接170.2米高程止，堤线全长844米，最大堤高11.4米，平均堤高10米。

（2）堤型

根据遇真宫防护区的特点及筑堤材料场情况，确定黏土心墙砂砾石堤作为本阶段的设计堤型。临水坡1∶2.75，干砌块石护坡；背水坡1∶2.5，草皮护坡。

（3）基础防渗

根据地质条件，防护堤基础为砂砾石，透水性大，采用塑性砼防渗墙进行防渗处理，基岩表面采用防渗帷幕进行防渗处理。方案一塑性砼防渗墙面积为5230平方米，防渗帷幕面积为2154平方米；方案二塑性砼防渗墙面积为4125平方米，防渗帷幕面积为3845平方米；方案三塑性砼防渗墙面积为4297平方米，防渗帷幕面积为4005平方米。

遇真宫石柱础细部

（4）截洪沟

沿防护区后缘17米等高线开挖截洪沟，方案一截洪沟全长2284米，方案二截洪沟全长870米，方案三截洪沟全长1310米。

（5）区内排水

根据丹江口水库调度计划，汛期（6～9月）库水位在161.73米以下运行，防护区来水通过排水闸自流排出区外；汛后（10～5

月）库水位基本维持在168.23米（吴淞水位170米），区内来水通过泵站抽排。在防护堤后顺堤轴线方向开挖排水沟，汇集区内来水通过闸、站排出区外。

（6）排水闸与泵站

排水闸布置在堤轴线与区内排水沟交汇处，方案一闸孔尺寸2米×2.5米，共2孔；方案二闸孔尺寸2米×2.5米，共1孔；方案三闸孔尺寸2米×2.5米，共1孔。泵站布置在排水闸左侧，临堤脚线布置。

太子坡五云楼一柱十二梁

4. 工程投资

按2003年一季度价格水平估算，方案一防护工程静态总投资为9643.47万元，方案二防护工程静态总投资为6072.9万元，方案三防护工程静态总投资为6678.4万元。

5. 综合评价

遇真宫防护工程三种方案中，方案一能够最大限度保护遇真宫的原貌，但投资太大；方案二投资最小，但其对遇真宫的防护范围过小，对遇真宫的周边环境影响较大；方案三较好地体现了文物保护原址、原样、原环境的基本准则，其周边环境具有较大的可塑性。因此，报告推荐方案三作为遇真宫防护工程的实施方案。

防护工程静态总投资6678.4万元。工程年运行费为133.14万元，社会折现率取12%，工程使用年限按30年计，则运行费总计1072.47万元，防护工程本身无财务收入，将运行费计入工程投资，则总投资为7750.87万元。

以上内容是工程规划设计部门单纯从建设防护工程的角度提出的，兼顾了工程建设及运行经费，但对防护区内的遇真宫文物本体及其附属建筑（襄府庵、泰山庙等）、周边环境等没有提出采取相应的任何保护手段，也没有考虑任何保护费用。

（三）提出文物保护方式基本思路

2004年2月，湖北省文物局在组织编制《南水北调中线工程丹江口水库淹没区湖北省文物保护规划》的过程中，通过前期调查确认的地面文物中，武当山遇真宫作为世界文化遗产武当山古建筑群的重要组成部分和全国重点文物保护单位而备受重视。作为工程涉及保护级别最高、体量最大、影响最广、技术最难的文物保护项目，遇真宫的保护是整个南水北调工程文物保护工作的重中之重。在编制《南水北调中线工程丹江口水库淹没区湖北省文物保护规划》阶段，对遇真宫的保护问题高度重视，经组织相关方面专家多次研究讨

遇真宫山门影壁墙砖雕细部照片

遇真宫山门八字影壁墙照片

论，初步提出了围堰方案、原地升高方案、迁建方案三种保护思路，并委托清华大学文化遗产保护研究所着手开展遇真宫保护方案的可行性研究，对三种保护思路进行专题分析研究。

2004年7月，国务院南水北调办正式明确长江水利委员会长江勘测规划设计研究院作为南水北调中线工程规划编制单位。规划编制单位调整明确后，文物保护规划作为南水北调中线工程丹江口水库移民安置规划的组成部分，由规划编制单位汇总编制。2005年6月，长江水利委员会长江勘测规划设计研究院把遇真宫的保护问题作为专题单独编制了《丹江口市遇真宫文物保护规划报告》。报告在详细分析了南水北调工程蓄水影响情况和遇真宫历史沿革、所处位置、周边水系和遇真宫保护状况等情况后，指出：遇真宫保护方案初步提出工程防护方案，即在水磨河右岸一级阶地布置防护堤，在防护堤后开挖排水沟汇集区内来水，通过闸、站排出区外；垫高方案，将遇真宫区域高程低于172米的部分全部回填垫高，回填分两部分：遇真宫围墙范围内自围墙外推5米，北侧接316国道，垫高至高程175米，外墙外地面垫高至172米，并尽可能保持遇真宫与周边环境的协调一致，垫高后统一绿化；异地搬迁方案，按武当山特区文物局意见，拟将遇真宫整体搬迁至距现址约5千米的朱家洼，需征用土地45亩（耕地）。

上述内容也一并在2005年6月编制的《南水北调中线一期工程文物保护专题报告》中做了专题介绍。

2005年8月10～12日，水利部水利水电规划设计总院组织文物保护、工程方面的专家在北京召开“南水北调中线一期工程文物保护专题报告审查会议”，出席会议的有国家文物局文物保护司，国务院南水北调办投资计划司、环境移民司，水利部水库移民开发局，南水北调规划设计管理局，中线、干线工程建设管理局，中线水源有限责任公司，长江水利委员会长江勘测规划设计研究院，北京市、天津市、河北省、河南省、湖北省文物局、调水办以及文物、移民、设计等单位的领导和代表。会议成立由文物、水利、移民、概算等方面的13位专家组成专家组，以国家文物局原副局长黄景略先生为组长，以水利部教授级高工高安泽、中国社会科学院考古研究所研究员徐光冀为副组长，对《南水北调中线一期工程文物保护专题报告》进行评审，专家评审意见认为《专题报告（送审稿）》在2005年4月咨询稿的基础上，根据专家意见进行了修改和完善，具有较强的可操作性，报告对工程涉及的文物地位与评估比较切合实际，对文物保护工作形势与意义的认识比较准确。经过反复核实的文物实物指标基本准确，文物保护措施基本可行，投资估算编制的原则和依据基本合理。同时，提出8条意见和建议，其中第4条指出：“作为世界文化遗产武当山古建筑群的一部分，遇真宫的保护问题比较特殊，建议湖北省文物局会同长江水利委员会尽快将其保护方案报国家文物局

省文物局收文　2005年11月8日　584号　1份

国家文物局

文物保函[2005]1187号

关于对遇真宫保护方案的意见

湖北省文物局：

你局《关于报送遇真宫保护方案的请示》（鄂文物发[2005]100号）收悉。经研究，我局意见如下：

一、遇真宫是世界文化遗产武当山古建筑群的重要组成部分，具有极其重要的科学、历史和艺术价值。遇真宫保护工程是南水北调工程最重要的文物保护项目之一，其保护意义重大，应慎重考虑保护方案，使丹江口水库大坝加高对遇真宫保护造成的影响降到最低。

二、目前应首先进行考古调查、勘探和发掘工作，尽快搞清遇真宫建筑及其遗址的范围、内容，明确保护对象。请你局负责组织该项工作，加强管理，保证发掘质量。有关发掘单位应尽快按规定程序报送发掘计划。考古工作所需经费应依法列入南水北调中线一期工程遇真宫保护项目预算。

1

三、在明确遇真宫保护对象、内容和范围，进一步搜集相关资料的基础上，建议你局组织有关单位尽快完善和细化三个方案，科学、全面地考虑各方案的利弊后另行报批。

国家文物局

二〇〇五年十月二十四日

抄送：长江水利委员会

国家文物局办公室秘书处　　2005年10月28日印发

初校：罗　丽　　终校：闫亚林

2

关于对遇真宫保护方案的意见

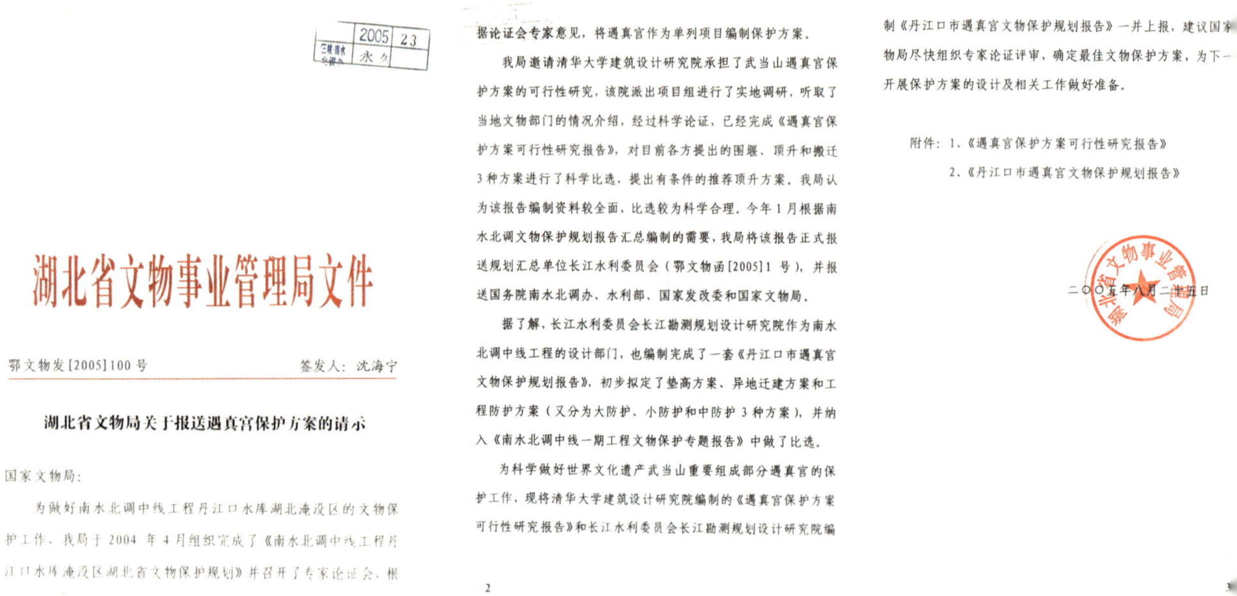

2005 23
三峡·南水北调办 永久

湖北省文物事业管理局文件

鄂文物发[2005]100号　　签发人：沈海宁

湖北省文物局关于报送遇真宫保护方案的请示

国家文物局：

为做好南水北调中线工程丹江口水库湖北淹没区的文物保护工作，我局于2004年4月组织完成了《南水北调中线工程丹江口水库淹没区湖北省文物保护规划》并召开了专家论证会，根据论证会专家意见，将遇真宫作为单列项目编制保护方案。

我局邀请清华大学建筑设计研究院承担了武当山遇真宫保护方案的可行性研究，该院派出项目组进行了实地调研，听取了当地文物部门的情况介绍，经过科学论证，已经完成《遇真宫保护方案可行性研究报告》，对目前各方提出的围堰、顶升和搬迁3种方案进行了科学比选，提出有条件的推荐顶升方案。我局认为该报告编制资料较全面，比选较为科学合理。今年1月根据南水北调文物保护规划报告汇总编制的需要，我局将该报告正式报送规划汇总单位长江水利委员会（鄂文物函[2005]1号），并报送国务院南水北调办、水利部、国家发改委和国家文物局。

据了解，长江水利委员会长江勘测规划设计研究院作为南水北调中线工程的设计部门，也编制完成了一套《丹江口市遇真宫文物保护规划报告》，初步拟定了垫高方案、异地迁建方案和工程防护方案（又分为大防护、小防护和中防护3种方案），并纳入《南水北调中线一期工程文物保护专题报告》中做了比选。

为科学做好世界文化遗产武当山重要组成部分遇真宫的保护工作，现将清华大学建筑设计研究院编制的《遇真宫保护方案可行性研究报告》和长江水利委员会长江勘测规划设计研究院编

2

制《丹江口市遇真宫文物保护规划报告》一并上报，建议国家文物局尽快组织专家论证评审，确定最佳文物保护方案，为下一步开展保护方案的设计及相关工作做好准备。

附件：1、《遇真宫保护方案可行性研究报告》

2、《丹江口市遇真宫文物保护规划报告》

湖北省文物事业管理局

二〇〇五年八月二十五日

湖北省文物局关于报送遇真宫保护方案的请示

审定。”

2005年8月，湖北省文物局以《湖北省文物局关于报送遇真宫保护方案的请示》（鄂文物发〔2005〕100号）文将清华大学世界遗产保护中心（原文化遗产保护研究所）编制的《遇真宫保护方案可行性研究》报告和长江水利委员会长江勘测规划设计研究院编制的《丹江口市遇真宫文物保护规划报告》一并上报国家文物局，并请求国家文物局尽快组织专家论证评审，确定最佳保护方案。

2005年10月，国家文物局做出《关于对遇真宫保护方案的意见》（文物保函〔2005〕1187号）的批复，指出：遇真宫是世界文化遗产武当山古建筑群的重要组成部分，具有极其重要的科学、历史和艺术价值。遇真宫保护工程是南水北调工程最重要的文物保护项目之一，其保护意义重大，应慎重考虑保护方案，使丹江口水库大坝加高对遇真宫保护造成的影响降到最低；目前应首先进行考古调查、勘探和发掘工作，尽快搞清遇真宫建筑及其遗址的范围、内容，明确保护对象。同时明确由湖北省文物局负责组织该项工作，加强管理，保证发掘质量。有关发掘单位应尽快按程序报送发掘计划。明确考古工作所需经费应依法纳入南水北调中线一期工程遇真宫保护项目预算。要求在明确遇真宫保护对象、内容和范围，进一步搜集相关资料的基础上，组织有关单位尽快完善和细化三个方案，科学、全面地考虑各方案的利弊后另行报批。

2005年12月，长江水利委员会长江勘测规划设计研究院汇总编制的《南水北调中线一期工程可行性研究总报告》附件四《工程建设征地移民规划设计报告》的第四分册《文物保护规划》中，汇总确定丹江口水库湖北淹没区共有文物159处，

其中地下文物137处（古人类与生物化石地点42处、古文化遗址60处、古墓葬35处），地面文物22处。在《文物保护报告》库区文物保护工作概况的3.3.3重点文物保护单位部分，将武当山古建筑群（含遇真宫、蒿口泰山庙及戏楼）作为丹江口水库淹没区省级文物保护单位对待，其中有一段这样的表述：武当山古建筑群1956年被宣布为省级文物保护单位，1994年被列入世界文化遗产。丹江口大坝加高工程淹没区共有3处湖北省级文物保护单位，库区淹没区和消落区涉及武当山古建筑群中的3处，其中属于Ⅰ线水位以下1处，即净乐宫，Ⅰ—Ⅳ线水位2处，即遇真宫、蒿口泰山庙及戏楼。指出，目前遇真宫的保护方案主要有三：①工程防护方案；②原地垫高方案；③拆迁重建方案。三种方案各有利弊。经过对遇真宫三种保护方案的比较，遵循“对文物保护单位应当尽可能实施原地保护”（《中华人民共和国文物保护法》第二十条）的原则，根据“不改变文物原状，减少对文物的干预”“对世界文化遗产武当山道教建筑群内的遇真宫要原址保护”（2004年4月9日国家文物局专家论证《南水北调中线工程文物保护规划论证意见》）的要求，最终认为工程防护方案既能最大容量地保存遇真宫文物的各种文化信息，又能为武当山古建筑群这一世界文化遗产增添一处全新的景点，做到文物保护与开发利用的“双赢”，故推荐工程防护方案。

（四）保护方式的可行性研究情况

2006年1月，清华大学文化遗产保护研究所受湖北省文物局委托，在已有工作的基础上开展了遇真宫三种保护方案的可行性研究，编制完成了《遇真宫保护方案可行性研究》报告，对各方提出围堰保护、搬迁保护和顶升保护三种方案从以下五个方面展开评价和对比分析。

1. 从对文物建筑核心价值的影响方面看

遇真宫的核心价值主要体现在历史、艺术和科学价值等方面。

围堰方案：对文物建筑本身的破坏最小，由于采取外围防护措施，相对于其他方案而言，最大限度地保存了遇真宫建筑的空间位置及其周边环境的物质实存。符

遇真宫山门影壁墙砖雕照片

遇真宫山门砖雕细部照片

合不可移动文物原址保护和对于文物本身影响最小的基本原则。但由于需建造高达十余米的堤坝，这不可避免地对武当山整体环境造成一定影响。

顶升方案：相较于搬迁方案，其对保护对象的完整性和真实性较为有利，但与围堰方案比较，其对于单体建筑仍有部分破坏，尤其是对于对象的基础和顶升接缝位置的破坏程度由于资料不够详尽，还要继续考察。顶升方案在一定程度上改变了遇真宫所在的地理环境，但现阶段该方案对于遇真宫东、西宫遗址的具体顶升细节没有考虑，还有待进一步完善。

搬迁方案：对原有建筑的破坏在三个方案中最为严重。当年张三丰在遇真宫所在位置修炼，明成祖为了纪念他，在此地建造道观以“遇真”命名，可见该建筑所在位置的文化价值十分重要。搬迁方案与其他两个方案相比，改变了遇真宫所在的位置，影响了遇真宫与其历史环境的相处关系，关于明成祖与张三丰的种种传说也将在某种程度上失去了它的物质载体。其次，古建解体、构件运输过程中不可避免地会对一些构件造成损坏，在复建过程中还要按照需要增加新的构件，必定对文物建筑的真实性造成影响。从遇真宫的现状来看，由于主殿真仙殿木构架完全被烧毁，除了东西配殿环绕龙虎殿的木构架之外，还有大量的砖石结构建筑（琉璃山门、砖石台基、宫墙等），其解体过程中势必对原有砖石材料造成破坏，因此，与木构架建筑相比，砖石建筑更加不宜进行解体迁建。

综上所述，对于遇真宫原有的历史价值和历史信息的延续，围堰方案效果最为突出，顶升方案次之，搬迁方案最次。顶升方案在一定程度上破坏了原有的地理环境，对建筑本身也有一定的影响；搬迁方案对于建筑本身价值的影响最为严重，该方案完全改变了其所在的历史环境。

2. 从对武当山整体历史、人文和自然环境的影响方面看

依据相关法律法规，重点从方案对武当山宗教建筑的相对位置关系、遇真宫所在地点的风水格局、视觉景观影响、生态环境影响等方面进行比较。

围堰方案：不改变武当山道教建筑群相互的位置关系，对遇真宫建筑与小范围内环境原状保存，同时还能保留部分农田与居民，可以说是对环境影响最小的一个方案，但是堤坝建成后的视觉观感也是值得争议的，巨型的堤坝在枯水期尤为显眼，不过由于建坝而增加的水上娱乐设施也可能会给整个项目带来一些新的内容。

顶升方案：不可避免地在一定程度上

改变了建筑周边原有的自然环境，单体建筑升高后，其余的地面均被水淹没，遇真宫从而成为一个三面环水的宫殿，人们需要乘船或通过栈道、栈桥进入其中，该地区原有的景观、生态环境均会有较大的改变。《中国古迹遗址保护准则》（简称《准则》）中规定："必须保护文物环境。与文物古迹价值关联的自然和人文景观构成文物古迹的环境，应当与文物古迹统一进行保护。必须要清除影响安全和破坏景观的环境因素，加强监督管理，提出保护措施。"可见，原地顶升方案并不能完全符合《准则》的要求，会对文物原有环境造成一定影响。此外，遇真宫现有的东宫、西宫掩埋在淤土之下，对于其价值尚不清楚，当前的顶升方案对于这两块遗址的历史信息考虑显然不足。

搬迁方案：改变了遇真宫道教建筑群相互的位置关系，新遇真宫的选址对原有宫殿布置的结构也会产生相应的影响。遇真宫搬迁选址按照我国传统的风水理论，其周围的山形水系都有其文化内涵。就目前来看，新的地点并不具有相似的地形条件，原有的风水格局将完全受到破坏。且新址需要进行大规模地形改造，从而增加相应的投资，给保护工程带来困难。古建筑解体和迁建施工对生态环境的影响不可避免，对新址进行地形改造也会对生态环境造成一定的破坏。

综上所述，搬迁、围堰和顶升三种方案对武当山整体历史、人文和自然环境均有不同程度的消极影响，其中搬迁方案完全改变了遇真宫的位置，影响最为严重；顶升方案，遇真宫虽然地点未动，但四周被水面包围，其周围环境及到达方式完全改变（当然这也可作为新的趣味点进行设计）；围堰方案虽然在原有环境建造体量较大的构筑物，但是由于还能够保留一部分遇真宫周边的农田和村落，因此对该地区的景观、生态环境相对影响较小。

3. 从各工程施工技术的难度及可行性比较看

包括各项工程的关键技术难度、可操

遇真宫东、西宫残留建筑石构件

遇真宫山门砖雕云纹

作性，施工过程中相关的敏感性因素分析（如顶升方案的回填土问题、搬迁方案的地点选择问题）等。

围堰方案：将文物建筑保护与防护工程两项技术截然分开，根据遇真宫的现状，建筑还需要进一步维护与重建，单就技术层面而言，相对其余两个方案实行起来都较为容易。防护工程的主要技术难点在于解决堤坝的堤基渗漏与渗漏变形等潜在问题，防护区内则有因地下水位壅高而产生的浸没问题的威胁。现有的解决方案是对堤基进行防渗处理，并采用修建排水沟以及加强抽排水等措施，尽可能降低地下水位，从而减轻浸没的影响。但这些都不能保证在未来的运行中万无一失。

原地顶升：在我国已有建成先例，尽管对于木结构建筑这是第一次，而且也是工程量最大的一次，但逻辑上推论其技术难度在可操作的范围内。相关的敏感因素是施工过程中需要大量回填土的问题，其费用占整个顶升方案总投资的59%，能否以较低的单价完成这项工作还需要结合实地考察以及地方政府、当地民众的配合，这是一个不确定的敏感因素。

搬迁方案：相比其他两个方案，古建筑搬迁在我国已有不少先例，技术问题能够得到解决。现有方案新址的相关水文、地质条件并无较细的说明，不同的条件将导致不同的地基处理方式，从而导致不同的投资造价。

4. 从工程的一次性投资金额比较方面看

包括可研阶段，概预算的精确性分析，不可预见费用的金额、出现的可能性等。

围堰方案：按2003年一季度价格水平估算，防护工程静态投资6678.4万元。

顶升方案：遇真宫整体原位顶升17米，工程总造价估算3570万元。如结合实际情况适当降低高度（顶升12～13米），投资还会减少，但如果增加回填土的成本费用，投资也会相应增加。

搬迁方案：总投资金额约4000万元，

由于对新址的基本地质条件缺乏了解，仍存在一定的不可预见费用。

综上所述，顶升工程的一次性投资较少，具有一定的优势，当然这也取决于取土的实际操作成本，以及营造环境的投资；但同时也应注意到遇真宫建筑群本身的维护工作在围堰和原地升高方案的预算中并没有体现。

5. 从项目投入使用后，对其进行管理、维护的方式、难度，相应人力、物力资源的投入，以及对其周围其他因素的影响方面看

根据《实施世界遗产公约的操作指南》，“对于文化景观的保护和管理：对于遗产项目，足够的管理和计划管理机制是十分重要的，包括财产的管理，保护和公众的开放”。

围堰方案：防护工程投入运行后，每年需消耗的费用有：抽排耗电费、工程维护费、人工费材料及易耗品费等综合运行费为133.14万元，社会折现率取12，使用年限按30年计，则运行费总计1072.47万元。

顶升方案：正常情况下几乎没有运行成本，潜在的问题是其基础长期的浸泡下的稳定性，需要进一步调查。

搬迁方案：会遇到重新定位遇真宫的问题，作为武当山道教建筑的一部分，今后如何使用的问题，与周边环境及居民的关系也需要重新定位。

综上所述，原地升高方案在工程完成后遗留的问题相对较少且可预见性强，在运营期的技术难度与经费上，原地升高和搬迁方案主要是针对建筑物的维护管理问题，二者大致相同；而围堰方案则还要解决堤坝本身的诸多管理维护问题，从资金投入上来说在三个方案中是最大的。

经多方面综合比较得出如下结论与建议：

1）建议对遇真宫建筑遗址进行全面的考古发掘调查，进行详细的记录，尤其是对于顶升方案和迁建方案，这个问题尤其突出。

2）首先，有条件的推荐顶升方案：与围堰方案相比，顶升方案最大的优势在于项目的运行维护方式更加简单，维护费用更加低廉。虽然由于局部切割、地基打桩等操作方式对建筑本身造成轻微的影响，但其程度仍在可接受的范围之内。按照顶

遇真宫大殿前石地墁及栏杆

升方案，遇真宫三面环水，其所处的地理环境发生了改变（围堰方案建造中体量巨大的永久性建筑对武当山的整体环境会造成一定影响），但同时，到达、进入遇真宫的方式发生变化，从而带来了新的交通旅游亮点。综合比较三个方案，认为顶升方案相对于其他两个方案而言，在以上比较的各个方面均能达到令人满意的效果，因此，对于遇真宫的保护推荐采用顶升方案。

其次，有条件地推荐搬迁方案：这一方案无论在遇真宫文物建筑核心价值的影响、武当山道教建筑群的整体布局，还是选址的风水文化内涵等方面均有一定程度的负面作用，但结合国内外大量文物建筑搬迁保护实例来看，虽然文物建筑搬迁会不可避免地产生以上种种问题，但仍不失为一种在紧急状态下保护文物建筑的手段。现有搬迁方案最大的问题在于新址的选择过于草率，没有经过认真仔细的研究和分析，没有考虑到原有基址周围山形水系等风水环境，忽略了古建筑营造、选址过程中所体现的文化内涵。但是，如果经过仔细的调查研究，能够找到一个比较理想的新的搬迁地点，在没有更好的解决措施，而且情况紧急、需要立即决断的前提下，也可以考虑对遇真宫进行异地搬迁（最早在第一稿，论证后是提出排除搬迁方案的，原因是地点的改变对原有建筑文化价值造成极大的破坏，对武当山道教建筑群整体规划也具有破坏性的影响；古建解体、构件运输、古建复建过程中，必定对文物建筑本身造成一定的破坏，从而对文物建筑的真实性造成一定的影响；原则上，世界文化遗产委员会不鼓励将搬迁后的项目作为遗产项目，搬迁方案不符合《公约》对“真实性”的要求；新的迁建地点不但不具有与原来遇真宫周围环境相似的地形条件，而且连遇真宫的朝向也发生了变化，很难在武当山找出一个山形水系与原址类似的地点，对遇真宫在武当山道教建筑群的整体布局以及选址的风水文化内涵等方面均有较大的负面作用）。

遇真宫大殿前栏杆细部

3）排除围堰方案。原因是一次性投资最高，达6678.4万元，堤坝对武当山整体的视觉景观环境造成一定的影响；泵站和水闸的维护管理需要人力物力支持，后期运营费太高（综合年运行费为133.14万元）；堤坝本身存在堤基渗漏与渗透变形等潜在问题，防护区内则有浸没问题的威胁，这些并没有一个妥善的方法来解决；另外，地下水升高后，其周围的湿度将会增大，使遇真宫建筑物易发生霉变甚至腐烂，从而使文物遭受破坏。

最终提出有条件地推荐顶升方案。顶升方案最大的优势在于项目的运行维护方式更加简单，维护费用更加低廉。施工过程中，局部切割、地基打桩等操作方式对建筑本身造成轻微的影响在可接受的范围之内。工程实施后，遇真宫三面环水，其所处的地理环境发生了改变，这种改变主要是垂直变化，即遇真宫与周边山形水系相对关系的高差变化，平面位置关系并无变化。与其他两个方案比较，其各个方面均能达到相对令人比较满意的效果。同时，对顶升方案提出了进一步完善的几点建议：一是建议在该方案中考虑顶升后的景观效果，哪个区域是水面、哪个区域是铺地、游人到达的方式、路线选择、东宫和西宫遗址的变化展示处理方式等方案设计层面的问题，此外，结合具体的遇真宫所处台地形状、大小设计重新考虑回填土的面积。二是建议保护工程考虑未来的使用、合理增加建设项目以在未来的运行中最大程度地发挥保护对象的价值。三是建议对顶升方案的顶升高度确定为17米进行进一步考虑，讨论在12～13米的高度能否达到保护的目的，适当调高回填土的造价。需要严格、精确地掌握直接影响到顶升项目的总投资金额的相关数据。

通过对遇真宫采取三种保护方案的可行性研究，湖北省文物局和十堰市及武当山旅游特区政府均认为对遇真宫采取顶升或垫高原地保护的办法更符合世界文化遗产的保护理念和我国文物保护的有关规定，同意清华大学开展可行性研究后得出的意见和建议，并将该方案报送长江水利委员会（湖北省文物局关于报送《遇真宫保护方案可行性研究》的函，鄂文物函〔2005〕1号），要求将其纳入南水北调工程文物保护规划汇总，同时抄送水利部、国务院南水北调办和国家文物局。

二、遇真宫保护方式的比选论证

根据国家文物局《关于对遇真宫保护方案的意见》（文物保函〔2005〕1187号）的要求，湖北省文物局在组织湖北省文物考古研究所等单位对武当山遇真宫西宫遗址进行考古调查、勘探和发掘，对遇真宫建筑基址进行全面了解的基础上，又组织有关勘察设计单位开展了保护方案的初步设计，并陆续进行了一系列保护方案的比选论证工作。

（一）遇真宫保护方式的初步设计

2006年上半年，湖北省文物局分别委托陕西省古建筑研究所、长江水利委员会长江勘测规划设计研究院、北京清华城市规划设计研究院文化遗产保护研究所等单位，分别对工程防护（围堰）、原地垫高、搬迁三种保护方案进行完善和细化，并组织专家多次进行论证，形成初步设计文件。

1. 工程防护方案（围堰方案）

长江水利委员会长江勘测规划设计研究院制定的围堰方案，通过在遇真宫前方200米处建立自西南向东北的隔水围堰以确保文物安全，围堰由防护堤、排水闸、泵站、截洪沟、排水沟组成，防护堤设计堤型为黏土心墙，砂卵石层采用塑性砼防渗墙进行垂直防渗，透水性较大的岩层采用灌浆处理。在高程171米附近开挖截洪沟，拦截汛后来水，以减小泵站装机容量。在防护堤后顺堤轴线方向开挖排水沟，汇集区内来水通过闸、站排出区外。

（1）围堰方案的设计主要依据

《中华人民共和国文物保护法》《中国文物古迹保护准则》《水电工程水库淹没处理设计规范》《防洪标准》《水利水电工程等级划分及洪水标准》《水利水电工程可行性研究报告编制规程》《碾压式土石坝设计规范》《水电工程可行性研究投资估算编制办法》等法规、规范和标准。

（2）遇真宫防护工程等级

为防护工程一等，防护堤、排水闸、泵站及排水沟等按1级建筑物设计。

（3）防洪除涝标准的设计

2006年5月28日湖北省文物局组织召开遇真宫保护方案论证会

2006年5月28日湖北省文物局组织召开遇真宫保护方案论证会

防洪标准，按照100年一遇防洪水位设计。除涝标准，排水闸、排水沟按汛期区内10年一遇24小时暴雨洪峰流量设计，泵站按汛后5年一遇24小时暴雨设计，截洪沟按汛后5年一遇洪峰流量设计。排涝按照100年一遇24小时暴雨进行校核。

（4）防护方案

根据遇真宫周边地形地貌特点及实地查勘，从保护遇真宫建筑群本体、周边环境及一定范围的农田及住户等情况考虑。布置大、中、小三个防护方案（按防护面积大小划分）。

方案一（大围堰方案）：保护遇真宫及区域内农田房屋。自遇真宫南边的水磨河右岸一级阶地自西向东布置堤线，防护面积0.66平方千米，集雨面积2.16平方千米，其中171米以上集雨面积约1.6平方千米。堤线、闸站布置上，堤线自遇真宫南边的水磨河右岸一级阶地自西向东布置，至东侧玄岳门接170.2米高程止，堤线全长1320米，最大堤高17米，平均堤高12米。对防护区内地形略作整理，使区内来水均能通过田间沟渠汇集于排水沟之中，实现区内统一排水。排水闸布置在堤内低洼处，泵站与排水闸合建，布置在排水闸一侧。

方案二（中围堰方案）：遇真宫前留有较大场地可进行绿化或布置景观水域。防护面积0.39平方千米，集雨面积1.65平方千米，其中171米以上集雨面积约1.33平方千米。堤线、闸站布置上，堤线从遇真宫南边自南向北布置，至遇真宫小学接170.2米高程止，堤线全长847米，最大堤高12.1米，平均堤高11米。对防护区内地形略作整理，使区内来水均能通过田间沟渠汇集于排水沟之中，实现区内统一排水。排水闸布置在堤内低洼处，泵站与排水闸合建，布置在排水闸一侧。

方案三（小围堰方案）：遇真宫前留有一定场地可进行绿化或布置景观水域。防护面积0.32平方千米，集雨面积1.35平方千米，其中171米以上集雨面积约1.03平方千米。堤线、闸站布置上，堤线从遇真宫南边的水磨河自西南向东北布置，至遇真宫小学接170.2米高程止，堤线全长844米，最大堤高11.4米，平均堤高10米。对防护区内地形略作整理，使区内来水均能通过田间沟渠汇集于排水沟之中，实现区内统一排水。排水闸布置在堤内低洼处，泵站与排水闸合建，布置在排水闸一侧。

（5）防护堤设计

堤顶高程及堤顶宽度：计算堤顶高程＝设计洪水位＋波浪爬高＋风壅高度＋安全超高＝170.06米，取移民迁移线高程170.2米

实施小围堰保护遇真宫的效果图

实施中围堰保护遇真宫的效果图

（吴淞172米）作为堤顶高程。堤顶宽度根据《碾压式土石坝设计规范》取6米。

堤型与断面设计：防护堤设计堤型为黏土心墙砂卵石堤，堤基砂卵石层采用塑性砼防渗墙进行垂直防渗，透水性较大的岩层采用灌浆处理。断面设计按一般堤防工程的堤身边坡拟定，临水侧堤坡为1：2.75（干砌块石护坡），背水侧堤坡为1：2.5，方案一背水侧采用草皮及植生块护坡，方案二、方案三考虑景观的要求，背水侧采用壤土回填，营造起伏坡地，坡地上布置景观绿化。临水侧堤坡坡脚处设0.8米×0.8米的浆砌石脚槽，背水侧堤坡高程165.73米处设2米的宽马道。黏土心墙顶宽2米，顶部高程169.2米，两侧边坡1：0.3，与筑堤砂卵石以反滤层过渡。按瑞典条分法进行稳定计算，下游坡最小稳定安全系数为1.38，上游坡最小稳定安全系数为1.31，满足规范［1.3］的限值。

防渗处理措施：对砂砾石层采用塑性砼防渗墙进行垂直防渗处理，基岩采用防渗帷幕灌浆进行防渗处理。

减轻浸没措施：方案一，在堤内修建垂直于堤线的排水沟，并清理、疏通水磨河故道，使得地表水及地下水能及时由水磨河故道向下游排泄，并由泵站向堤外抽排，以降低地下水位，减轻浸没对农田的影响。方案二、方案三，采用修建排水沟以及加强抽排水等措施，尽可能降低地下水位，从而减轻浸没的影响。

（6）排水闸设计

闸孔尺寸拟定：经计算，闸孔总净宽B＝3.9米，取2孔，单孔尺寸2.5×2米（高×宽）。

排水闸布置及轮廓尺寸：方案一，排水闸布置在堤内低洼处，靠近玄岳门，泵站与排水闸合建，布置在排水闸一侧。排水闸为涵洞式，闸基布置在开挖地基上，箱涵全长100米，2孔，孔口尺寸2米×2.5米，箱涵下游段设置工作闸门阻挡外江洪水。上游连接段全长18米，下游连接段由消力池和海漫组成，消力池全长11米，由陡坡段和池深段组成。方案二，排水闸布置在堤内低洼处，原区内排水沟旁，遇真宫正前方，泵站与排水闸合建，布置在排水闸一侧。排水闸为涵洞式，闸基布置在开挖地基上，箱涵全长80米，孔口尺寸单孔2米×2.5米，箱涵下游段设置工作闸门阻挡外江洪水，上游连接段全长18米，下游连接段由消力池和海漫组成。消力池全长11米，由陡坡段和池深段组成。方案三，排水闸布置在堤内低洼处，原区内排水沟旁，遇真宫前方，泵站与排水闸合建，布置在排水闸一侧。排水闸为涵洞式，闸基布置在开挖地基上，箱涵全长95米，孔口尺寸单孔2.5米×2.5米，箱涵下游段设置工作闸门阻挡外江洪水，上游连接段全长18米，下游连接段由消力池和海漫组成。消力池全长11米，由陡坡段和池深段组成。

2. 原地顶升保护方案

北京清华城市规划设计研究院文化遗产保护研究所负责编制《武当山遇真宫原地顶升保护方案初步设计》，通过将遇真宫由原址向上抬（顶）升约12米，高于丹江口水库的蓄水水位，以达到遇真宫得到有效保护的目的。保护方法有两种：原地顶升和原地垫高、复建。

（1）顶升保护方案设计原则

尽可能真实、完整地保护遇真宫文物建筑本体及其周边历史景观环境，尽可能减小对文物建筑核心价值的负面影响及对文物本体的损害；尽可能完整地展示遇真宫的历史、文化和艺术价值，全面准确地传递相关历史信息。

按照南水北调工程的相关要求，在2003年初的丹江口水利枢纽大坝加高工程初步设计阶段，遇真宫所在阶地作为库区库容的一部分，其周边自然地理环境将不可避免地发生改变，由原来的田地变为蓄水扩容后的丹江口水库库区的水面。

（2）顶升方案的两种处理方式

即原地基础垫高和原地顶升。原地垫高方案首先要对遇真宫的现有建筑遗址解体重建，然后对遇真宫基础进行填土垫高，再将文物建筑复建到垫高后的原地。原地顶升方案是对遇真宫现有建筑遗址采用整体顶升的方法，其间不拆除、不切割。相比之下，原地顶升方案能够更好地保护遇真宫建筑群的真实性、完整性。

（3）顶升保护方案实施的工作流程

依次开展如下工作：对遇真宫建筑群进行全面的文物勘查和考古发掘后；对遇真宫内现有建筑物及考古发掘的建筑基址进行详细的测绘和记录、对所有构件进行编号；对东、西宫等区域发掘揭示出的建筑遗迹进行加固、防水处理，就地填埋；对现有建筑遗存原地顶升12米；对顶升后区域进行填土、垫高、地基平整、夯实；依据前面的测绘和记录，对东、西宫遗址进行考古现场复原；开展道路、绿化、景观设计；开展相关基础设施、管理机构及旅游服务设施建设；开放并投入使用；对抬（顶）升后复建的遇真宫建筑群进行长期观测。

（4）原地顶升保护措施

现存建筑（包括台基）和宫墙：拟将中宫北侧宫殿（大殿遗址、东西配殿及龙虎殿）及殿廊台基，东、西宫门和山门，以及现存所有宫墙进行原地顶升，顶升后在复原依据充分的条件下对大殿进行复建。

① 测绘、记录、编号、加固、防水、填埋、垫高、复原：主要针对西宫（包括东宫）遗址。

由于西宫区域挖掘出的建筑基址主要为残余的墙基、台基、铺地和排水道等，对比现存的建筑部分，其体量较小，重量较轻，相互之间以平面关系为主，没有必要对其进行原地顶升；同时为了保持遇真宫文物建筑群的真实性、完整性，对其采用详细测绘记录后编号、防水、加固、填埋保护、垫高、复原的方法进行保护。

② 测绘、记录、编号、拆卸、分类管理、垫高、复原：由于中宫院落内的原有铺砖、宫墙外围考古发掘出的排水构件及山门外神道的遗址构件等相对零散、独立，拆卸过程中对其的损害较小，同时考虑到具体顶升施工的要求及相关费用，因此拟对其采用测绘、记录、编号、拆卸、分类管理的保护方法，待顶升、垫高后依据测绘图将原有构件复原。

（5）遇真宫顶升保护技术路线

遇真宫整体顶升的特点是高度高，体

2002年11月7日遇真宫大殿保存状况

量、规模、范围大。因为在顶升过程中需要不断填土，这样就可以在顶升作业面与填夯土形成的地面线之间始终保持1.5米的理想顶升高度，而在这个高度上下，国内已有许多成功顶升的实例。顶升技术国内比较成熟，主要有三种技术方案：PLC控制液压同步顶升系统、数字液压缸及数字控制技术、微动千斤顶群近似同步顶升技术。

（6）顶升保护设计原则

保证文物建筑本体的真实性：顶升设计、施工、修缮过程中，建筑群基底以上部分保持原状，保证原位、原样。保证文物建筑的整体性：顶升设计、施工、修缮过程中，不拆除、不切割，建筑群基底以上结构保证完整、完好、整体。保证施工过程中的安全性、可靠性：顶升结构设计、装备机具系统设计和施工组织设计要保证顶升过程中建筑结构的绝对安全。保证工程总体费用的经济性：尽力降低工程造价，相比其他方案在经济上更加节约。利用、综合、集成国内现有的技术、装备、人员、材料等资源，使施工组织实施容易，工期缩短。

3. 搬迁保护方案

陕西省古建设计研究所编制的搬迁方案，是按照“原拆原建”的原则，将遇真宫搬迁至其西侧2.6千米处。工程内容包括施工建档、文物解体、搬迁、文物复建等工作。

作为围堰（防护）、原地抬（顶）升两种方案的补充方案，制定“遇真宫古建筑群总体搬迁保护工程”方案。希望通过围堰（防护）、原地抬（顶）升、搬迁三项方案的相互比选，达到对遇真宫古建筑群进行相对科学合理、有效保护的目的。

遇真宫山门影壁墙砖雕细部照片

遇真宫搬迁保护方案涵盖了搬迁、维修、复建等多项工程内容，从文物保护的基本原则看，不可移动文物必须原址保护，只有发生不可抗拒的自然灾害或因国家重大建设工程的需要使迁移保护成为唯一的有效手段时，才可以原状迁移，易地保护要依法报批，在获得批准后方可实施。

（1）搬迁原则

遇真宫的搬迁保护必须坚持“原拆原建”的原则。2002年10月28日通过的《中华人民共和国文物保护法》（简称《文物保护法》第21条规定：“对不可移动文物进行修缮、保养、迁移，必须遵守不改变文

金顶之上俯瞰武当山群峰

物原状的原则。”遇真宫作为重要的不可移动文物（世界文化遗产——武当山古建筑群的重要组成部分），其搬迁必须遵守《保护世界文化和自然遗产公约》和《文物保护法》各有关条款的规定；遵守文化部2003年5月1日颁布的《文物保护工程管理办法》中的各项有关规定；其他有关文物建筑保护的被国际社会和我国普遍接受的文物建筑保护原则也应遵守。

《中国文物古迹保护准则》明确允许迁建的文物古迹，必须符合以下原则：特别重要的建设工程需要；由于自然环境改变或不可抗拒的自然灾害影响，难以在原址保护；单独的实物遗存已失去所依托的历史环境，又很难在原址保护；文物古迹本身的构造具有可以迁移的特征。

迁建新址选择的环境应尽量与迁建前的环境特征相似；迁建后必须排除原有的不安全因素，恢复确有依据的历史原状；迁建应当保护各时期的历史信息，尽量避免更换有价值的构件。迁建后的建筑中应当展出迁建的资料；迁建必须是现存的事物，不允许借题发挥，仅据文献或传说，以修复的名义增加仿古建筑。

（2）遇真宫搬迁的必要性和可操作性

编制搬迁保护方案符合《中国文物古迹保护准则》《文物保护工程管理办法》中有关条文的规定，即“国家重大（特别重要）建设工程”和“系指因保护工作特别需要，并无其他更为有效的手段时所采取的将文物整体或局部搬迁、异地保护的工程”等条款。

遇真宫新址的选址存在很大的局限性，一是必须选址在武当山脚下适当的位置；选址在一个海拔高于丹江口水库最高蓄水位的地方；选址地点必须能够布置下整个遇真宫建筑群（宫墙以内占地24000平方米）的场地；选址所在位置复建遇真宫，其朝向应与原遇真宫朝向一致。能满足这些条件的地点在武当山脚下基本没有，综合考虑最大满足上述条件的地点位于武当山进山大门左侧，即遇真宫原址以西200的地方，新址海拔215米，可以满足遇真宫复建场地要求，可以避免地下水位升高、潮湿、洪水、江河汛期等水患对古建筑群、建筑基础、建筑木结构造成的影响（浸泡、糟朽、霉变等不利因素），使遇真宫古建筑长期有效和妥善受到保护，延长建筑的使用寿命。

搬迁保护是一个对古建筑进行落架、解体和原样复建的过程。这一过程包含了对古建筑材料、建筑结构、工艺技术等整体信息（完整、真实性）进行全面系统的收集、建档工作，同时还包括对古建构件的加固、古建筑的整体维修诸项。通过搬迁保护和对古建筑的调查、分析、工程复建经验的积累，对武当山地区明代古建筑群的整体保护、维修、研究提供了全面系统的借鉴和参考。

如果对遇真宫采取搬迁保护，它将是我国文物保护史上因国家大型重点建设工程涉及文物保护级别最高的典型实例，也是中国古建筑搬迁规模最大的一项工程。

（3）搬迁保护方案存在的不利因素

一是搬迁后的遇真宫建筑群脱离了周边原有的依存环境，其古建筑的原真性及依存环境的整体性在迁移后受到损害。另外，新址（地形）必须进行全面平整改造后方可利用。二是迁建后的遇真宫方位、朝向与旧址呈相反方向。

（二）遇真宫保护方式的比选研究

在相关设计单位编制完成武当山遇真宫工程防护、原地垫高和搬迁保护三个保护方案初步设计后，为充分考虑选择最有利于遇真宫整体保护的最佳方案，最能体现中国政府对世界文化遗产保护的理念，以及体现我国文物保护的最高水平。2006年5月，湖北省文物局组织有关方面专家

2018年1月12日武当山古建筑与远山

垫高工程施工

再次召开论证会，就遇真宫围堰、顶升和搬迁保护的三个方案进行评估与综合比对，专家从不同的保护方案对遇真宫文物价值的影响，对武当山整体历史、人文和自然环境的影响，施工技术的难度及可行性，投资运行管理等方面进行比选。

1. 在对文物价值的影响方面

围堰方案，对文物本体破坏最小，最大限度地保存了遇真宫建筑的空间位置及周边环境，但建造高达十余米的堤坝不可避免地对武当山整体环境造成一定影响。

顶升方案，对保护对象的完整性和真实性较为有利，但在三维空间上一定程度地改变了遇真宫所在的位置。其中，垫高方案首先要对遇真宫现有建筑遗址解体重建，然后填土垫高，再将文物建筑复建到原地。在此过程中，不可避免地对原有建筑构件造成一定程度上的负面影响；原地顶升方案虽对遇真宫现有建筑遗址采用整体顶升的方法，但在施工过程中同样会对文物建筑的台基部分及其下夯土层造成一定的损坏，对于中宫内大面积的地面铺装等仍需同样采用编号、拆卸、复位的方法。

搬迁方案，改变了文物位置，且解体、构件运输和复建中不可避免地对文物造成破坏。

2. 在对武当山整体历史、人文和自然环境的影响方面

围堰方案，不改变武当山古建筑群相互的位置关系，可以对遇真宫小范围环境原状保存，但堤坝建成后，特别是枯水期的视觉观感存在争议。同时，水库蓄水后遇真宫处在周边高内部低的“盆”状地形底部，处于长年雨水和山体坡面流水汇聚的低洼地内，必须常年采用水泵向堰外排水，初步估算仅此一项每年就将产生100多万元的费用，而且潮湿的小环境对古建筑造成十分不利的影响。更为致命的是，如遇百年以上一遇的洪水或特大暴雨，围堰设防或暴雨产生的内涝将使遇真宫面临灭顶之灾，无法做到万无一失。

顶升方案，工程实施后遇真宫将成为一个三面环水的宫殿区，该区域原有的景观、生态环境没有大的改变，只是垂直关系有所改变，但在武当山古建筑群中相互位置关系不变，可以完好地保留武当山总体布局乃至风水格局的完整性。

搬迁方案，改变了武当山古建筑群相互的位置关系，新址不具备原址的地形条件，破坏了文物的风水格局，且地形改造也对武当山整体生态环境造成一定破坏。

3. 在施工技术的难度及可行性比较方面

围堰方案，遇真宫防护区位于水磨河左岸一级阶地及高漫滩上，地面高程151—

162米，一级阶地及漫滩的砂砾石层为统一连续的浅水含水层，具中等强度透水性。大坝加高后，防护堤外水库水位将会持续高出堤内地表，库水将会以砂砾石层和透水率较大的片岩为渗漏通道，穿越堤基，由堤内地表无黏性土盖层或黏性土盖层薄弱处向堤内渗漏，并可能发生渗透变形破坏。同时，随着库水向防护区内的渗漏，防护区内地下水雍高，防护区内可能出现浸没现象。虽然现有的解决方案是对堤基进行防渗处理，并采用修建排水沟以及加强抽排水等措施，尽可能降低地下水位，但潜在风险仍无法排除。

顶升方案，虽然顶升体积和重量巨大，但有大量成功的先例，从逻辑上推论其技术难度在可操作范围内。

搬迁方案，不存在技术问题。

4. 在工程一次性投资资金比较方面

围堰方案，长江水利委员会长江勘测规划设计研究院共计制定三个（大、中、小）围堰方案，其中小围堰方案，按2003年一季度价格水平估算，静态总投资6678.4万元。

顶升方案，包括三部分文物解体（含东、中、西宫考古揭露的建筑基址）与复建（原）、部分建筑单体顶升、基础垫高、环境整治，按2003年一季度价格水平估算，共投资约1.8亿。

搬迁方案，包括选址征地及基础场平、文物解体及复建、环境整治等，按2003年一季度价格水平估算，总投资4000万元。

2007年7月遇真宫文物保护方案论证会在北京召开

5. 在项目投入使用后，管理、维护的方式、难度，相应人力、物力资源的投入，以及对其周围其他因素的影响方面

围堰方案，防护工程投入运行后，常年需抽排电费、人员工资、耗材等大量的工程维护。后期维护和运行成本过高，责任主体不确定。

顶升方案，一次性投入实施，后期运营管理简单，责任主体明确。

搬迁方案，与周边环境和居民的关系需要重新界定。

综上分析，工程防护（围堰）方案：即在遇真宫外围适当位置建设防护围堰，起到挡水的作用。这个方案可以不改变武当山古建筑群总体布局中相互的位置关系，使遇真宫小范围环境得以原状保存，且对遇真宫现存明清时代文物建筑本体基本没有改变，干预破坏最小，最大限度地保存了遇真宫建筑的原真性和空间位置及周边环境。但存在堤坝对武当山整体环境景观造成一定不利影响，堤坝本身存在渗漏与渗透变形等潜在问题，而围堰以内防护区内自然落雨及山体汇集雨水形成的堰内积水外排及环境潮湿，另外地下水位升高后，其周围湿度将会增大等，遇真宫建筑易发生霉变甚至腐烂，从而使文物受到破坏，存在不利影响，遇不可预计大雨积水无法有效外排，以上问题并没有一个妥善的方法解决，会存在潜在文物建筑遭受水淹浸没的威胁风险。同时考虑到建成后项目运行管理的难度和费用难以估算，该方案不宜采纳。

搬迁方案：即在武当山脚下的适当位置选址，将遇真宫拆解后异地复建。这一方案改变了遇真宫建筑在整个武当山建筑群规划布局及风水格局中的位置，对文物的文化价值造成极大的破坏。搬迁复建对武当山古建筑群的原真性、风水文化等方面均有颠覆性的破坏，且解体、构件

2012年12月遇真宫垫高保护工程施工现场

2012年12月14日遇真宫三个山门顶升及周边区域土石方垫高情况

运输和复建中，不可避免地会对文物构建造成一定损失，对遇真宫的原真性有一定破坏。

与前两者相比较，顶升方案，即对遇真宫主要建筑单体实施原地垂直顶升，对建筑基址进行垫高，在预定标高面对其他部分进行复原。这一方案只在三维空间上一定程度地改变了遇真宫在武当山古建筑群中所处的垂直位置。工程实施后遇真宫将成为一个三面环水的宫殿区，该区域原有的景观、生态环境没有大的改变，但在武当山古建筑群中相互位置关系不变，可以完好地保留武当山总体布局乃至风水格局的完整性和真实性。但顶升工程涉及内容多，技术要求高，难度大，组织实施相对复杂，一次性投资大。虽然投资较大，但对文物价值的改变和影响较小，特别是对体现东方，尤其是中国传统建筑灵魂之所在的武当山古建筑群总体规划理念、布局和风水格局没有改变，对最难以原状保护与传承的砖石结构的三个门实施顶升，体现了对文物建筑的最小干预原则。顶升方案的技术完善且容易操作，工程后期维护简单，不会产生过多的日常维护经费负担和运行管理风险。

通过充分比选论证，与会绝大多数专家认为对遇真宫采取保护的三种方案中，工程防护（围堰）方案在保护遇真宫建筑本体与环境方面优点更为突出，符合保护世界文化遗产的高标准要求。会后，湖北省文物局将专家意见上报国家文物局《湖北省文物局关于报送南水北调工程武当山遇真宫文物保护方案的请示》（鄂文物发〔2006〕58号）。

2006年7月，国家文物局在北京组织专家论证会，对武当山遇真宫三种保护方案进行了论证。与会专家对湖北省文物局上报的对武当山遇真宫采取保护的三种保护方案及前期的可行性研究成果进行评审论证后形成专家论证意见。会后，国家文物局根据专家论证意见结合湖北实际情况下发了《关于武当山遇真宫保护方案的批复》（文保函〔2006〕798号），对遇真宫保护方案做出如下批复：

第一，遇真宫是世界文化遗产和全国重点文物保护单位武当山古建筑群的重要组成部分，具有重要的科学、历史和艺术价值。遇真宫保护工程是南水北调工程最重要的文物保护项目之一，其保护意义重大，应慎重考虑保护方案，将丹江口水库大坝加高对遇真宫保护造成的影响降到最低。整体搬迁方案和原地顶升方案改变了遇真宫所处位置与环境的真实性，同时在原地顶升施工中存在较大风险，因此我局原则同意采取工程防护的思路对遇真宫进行保护。

第二，请你局组织方案设计单位在遇真宫防护工程可行性研究报告方案二和考古工作的基础上抓紧开展方案的初步设计工作，在初步设计方案中应进一步加强防水、防潮等设计。

第三，遇真宫保护经费预算应考虑工程防护方案实施后运行中所需的排水、监测、管理等运行维护费用。请你局会同有关部门组织编制科学合理的遇真宫保护经费总预算连同初步设计方案，按程序报批。

第四，请你局组织有关考古发掘单位开展调查、勘探工作，为围堤的具体选址和下一阶段的设计提供科学依据。

第五，请你局组织有关专业单位和考古研究单位合作编制遇真宫保护规划和保护方案，按程序报批。编制

省文物局收文 2006年7月31日 372号 1份

国家文物局

文物保函[2006]789号

关于武当山遇真宫保护方案的批复

湖北省文物局：

你局《关于报送南水北调工程武当山遇真宫文物保护方案的请示》（鄂文物发[2006]58号）收悉。经研究，我局批复如下：

一、遇真宫是世界文化遗产和全国重点文物保护单位武当山建筑群的重要组成部分，具有重要的科学、历史和艺术价值。遇真宫保护工程是南水北调工程最重要的文物保护项目之一，其保护意义重大，应慎重考虑保护方案，将丹江口水库大坝加高对遇真宫保护造成的影响降到最低。整体搬迁方案和原地顶升方案改变了遇真宫所处位置与环境的真实性，同时在原地顶升施工中存在较大风险，因此我局原则同意采取工程防护的思路对遇真宫进行保护。

二、请你局组织方案设计单位在遇真宫防护工程可行性研究报告方案二和考古工作的基础上抓紧开展方案的初步设计工作，在初步设计方案中应进一步加强防水、防潮等设计。

1

三、遇真宫保护经费预算应考虑工程防护方案实施后运行中所需的排水、监测、管理等运行维护费用。请你局会同有关部门组织编制科学合理的遇真宫保护经费总预算连同初步设计方案，按程序报批。

四、请你局组织有关考古发掘单位开展调查、勘探工作，为围堤的具体选址和下一阶段的设计提供科学依据。

五、请你局组织有关专业单位和考古研究单位合作编制遇真宫保护规划和保护方案，按程序报批。编制保护规划时，应考虑在确保遇真宫本体及景观和防护工程安全的前提下，科学划定遇真宫的保护范围和建设控制地带。

国家文物局

二〇〇六年七月二十一日

国家文物局办公室秘书处 2006年7月24日印发

初校：罗 丽 终校：王 彬

2

关于武当山遇真宫保护方案的批复

保护规划时，应考虑在确保遇真宫本体及景观和防护工程安全的前提下，科学划定遇真宫的保护范围和建设控制地带。

根据国家文物局批复文件的要求，湖北省文物局组织方案设计单位在遇真宫防护工程可行性研究报告方案二和遇真宫西宫考古工作的基础上，研究开展方案初步设计的工作内容，进一步加强防水、防潮和保护性维护等设计。根据防护工程的设计所涉及的部位，组织考古发掘单位开展调查、勘探工作，为围堰方案设计围堤的具体选址和设计提供科学依据，同时考虑请有关资质单位做好遇真宫保护规划和文物建筑保护方案的编制。

三、遇真宫保护方案的调整确定

（一）工程防护方案提出调整背景

保护世界文化遗产的真实性和完整性是文物保护的最高标准，在遇真宫保护的问题上，充分考虑遇真宫的真实性得到最大限度保护的同时，也要站在不同的角度考虑多种因素，但文物的安全问题是保护的根本和核心所在。从某种意义上说，对遇真宫采取工程防护的方式保护，工作的重点主要是在离遇真宫一定距离的位置建设一处能起到挡水防护作用的围堰工程。以前南水北调工程设计单位考虑的大、中、小几个围堰方案，更多的是考虑围堰工程的选址、围堰防护区域的大小、围堰工程建设的投资等问题，对围堰内的遇真宫文物本体基本没有更多的针对性的保护、维修措施。国家文物局《关于武当山遇真宫保护方案的批复》意见下达后，在采取工程防护的思路开展遇真宫防护工程方案具体编制工作的过程中，出现了新的情况。

早在2003年，南水北调工程规划阶段，长江水利委员会作为南水北调中线工程设计单位，其下属的长江勘测规划设计研究院开始对遇真宫的文物保护方案进行研究，首次提出对遇真宫采取防护工程（围堰保护），并在2004年7月编制了《南水北调中线水源工程丹江口库区遇真宫防护工程可行性研究报告》[编号：S71（M）F-04-44]。这个报告的最初动因是在南水北调中线工程建设过程中“为了减少丹江口水利枢纽大坝加高工程库区淹没损失，降低移民搬迁和移民安置的难度，长江水利委员会有关人员在地方政府配合下进行了实地查勘，在综合考虑防护工程难易程度、防护效益等因素的基础上，在《丹江口水库后期续建工程库区淹没处理及移民安置规划》（1992年）中，初步选择了13处淹没深度不大、具有防护条件及一定防护效益的淹没区进行了初步规划。2003年初，在丹江口水利枢纽大坝加高工程初步设计阶段水库淹没实物指标调查过程

遇真宫内残存石碑

中，经实地查勘并充分考虑地方政府的意见，新增补遇真宫、孙家湾2处防护区”。该可行性研究报告分综合说明、水文、工程地质、设计依据与标准、工程布置、主要建筑物设计、工程管理、施工、环境影响评价、投资估算、经济评价及结论11个部分，遇真宫保护工程共三个方案，静态投资分别为9643.47万元、6072.9万元、6678.4万元，分别为方案一、二、三。报告认为方案三较好地体现了文物保护原址、原样、原环境的基本准则，其周边环境具有较大的可塑性。从该可行性研究报告中可以看到，这是以保护遇真宫为出发点，实质上是一个完完全全的水利建设工程的方案，没有涉及对遇真宫文物本体及周边环境的任何修缮、整治的内容。此后，在2005年12月长江水利委员会长江勘测规划设计研究院汇总编制的《南水北调中线一期工程可行性研究报告》附件四《工程建设征地移民规划设计报告》第四分册《文物保护规划》（编号：S71F05-036X）中，再次提出“建议对遇真宫采取工程防护方案”。

2006年7月，国家文物局《关于武当山遇真宫保护方案的批复》文件中“原则同意采取工程防护的思路对遇真宫进行保护”的批复意见下达后，2006年12月，国务院南水北调办明确南水北调中线工程业主单位——南水北调中线水源有限责任公司负责遇真宫防护工程方案的具体实施及今后的运营管理。2007年3月，按照国务院南水北调办的要求，南水北调中线水源有限责任公司委托长江水利委员会长江勘测规划设计研究院，在已有的基础上对遇真宫防护工程方案进行进一步的深化研究，形成了《丹江口库区遇真宫防护工程可行性研究深化设计报告》，对大、中、小防护方案各类堤基地质结构进行了分析，提出的主要地质问题是“防护堤堤基渗漏及渗透变形、堤内浸没问题”。明确防洪等级为一等工程，防洪标准按100年一遇设计；方案一，堤线自遇真宫南边的水磨河右岸一级阶地自西向东布置，至东侧玄岳门接170.2米高程止，堤线全长1320米，最大堤高18.6米，平均堤高13.6米。方案三堤线自遇真宫南边的水磨河自西南向东北布置，至遇真宫小学接172.3高程止，堤线全长844米，最大堤高13米，平均堤高11.6米。方案二，堤线从遇真宫东边自南向北布置，至遇真宫小学接172.3米高程止，堤线全长847米，最大堤高13.7米，平均堤高12.6米，静态投资7912.25万元，工程年运行费为110.26万元，指出防护工程本身无财务收入，建议运行费用从水库移民后期扶持费中提取。报告认为方案二较好地体现了文物原址、原样、原环境的基本准则，其周边环境有很大的可塑性。因此，推荐方案二为本工程实施方案。在报告的结论和存在问题部分指出：

1）根据可研深化设计，遇真宫防护工程设计方案在技术上基本可行。

2）由于本次可研深化设计地质条件较可研阶段有所变化，调整了设计标准，防渗墙、防渗帷幕、排水闸、泵站等规模加大，投资较可研阶段增加约2700万元。

3）工程实施后，遇真宫微观环境将会有轻微改变，如温度、湿度、地下水位等，可能对文物造成一定影响，因此，本工程需要设置相应环境监测设施（查遇真宫防护工程环境变化投资估算表，环境保护中投资110.6万元，其中文物检测与观测投资10万元，这是遇真宫防护工作涉及文物保护的唯一内容），对遇真宫微观环境进行监测和评估。如确实构成影响，应进行相应的维护治理。

4）本方案实施后，运行维护费用较高，管理隐患较多。

5）根据《防洪标准》，遇真宫防洪标准为100年一遇，如遇超标准设计洪水，可能会淹没文物甚至产生毁灭性的破坏。

6）方案二防护区内有人口672人，房屋面积20726.1平方米，土地面积533亩。如遇超标准设计洪水，可能会对人民生命财产产生毁灭性破坏。归纳其观点和结论为：遇真宫防护工程施工简单，技术可行，日常管理维护方便；工程实施后，遇真宫微观环境将会有轻微改变，可能对文物造成一定影响；运行维护费用较大，管理隐患较多；遇超设计标准洪水，可能会淹没文物甚至产生毁灭性的破坏。

2007年4月，遇真宫围堰保护工程的实施主体即工程业主单位——南水北调中线水源有限责任公司向国务院南水北调办提交了《关于南水北调中线水源工程丹江口库区遇真宫保护方案有关意见的报告》。同年5月25日，南水北调中线水源有限责任公司给湖北省移民局同时抄送湖北省文物局《关于南水北调中线水源工程丹江口库区遇真宫保护方案有关意见的函》（中水源移函〔2007〕35号），提出：鉴于丹江口库区原规划中的14个工程防护方案因存在较多问题和较大风险而放弃的情况，按照国务院南水北调办公室的要求，我公司委托长江委长江规划设计研究院对遇真宫防护方案进行了深化研究，研究结果表明防

丹江口蓄水后打捞出的大石碑碑帽

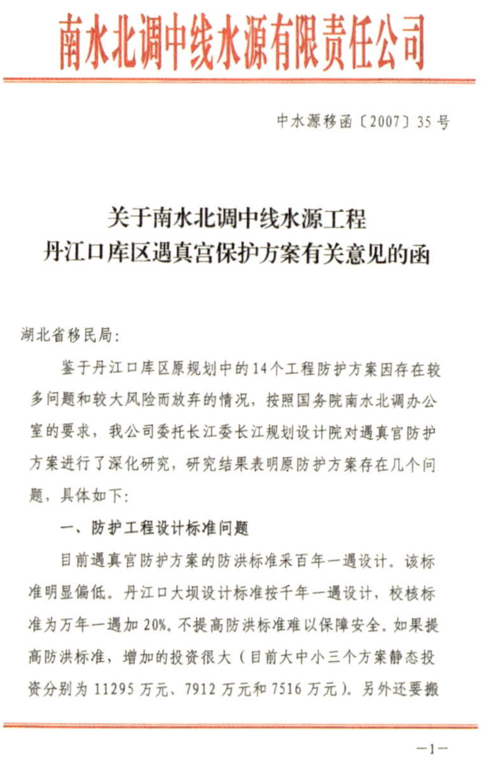

南水北调中线水源有限责任公司

中水源移函〔2007〕35号

关于南水北调中线水源工程
丹江口库区遇真宫保护方案有关意见的函

湖北省移民局：

鉴于丹江口库区原规划中的14个工程防护方案因存在较多问题和较大风险而放弃的情况，按照国务院南水北调办公室的要求，我公司委托长江委长江规划设计院对遇真宫防护方案进行了深化研究，研究结果表明原防护方案存在几个问题，具体如下：

一、防护工程设计标准问题

目前遇真宫防护方案的防洪标准采百年一遇设计。该标准明显偏低。丹江口大坝设计标准按千年一遇设计，校核标准为万年一遇加20%，不提高防洪标准难以保障安全。如果提高防洪标准，增加的投资很大（目前大中小三个方案静态投资分别为11295万元、7912万元和7516万元）。另外还要搬

—1—

关于南水北调中线水源工程丹江口库区遇真宫保护方案有关意见的函

护方案存在几个问题，具体如下：

一，防洪工程设计标准问题：目前遇真宫防护方案的防护标准采用百年一遇设计。该标准明显偏低。丹江口大坝设计标准按千年一遇设计，校核标准为万年一遇加20%。不提高防洪标准难以保障安全。如果提高防洪标准，增加投资很大（目前大中小三个方案静态投资分别为11295万元、7912万元和7516万元），另外还要搬迁群众（三个方案分别为1130人、672人、538人），增加移民搬迁费用（三个方案估算分别为5650万元、3360万元和2690万元）。

遇真宫原来三面环山一面临水，地面高程163米（吴淞高程，下同）左右。设防洪堤后，按百年一遇标准的防洪堤堤顶高程均在172米以上，如按千年一遇标准设计，堤顶高程在176米以上。这样遇真宫位于长1000多米，最宽处600米的盆地中，面对的是10或15米的高墙，原自然地理面貌已荡然无存，保存原自然地理面貌的效果很差。

二，防护区内汛期排涝问题：防护方案考虑汛期水库水位处于低水位时，防护区内部涝水通过水闸自排，汛后库水位抬高后，区内涝水通过泵站抽排，利用汛后涝水量相对较小，以此来减少泵站规模和运行费用。

由于防护区内地势低洼，为保护防护区不发生浸没侵蚀，汛期排涝时区内最高水位不能超过159.77米，根据丹江口水库洪水调度规程，丹江口水库夏季汛期汛限水位为160米，秋季汛限水位为163.5米，防护区距大坝62千米，区外水库回水与坝前水位相近或更高，已超过区内排涝最高水位，可研报告提出的汛期涝水自排方案是不可行的，泵站规模必须考虑汛期抽排。要及时在汛期将涝水外排，原设计的泵站规模偏小，标准偏低。

三，防护区内浸没侵蚀问题：遇真宫防护区位于河道一级阶地及漫滩上，大坝加高后非汛期水位将蓄至正常水位170米，防护堤外水位常年将高出堤内地表8～10米，堤内地下水排泄不畅，且外水向内渗漏，致使防

护区内地下水壅高，如果抽排不及时，防护区内90%左右的地面将低于165米，50%低于160米的土地也可能有不同程度浸泡，其后果目前还难以预测。同时，湿度的加大，对土木建筑的腐蚀作用也为今后修复遇真宫带来困难。

四，防护工程运行管理问题：遇真宫为国家一级文物，围堰防护后将位于水库水位以下，为确保在任何情况下不受水淹，其供电至少需要双回路供电，但当地供电部门无法提供这样的供电条件，使防护方案存在运行的重大隐患。没有解决防护工程的运行费用。防护工程的运行需要专门机构进行水工建筑物、金属结构、启闭设备、泵站、供电、安全监测设施等设备的维修、使用和保养，并需要专门进行环境监测，每年的各种运行管理费用及环境维护费用巨大，不解决这些费用，防护方案无法落实。鉴于上述问题难以解决，我公司建议另行选择遇真宫保护方案。

2007年6月7日，湖北省移民局将南水北调中线水源有限责任公司的上述函件转送湖北省文物事业管理局（见《关于转送南水北调中线水源有限责任公司对丹江口库区遇真宫保护方案有关意见的函》，鄂移函〔2007〕038号），提出："建议另行选择保护方案，请提出意见。"

鉴于工程业主单位认识到遇真宫防护方案存在风险问题，明确提出要求重新论证，另行选择遇真宫保护方案的请求，国

省文物局收文 2007年6月8日 400号 1份

湖 北 省 移 民 局

鄂移函〔2007〕038号

关于转送南水北调中线水源有限责任公司
对丹江口库区遇真宫保护方案有关意见的函

湖北省文物事业管理局：

遇真宫防护工程是南水北调中线工程重要的文物保护项目之一。为切实做好遇真宫遗址保护工作，长江委设计院2003年对遇真宫的文物保护方案进行了研究，在总体可研专题报告中提出了三种方案。2006年5月，你局组织专家对上述方案进行了论证，推荐围堰保护方案作为实施方案并上报国家文物局。同年7月，国家文物局组织专家对上述方案进行了论证，同意将围堰保护方案作为实施方案。为慎重起见，按照国务院南水北调办的要求，南水北调中线水源有限责任公司近期委托长江委设计院对遇真宫防护方案进行了深化研究，提出了防护工程设计标准、防护区内汛期排涝、防护区内浸没侵蚀和防护工程运行费用等问题。为此，现将水源公司《关于南水北调中线水源工程丹江口库区遇真宫保护方案有关意见的函》转送你局，建议另行选择保护方案，请提出意见。

附件：《关于南水北调中线水源工程丹江口库区遇真宫保护方案有关意见的函》

湖北省移民局

二〇〇七年六月七日

关于转送南水北调中线水源有限责任公司对丹江口库区遇真宫保护方案有关意见的函

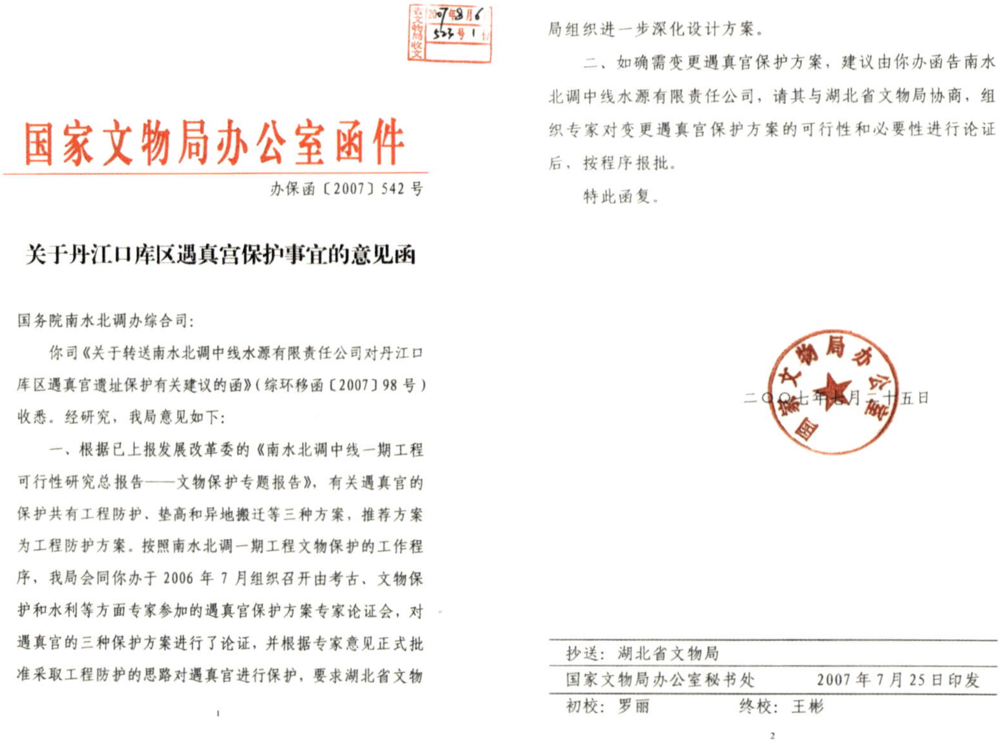

国家文物局办公室函件

办保函〔2007〕542号

关于丹江口库区遇真宫保护事宜的意见函

国务院南水北调办综合司：

你司《关于转送南水北调中线水源有限责任公司对丹江口库区遇真宫遗址保护有关建议的函》（综环移函〔2007〕98号）收悉。经研究，我局意见如下：

一、根据已上报发展改革委的《南水北调中线一期工程可行性研究总报告——文物保护专题报告》，有关遇真宫的保护共有工程防护、垫高和异地搬迁等三种方案，推荐方案为工程防护方案。按照南水北调一期工程文物保护的工作程序，我局会同你办于2006年7月组织召开由考古、文物保护和水利等方面专家参加的遇真宫保护方案专家论证会，对遇真宫的三种保护方案进行了论证，并根据专家意见正式批准采取工程防护的思路对遇真宫进行保护，要求湖北省文物局组织进一步深化设计方案。

1

二、如确需变更遇真宫保护方案，建议由你办函告南水北调中线水源有限责任公司，请其与湖北省文物局协商，组织专家对变更遇真宫保护方案的可行性和必要性进行论证后，按程序报批。

特此函复。

二〇〇七年七月二十五日

抄送：湖北省文物局

国家文物局办公室秘书处　　2007年7月25日印发

初校：罗丽　　终校：王彬

2

关于丹江口库区遇真宫保护事宜的意见函

务院南水北调办和国家文物局领导对此高度重视。2007年7月，国务院南水北调办综合司正式给国家文物局办公室发函《关于转送南水北调中线水源有限责任公司对丹江口库区遇真宫遗址保护有关建议的函》（综环移函〔2007〕98号），转达了南水北调中线水源有限责任公司关于调整遇真宫保护方案的意见。为此，经研究，国家文物局于7月25日回函国务院南水北调办综合司《关于丹江口库区遇真宫保护事宜的意见函》（办保函〔2007〕542号），提出：根据已上报发改委的《南水北调中线一期工程可行性研究报告——文物保护专题报告》，有关遇真宫的保护共有工程防护、垫高和易地搬迁三种方案，推荐方案为工程防护方案。按照南水北调一期工程文物保护的工作程序，国家文物局会同国务院南水北调办于2006年7月组织召开由考古、文物保护和水利等方面的专家参加的遇真宫保护方案专家论证会，对遇真宫的三种保护方案进行了论证，并根据专家意见正式批准采取工程防护的思路对遇真宫进行保护，要求湖北省文物局组织进一步深化设计方案。强调如需变更遇真宫保护方案，建议国务院南水北调办函告南水北调中线水源有限责任公司，请其与湖北省文物局协商，组织专家对变更遇真宫保护方案的可行性和必要性进行论证后，按程序报批。

此后，考虑到南水北调中线水源有限责任公司只是国务院南水北调办确定采取工程防护方案的实施主体（业主），而非组织管理机构。后经国务院南水北调办同意，2007年7月，由南水北调中线工程移民主管部门湖北省移民局牵头在北京组织召开“南水北调丹江口库区武当山遇真宫保护方案论证会”，由考古、文物保护、水利等方面的专家组成专家组，全面听取了长江水利委员会长江勘测规划设计研究院有关《丹江口库区遇真宫防护工程专题研究报告》的汇报。会上，北京清华城市规划设计研究院文化遗产保护研究所就《武当山遇真宫原地垫高保护方案初步设计》关于原地垫高方案的相关内容也做了汇报。此外，陕西省古建筑设计研究所对2006年5月湖北省文物局委托编制的《湖北省武当山遇真宫搬迁保护工程》关于遇真宫异地搬迁方案的情况做了简要介绍。专家论证会主要围绕工程防护进行讨论，部分专家的讨论也涉及垫高方案。国务院南水北调办总工沈凤生，国家文物局考古专家组组长、中国文物研究所研究员黄景略，国家文物局考古专家组成员、故宫博物院研究员张忠培，国家文物局考古专家组成员、中国社会科学院考古所研究员徐苹芳、徐光冀，国家文物局古建筑专家组组长、中国文物学会教授罗哲文，原国家电力公司比较勘测设计研究院高工冯水滨，水利部水利水电规划设计总院高工李现社，清华大学教授郝亚民，国务院南水北调工程建设委员会专家委员会秘书长汪易森，国务院南水北调工程建设委员会专家委员会教高张国良，国务院南水北调办政研中心教

2007年7月国家文物局组织遇真宫论证

高台上的五龙宫大殿

高徐子恺，水利部水利水电规划设计总院教高潘尚兴，中国文物研究所总工付清远，中国文物信息咨询中心高工王立平，中国文物研究所研究员乔梁等专家参加会议。张忠培、沈凤生为专家组组长，通过论证形成主要意见如下。

第一，工程防护方案满足设计规范，能够最大限度地保持遇真宫的真实性，但部分专家指出位于丹江口水库内的遇真宫防护堤采用百年一遇洪水标准，远远低于丹江口大坝千年一遇洪水标准，在技术和运行管理方面存在较大风险。防护方案存在的设计标准问题、汛期排涝问题、浸没侵蚀问题、运行管理问题均在一定程度上影响到遇真宫的安全，如果发生超标准洪水或运行管理环节出现问题，都将给遇真宫带来毁灭性的破坏。

第二，工程防护方案仍没有提出可行性的办法解决运行管理费问题，对存在的安全风险没有提出可行的解决措施，这制约了该方案的可行性。

第三，部分文物专家认为工程防护方案专题研究报告基本可行，但报告对相关风险分析不够，应进一步论证。多数与会专家同意采用垫高保护方案，并建议进一步完善。

2007年8月10日，湖北省文物局将湖北省移民局转来的在北京召开的“南水北调丹江口库区武当山遇真宫保护方案论证会”的专家论证意见以《湖北省文物局关于上报武当山遇真宫保护方案论证会专家论证意见的请示》（鄂文物发〔2007〕88号）文件正式上报给国家文物局，请求国家文物局组织审查并最终确定武当山遇真宫的保护方案。

与此同时，根据2007年7月湖北省移民局牵头在北京组织召开“南水北调丹江口库区武当山遇真宫保护方案论证会”上专家组提出的“报告对相关风险分析不够，应进一步论证”的明确意见，会后，由国务院南水北调办出面分别委托长江水利委员会、河南古代建筑保护研究所等单位分别就遇真宫防护工程方案运行管理风险、超标准洪水淹没及汛期排涝风险、物理环境变化影响风险进行评估。

（二）开展防护方案风险评估情况

本着对历史、对文物高度负责的精神，确保妥善、永久保护文物，为最终决策提供依据，对遇真宫防护工程可能存在的风险进行专题研究是十分必要的。河南古代建筑保护研究所、长江水利委员会长江勘测规划设计研究院等单位分别就遇真宫防护工程方案初步设计的运行管理、超标准洪水淹没及汛期排涝、物理环境变化影响方面存在的风险进行认真分析评估，清华大学文化遗产保护研究所开展了遇真宫垫高保护方案的研究工作。

1. 防护工程运行管理风险评估

长江水利委员会长江勘测规划设计研究院开展了武当山遇真宫防护工程运行管理风险评估。

在开展评估之前，对防护工程的运

行特点进行了详细分析：一是每年防护堤外库水位高于防护区内地面高程运行历时较长，约为200天；防护堤等水工建筑物需常年发挥挡水作用，排水闸、泵站等机械设备需周期性重复工作；运行时间跨度大，各主体工程常年协同工作方能保证防护工程有效。二是工程运行具有长期性、周期性的特点，一方面增加了风险的不确定性，另一方面如能运用良好的长效运行管理机制，在运行管理过程中不断积累经验，总结规律，处理得当，也可将风险损失控制在可承受的范围之内。风险管理是通过对风险的识别和衡量、采用合理的经济和技术手段对风险加以处理，以最小的成本获得最大的安全保障的管理活动。对运行过程进行风险研究，通过风险辨识、风险估计、风险评价、风险处理，有利于工程的经济运行，有利于防护对象的长久安全。风险因素具有不确定性，可能在运行管理的任一过程中产生，如果没有及时发现和控制，可能会逐步由量变发展为质变，使风险因素不可控，引发风险事故。如防护堤坝体发生局部侵蚀后，若不及时采取措施，可能导致堤坝强度降低或发生溃坝。

防护工程运行管理涉及内容广泛，包括完善管理机构和管理人员，明确安全责任主体，健全规章制度，开展工程安全鉴定、检查观测、养护修理、防汛抢险，科学调度运用和经营管理等。通过对运行、管理中各环节及其相互作用进行分析和风险研究，有利于在运行管理中积累经验，实现工程良性、安全运行。管理人员配备4名专职人员。针对工程养护维修工作季节性强、劳动量大的特点，在维修期间，采用签订劳动合同的方法，雇用季节性的临时工。

发挥工程管理运行方式：值班采取三班倒制。闸门自排时，注意外江水位变化，及时关闸，防止水库倒灌。泵站抽排时，

静乐宫圣旨碑碑帽细部

被搬迁到丹江口市的静乐宫圣旨碑

观察水位变化，以免淹没或损坏机电设备。

日常监测与维修方式和内容：通过观测防护堤、水闸水平位移和沉陷；水位观测开展变形观测，对裂缝、散浸、塌陷、隆起、兽穴隐患及护坡损坏等巡视检查，及时清除沟内的障碍和淤积物，使排水畅通。

加强防护堤的安全管理。禁止在堤坡种植作物或铲草积肥，以确保安全；背水面距堤脚100米范围内不许进行对防护堤有害的活动。做好防汛预案，汛期密切注意防冲、防倒灌现象的发生，一旦发现险情，要及时处理。经常检查维护水泵、闸门，确保其正常运行。

评估单位从防护堤运行管理风险，排水闸、泵站运行管理风险，截洪沟、排水沟运行管理风险，管理人员与运行管理，资金保证与运行管理，其他风险因素方面开展风险评估。

（1）防护堤运行管理风险

防护堤设计堤型为黏土心墙砂卵石堤，堤基的主要工程地质问题是堤基渗漏及渗透变形、堤内浸没问题。为防止以上问题，分别采用了修建混凝土防渗墙、防渗帷幕及修建排水沟等工程措施。防护堤运行管理复杂，除根据工程管理需要进行变形观测，观测防护堤、水闸水平位移和沉陷外，还需要逐日观测和记录堤外水位、堤内前池及堤身观测孔水位，并经常进行巡视检查。每年汛期，需要管理人员根据天气预报情况对汛情做出准确的判断，并结合防护堤的防洪标准、排水闸和泵站的联合运行制订相应的应急预案，但由于目前技术条件的限制，以及对防护堤隐蔽工程可能存在的问题及可能寄居的白蚁、狐、獾等害坝动物的动向难以准确预测，依然存在诸多危及防护堤安全的风险因素。

（2）防护堤运行管理风险

一是坝体因素，未建立完善的安全监测机制，对坝体表面的缺陷和局部工程问题未及时消除，威胁坝体工程及设施的安全、完整、正常运用。对坝体周围的采石、取土等活动未予及时、有效的制止和纠正，危害坝体安全。对坝体出现的裂缝、坑凹等未及时发现并分析产生的原因，任其发展，最终导致坝体溃决等不良后果。不重视对干砌块石护坡、植生块的日常养护，导致其破损失效，乃至滑塌。受技术力量、资金等条件所限，对日常巡视检查所发现的工程损坏和问题未制订明确的岁修、大修计划，对突发险情无相应的应急预案，危害坝体持久安全。对可能寄居的白蚁、狐、獾等害坝动物未进行有效防治，埋下隐患，甚至致使堤坝发生崩垮。

二是运行因素：丹江口水库按正常蓄水位运行时，堤内地下水排泄不畅，将可能壅高，遇真宫地基将会长期处于饱和状态，使地基土体强度降低；同时，周围湿度的增大，给木构宫观的防腐防霉提出了更高的要求。可见，汛后运行期防护堤面临的最主要地质问题为浸没影响，只有加强对堤内渍水的抽排管理，防微杜渐，才能尽可能降低地下水位，从而减轻浸没影响。

三是防洪标准因素，若遇超设计标准洪水来袭，受技术条件和自身素质限制，管理人员难以对暴雨作出精确的判断，以

遇真宫东配殿彩绘

启动相应的应急预案，从而可能对遇真宫造成灭顶之灾。还有就是防洪标准方面的因素。

（3）排水闸、泵站运行管理风险

一是闸门运行管理风险，闸门的连接紧固件出现松脱、锈蚀，未及时处理或导致操作失灵。闸门发生事故，不能关闭或不能完全关闭。闸门表面附着有水生物、泥沙、污垢、杂物等，未定期清除，影响闸门运用。因闸门损坏或止水装置磨损、变形等，导致漏水量超过规定。受防护堤外库水位控制，排水闸周期性运行，闲置期间如不注意养护，可能锈蚀。

二是启闭机运行管理风险，操作人员未按闸门启闭程序操作或误操作、操作不当或限位装置失效，引起螺杆压弯、启闭机端盖顶碎，启闭机梁顶断导致钢筋混凝土梁上缘开裂破坏，启闭机台（梁）位移、旋转、倾覆，甚至造成人员伤亡。电动机过载而烧毁电机，严重影响工程的安全运用，威胁操作人员的人身安全。电动启闭机恰逢供电部门在维修电器设备或供电线路时电源相序变动，致使启闭机上的电动机改变了原运转方向导致启闭机启闭方向的改变。启用前未对启闭机连接、传动部分的防锈、防尘等进行必要的日常维护，导致启用时失效或影响使用。启闭设备因长期暴露在外导致壳体锈蚀。

三是机电设备运行管理风险，泵站是排涝唯一设备，必须有可靠的供电保证。本工程供电仅有一回路，如遇停电，将导致遇真宫被淹没。泵站周期性运行，汛期闲置，汛后启用；来水量小时只需启用小机组，部分机组处于长期闲置状态，可能接线脱落，部件锈蚀，导致再次启用时发生故障或无法使用。机电设备运行环境差，设备的实际使用寿命减少，设备运行效率低下、投资增加。指示仪表（尤其是安全监测设备）管理中未按规定定期校验，读数不准，严重时可能延误抢险时机。

（4）截洪沟、排水沟运行管理风险

出现断裂、损坏、阻塞、失效现象。沟内有淤泥、杂物，影响泄水量和水流汇聚方向。东段截洪沟基础岩体沟底基础片理发育，抗风化、抗雨水冲蚀能力较差，如不加强监测，及时修复，边坡表部在长期运行过程中可能被冲刷破坏，导致沟体破损。造成截水能力下降或不能截洪，洪水涌入防护区内，危及建筑物安全。

（5）管理人员与运行管理风险

一是技术力量，从遇真宫防护工程管理人员配置可以看出，按照防护工程的建设规模，管理人员配置符合相关规定，但在超标准洪水等紧急情况发生时，仍然存在一定的风险。除专职人员外，由于其他人员为以签订劳动合同方式雇用的季节性临时工。人员文化水平、技术水平参差不齐；附近人力资源欠缺，难以保证运行管理需要。

二是管理水平方面，因人力资源匮乏、管理经费有限等原因，工程可能出现“重建轻管”现象。技术人员少，总体素质不高，可能导致管理粗放，不能形成科学、系统的管理制度；或者虽然形成了管理制度，但未遵照执行或执行不力。

（6）资金保证与运行管理方面

遇真宫防护工程的运行管理单位尚未成立，工程本身无经济收益，运行管理费用不可能在项目内部解决，资金来源尚不明确，加之年运行费用额度较大，可能加大筹资难度。若工程在无资金保障的状况下运行，则其运行质量堪忧，对防护主体的持续保障更如空中楼阁。

（7）运行管理与其他风险因素

防汛物资、配套设施（如水情分析设施、通信设施等）等完备程度。自然灾害导致突发事件，如地震、地质灾害等。人为破坏或影响等。

按照风险因素对项目影响程度和风险发生的可能性大小，将风险等级分为一般风险、较大风险、严重风险和灾难性风险。

管理人员及管理水平——较大风险。决定了运行管理的质量和效果。防护工程运行管理人员首先需要有必备的专业知识，才能凭借工程专业经验识别、评估风险，尽早发现、解决工程建设中出现的问题，实施有效的工程风险管理。水工建筑物的养护及维修质量、机械设备的运用和更新水平都与运行管理人员的技术力量息息相关。该工程位于农村，专业人才可能比较欠缺，素质可能不高，如果产生过失、疏忽、侥幸、恶意等不当行为，则更不利于项目正常运行。有效的管理可以提高运行质量、控制运行投资、延长工程寿命。因该工程运行管理的参与者包括专职人员与临时雇佣的临时工，容易造成参与者对工程项目理解、态度、

遇真宫西宫院落地面排水细部

行动上的不一致或不协调，影响项目目标的实现。同时，管理人员如果不了解工程状况，没有准确掌握工情，也可能造成盲目管理，延误处理时间或导致险情发生。通过分析，70%的事故与管理人员直接或间接相关，管理人员及管理水平决定了运行管理的质量和效果，为较大风险。

水工建筑物养护及维修——一般风险。防护堤、排水闸、泵站等水工建筑物可参照《土石坝养护修理规程》（SL210-98）、《土石坝安全监测技术规范》（SL60-94）、《水闸技术管理规程》（SL75-94）、《泵站技术管理规程》（SL255-2000）等规程、规范要求，结合工程实际情况及现有新技术、新方法进行日常养护及维修，为一般风险。但需要注意的是，对于可能发生的险情，需事先制订应急预案，方可有序应对危急情况。

机械设备运用及更新——一般风险。任何机械设备都有其适用条件和使用寿命。丹江口水库调度特点决定了该工程使用的机械设备具有周期性使用特点，即每年均有一定的闲置期，必须对其进行经常性保养，减少故障发生率。合理安排养护可以延长其使用寿命；须密切注意其运行状态，按需更新，为一般风险。但应注意近期供电对工程运行的制约性，远期需增加供电回路。

运行费用资金来源——一般风险。防护工程运行费用包括抽排耗电费、工程维护费、工资及福利费、其他费用，是正常运行期间需要支付的经常性费用，涉及工程运行期间的水工建筑物养护、维护、燃料动力供应、日常管理、固定资产折旧等方面。如果没有可靠的资金来源，防护工程运行将举步维艰。因防护工程本身没有经济效益，运行费用不可能在项目内部解决，必须寻找可靠的外部资金来源。根据防护对象的防护要求，工程运行费用还需有持久的保障，远非丹江口水利枢纽水库淹没处理投资所能解决。防护工程的“受益者”是受到保护的文物古迹，它更基于文化层面，而并非客观存在的实体，不可能完全按“受益者负担”的原则指定运行费用的承担者。因此，运行费用需有关部门共同研究、协商其来源及分摊方案。运行费用如果不落实，则可能使项目变为不可行，为一般风险。

综合分析：根据以上单因素分析，管理人员素质及管理水平为工程运行管理可能面临的较大风险，决定了运行管理的质量和效果；水工建筑物养护及维修、机械设备运用及更新为工程运行管理可能面临

紫霄宫八字影壁墙琉璃装饰

遇真宫大殿木结构

2. 防护工程超标准洪水淹没及汛期排涝风险评估

这项工作由长江水利委员会长江勘测规划设计研究院负责。关于遇真宫保护方式问题，从2003年开始重点是围绕研究围堰保护方案开展工作，2005年形成围堰方案可行性研究报告，2006年5月和2006年7月，湖北省文物局及国家文物局分别对围堰、顶升、搬迁方案进行了分析比较。2007年7月，湖北省文物局再次组织专家对在前期工作基础上形成的围堰、顶升和搬迁三个方案的专题报告做了进一步论证。由于围堰方案初设的工程防洪标准低于丹江口大坝防洪标准，为慎重起见，对围堰方案专门进行超标准洪水淹没及汛期排涝风险专题评估非常必要。

长江水利委员会长江勘测规划设计研究院在评估中指出：在我国已建成的8.6万座大、中、小型水利水电工程中，水库大坝90%以上为土石坝。据统计，漫坝和坝体失稳是土石坝失事的两个主要原因。世界上约有1/3的土石坝失事是洪水漫坝造成的。我国从1950年到1990年因洪水漫坝失事的大坝共有1147座，约占同期大坝失事总数的46.6%。国外因大坝滑坡和塌方造成垮坝的占同期垮坝总数的14.2%；国内因大坝滑坡和塌方造成垮坝的占同期垮坝总数的38%。在大坝失事事故中，土石坝所占比例高达70.5%。武当山遇真宫防护

的一般风险，通过规范化管理不致影响工程的正常运行；运行费用资金来源为工程运行管理可能面临的一般风险，需有关部门共同研究、协商解决方案。需要说明的是，因各风险因素相互作用，可能导致风险程度的转化。如因管理人员疏漏、渎职等原因，对水工建筑物未进行规范化的必要养护，对出现的小问题未能防微杜渐，日积月累，可能造成突发险情。

通过分析，最终评估结论为：防护工程就其本身而言，在工程技术上不存在难以克服的难题，设计也符合有关规程、规范的要求，但其防护对象为世界文化遗产，对工程运行管理要求极高，丝毫疏漏都有可能引发对防护对象的毁灭性影响；而工程位于偏远山区，人力、物力条件有限，加之运行管理资金来源尚未落实，对防护工程进行长期、良好的运行管理难度较大。建议采取风险规避措施，研究采取其他方案对遇真宫予以保护。

工程中防护堤设计为土石坝，防护工程防洪设计标准虽为规范规定的最高标准，但仍然比丹江口大坝的设计标准低。为保证遇真宫文物不会因为工程修建受到破坏，对其防洪标准与可能存在的风险进行专题研究，才能避免风险的发生或减轻风险损失，为最终决策提供依据。

（1）防护工程前期设计主要指标

一是防护堤：堤线自遇真宫东边自南向北布置，至遇真宫小学接172.3米高程止，堤线全长847米，最大堤高13.7米，平均堤高12.6米。

二是排水闸与泵站：排水闸布置在堤轴线与区内排水沟交汇处，闸孔尺寸为6米×3米，共2孔。泵站布置在排水闸左侧，临堤脚线布置。根据目前国内生产的泵型，设计流量13立方米每秒，选用六台900QZ-50G型新型潜水轴流泵，单泵流量为2.38立方米每秒，电机功率为355千瓦，电压采用0.4千伏，泵站总装机容量为2130千瓦。

（2）前期防护工程设计存在风险因素

前期初步设计存在的主要问题是：丹江口大坝防洪限制水位是按吴淞高程160～163.5米、正常蓄水位170米、设计洪水位172.2米、万年一遇洪水位173.6米、校核洪水位174.35米、坝顶高程176.6米设计的，而遇真宫防护工程初步设计标准比丹江口大坝低，特别是地面比百年一遇水位较丹江口大坝低10米，防护区排水长期靠抽排，且只能提供单回路供电等。

前期防护工程初步设计主要风险点集中在如下方面：超设计防洪标准、超设计排涝标准、防护工程渗漏、防护工程老化、局地气候变化、工程地质和运行管理方面。

（3）超设计标准风险分析

一是超设计防洪标准风险：遇真宫防护工程等级是按一等工程设计，防洪标准按100年一遇设计，排涝标准按20年一遇24小时暴雨设计。而丹江口大坝的设计标准是按千年一遇洪水设计，排涝是按万年一遇洪水加大20%标准校核设计。那么就

三是截洪沟：沿防护区后缘172米等高线开挖截洪沟，截洪沟全长1550米。

四是基础防渗：根据地质条件，防护堤基础为砂砾石，透水性大，采用混凝土防渗墙进行防渗处理，基岩表层采用防渗帷幕进行防渗处理。混凝土防渗墙工程量为4290立方米，防渗帷幕17000米。

五是工程投资：静态总投资为7912.25万元，年运行费为110.26万元。

遇真宫龙虎殿木结构

存在超标准洪水造成漫坝，进而垮坝，从而毁坏遇真宫的现象。减轻这种风险就要采取提高设计标准，按丹江口大坝同等标准设计，同时设置充水堰、设置充水闸、临时子堤等措施防止风险发生。

遇真宫防护工程防洪标准已达到国家规定的文物防洪的最高标准，即100年一遇洪水，而其防护堤外是丹江口水库，防护堤距丹江口大坝仅62千米，丹江口大坝的设计洪水位为172.2米（吴淞高程），标准为千年一遇，校核洪水位为174.35米（吴淞高程），标准为万年一遇加大20%，坝顶高程为176.6米（吴淞高程）。水位要高出遇真宫防洪水位2.65米，坝顶高3.03米。对于丹江口大坝，一旦发生超标准设计洪水，可通过提前放空库容，加大下泄流量等措施来降低库水位，从而降低洪水所带来的风险。而遇真宫防护工程受库区水位控制，防护工程本身无法控制，只要库水位超过坝顶，就会产生漫坝，从而造成溃坝，即使预先采取措施通过闸门放水入内，不垮坝，下泄的洪水也将淹没遇真宫建筑群，对遇真宫建筑群造成不可逆转的灾难。

减轻超设计防洪标准风险的措施：首先是提高设计标准。如将设计洪水标准提高到与丹江口大坝同等标准，则设计洪水按千年一遇设计，为172.2米（吴淞高程），校核洪水按万年一遇加大20%，为174.35米（吴淞高程），坝顶高程为176.6米（吴淞高程），坝体按一级建筑物设计。将堤顶高程抬高到174.83米（吴淞高程176.6米），比现设计堤顶高程提高3.03米。提高防洪排涝设计标准后，按2004年三季度物价水平计算，总投资为11589.98万元，比原设计增加了3677.73万元。防护工程年运行费用为391.4万元（2004年价格）。将设计标准提高后，防护工程的设计标准达到丹江

武当山紫金城南天门及转运殿

口大坝同等水平，可大大减小工程风险，但工程投资会增加较多，同时在工程的维护管理方面相应会增加一定的风险，由于堤顶高程抬高了3.03米，对遇真宫的“围桶”效应愈发明显，对局地气候的影响更加明显。即使坝顶加高，遇到超过此标准的洪水，仍可能漫顶造成溃坝。其次是设置充水堰。通过设置充水堰，当遇超标准洪水，外江水位超过设计洪水位时，预先向闭合区内充水，逐渐提高堤内水位，以控制外江水位超过堤顶时的堤内外水头差，从而减少洪水过堤时水流对堤坝的冲刷作用，避免堤顶大面积滑坡、倒塌失事。再次是设置充水闸。可将排水闸设计成双向闸，利用排水闸充当充水闸，在预计将要发生超标准洪水时，提前对防护区内进行慢速充水，以控制外江水位超过堤顶时的堤内外水头差，减小渗透压力，从而尽量避免防洪堤发生渗透破坏，导致垮坝事故。最后是临时修筑子堤。在预计将要发生超标准洪水时，抢修3.03米高的临时子堤，以抵挡超标准洪水，避免遇真宫遭到洪水浸泡。

从效果评价看：采用设置充水堰、充水闸的措施后，虽然能够避免在遇到超标准洪水时发生垮坝的危险，但仍会对遇真宫文物造成淹没，无法解决遇真宫被淹没的情况，遇真宫建筑群多为木结构，如浸泡时间较长，将导致霉变、腐烂、倒塌等破坏。而修筑临时子堤后，由于临时子堤的安全度不及永久工程，其抵挡洪水的作用是短期的，抵挡洪水的时间一长就会失效，引起工程失事。

二是超设计排涝标准风险：超排涝标准洪水将造成内涝，进而导致溃坝，淹毁遇真宫。减轻风险的措施是提高设计标准，按100年一遇设计，加大50%校核，泵站设计流量27立方米每秒，总装机容量4615千瓦。一旦发生超过100年一遇暴雨，丹江口库水位将随之上涨，超过防护区内地面高程，排水闸无法开闸自排；防护区内面积较小，调蓄能力有限；地下水位高，雨水无法下渗。区内所有涝水只有通过泵站抽排，泵站将不能及时排出区内涝水，产生内涝，导致遇真宫建筑群遭到涝水浸泡，从而引起霉变、腐烂，甚至倒塌等破坏。

根据许多发生内涝的教训，产生内涝时往往伴随着断水、断电、交通中断等情况发生，造成抽排能力不足，加剧了内涝受淹的程度。由于长期内外受高水位浸泡，容易造成防护堤护坡、裂缝、渗漏等险情，严重时甚至造成溃堤。一般解决内涝问题主要措施有加大地面下渗能力，完善排水系统，加大排水能力。但对遇真宫来说，由于有防护堤阻隔，地下水位又高，要解决内涝问题，只有通过提高相应设计标准，加大排水能力来解决。防护区内排水闸、泵站按汛期区内100年一遇24小时暴雨设计，区内水位不超过160米，按100年一遇24小时暴雨加大50%校核，区内水位不超过161米。解决内涝的其他措施还有：加强排涝设备的维护和管理，确保在排涝时能长时间正常运转；增加供电回路，保障排涝用电；增加临时移动排涝措施，增大排涝能力；加强对防护工程的运行维护和管理，加强监测，如发现问题，及时进行加固处理，确保防护工程安全等。

为减轻超标准排涝洪水风险，提高了相应设计标准，防护区内排水闸、泵站按汛期区内100年一遇24小时暴雨设计，按100年一遇24小时暴雨加大50%校核，防护区防御超标准内涝洪水风险的能力得到大大提高，但排水闸、泵站的规模在原有基础上扩大了一倍多，工程造价、运行管理费用会相应增加，同时工程的管理难度会大大增加，从而造成工程管理上新的风险。即使提高设计标准，泵站、水闸的排水能力也还是有限度的，如遇到更大的洪水，依然无法做到及时排水，导致遇真宫建筑群遭到涝水浸泡，从而引起霉变、腐烂甚至倒塌等破坏。

因此，这种措施只能有限地减轻风险，无法彻底消除超标准洪水带来的风险，并且还会带来新的风险。

（4）供电保障风险分析

一级负荷→应双回路供电→只有单回路→故障→内涝→损毁遇真宫，采用备用电源及4台柴油发电机，相应增加投资约700万元。本工程中的泵站及水闸用电负荷属于一级负荷，按规范应采用双回路供电，受当地供电局条件所限，目前仅能提供一条10千伏供电回路，故原设计按近期考虑，采用一条10千伏供电回路，远期再增加一条独立10千伏回路。防护区内长期靠泵站排涝，近期只有一回线路供电，无法提供有效保障，一旦线路出现故障，区内涝水将无法排出，导致遇真宫建筑群遭到洪水浸泡，引起霉变、腐烂甚至倒塌等破坏。为保障工程供电，近期只有采用柴油发电机作为备用电源，泵站总装机容量为4615千瓦，目前市场上柴油发电机的最

磨针井鸟瞰

大容量为1000千瓦，要保障供电至少需采用四台1000千瓦的发电机，需要增加投资约700万。

（5）渗透破坏风险分析

渗透破坏产生的原因主要有长期高水位、填筑材料发生沉陷、坝体产生裂缝、坝肩山体内可能有断层和岩溶等方面。土石坝是用松散的土、石料填筑而成的挡水建筑物，在运行中要经受洪水、库水、地震、温度变化、地下水侵蚀、动物侵害、岩体变形、冻融、溶蚀、材料老化及疲劳等的作用，由于水库蓄水形成上下游水头差，上游水流通过坝体和坝基向下游渗透，引起如管涌、流土等形成的渗透破坏，而坝体与穿堤建筑物如涵闸的交接处，通常也是发生渗透破坏的薄弱处。减少渗漏风险的措施，一是做好地质勘查工作，加大地质勘查工作的投入，对坝体两端一定范围内的山体均进行勘探，查明是否有断层和岩溶等，根据具体地质条件采取不同的处理措施；二是严格控制施工质量，严格按照《碾压式土石坝施工规范》控制施工质量。从料源的规划、开采与运输、坝基防渗与开挖处理、坝体碾压填筑、心墙、反滤料的施工等各个环节严格把关，保证施工质量；三是建立健全大坝安全监测系统，大坝安全监测在防护工程建设中占据重要地位，可评价施工质量、验证设计并指导工程的安全运行；四是加强运行期间的维护和管理，加强对防护工程的运行维护和管理，通过对监测资料进行及时、准确的整理与分析，及时发现问题并进行加固处理，确保防护工程安全。

（6）老化病害产生的风险分析

一是裂缝风险。土石坝裂缝产生的原因，首先是不均匀沉陷，土石坝为散粒体组成的挡水建筑物，防渗体用黏土心墙、混凝土防渗墙等，由于建基面的地形不规则、地质不均匀、碾压质量不同干容重的差别等，使断面间的沉陷包括固体沉陷不同，引起水平向包括垂直河向与顺河向的拉应力，从而引起接近垂直坝轴向和平行坝轴线方向的裂缝或面板止水的开裂。其中，以接近垂直坝轴线方向的裂缝危害较大，它使防渗体产生裂缝或面板止水开裂等，引起渗透破坏。其次是后期变形不均匀引起的裂缝，以往土石坝设计时，以强度、稳定和施工期、蓄水初期变形作为控制，其中施工期和蓄水期变形往往占总变形的60%～70%，而忽略后期变形的影响。由土石坝原型观测资料分析表明，后期变形对土石坝防渗体的强度、稳定和裂缝有显著影响。再次是生物的影响造成的裂缝，主要包括老鼠等动物和树木等植物造成的土体洞穴引起的渗透破坏，千里之堤毁于蚁穴。

而容易产生裂缝的部位主要是坝顶横向裂缝、纵向裂缝、内部裂缝等。

二是滑坡风险。其产生的原因：土石坝如在一定的内外因作用下使土体失去稳定性，都可能出现滑坡。坝体由散粒材料组成，不会出现整体滑动或倾覆失稳，只可能发生局部失稳破坏。滑坡风险产生的原因首先是坝坡太陡或坝体抗剪强度小，其次是坝基有软弱夹层，再次是液化等。

三是护坡风险。护坡中的迎水坡和背水坡各有不同的作用。迎水坡是保护坝坡

武当山紫金城外冬景

及坝体免受波浪的冲刷和漂浮物的影响，背水坡是防止雨水冲刷和风化，以及减轻蛇、鼠等动物的破坏。土石坝护坡由于施工质量差或管理不善等原因，在波浪、漂浮物和其他外力及风化等的作用下往往遭受破坏，严重的将影响工程效益的发挥，有的甚至威胁大坝安全。

减少老化病害风险的措施：一是严格控制施工质量，做好地基处理，如有软弱夹层，进行彻底的加固处理，透水层做好防渗处理。尽量减小坝体竣工后的沉降量，减小不均匀沉降差，从而达到减少裂缝产生的目的。做好防渗与排渗，达到“上堵下排”的目的，防止或减少渗漏，保证防护工程的安全。不合格的料源不能上坝，避免渗漏通道的产生。二是加强运行期间的维护和管理，加强对防护工程的运行维护和管理，加强监测，通过对安全检测资料进行及时、准确的整理与分析，及时发现问题并进行加固处理，确保防护工程安全。

（7）局地气候变化风险分析

一是库周局地气候变化。首先是对降水及气温的影响。水库蓄水后，下垫面由热容量小的陆地变为热容量大的水体，蒸发量也随水域扩大而增加。一般夏季水面温度低于陆面温度，水库水面上部大气层结构较稳定，将使降水减少；冬季水面温度高于陆面温度，大气层不稳定度增加，相应降水量也略有增加。水库对降水的影响主要体现在使水库周围降水的地理分布发生了变化，从而引起降水的再分布。对整个水库流域范围内平均降水量影响不是很大。其次是湿度、蒸发和雾，水库蓄水使水域蒸发量增大，同时库区环境湿度也会增加。相对湿度受温度高低和下垫面潮湿程度两个因子影响。建库后年平均气温略有升高。而下垫面的水源充足，可使蒸发能力加强，空气湿度增加。据有关资料分析：库区与库周比较，相对湿度年平均相差4%～5%，春季水面温度低，相对湿度可达到6%～8%。

二是防护区内局地气候变化。首先是地形地貌。遇真宫防护工程区四面环山，地面高程151～164米，纵向长约1450米，横向宽300～600米。防护工程区四周山坡地形较陡峻，水磨河于防护堤西端南侧由南向北自盆地南侧山谷中流出后，折向东沿山脚流经工程区，其河床高程150～159米，遇真宫建筑群坐落于一级阶地上。其次是防护区内局地气候变化。防护工程建成后，防护堤高出遇真宫建筑群地面约11米，遇真宫正面距防护堤440米，其余三面环山，遇真宫建筑群将坐落在封闭的“围桶”之中，原来较好的通风条件将会恶化，而地下水的升高会产生更多的湿气，由于不良的通风条件，防护区内的温度与湿度将保持在较高的水平。

三是局地气候变化风险。由于遇真宫建筑群将长期处在上述库周环境及围堤环境内，其气候变化既受库周局地气候变化影响，又受防护区内局地气候变化影响，在这两种气候叠加作用下，防护区内的湿度、温度将会较原环境高，至于高到什么程度还无法确定。因此，遇真宫建筑群将长期处在高湿度的环境中，相对温度也较高，加上通风条件不良，对于以木结构为主的古建筑群，容易引起霉变、腐烂甚至倒塌等破坏。

（8）工程地质风险分析

一是堤基渗漏及渗透变形。遇真宫防护区位于水磨河左岸一级阶地及高漫滩上，一级阶地及漫滩的砂砾石层为统一连续的潜水含水层，具中等至强透水性，局部段因裂隙发育弱风化片岩呈中等透水性。大坝加高后，防护堤外库水位将会持续高出堤内地表，库水将会以砂砾石层和透水率较大的片岩为渗漏通道，穿越堤基，由堤内地表无黏性土盖层或黏性土盖层薄弱处向堤内渗漏，并可能发生渗透变形破坏，因此必须进行防渗处理。

二是浸没问题。遇真宫保护区位于水磨河一级阶地及漫滩上，丹江口水利枢纽大坝加高正常蓄水后，防护堤外库水位持续高出堤内地表8～18米，堤内地下水排泄不畅，且库水将会向防护区内渗漏，致使保护区内地下水壅高，因此，堤内存在浸没问题。

减少工程地质风险的措施：一是对堤基进行防渗处理，砂砾石层采用混凝土防渗墙进行垂直防渗处理，混凝土防渗墙嵌入基岩1米；防渗深度一般为11～28米，最深处达32米。二是对堤身进行防渗处理，根据筑堤材料和地质地形条件，本地区砂卵石较丰富而黏土较少，所以采用黏土心墙砂卵石堤作为设计堤型。黏土心墙顶宽4米，顶部高程169.2米，两侧边坡1∶0.3，与筑堤砂卵石以反滤层过渡，同时增加一层复合土工膜防渗。三是修建排水沟、排水井，采用修建排水沟、排水井以及加强抽排水等措施，尽可能降低地下水位，从而减轻浸没的影响。

（9）规避相关风险后工程投资估算

提高设计标准、采取相应防范措施后，遇真宫防护工程总投资为11589.98万元，比原设计增加了3677.73万元。其中保障供电需增加700万元，防护工程年运行费用为391.4万元。

评估的综合结论：遇真宫防护工程初设存在超设计标准、供电保障、渗漏破坏、老化病害、局地气候变化、工程地质等方面的风险。上述风险采取适当的方式调整和完善、补充设计，则全部工程投资会有

遇真宫西宫遗址石板路

较大增加。

3. 防护工程物理环境变化影响风险评估

河南省古代建筑保护研究所承担遇真宫防护工程物理环境变化风险评估任务。2008年2～6月，项目组根据拟定的工作计划进行现场调查与实地测试；在咨询有关专家意见的基础上拟定工作大纲，完善并确定工作思路与技术路线；为了更好地完成评估工作，与华北水利水电学院合作开展工作，组成文物保护、水利、建筑、管理等多学科综合的项目组；2008年10～12月，经过初步审查、专家评审等环节，最终完成评估报告。物理环境变化风险评估是遇真宫防护工程系列评估的一个组成部分。

（1）前期初步设计相关情况

项目组从自然环境和社会环境两个方面分析了遇真宫防护工程局域环境状况。一是自然环境，遇真宫防护工程位于湖北省丹江口市武当山风景区。防护工程区四

武当山脚下维修后的仙都桥

面环山，山坡地形陡峭，地形坡度一般为30°～50°。防护工程区内地形平缓开阔，由一级阶地及漫滩构成。遇真宫建筑群位于一级阶地上，其地面高程161～162米，防护工程位于漫滩上，漫滩高程151～160米。工程区位于秦岭褶皱系东南缘，地震基本烈度为6度。天然情况下，防护工程区处丹江口5年一遇水位163.82米，20年一遇水位165.7米；汛期（6～9月）丹江口水库水位在161.73米以下运行，汛后（10月～次年5月）水位基本维持在168.23米左右。防护工程区属于北亚热带季风气候，多年平均气温15℃，最低月平均气温2.4℃，最高月平均气温28℃，最大风速20米/每秒，多年平均降雨量815毫米，其中4～10月降雨量669毫米，占全年降雨量的80%。防护工程区水土流失类型主要为水力侵蚀，以微度侵蚀和轻度侵蚀为主，工程区平均侵蚀模数约为1300t/km^2·a，为轻度侵蚀。二是社会环境。2004年，丹江口市总人口为48.69万人，其中城镇人口为15.5万人；国内生产总值40.8亿元，人均国内生产总值8046元；全市土地面积3121平方千米，耕地面积26.96万亩。目前，武当山特区是中国4A级旅游区、国家级风景名胜区、中国重点宗教活动开放场所和中国武林之乡；1994年，武当山被联合国教科文组织、世界遗产委员会列入《世界遗产名录》。

遇真宫的建筑物理环境，只局限于讨论和研究建筑环境（建筑物内、外的有限空间）中的热、声（包括振动）、光、电磁等方面的物理性问题。遇真宫局域物理环境的分析，也将根据以上几个方面来进行。从整体环境看，遇真宫建筑群基本处于农田、山地等自然环境中，周边主要人工环境为316国道和村庄居民点。从局域物理环境构成的影响因素分析，其主要影响来

武当山金顶全景

自于自然地形地貌，主要体现在局域环境中的日照强度、局地风状况、地下水状况，以及环境湿度、环境温度等方面；次要因素为交通干道和居民点对其物理环境的影响，主要体现在交通噪声影响、交通震动影响、空气污染状况、水污染状况、地面铺装变化、局地风状况等方面。

根据长江水利委员会长江勘测规划设计研究院编制的《丹江口水库遇真宫防护工程专题研究报告》，遇真宫防护工程建成后，遇真宫周边的物理环境变化总体应呈如下趋势：年平均气温略有升高，幅度0.1℃；年最低气温上升，最高气温降低，温差降低；总体来说相对湿度增加，增加幅度＜5%；雾天天数增加；年降雨量由于处于丹江口水库的背风地，降低的可能性较大；风速变化情况不确定。

在掌握了遇真宫上述情况的基础上，项目组通过实地调研分析物理环境影响相关因素；根据理论研究与资料分析、专家走访，明确物理环境变化因素情况与相互关系；通过评估，判断风险与高风险因素；根据风险评估结论，结合实地勘查情况，提出风险对策。

（2）开展现场勘查情况

将遇真宫防护工程的现场调研分为四组，主要从以下四个方面进行。

一是遇真宫价值勘查与病害、残损勘查。对遇真宫建筑群的组成构造进行鉴定，评估其价值及其与价值载体的关系；勘查

武当山玉虚宫碑亭

建筑残损及病害情况，分析影响因素。

二是遇真宫主要建筑构成材料专项勘察。调查建筑主要构成材料，鉴定病害对材料造成危害，并进一步分析相关物理环境因素对建筑材料的影响。通过现场调查，记录遇真宫古建筑群及遗址的残损现状并分析现存病害原因，揭示其与物理环境各因素之间的关系，为下一步的风险分析奠定基础。同时，通过这一手段，将大量的病害现象和烦琐的统计简化并且数字化，为下一步的评估做好准备。主要目的是了解遇真宫主要组成材料存在的主要病害和这些病害对材料造成的风化情况，以期对目前建筑的主要组成材料的保存现状有明确的认识。

三是遇真宫局域物理环境变化影响勘查。勘查遇真宫局域物理环境的现状，分析物理环境与文物建筑保护的主要影响因素，选择物理环境变化影响的风险因素。遇真宫防护工程区四面环山，为一呈西北—东南向展布的山间侵蚀—剥蚀盆地地形，地面高程151～164米，纵向长约1450米，横向宽300～600米。遇真宫建筑群就坐落于该四面环山的小型盆地之中，其所处的地面高程161米左右，面河背山，四周山坡地形较陡峭，坡度一般为30°～50°，局部呈陡崖。从现有地形图可以看出，遇真宫建筑群北侧紧邻316国道，东、西宫遗址区，东侧现为菜园，西侧已发掘，南侧紧邻为村庄居民点。从局域物理环境构成影响因素分析，其主要影响来自自然地形地貌，重点体现在局域环境中的日照强度、局地风状况、地下水状况，以及环境湿度、环境温度等方面；次要因素为交通干道和居民点对其物理环境的影响，主要体现在交通噪声影响、交通震动影响、空气污染状况、水污染状况、地面铺装变化、局地风状况等方面。

武当山遇真宫出土的建筑构件

勘查发现，由于整个建筑群目前采用自然排水，原有建筑专用的排水系统由于历代地面抬高而被掩埋，无法发挥作用。加之遇真宫地势较低，如果雨水排泄不畅，易造成局部积水，对建筑危害严重。目前，调查可见遇真宫区域地表土壤含水量较大，建筑基础地下水毛细现象明显。另如遇真宫宫墙大半已被埋入地下，局部被改造为排水沟，对宫墙本体危害严重。遇真宫石质须弥座、八字墙砖雕、石质栏板风化较为明显，除人为破坏外，应主要与环境因素有关。由于遇真宫地处低洼，测试发现建筑院落内风速较低，遗址区相对开阔，风速有所提高。地面部分由于铺装的不同，对日照辐射的反应差别也不同，石质材料在太阳辐射下能较快地随日照时间增加而升温。而遗址区由于地表为杂草和土石混杂，从而蓄热指数较高，地表温度变化也较慢。目前，由于遇真宫建筑东、西、南三侧障碍物较少，便于气流顺畅通过，并未形成气流死角，通风状况基本良好；未来防护工程建成后，地形地貌改变将对局地风形成产生不利影响。

四是文物建筑风险勘察。对文物建筑风险构成因素进行调查和选择，研究风险因素构成关系。根据风险评估的需要，对相关风险因素进行现场调查，并对影响遇真宫古建筑群与遗址保护的影响因素进行初步统计。

（3）实验与理论研究

遇真宫各建筑单体材料实验：对遇真宫建筑单体组成材料在现有环境下保存状态的研究是通过试验来了解这些材料的基本数据和基本特性，从试验设定的极端环境变化下这些材料出现的情况来推断材料在今后环境变化的条件下出现的变化趋势。我们在现场对具有一定代表性的组成材料进行了取样，并进行了实验室测试。

遇真宫物理环境勘查与测试：调查遇真宫物理环境相关影响因素（风速、温度、湿度测量），勘查物理环境影响因素与遇真宫保护的作用关系，进行遇真宫部分环境因素的实测。

遇真宫残损与病害勘察情况分析：在勘察遇真宫的病害之前，将常见病害分为

紫霄宫

晨曦载曜（摄影：颜京利）

六大类：即结构性损坏、材料的损耗、湿度、生物性受损、表层的变化、部分缺失、分别用不同字母代表。将病害受损的严重程度用数字表示，划分为轻度、中度、重度。将需要修复的紧急程度也用数字来表示，分为一般紧急、中度紧急、特别紧急。通过这一手段，将大量的病害现象和烦琐的统计简化并且数字化。对遇真宫现存建筑和遗址的病害统计可以看出，遇真宫的主要病害是表层的变化，其次是湿度和生物病害，其结构性损害很小。以上的调查都是通过目测得到的，并没有使用任何实验性和破坏性的方法，而是只借助于勘察表面和大量非专业的关于病害示例的数码照片。从各个建筑元素的检查中并没有发现建筑结构的剥离现象（基础、垂直结构、水平结构、屋顶），如塌陷、歪闪、裂纹、脱离、突起等，只有一些单独的病害现象出现在砖石墙面和木结构上。病害的情况是不稳定的，有的地点在进行一系列的潮湿病害的细管状上渗、水渗透、盐的风化和冲蚀作用等检查的时候，发现它的损害情况又有所发展。这些显著的病害不仅出现在建筑材料上，而且出现在灰泥和黏合剂（碎裂和脱离）上，并伴有减少受力截面效果和削弱承重墙强度的现象发生。另外还有一些潮湿的现象也带来了生物的侵害（微生植物和微生菌），在所有的建筑物表面和建筑结构元素上，装饰覆盖层上都有不同程度的损害和不同的情况（剥离、裂缝、片状脱落、硬结核、表面沉积物、动物排泄物等）；从以上分析可以看出，形成这些病害的主要原因是其所处的物理环境引起的，所以遇真宫所处的物理环境的细微变化就可能引起建筑物或遗址表层的病害发生变化。

遇真宫各建筑单体材料保存状况及适应环境变化的能力：主要是通过试验来了解遇真宫建筑材料的基本数据和基本特性，从试验设定的极端环境变化下这些材料出

紫霄宫琉璃焚帛炉

现的情况来推断材料在今后环境变化下出现的变化趋势。在现场对具有一定代表性的组成材料进行了取样，并进行了实验室测试。

① 石质材料：从岩石的岩矿试验结果来看，遇真宫所使用的岩石属于变质岩，其主要矿物成分绿泥石、白云母和斜长石都是稳定性处于中等的物质，其次生矿物方解石的稳定性更差一些，石英则是最稳定的矿物之一。结合考虑其结构类型，粒状变晶结构较为稳定，而其片状构造则说明岩石构造层间结合力较小，在出现风化的时候，容易沿着片状构造脱离，出现片状剥离的状况，这与现场实际调查的石质病害情况相吻合。从岩石的物理力学性质分析结果来看，遇真宫使用岩石孔隙率很小，且考虑到岩石是在室外采集的，其天然含水率小于1%，这些指标充分说明该岩石的致密性。抗压强度参考常见的岩石抗压强度的指标，其属于较低的值，说明该岩石属于软质岩石。我们认为这也与岩石在野外长期的自然风化有一定的关系。值得注意的是，由于各种石质所处的位置和受力作用不同，加上材质的个体差异性，物理环境变化可能对一些处于特定位置（如与地面接触部分）和风化较为严重部位的石质产生较强的影响。另外，考虑到物理环境的改变可能引起生物病害的加速，它们对石质的影响较为严重。因此，应考虑环境变化对生物生长和他们引起的间接病害影响。物理环境的变化将会有利于苔藓和植物等生物的生长，特别是对于生长在石质表面的苔藓等低等植物，他们的大量繁殖将加速石质表面腐蚀的速度，加大石质表面裂隙的扩展，促进石质的层状剥离。植物茂盛将使植物根系对建筑基础产生一定的不利影响。

② 砖瓦材料：从青砖的物理力学测试指标来看，明代青砖的孔隙率较大，且基本为大孔隙，直接表现就是青砖的饱水系数大，天然含水率是其饱和含水率的75%，说明青砖的天然含水率较大；青砖的抗压强度较小。以上数据都说明青砖材料的各项指标属于稍差的一种状况，但考虑到其使用的年限和现有的保存情况，我们认为青砖现有的状态依然能满足其功能的需要。

参照岩石的冻融试验，青砖的抗压强度有所下降，但其质量损失率较小，说明其在极端环境变化条件下，青砖仍保持一定的抵抗能力。结合试验，我们认为，现有青砖对环境的变化有一定的抵抗能力，但是由于其多孔隙的特性，应避免其长期与有水环境的直接接触。特别是宫墙下部的砖体酥碱，我们认为与宫墙外部土地被占用开荒有直接关系，浇地使宫墙外部土壤长期保持湿润，加上青砖中孔隙的毛细作用，使土壤中的水分上升到宫墙的一定高度，长期的反复作用形成了宫墙外部的风化酥碱带。考虑到砖雕部位的特殊性，它的材质较青砖更差，因此，其受降雨的影响也较大，但是主要还是与其所处的具体位置和屋面情况有直接的关系。物理环境的变化有利于植物的生长，对附近生长有植物的宫墙来说是个不利因素，植物的根系发展不利于砖墙的保护。

③ 木质材料：木材一般在室内环境，它的材质风化与外界环境的直接关系较小。根据目前一些古建筑木材保护的研究认为：环境对木材的影响主要表现在高温和湿度急剧变化两个方面。温度作为影响古建筑木材寿命的重要环境因素之一，偏高或过低的温度，以及急剧的温度变化，都会造成古建筑的材质破坏与变形。湿度的影响主要表现在增加虫害活性方面，尤其是对水依赖性大的白蚁的影响。一般来说，白蚁的取水主要有两种形式，一种是直接从水源取水，另一种是从土壤或潮湿的材料中取得。对这两个基本生态环境的要求，决定它一般蛀蚀建筑物接近地面或接近水源的部位，如地基基础底层的柱脚、地槛等部位，以及经常渗漏或潮湿的位置都会发生蚁害。现场病害调查的结果证明木材的主要病害主要是材质的糟朽和虫害。材质的糟朽情况与建筑使用材质的种类、质量有一定的关系，但是根据上述研究资料，我们认为虫害应是木材保护中的一个重点，尤其是龙虎殿金柱内部大面积的糟朽和柱根部密集的虫孔都说明虫害对木材的危害程度。因此，环境对遇真宫木材的影响应着力研究白蚁的情况，特别是环境的改变对白蚁产生的影响。木材的影响与室内的小环境有直接的关系，而周围的物理环境对它的影响主要是通过生物作用的间接影响。

保存完好的明代紫霄宫砖雕焚帛炉

武当山紫金城城墙及城门

根据研究，22～32℃是最适宜包括白蚁在内的昆虫生活的温区，在这一温度范围内，昆虫生长繁殖都比较快。而适宜昆虫繁殖的湿度是高湿度条件，一般都在70%～90%。因此，在防护堤坝建成后，其夏季形成的高湿度和温度适宜于白蚁等虫害的繁殖，其冬季温度上升，减少了白蚁的冬眠期，这些因素都加大了虫害发生的危险。所以，防护工程建成后的物理环境变化趋势对古建筑中木材的保存会造成很不利的影响。

④ 黏结材料（灰浆）：遇真宫的灰浆材料主要有两种，一种是用于建筑内部墙体表面的灰浆材料，另一种用于青砖之间的黏和材料。建筑内部的灰浆材料一般分为若干层，由不同时期修复时造成，这种材料一般以灰土为主，还有灰浆、麻刀、稻草之类的植物碎屑。室内灰浆材料的主要病害是脱落、表面酥碱。用于青砖砌体之间的黏和材料，经过初步观察主要以白灰为主，夹杂着一些大颗粒的砂粒。经过数百年的固化，目前青砖之间的黏和材料硬度较高，不易脱落，个别地方的黏和材料可以呈片状或块状取下，但其强度依然较好。这种材料出现的病害主要与水有一定的联系，因此，周边的环境对其有一定的影响。

（4）评估方法研究

丹江口水库遇真宫防护工程建成后，局域地形地貌都将发生改变。水库蓄容后，大面积水体对局域物理环境将产生较大的影响。为了进一步评估局域物理环境改变对文物建筑造成的影响，本项目从主观、客观两方面分析相关影响因素，构建评价模型，评价物理环境变化对遇真宫建筑群的风险影响。

① 物理环境变化影响风险界定：主要研究物理环境变化影响中，哪些风险因素可能导致项目结果与预期目标有差距，以及这些风险因素对这种不利结果影响程度的大小。目的在于，通过对项目中的风险后果大小的度量，为有针对性的风险调控措施的制定提供依据。遇真宫建筑群局域物理环境包括以下影响要素：直接因素主要有温度、湿度、日照、局地风状况、噪声、交通震动影响、大气污染状况、环境卫生状况等；间接影响因素主要有人类活动状况（间接影响各直接因素）、地下水

（间接影响环境湿度）、周边地形地貌（间接影响局地风状况、湿度）、地面铺装状况、地表植被（间接影响局地的温度、湿度、风等）、降水（间接影响环境湿度、温度）、水系（对温度、湿度、风状况等均有影响，包括水面面积、距离等因素）等。物理环境变化影响风险是指各影响因素变化的不确定性，以及对文物建筑保护产生不利后果的可能性。

项目所遭遇到的风险因素具有各自的特征，通常根据其特征将风险因素划分为不同的风险类，从不同的角度出发，风险因素的分类会有较大的差别。

研究报告根据风险产生的根源进行分类：根据物理环境变化影响风险产生的根源，可以将其分为局域热环境变化影响风险（气温、热辐射强度、地面铺装）、局域湿环境变化影响风险（空气湿度、与库区水面距离、地下水位、气流状况）、局域风环境变化影响风险（地形地貌、植被、周边建筑）、局域光环境变化影响风险（日照强度、库区水面反射、日照时数）、局域声环境变化影响风险（交通噪声、施工噪声、震动传声）、局域电磁环境变化影响风险（通信基站、高压线、水电机组）等。

② 物理环境变化影响风险评估：就是系统分析和权衡项目风险的各种因素，综合评估项目风险的整体水平。项目风险评估是指在项目风险识别和风险估计的基础上，综合考虑项目各风险之间的相互影响、相互作用以及对项目的总体影响，然后与风险评估基准进行比较，确定是否要对项目采取控制措施。对项目风险进行综合评估，评估结果是否准确、可靠主要取决于

2009年11月武当山遇真宫保护方案风险评估会

两个方面：一是评估指标体系的设计是否科学合理；二是运用的综合评估方法是否科学。由此可见，风险因素在项目风险管理过程中起着至关重要的作用。

③ 指标体系的构建：指标的构建是评价的第一步。根据构建评价指标体系在遵循代表性、全面性、可行性、客观性、可比性和一致性原则的基础上，运用定性分析和定量判断相结合的方法进行指标的筛选，最后从声环境变化影响风险、电磁环境变化影响风险、风环境变化影响风险、热环境变化影响风险、光环境变化影响风险和湿环境变化影响风险六个方面构造了评价的一级指标，针对这六个方面又设计了十九个二级指标。

④ 风险评估方法的选择：选择模糊德尔菲网络分析法对遇真宫防护工程风险进行评估，一是基于遇真宫防护工程风险的特征和网络分析法的思想，二是基于模糊综合评价的思想。然后给出了用模糊德尔菲网络分析法进行决策评价的具体步骤。模糊德尔菲网络分析法的决策原理是基于德尔菲、网络分析法和模糊综合评价的决策原理，是将传统的德尔菲、网络分析法和模糊综合评判有机结合起来形成的一种新的系统分析方法。其基本思想是：将各个专家给出的两两判断矩阵用三角模糊数的形式加以合成，形成一个模糊两两判断矩阵；根据三角模糊数的性质以及一定的运算方法，基于网络分析法超矩阵的运算，

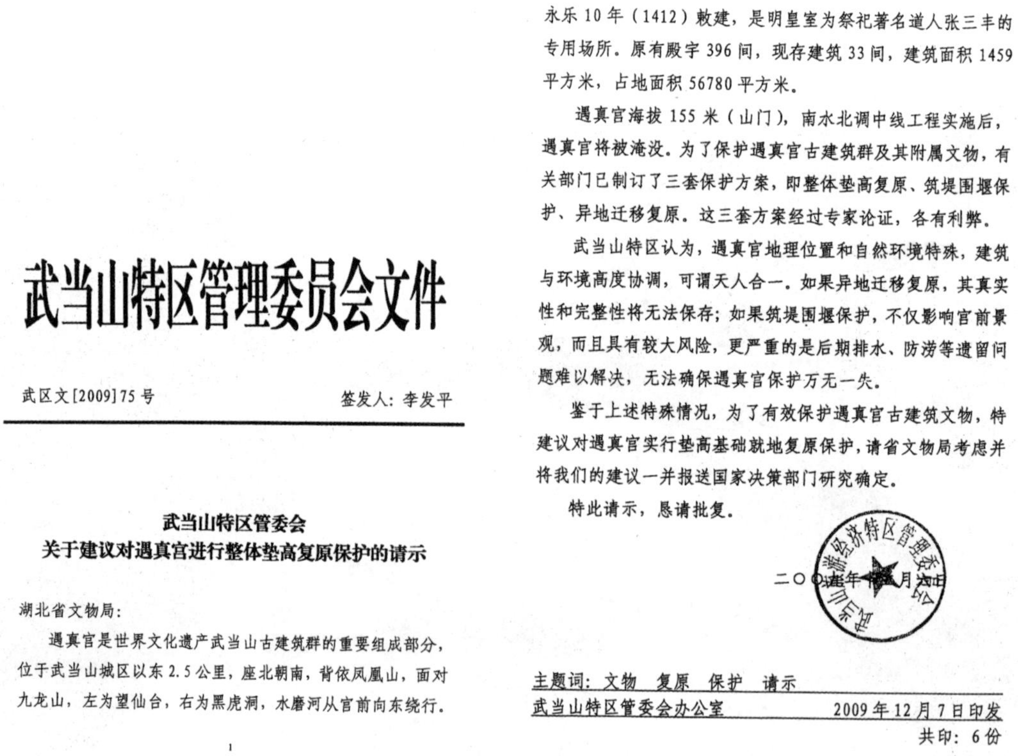
武当山特区管理委员会文件

武区文[2009]75号　　签发人：李发平

武当山特区管委会
关于建议对遇真宫进行整体垫高复原保护的请示

湖北省文物局：

遇真宫是世界文化遗产武当山古建筑群的重要组成部分，位于武当山城区以东2.5公里，座北朝南，背依凤凰山，面对九龙山，左为望仙台，右为黑虎洞，水磨河从宫前向东绕行。

1

永乐10年（1412）敕建，是明皇室为祭祀著名道人张三丰的专用场所。原有殿宇396间，现存建筑33间，建筑面积1459平方米，占地面积56780平方米。

遇真宫海拔155米（山门），南水北调中线工程实施后，遇真宫将被淹没。为了保护遇真宫古建筑群及其附属文物，有关部门已制订了三套保护方案，即整体垫高复原、筑堤围堰保护、异地迁移复原。这三套方案经过专家论证，各有利弊。

武当山特区认为，遇真宫地理位置和自然环境特殊，建筑与环境高度协调，可谓天人合一。如果异地迁移复原，其真实性和完整性将无法保存；如果筑堤围堰保护，不仅影响官前景观，而且具有较大风险，更严重的是后期排水、防涝等遗留问题难以解决，无法确保遇真宫保护万无一失。

鉴于上述特殊情况，为了有效保护遇真宫古建筑文物，特建议对遇真宫实行垫高基础就地复原保护，请省文物局考虑并将我们的建议一并报送国家决策部门研究确定。

特此请示，恳请批复。

二〇〇九年十二月七日

主题词：文物　复原　保护　请示

武当山特区管委会办公室　　2009年12月7日印发

共印：6份

2

武当山特区管委会关于建议对遇真宫进行整体垫高复原保护的请示

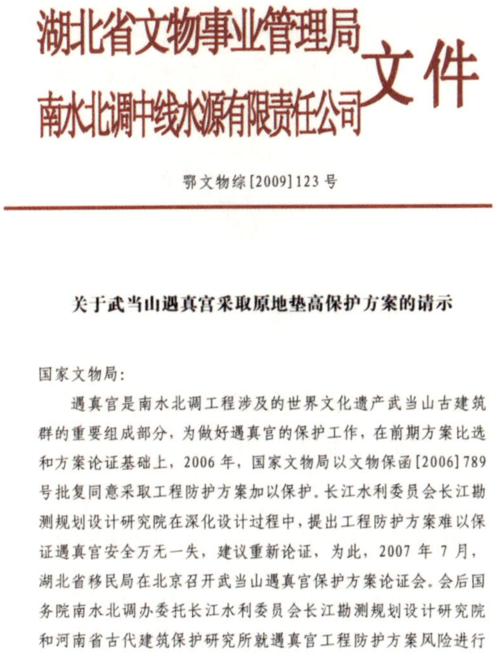

湖北省文物事业管理局
南水北调中线水源有限责任公司 文件

鄂文物综[2009]123号

关于武当山遇真宫采取原地垫高保护方案的请示

国家文物局：

遇真宫是南水北调工程涉及的世界文化遗产武当山古建筑群的重要组成部分，为做好遇真宫的保护工作，在前期方案比选和方案论证基础上，2006年，国家文物局以文物保函[2006]789号批复同意采取工程防护方案加以保护。长江水利委员会长江勘测规划设计研究院在深化设计过程中，提出工程防护方案难以保证遇真宫安全万无一失，建议重新论证，为此，2007年7月，湖北省移民局在北京召开武当山遇真宫保护方案论证会。会后国务院南水北调办委托长江水利委员会长江勘测规划设计研究院和河南省古代建筑保护研究所就遇真宫工程防护方案风险进行

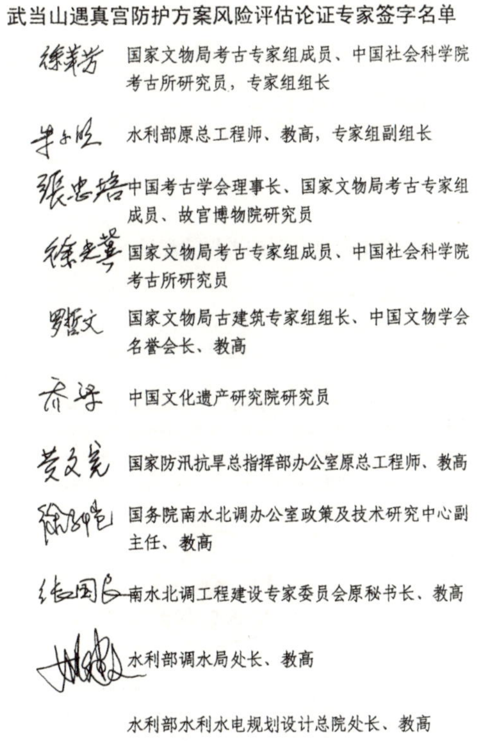

武当山遇真宫防护方案风险评估论证专家签字名单

国家文物局考古专家组成员、中国社会科学院考古所研究员，专家组组长

水利部原总工程师、教高，专家组副组长

中国考古学会理事长、国家文物局考古专家组成员、故宫博物院研究员

国家文物局考古专家组成员、中国社会科学院考古所研究员

国家文物局古建筑专家组组长、中国文物学会名誉会长、教高

中国文化遗产研究院研究员

国家防汛抗旱总指挥部办公室原总工程师、教高

国务院南水北调办公室政策及技术研究中心副主任、教高

南水北调工程建设专家委员会原秘书长、教高

水利部调水局处长、教高

水利部水利水电规划设计总院处长、教高

关于武当山遇真宫采取原地垫高保护方案的请示

确定出模糊判断矩阵的权重向量，对模糊权重向量根据决策的思想进行处理，形成一个交互式的权重向量决策分析过程。

（5）技术路线

从主观、客观两方面分析相关影响因素，构建评价模型，评价物理环境变化对遇真宫建筑群的风险影响。在调研的基础上，根据物理环境变化影响、风险产生的根源以及评价指标体系构建的基本原则，将从6个方面对项目风险进行评估。构建评价模型，对丹江口库区遇真宫防护工程物理环境变化影响风险进行科学评估。

研究方法：定性分析与定量分析相结合、规范分析和实证分析相结合、文献阅读与调查访问相结合、专家咨询等。

（6）评估结论

遇真宫防护工程为高风险项目；物理环境中湿环境变化的影响构成风险主要因素。防护工程的修建，从物理环境影响的角度来说，物理环境的变化会对遇真宫古建筑群及其遗址的保护带来较大的威胁，以及不可预知的不利因素，存在高风险。综合物理环境对建筑材料、文物建筑病害、建筑构造体系等多方面的研究，其中建筑湿环境的变化是风险因素中影响最为突出的因素。木材、砖、石是遇真宫古建筑群及遗址的主要建筑材料，通过综合分析研究和相关调研勘察，可以得出在高风险因素的作用下，遇真宫古建筑群及其遗址在不采取针对性保护措施的情况下，其基本

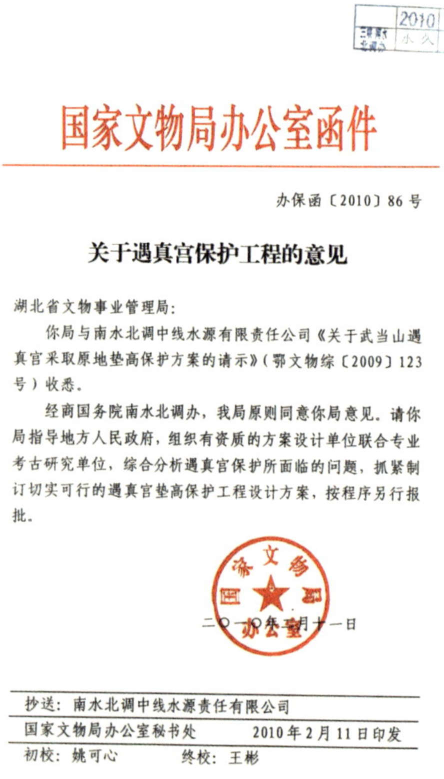
2010 27

国家文物局办公室函件

办保函〔2010〕86号

关于遇真宫保护工程的意见

湖北省文物事业管理局：

你局与南水北调中线水源有限责任公司《关于武当山遇真宫采取原地垫高保护方案的请示》（鄂文物综〔2009〕123号）收悉。

经商国务院南水北调办，我局原则同意你局意见。请你局指导地方人民政府，组织有资质的方案设计单位联合专业考古研究单位，综合分析遇真宫保护所面临的问题，抓紧制订切实可行的遇真宫垫高保护工程设计方案，按程序另行报批。

二〇一〇年二月十一日

抄送：南水北调中线水源责任有限公司

国家文物局办公室秘书处　　2010年2月11日印发

初校：姚可心　　终校：王彬

关于遇真宫保护工程的意见

稳定的保存情况将改变，重点部位的主要材料将明显受到影响。

针对上述评估结论，建议采取其他风险较低的防护工程措施对遇真宫古建筑群及其遗址进行保护。遇真宫古建筑群及其遗址应建立环境监测措施并加强针对性的日常维修保护措施。

（三）风险评估的专家论证结论

为进一步做好南水北调中线工程丹江口库区武当山遇真宫的保护工作，经报请国务院南水北调办、国家文物局同意，湖北省文物局与湖北省移民局、南水北调中线水源有限责任公司商定，于2009年11月21日在北京湖北大厦召开“武当山遇真宫防护方案风险评估论证会”。参会单位有国务院南水北调办、国家文物局及十堰市文物局、武当山旅游经济特区人民政府、长江水利委员会长江勘测规划设计研究院、清华大学文化遗产保护研究所、河南古代建筑保护研究所等。

论证会邀请有关方面专家有：故宫博物院原院长、中国考古学会理事长、国家文物局考古专家组成员、故宫博物院研究员张忠培，国家文物局考古专家组组长、中国文化遗产研究院研究员黄景略，国家文物局考古专家组成员、中国社会科学院考古所研究员徐苹芳，国家文物局考古专家组成员、中国社会科学院考古所研究员徐光冀，国家文物局古建筑专家组组长、中国文物学会名誉会长、教授级高工罗哲文，中国文物信息咨询中心教授级高工王立平，中国文化遗产研究院研究员乔梁，水利部原总工程师、教授级高工朱耳明，国家防汛抗旱总指挥部办公室原总工程师、教授级高工黄文宪，国务院南水北调办政策及技术研究中心副主任、教授级高工徐子恺，南水北调工程建设专家委员会原秘书长、教授级高工张国良，水利部调水局处长、教授级高工姚建文，水利部水利水电规划设计总院处长、教授级高工潘尚兴等。这次会议得到国家文物局和国务院南水北调办的高度重视，国家文物局文物保护与考古司司长关强，国家文物局文物保护与考古司考古处处长闫亚林，国务院南水北调办环境移民司司长袁松龄，国务院南水北调办征地移民司处长王宝恩等参加会议。此外，参加会议的还有南水北调中线水源有限责任公司副总经理齐耀华，南水北调中线水源有限责任公司移民部主任李勇，湖北省移民局副局长彭承波，湖北省移民局二处处长宫汉桥，湖北省文化厅副巡视员吴宏堂，湖北省文物局三峡和南水北调办主任王风竹，湖北省十堰市文物局局长郭崇喜，湖北省武当山旅游经济特区文物宗教局局长姚天国，长江水利委员会长江勘测规划设计研究院副处长翁家清，长江水利委员会长江勘测规划设计研究院副总、教授级高工王静，河南古代建筑保护研究所高工张笑栏，清华大学文化遗产保护研究所博士张帆等，徐萍芳任专家组组长，朱尔明任专家组副组长。

会上，长江水利委员会长江勘测规划设计研究院汇报了武当山遇真宫工程防护方案的运行管理风险、超标准洪水淹没及汛期排涝风险；河南省古建筑保护研究所汇报了防护方案物理环境变化影响风险；清华大学文化遗产保护研究所汇报了垫高保护方案。与会专家主要围绕工程防护风险和垫高保护方案进行了讨论，形成如下意见：

一，武当山遇真宫作为南水北调工程涉及的唯一一处世界文化遗产，具有极其重要的保护价值。几年来为做好保护工作，各方面都做了积极努力，取得了一定的成果。

二，关于防护方案的三个风险报告，均能反映防护方案存在风险的客观实际，但有关结论有待深化。

三，在当前条件下，防护方案与垫高方案均存在一定的合理性和局限性，需要进一步完善。

四，垫高方案可以较好地规避防护方案存在的风险，但本身也存在文物原真性的问题，应进一步完善设计方案。

会后，南水北调工程规划汇总编制单位长江水利委员会长江勘测规划设计研究院根据专家意见，就遇真宫防护工程技术及管理运行风险进行了深入分析研究，提出“建议放弃防护，重点研究采取垫高或顶升保护方案”的意见。

2009年12月，湖北省文物事业管理局与南水北调中线水源有限责任公司联合上

遇真宫垫高体初步设计效果图

报《关于武当山遇真宫采取原地垫高保护方案的请示》（鄂文物〔2009〕123号），将论证会专家组意见、南水北调工程规划汇总编制单位长江水利委员会长江勘测规划设计研究院意见及《南水北调中线工程丹江口库区遇真宫防护工程技术及管理运行风险分析研究专题报告》和十堰市武当山旅游经济特区管委会《武当山特区管委会关于建议对遇真宫进行整体垫高复原保护的请示》（武区文〔2009〕75号）一并上报给国家文物局，提出“我们认为遇真宫保护方案的论证工作比较充分，专家及工程部门、地方政府倾向原地垫高保护遇真宫的意见比较明确，为此，我们建议尽快审批对遇真宫采取垫高保护方案，以加快遇真宫文物保护工作进程，确保文物保护与工程建设两不误”。

（四）遇真宫保护方式的最终确定

在收到湖北省文物局2009年12月上报的遇真宫防护方案风险评估论证会专家组意见、长江水利委员会长江勘测规划设计研究院有关“建议放弃防护，重点研究采取垫高或顶升保护方案”意见和武当山旅游经济特区管委会关于“整体垫高复原保护遇真宫”的请求后，国家文物局高度重视，并就相关情况与国务院南水北调办进行了沟通协商。

2010年2月，国家文物局向湖北省文物事业管理局下发了《关于遇真宫保护工程的意见》（办保函〔2010〕86号），指出：“经商国务院南水北调办，我局原则同意你局意见，请你局指导地方人民政府，组织有资质的方案设计单位联合专业考古研究单位，综合分析遇真宫保护所面临的问题，抓紧制订切实可行的遇真宫垫高保护工程设计方案，按程序另行报批。”至此，在国务院南水北调办及南水北调中线工程业主单位南水北调中线水源有限责任公司的协调和请求下，经过三年多的多轮充分论证，国家文物局同意对原批准（2006年7月）的对遇真宫采取工程防护（围堰保护方案）保护遇真宫的思路进行调整，同意采取原地垫高方案保护遇真宫。

确定采取原地垫高方案保护遇真宫后，工程实施对遗产地的影响备受关注，主要集中在两个方面，即实施垫高保护后遇真宫的环境变化情况、与武当山古建筑群相对关系的问题。

关于实施垫高保护后遇真宫的环境变化情况：实施原地垫高方案（基础垫高加局部顶升方案），就是把遇真宫及其周边地区在原高程基础上垫高15米，对三座小型的独立砖石结构建筑，即主宫门（山门），西宫门和东宫门原状垂直顶升15米，其他现存的建筑（包括宫墙、中路建筑、建筑基础）及东西宫经过考古工作揭示出来的建筑基址则会按照文物保护的原则，在完成详细测绘（三维激光扫描）、影像资料记录（包括航拍）、定位、复原设计、构件编号后，进行拆除。待遇真宫基础垫高并完成基础沉降监测达到复建要求后，在垫高的原址上按原布局、原结构、原工艺、原材料的原则完成复建和复原。按原状复建的遇真宫，项目完成之际，遇真宫建筑群及其邻近周边垫高的区域将会形成占地面积85000平方米的与遇真宫后的山地相连、面向水库的台地（不是水库中的小岛，见效果图），永久避免遇真宫受到水库水位淹没威胁。遇真宫与周边环境没有大的变化，与其前后的山体只存在一些垂直关系的变化。

关于垫高保护后遇真宫与武当山古建筑群相对关系的问题：由于对遇真宫所在区域的原址进行垂直垫高、对三座山门采用整体顶升的保护方式，最大限度地对其真实性进行保护，对所有建筑在垫高后的原址上复建（不是异地重建），并未改变遇真宫在武当山古建筑群总体布局中的平面位置，考虑到周围的自然环境为大尺度的山体，垫高后原址、原样复建的遇真宫并未对其环境、景观价值造成实质性影响；复建后的遇真宫与武当山建筑群的平面位置与文化景观的互动关系依然存在，并没有改变，对遗产地武当山古建筑群的宏观总体布局不会产生破坏和不利影响。在基础垫高的设计中将最大程度考虑遇真宫宫门前的视线关系，保持约120米的开阔区域。同时，该方案不仅强调了对遇真宫本体的保护，而且对遇真宫周边的泰山庙、神路、襄府庵等相关建筑也同时进行垫高保护，体现了完整性的原则。

垫高保护后将加强对东、西宫轴线遗址的展示，有助于改善遇真宫整体的展示条件、丰富展示的内容，突出遇真宫作为世界遗产的价值及其完整性的展示；同时也实施对遇真宫周边环境的整治、清理，有利于改善遇真宫的保护、管理条件，有利于保证遇真宫的文物安全。

总体效果图

四、遇真宫垫高保护方案的设计

（一）遇真宫垫高方案的前期基础

关于遇真宫垫高保护方案的最终确定有一个逐步细化、逐步完善、逐步科学的过程，中间的每一次调整都经过深思熟虑和专家论证。这项工作从一开始，湖北省文物局就委托清华大学建筑设计研究院吕舟先生的团队承担。2006年6月，北京清华城市规划设计研究院文化遗产保护研究所编制完成《武当山遇真宫原地顶升保护方案初步设计》。2007年7月经过论证和研究，又对上一个方案进行了调整，编制了《武当山遇真宫原地垫高保护方案初步设计》。

1.《武当山遇真宫原地顶升保护方案初步设计》

该方案的第二章对两种抬高方案进行了比较。认为将遇真宫抬高的保护方法不外乎两种：原地顶升方案和原地垫高复建方案。这两种方案都是将遇真宫抬至安全高度，其保护方式、最终效果大同小异，但仔细比较就会发现其本质的不同。

垫高方案首先要对遇真宫现有建筑遗址解体，然后填土垫高，再将文物建筑复建到原地。在此过程中，不可避免会造成原有建筑构件的损坏。尤其是现存建筑遗址多为砖石结构，解体之后很难复原，其

遇真宫山门顶升过程中设置防侧倾限位桩

中又有部分建筑健康状况极差，在拆卸、复建的过程中，一经人为挪动很容易发生松散、倒塌等情况，其中携带的大量当时的技术、工艺、结构、材料及做法等信息就会永远丢失，遇真宫建筑群的完整性将受到很大的影响，文物建筑的真实性受到巨大破坏。

原地顶升方案对遇真宫现有建筑遗址采用整体顶升的方法，其间不拆除、不切割，相比垫高方案能够最大限度地保护遇真宫建筑群的真实性、完整性。此外，通过对方案其他相关因素的综合比较（例如工程费用、施工技术难度、对文物本体保护的安全程度等），原地顶升的保护方法在对文物本体的保护和工程投资费用等方面相对理想。

该方案确定原地顶升主要针对遇真宫现存建筑（包括台基）和宫墙。拟将中宫北侧宫殿（大殿遗址、东西配殿及龙虎殿）及殿廊台基，东西宫门和山门，以及现存所有宫墙三部分进行原地顶升，顶升后在复原依据充分的条件下对大殿进行复建。方案指出由于西宫（当时遇真宫东宫区域还没有进行考古清理，情况不明）区域发掘出的建筑基址的主要内容为残余的墙基、台基、铺地和排水道等，其整体分布范围广、出土的多为残存的建筑构件，对比现存的建筑部分，其体量较小，重量相对较轻，相互关系以平面为主，没有必要对其进行原地顶升，同时为了保持遇真宫文物建筑群的真实性、完整性，对其采用详细测绘记录后编号。将原有遗址进行防水、加固处理之后，就地填埋保护，垫高后依据相关考古发掘资料对考古发掘现场进行复原设计，在近期作为遗址公园进行展示。由于垫高过程中已经对地基进行夯实处理，达到能够承载建筑复原后的荷载强度，远期可以考虑在依据充分的情况下对东、西宫建筑群进行复原。方案还对顶升复建后遇真宫的景区布局、游线组织、景区道路及停车场、遗址公园及绿化景观进行了意向设计，结合遇真宫所在区域环境变化以及遇真宫原有的风水环境，提出了历史景观要素的初步设计意向。同时，对遇真宫顶升后的保护范围和建设控制地带提出了重新划定的建议。

在关键的顶升保护方案设计部分，对顶升技术和顶升保护技术路线进行了分析介绍，认为我国建筑物移位技术（建筑物平移、顶升技术统称为建筑物移位技术）在20世纪90年代以来发展迅速，已经完成了100余栋建筑物、构筑物的移位，相关技术日益成熟，建筑物顶升技术，工程广泛用于既有建筑物、结构物的纠偏和抬升。国内此前建筑物顶升最大高度2.6米，顶升总重量11200吨。建筑物、结构物整体原位顶升要求垂直向上同步顶升，水平向严格限制侧向移位，顶升设计、装备机具和施工技术水平有较高要求。认为随着我国计算机、自动控制、新材料、液压机械等相关领域的技术进步与技术集成，利用建筑物移位技术来解决遇真宫建筑群整体原位顶升问题，理论上是成立的，分项技术是成熟的、可靠的，技术集成和工程经验在国内有成功的实例，是可借鉴的，目前国内的工程技术水平是完全能够完成的。

在遇真宫顶升保护意义和技术路线方面，方案认为：遇真宫建筑群整体原位顶

遇真宫龙虎殿屋面施工

升12米进行保护，从规模和高度上看，目前在国内尚无先例。成功实施遇真宫整体原位顶升保护工程，将成为我国文物界、工程界的形象工程，在国内外产生重要影响，能够提升我国在世界文化遗产保护上的形象和地位，增加武当山的知名度和旅游收入。像遇真宫这样大体量、大规模、大范围建筑群整体原位顶升技术，对解决城市化进程中的旧城改造问题、沿海城市的沉降问题、海平面上升引起的城市淹没问题有着重要意义，技术上有着重大实施价值。

遇真宫顶升保护工程的核心技术是分布在3万平方米范围内数百台千斤顶的同步控制问题。方案对比了目前国内外该领域中美国某公司的PLC控制液压同步顶升系统、国内数字液压缸及数字控制技术和微动千斤顶群近似同步顶升技术的优缺点和造价，认为遇真宫整体原位顶升保护工程顶升技术路线采用微动千斤顶群近似同步顶升技术为主，局部区域如遇真宫宫墙分区顶升过渡段、宫门、中宫的关键顶升点与现有的PLC规制液压同步顶升设备、数字液压缸产品相匹配，以确保被顶升的遇真宫建筑群结构的绝对安全，并最大可能地降低顶升装备机具的造价，简化施工组织。

同时，依据技术路线和设计原则，将遇真宫顶升保护工程设计出三种不同的方案。

A方案：遇真宫建筑群（包括全部的宫墙、三座宫门、中宫）作为一个完整的顶升单元整体原位顶升，建筑群间维持现状，不拆、不割、不留伸缩缝，完整地顶升至设计高度。

B方案：与A方案一样，遇真宫建筑

群（包括全部的宫墙、三座宫门、中宫）作为一个完整的顶升单元整体原位顶升，实际施工时分4个区4部分循环轮流顶升作业，即宫门及相邻的宫墙，中宫及相邻的后宫墙、东宫墙，东宫、西宫两侧宫墙分别作为一个整体顶升单元同位同步顶升。

C方案：遇真宫建筑群宫墙切割成6段三座宫门、中宫分别作为10个独立顶升单元做顶升设计，实际施工时每部分单独整体原位顶升。

三种方案从经济、安全以及施工组织难度等方面综合比较，最终采用B方案。

在此基础上，又对宫墙、宫门、中宫的基础托换和顶升方法等进行了设计。对顶升过程中的文物保护做了单独设计，顶升前的文物本体加固、基础托换过程中的文物保护、顶升作业过程中的文物保护、顶升就位后的文物保护工作都做了安排和考虑。

最后依据相关标准，提出遇真宫整体原地顶升工程总投资估算，包括顶升工程费用、景观工程费用、文物考古费用、独立费用和基本预备费，总计6660.2145万元。

应该说原地顶升保护方案在顶升技术路线、技术设计、文物保护方面已经为该工程顶升工程的实施打下了扎实的基础。

2.《武当山遇真宫原地垫高保护方案初步设计》

2007年7月，设计单位在以往工作的基础上，认为原地顶升方案虽然对遇真宫现有建筑遗址采用整体顶升的方法，但施工过程中同样会对文物建筑的台基部分及其下夯土层造成一定的损坏，对于中宫内

2010年3月遇真宫原地垫高施工设计方案专家咨询会在北京召开

2010年3月24日遇真宫垫高方案论证会

大面积的地面铺装等仍需同样采用编号、拆卸复位的方法。综合比较诸如工程费用、施工技术难度、文物安全系数、工程潜在风险以及可操作性等方面的因素，认为原地垫高的保护方法在这些方面要优于原地顶升的方法。

在工作流程方面，方案首先建议在任何保护方案实施之前，对遇真宫尚未勘探的区域进行全面的文物勘探及考古发掘，并完整详细地测绘和记录。对遇真宫进行全面的考古发掘将填补文献记载的不足，有利于深入研究当时的道教文化和政治文化，也提供了研究武当山古建筑历史的具体实例，从而第一次将遇真宫的全貌清晰地展现在世人面前，使这一珍贵的世界文化遗产真正得到科学的保护。

提出对遇真宫现存地上建筑——包括中宫建筑及其院落内原有的地面铺装，东、西宫门，山门和四周宫墙，进行测绘、记录、编号、拆卸、分类管理、养护，待垫高后依据测绘图将原有构件复原。

提出对遇真宫现已进行考古发掘的西宫区域建筑基址、南宫墙外排水道遗址和山门外神道遗址等进行记录，其主要内容为残余的墙基、夯土台基、石材铺地和排水道，其整体分布范围广，多与地面同高或略高于地面，相互之间以平面关系为主。考虑到对文化遗产真实性、完整性的保护，以及垫高之后对遇真宫进行整体复建的可能性，对目前已进行考古发掘的西宫及其他区域的残余基址采用测绘、记录、编号、拆卸、构建清理、分类保管、原地垫高后复原的方法，在垫高后依据相关测绘、记录资料，使用原有建筑构件对原有发掘现场进行复原，考虑作为遗址公园进行展示利用，复原设计中应注意新旧构件的可识别性。东宫区域在进行考古发掘后，其处理方式与西宫相同。由于垫高过程中已经对地基进行了夯实，达到能够承载建筑复原后的荷载强度，远期可以考虑在条件充分的情况下对东、西宫建筑进行复原。

关于垫高范围的高度，方案提出结合原地垫高后环遇真宫的道路、景观工程设计，北至306国道，遇真宫西、南、东三面宫墙外延24米的范围内皆为点范围，垫高区域总面积43330平方米。根据移民迁移线高程170.2米，考虑填高土方的沉降量及垫高后结合水面景观设计要求，垫高高度暂按12米设计。

关于基础垫高工程，方案提出原地垫高重建方案存在两种施工方法。分别为“先填桩台法”和“后填桩框法”。“先填桩台法”的特点是先填土方，后灌注钢筋混凝土桩群基础；“后填桩框法”的特点是先在原地面上钻孔灌注钢筋混凝土桩群基础，后填土方。方案拟采用“后填桩框法”进行工程设计和费用估算。

该方案的其他方面设计内容与原地顶

升方案基本相同。遇真宫原地垫高保护工程的投资主要体现在考古发掘、古建解体、构件保存、垫高工程、古建复建，以及环境改造整治等方面，依据相关标准，测算工程静态总投资5627.3万元。

从上述两个方案的基本内容看，原地顶升方案，是一个基于理想考虑的对所有现存地面建筑整体顶升，将东、西宫原有遗址进行防水、加固处理之后，就地填埋保护，垫高后依据相关考古发掘资料对考古发掘现场进行复原设计，在近期作为遗址公园进行展示。而原地垫高方案则是对所有地面建筑进行全部的解体，对东西宫等建筑遗址也进行编号、拆卸，待垫高后依据图纸进行复原展示。简单地说就是一个是“全顶复原”，一个是“全拆复建”。两个方案各有利弊，从施工组织和实施层面看，原地顶升的方案实施难度非常大，理想中的完全达到不拆、不切割是基本无法做到的。而原地垫高的方案又过于简单、处理得难免草率，就是完全落架拆除，待基础垫高后进行复建。虽然“全顶”和“全拆”都显得太过于绝对，但无论如何，两种方案为遇真宫保护方式做了相对全面系统的探讨，是非常必要的。

（二）遇真宫垫高方案的组织论证

2010年2月，国家文物局在下发给湖北省文物事业管理局的《关于遇真宫保护工程的意见》的文件中明确，同意采取原地垫高方案保护遇真宫，并要求湖北省文物局组织有资质的方案设计单位，抓紧制订切实可行的遇真宫垫高保护工程勘察设计方案。为此，湖北省文物事业管理局于3月7日在北京召开“武当山遇真宫原地垫高施工设计专家咨询会”，会上清华大学文化遗产保护研究所汇报了最新方案。会议

遇真宫垫高工程取土场

邀请国家文物局考古专家组组长、中国文化遗产研究院研究员黄景略，中国考古学会理事长、国家文物局考古专家组成员、故宫博物院原院长张忠培，国家文物局考古专家组成员、中国社会科学院考古研究所研究员徐光冀，中国建筑设计研究院建筑历史研究所所长陈同滨，北京清华城市规划设计研究院文化遗产保护研究所所长吕舟，中国文化遗产研究院副院长侯卫东、原总工付清远、高工张之平、研究员乔梁，中国文物信息咨询中心高工王立平，南水北调工程建设专家委员会原秘书长、教高张国良，水利部调水局教高姚建文，湖北省文管会研究员孙启康等考古、建筑（古建）、水利等方面的专家，就遇真宫原地垫高方案施工设计进行了研讨和咨询。国务院南水北调办、国家文物局对此高度重视，国务院南水北调办征地移民司司长袁松龄、征地移民处处长王宝恩，国家文物局文物保护司司长关强、副司长陆琼，世界遗产处副调研员肖莉、考古处王彬等亲自到会，湖北省移民局巡视员段世耀，南水北调中线工程移民部副主任湛若云，湖北省文化厅副巡视员吴宏堂，湖北省文物局三峡和南水北调办主任王风竹，湖北省文物考古研究所副所长，湖北省博物馆副馆长孟华平，武当山旅游经济特区管委会、武当山旅游经济特区文物宗教局、武当山博物馆相关负责人等参加会议。会议由湖北省文化厅副巡视员吴宏堂主持，袁松龄、关强分别代表国务院南水北调办和国家文物局讲话。会上，古建、考古、水利、顶升工程等方面的专家对原地垫高保护施工设计方案提出了意见和建议。与会专家一致认为对武当山遇真宫采取原地垫高方案进行保护，能够最大程度地保护遇真宫的原真性，符合南水北调工程的需要和遇真宫的实际情况。对遇真宫采取原地垫高（顶升）的保护方式，保护内容包括基础垫高、局部顶升（山门及东西宫门明代砖石建筑）、修缮、环境工程、保护与展示设施设计等。局部顶升方案，虽然顶升体积和重量巨大，但有大量成功的先例，从逻辑上推论其技术难度在可操作范围内。相对防护（围堰）及搬迁方案而言，顶升方案虽然投资较大，但对文物价值的改变和影响较小，特别是体现东方，尤其是中国传统建筑灵魂之所在的武当山古建筑群的总体规划理念、布局和风水格局没有改变，对最难以原状保护与传承的砖石结构的三个门实施顶升，体现了对文物建筑的最小干预、原真性保护的原则。顶升方案，技术完善且容易操作，工程后期维护简单，不会产生过多的日常维护的经费负担和运行管理风险。

会议形成纪要如下：

一，遇真宫保护既涉及古建筑保护、古遗址发掘，又涉及基础垫高与顶升等工程施工技术，保护难度较大，因此，必须站在保护世界文化遗产的高度，本着对历史负责，对子孙负责的精神，坚持多学科参与，各种方案的设计一定要科学，各项施工管理一定要严格，确保遇真宫文物保护万无一失。

二，为全面弄清遇真宫明代建筑布局，湖北省文物局应尽快组织队伍对遇真宫东宫进行考古清理，明确东宫布局及各时期遗迹相互关系。发掘后的东、西宫，如果有特别重要的建筑信息可采取切割的方法予以保护，一般残址在做好记录后，采用原地填埋的方式处理。东西宫建筑基址将在172米的基础上做复原展示。

三，遇真宫现存的古建筑与宫墙等可采取落架复建与单体顶升等方式予以保护。对落架复建的文物要严格按国家有关古建筑保护的规定做好文物的实测与各种文物构件的记录、编号、存放，尽最大可能降低文物在拆运过程中的损坏；对于顶升的文物必须在顶升前做好各种保护措施后再行工程顶升，顶升过程中更要采取切实可行的措施确保文物安全。

四，采取土方垫高的方式将遇真宫的基础抬高到172米以上，垫高基础要做好沉降处理，外围要留有足够的场地，满足公共文化活动的需要；临水面要做好挡水和固岸的处理，以确保基础的稳定性。

五，遇真宫文物保护工程要分阶段出版考古报告、文物修缮报告及相关的工程报告。

六，国务院南水北调办和国家文物局领导要求，遇真宫的保护工作要按国家文物局的要求，迅速委托有资质的方案设计单位联合考古单位开展施工设计，争取2010年上半年基本完成施工设计、按程序报批。

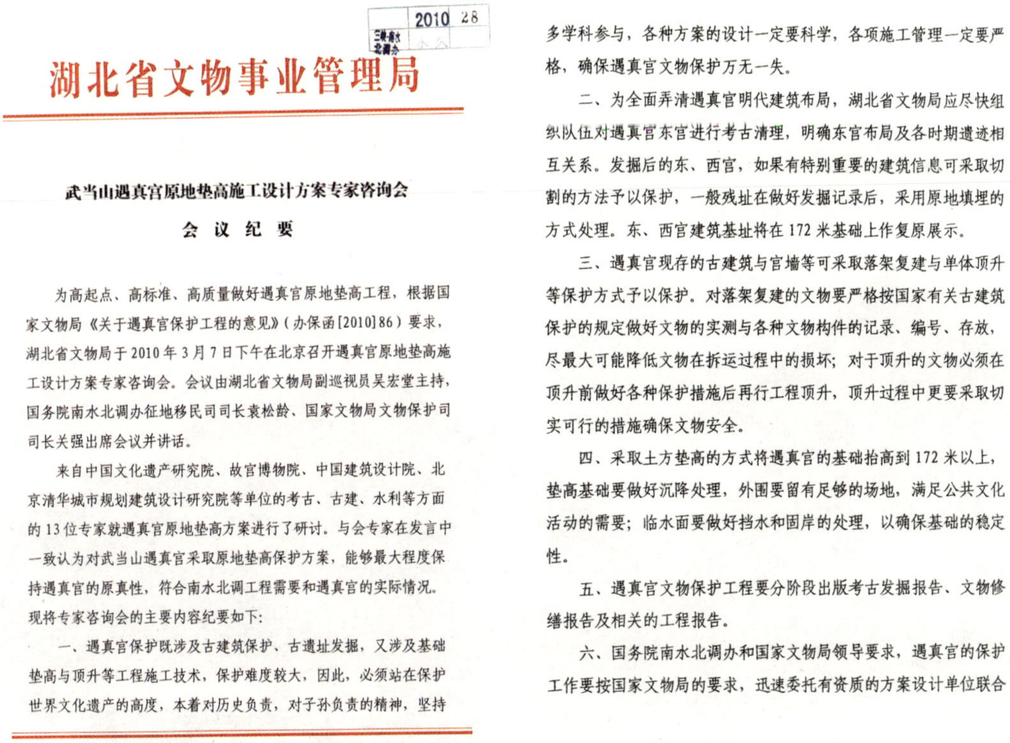

三峡·南水北调办　2010　28　办公

湖北省文物事业管理局

武当山遇真宫原地垫高施工设计方案专家咨询会

会 议 纪 要

为高起点、高标准、高质量做好遇真宫原地垫高工程，根据国家文物局《关于遇真宫保护工程的意见》（办保函[2010]86）要求，湖北省文物局于2010年3月7日下午在北京召开遇真宫原地垫高施工设计方案专家咨询会。会议由湖北省文物局副巡视员吴宏堂主持，国务院南水北调办征地移民司司长袁松龄、国家文物局文物保护司司长关强出席会议并讲话。

来自中国文化遗产研究院、故宫博物院、中国建筑设计院、北京清华城市规划建筑设计研究院等单位的考古、古建、水利等方面的13位专家就遇真宫原地垫高方案进行了研讨。与会专家在发言中一致认为对武当山遇真宫采取原地垫高保护方案，能够最大程度保持遇真宫的原真性，符合南水北调工程需要和遇真宫的实际情况。现将专家咨询会的主要内容纪要如下：

一、遇真宫保护既涉及古建筑保护、古遗址发掘，又涉及基础垫高与顶升等工程施工技术，保护难度较大，因此，必须站在保护世界文化遗产的高度，本着对历史负责，对子孙负责的精神，坚持多学科参与，各种方案的设计一定要科学，各项施工管理一定要严格，确保遇真宫文物保护万无一失。

二、为全面弄清遇真宫明代建筑布局，湖北省文物局应尽快组织队伍对遇真宫东宫进行考古清理，明确东宫布局及各时期遗迹相互关系。发掘后的东、西宫，如果有特别重要的建筑信息可采取切割的方法予以保护，一般残址在做好发掘记录后，采用原地填埋的方式处理。东、西宫建筑基址将在172米基础上作复原展示。

三、遇真宫现存的古建筑与宫墙等可采取落架复建与单体顶升等保护方式予以保护。对落架复建的文物要严格按国家有关古建筑保护的规定做好文物的实测与各种文物构件的记录、编号、存放，尽最大可能降低文物在拆运过程中的损坏；对于顶升的文物必须在顶升前做好各种保护措施后再行工程顶升，顶升过程中更要采取切实可行的措施确保文物安全。

四、采取土方垫高的方式将遇真宫的基础抬高到172米以上，垫高基础要做好沉降处理，外围要留有足够的场地，满足公共文化活动的需要；临水面要做好挡水和固岸的处理，以确保基础的稳定性。

五、遇真宫文物保护工程要分阶段出版考古发掘报告、文物修缮报告及相关的工程报告。

六、国务院南水北调办和国家文物局领导要求，遇真宫的保护工作要按国家文物局的要求，迅速委托有资质的方案设计单位联合

武当山遇真宫原地垫高施工设计方案专家咨询会会议纪要

2010年3月24日省文物局组织专家考察遇真宫现场

根据这次会议纪要的精神和所确定的大的设计原则，为加快做好遇真宫垫高方案的施工设计工作，湖北省文物局于2010年3月24日在武当山召开“遇真宫原地垫高方案施工设计讨论会”，进一步讨论确定遇真宫原地垫高方案施工设计中的细节问题和重点工作内容。参加会议的有故宫博物院原副院长、高工晋宏逵，清华大学教授吕舟，清华大学建筑设计研究院总工程师陈宏、高工朱宇华，湖北省文管会研究员胡美洲、孙启康，北京洛德国际文化发展有限公司总经理关键，湖北省文物考古研究所副所长、湖北省博物馆副馆长孟华平，湖北省古建筑保护中心总工吴晓，南水北调中线水源有限责任公司移民部副主任湛若云，湖北省文化厅副巡视员吴宏堂，十堰市政府副秘书长冯安龙，湖北省文物局三峡南水北调办主任王风竹，十堰市文物局局长郭崇喜，武当山旅游经济特区管委会、文物宗教局、博物馆相关负责人等。会议由王风竹主持，吴宏堂、冯安龙分别代表湖北省文化厅和十堰市政府讲话。与会专家经充分讨论形成会议纪要，如下：

一，会议认为，遇真宫原地垫高方案的施工设计，要根据“保护为主、抢救第一、合理利用、加强管理”的文物保护方针和本着对历史负责、对国家负责、对子孙负责的精神，坚持多学科参与、高起点设计、高质量保护、高水平管理。努力将其打造成我国乃至世界保护文化遗产的典范。

武当山紫金城

二，会议指出，武当山遇真宫垫高保护方案的施工设计工作。要坚持最大可能保持文物原真性的原则，确保遇真宫文物保护质量；坚持严格遵守文物修缮的原则，确保文物安全；坚持合理利用的原则，确保文物效益的综合发挥；坚持与南水北调工程建设相衔接的原则，确保文物保护的工期。

三，会议原则同意对砖石结构的中宫山门（包括八字影壁）和东、西宫宫门采取整体顶升。其他现存建筑采取落架复建（包括大殿的复建）。东、西宫基址的建筑构件采取测绘、编号、解体，在垫高基础上建保护棚进行复原展示。展览陈列可以考虑设置观景台，用扩增实景的办法建立有虚有实的展示区，也可以利用高科技和现代展览技术复原遇真宫全貌。

四，会议确定开展东宫考古发掘的同时，对神道以及宫墙外的局部进行清理，同时对外围的桥和排水沟等周边地区进行勘探发掘清理，以便全面摸清遇真宫的历史信息，各项工作争取在6月底完成。

五，建议遇真宫垫高保护范围，以满足公共文化设施需要和公共文化服务需求，以及泰山庙、襄府庵、神道、桥梁等文物复建用地的需要为原则进行整体规划设计，遇真宫垫高设计高程以172米水位线为基础进行设计。

遇真宫复建建筑基础施工

六，武当山旅游经济特区管委会要做好相关协调配合工作，在6月底前落实落架文物构件存放地点和取土场等问题，并提供设计所需的地勘等资料。文物构件存放场地要适合文物的存放和安全管理，尽量避免出现文物二次搬迁。

七，省文物局南水北调办要在此次会议确定的原则和内容的基础上形成委托意见书，尽快与设计单位签订合同，争取6月底前完成施工方案的设计，经专家论证后报国家文物局审批。

这次会议使遇真宫垫高保护方案在初步设计阶段的基础上再次得到具体细化，为进一步完善遇真宫原地垫高保护方案设计，制定科学、规范的施工蓝图提供了明确的方向，奠定了良好的基础。

遇真宫由东宫、中宫、西宫三部分组成，此前，湖北省文物考古研究所只对西宫和宫门前局部进行了考古发掘和清理，而对东宫遗址和宫外情况没有科学掌握。为此，2010年4～11月，湖北省文物局组织省文物考古研究所进一步对遇真宫东宫、中宫及宫外附属遗迹进行了考古清理，整体发掘清理面积约7300平方米。

通过2005年12月以来对遇真宫西宫进行勘探、发掘工作，以及对遇真宫东宫、中宫遗址的考古发掘和清理，考古工作尽可能真实、完整地还原遇真宫的整体建筑基址的布局结构，以及宫外周边区域的附属建筑和景观环境，为进一步有针对性地制定遇真宫的保护方案提供了第一手资料，并为原地垫高保护方案的工程实施打下良好基础。使之尽可能减小对遇真宫文物建筑核心价值的负面影响及对文物本体的损害，并尽可能完整地展示遇真宫的历史、文化和艺术价值，全面准确地传递相关历史信息。

在全面掌握遇真宫三个宫的建筑基址和布局情况的同时，对遇真宫地面现存建筑遗存的现状也进行了详细勘察记录，并采用数字三维激光全息扫描技术对遇真宫正门、中宫、东宫、西宫及外墙等现有建筑进行精密扫描测绘记录，可完整重现遗址发掘时的现场，为方案的编制和施工设计提供了翔实资料。

（三）遇真宫垫高方案的委托设计

2010年9月，就洽谈施工方案设计合

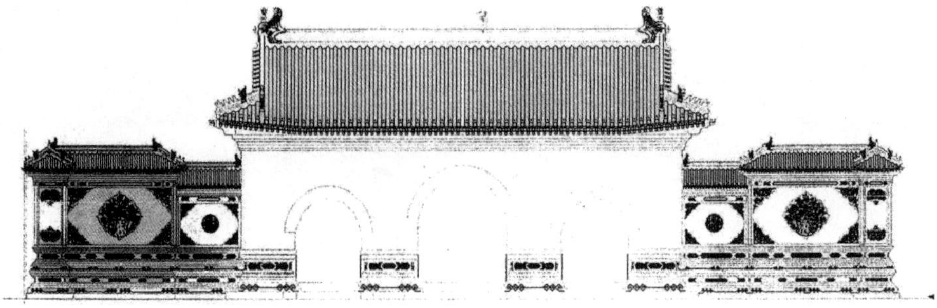

武当山遇真宫宫门正立面

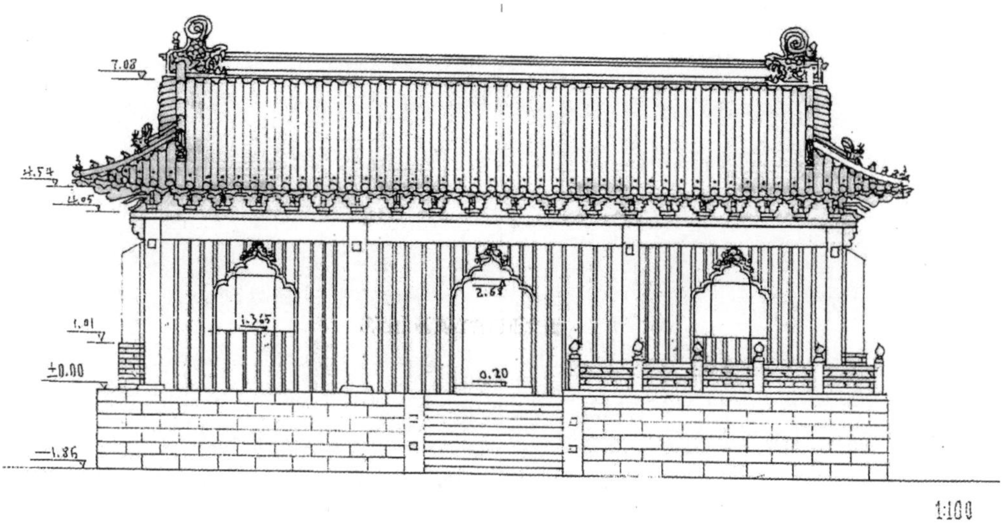

武当山遇真宫龙虎殿正立面线图

同过程中遇到的关键问题，国务院南水北调办、国家文物局、南水北调工程中线水源有限责任公司、湖北省移民局、湖北省文物局在北京召开“武当山遇真宫施工设计协调会”，湖北省文物局汇报了武当山遇真宫考古清理与原地垫高保护施工设计前期工作有关情况，会议讨论了相关问题，初步研究拟定了遇真宫施工设计成果提交及工程进度时间表。

遇真宫保护垫高工程位于遇真宫原址，原地面高程160米左右，垫高至高程172米左右，最大垫高12米，占地面积约7.5万平方米，垫高后的平台面积约4.8万平方米。遇真宫原地保护垫高工程包括原址垫高工程和古建复原、展示两部分。

2010年10月25日，武当山旅游特区文物局（发包方）正式与长江勘测规划设计研究有限责任公司（A承包方）和清华大学建筑设计研究院（B承包方）签订武当山遇真宫垫高保护工程勘测设计合同，委托承包方开展“遇真宫保护垫高工程设计”。其中，长江勘测规划设计研究有限责任公司负责完成遇真宫所在范围内原地垫高全部工程，承担项目范围内初步设计与施工详图设计阶段的勘察设计任务（包括设计挡水标准的确定、回填顶面工程的论证等、地形测量、地质勘验、填筑及排水设计、回填材料的选址及实验与优化、设计概算等）。承担编制完成《遇真宫原地垫高保护地基处理工程初步设计报告》及相关附件（包括地质勘查报告附图册和工程概算等），负责施工图设计与评审汇报。清华大学建筑设计研究院负责遇真宫现存古建筑现状勘查、东西宫考古遗址环境勘查、山门及碑亭古建筑顶升方案设计、考古遗址拆解复原方案设计、遗址展示方案概念设计、工作成果综合汇总等。

2010年11月1～23日，在编制施工方案前，进一步掌握和记录遇真宫周边的地质地形状况和现存建筑及建筑基址的情况，长江勘测规划设计研究有限责任公司对遇真宫原地垫高工程范围内地质情况进行了全面勘查。

勘查的目的是查明工程区的工程地质、水文地质条件，查明不良地质作用和地质灾害，为设计、施工提供所需的岩土参数并提出防治建议。查明天然建筑材料分布、位置、储量、质量、开采和运输条件。

主要勘察任务是：

1）查明场地的工程地质条件和水文地质条件，覆盖层分布、厚度、层次及其组成成分，有无河床深槽及其范围和深度。

2）查明场地岩土体层次、物理力学性质参数、风化层厚度和上下岩层的接触情况。

3）查明场地软弱夹层或层间剪切带的空间分布，并有可能由此而形成的不良地质体。对不良地质体的成因、类型、性质、分布规律及危害程度进行分析，并提出治理意见。

4）查明场地水文地质条件，地表水和地下水对混凝土的腐蚀性，地下水水头高度及岩体渗透性分级。

5）对基础岩体进行岩体工程地质分类，提出各类岩体的物理力学性质参数。

6）查明天然建筑材料分布、储量、特性及开采运输条件。

通过专业勘察，得出基本结论如下：

1）该工程重要性等级：二级；场地复杂程度等级：二级；地基复杂程度：二级；岩土工程勘查等级：乙级；建筑场地类别为Ⅱ类，场地土的类型主要为中软土。

2）据中国地震局2001年1：400万《中国地震动参数区划图（50年超越概率10%）》，本区地震动峰值加速度为0.05克，相应地震基本烈度为6度。

西宫遗址分组拆迁施工

3）场地内无区域性断裂通过，不存在滑坡、崩塌、泥石流等不良地质现象。场地地形平缓，无软土层分布，场地稳定，适宜建筑。

4）地表水、河水对混凝土均不具有腐蚀性，场地地下水对混凝土结构具有弱腐蚀性。

5）场地内表层人工填土结构较松散，承载力较低，表层Q41al冲积层粉质壤土具中等压缩性，承载力低，不宜作为地基持力层；中部Q41al冲积层砂砾石、砾质土，压缩性较小，有较高的承载力，但土质均一性差，易产生不均匀沉降问题，建议采用桩基础，桩端置于基岩。

6）本次选定了填筑土料场1处（西沟土料场），混凝土骨料场1处（草店砂砾石料场），石料场1处（水磨河块石料场），绿化用土料场可就近在遇真宫村4组开采，各料场储量质量满足设计要求，运距短，交通运输便利。

7）建议加强施工地质工作。通过委托开展的遇真宫地质勘查工作查明并掌握了遇真宫及周边区域地质、水文地质条件和不良地质作用、地质灾害资料，为勘察设计、施工方案的编制提供了所需的岩土参数并提出防治建议。同时，考虑到遇真宫大面积垫高保护需要巨大的土石方材料，为此，长江勘测规划设计研究有限责任公司又在武当山山下，与遇真宫相邻较近的区域查明了遇真宫垫高工程所需天然建筑材料分布、位置、储量、质量、开采和运输条件。

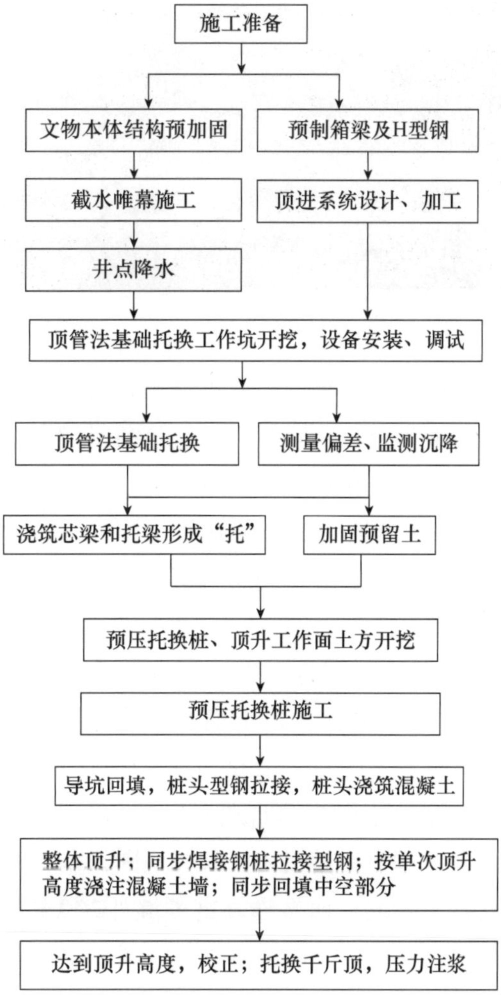

整体顶升工艺流程图

与此同时，2010年11月，为用最先进的技术全面真实记录遇真宫考古遗址和现存地面建筑保存情况，湖北省文物局专门委托科洛博（上海）数字科技顾问有限公司开展遇真宫现存建筑、东中西三宫考古清理后的建筑基址情况，进行精细化测绘，最大可能地进行真实记录。该公司先后派出8名技术人员，使用徕卡1202全站仪在整个遇真宫内布置导线控制网，采用HDS6000数字激光扫描仪对遇真宫正门、中宫、东宫、西宫及外墙等现有建筑进行精密扫描，同时采用鱼眼相机拍摄遇真宫全景及各部分照片。后期对彩色点云数据进行拼接后，形成3D建模并绘制图纸。测

太子坡远景

绘工作对高水平保留遇真宫原始精密数据具有重要意义，同时为原地垫高保护方案设计及后续施工夯实了基础。

在开展遇真宫垫高保护工程施工设计阶段，湖北省文物局还组织开展了以下几方面的工作。

1）地形测量工作：在方案论证阶段做过1∶1000比例的地形测量，后根据设计需要补充增加1∶500比例的地形测量，地形测绘范围为北自遇真宫后山公路起，南至遇真宫围墙外400米的范围，东自遇真宫小学起，西至遇真宫围墙外300米的范围。

2）地质勘查工作：勘察工作共布置3条纵剖面，4条横剖面，纵横间距100米；布置10个勘查钻孔，间距100米左右，勘探孔深为一般性钻孔15米，控制性钻孔25米。结合现场土体原位试验和室内物理力学性质试验，完成地质勘查初步设计阶段报告及附图。

3）水文计算工作：根据调查收集的雨量站资料、流域特征等分别对设计暴雨、设计洪水进行了计算，结合丹江水库加高后运行调度情况，对丹江口水库加高后遇真宫的设计洪水位和淹没水深进行了推算，并对施工期洪水进行了分析。

4）垫高工程结构分析计算工作：在清华大学做的初步总体方案基础上，进行了波浪要素计算、土方工程量计算、边坡稳定计算分析及地下室桩基础结构计算等。

2011年1月24日，为进一步加快武当山遇真宫原地垫高保护工程设计方案编制进度，明确并协调解决施工设计过程中遇到的问题，湖北省文物局组织清华大学建筑设计研究院、长江水利委员会建筑设计咨询公司、北京LORD（洛德）国际文化发展有限公司、湖北省移民局、南水北调中线水源有限责任公司、湖北省文物考古研究所、湖北省古建筑保护中心、十堰市文物局、武当山旅游经济特区文物局等单位的专家和领导，在武汉召开了“武当山遇真宫原地垫高保护施工设计协调工作会议”。会上，清华大学建筑设计研究院、长江水利委员会建筑设计咨询公司、北京LORD国际文化发展有限公司分别就遇真宫原地垫高施工设计进展情况做了汇报，与会专家、领导就有关问题进行了讨论。会议明确了总体设计原则，依据清华大学调整后的总体方案，对垫高工程结构分析计算进行调整，完善结构设计工作。同时研究明确了施工设计过程中遇到的一些具体问题，进一步推进了设计工作。会后，湖北省文物局专门印发了如下会议纪要。

一、遇真宫原地垫高保护工程施工深化设计进一步增强了遇真宫保护的文化内涵和人文色彩，符合国家文物局批复的原则，运用目前国内文物保护界最先进的理念和技术水平，充分体现了“保护为主、抢救第一、加强管理、合理利用”的文物工作方针。会议一致同意按此加快施工设计，确保工程实施后，使遇真宫得到更有效的保护与展示，切实体现我国政府保护世界文化遗产的积极负责的态度。

二，原则同意将西宫地下遗址整体抬升至169米高程，将中宫山门和东、西宫门顶升至175米高程；169～175米空间在做好工程结构和防水防渗的基础上，应依托遗址采取多种方式展示武当山遇真宫的文化内涵；175米高程以上，东宫以复建古建筑展示为主，西宫在仿建遗址原貌的基础上结合光、电等科技手段虚拟复原建筑进行展示；中宫地下建展示馆。

三，遇真仙岛的面积等具体设计，应从文物保护的基本要求出发，立足于考古资料，补充必要的依据，进一步增强科学性和说服力。

四，工程概算应在满足文物保护的前提下，尽量节约，与文物保护无关的设计内容应予以剔除。

五，根据南水北调工程总体进度，遇真宫文物保护工作须在2011年动工，2013年5月前基本完成工程施工，时间较紧，施工设计、工程概算编制上报等应在2月前完成，3月底前满足地面建筑及遗址拆解、宫门顶升工作设计施工要求。

六，会议要求设计各方进一步加强沟通，密切配合。地方政府及业务部门进一步加大协调配合力度，确保工程设计及施工按计划顺利进行。

参加会议的有：湖北省文化厅副厅长、省文物局局长沈海宁，湖北省文物局副局长黎朝斌，湖北省文物局综合处处长方勤，湖北省文物局文物处处长、三峡和南水北调办主任、研究员王风竹，清华大学建筑设计研究院教授吕舟，清华大学建筑设计研究院高工朱宇华、崔光海，长江水利委员会建筑设计咨询公司经理李学安、高工邓东升，北京LORD国际文化发展有限公司总经理关键，湖北省移民局四处副处长彭建锋，南水北调中线水源有限责任公司环境移民部主任李勇，湖北省文物考古研究所副所长、研究员孟华平，湖北省古建筑保护中心副主任、研究员吴晓，十堰市文物局局长郭崇喜，武当山特区文物局局长等。

在上述工作的基础上，各设计单位陆续完成了场地总体布置，场平设计，排水箱涵设计，地下室结构设计，地基处理部分设计、现存古建筑勘察修缮方案的编制；完成东、西宫门，山门的顶升设计方案及武当山遇真宫展览布局，以及基本内容的初步设计、东西宫建筑残址展示概念设计

武当山紫金城远眺

等内容。

清华大学城市建筑设计研究院文化遗产保护研究所与西安建筑科技大学联合开展了武当山遇真宫山门、东西宫门整体顶升工程设计工作，在设计说明中明确了以下内容。

1. 整体顶升保护设计思路

对山门及两翼琉璃墙、东西两宫宫门的整体顶升保护是指在保证原有建筑主体结构（及一定范围的地基基础）安全、完整的条件下，仅对其空间高度进行提高，使之除高程改变以外，其他空间位置基本保持原貌。

整体顶升（整体托升）有以下几个步骤完成：

1）根据建筑和结构特点，对山门、琉璃墙及东西两宫宫门进行加固保护，防止在基础托换及整体顶升过程中因地基受到扰动引起结构构件和装饰构件的损伤。

2）在山门、东西两宫宫门2～2.5米的范围内，进行高压旋喷桩施工，使之深入6米以下的弱透水层，形成封闭的截水帷幕，降低外界水源渗入的速率。达到设计强度的截水帷幕同时被设计用作顶管法基础托换的反力墙，以及保证基坑施工安全的挡土墙。

3）在一定的距离范围内设置降水井点，使截水帷幕内部的抽水速率控制在外部水源渗入的速率之上，在预定的截水帷幕封闭区域水位按照施工需要降低设计高度，为其后的地下工程施工提供必要的条件。

4）开挖工作坑，安装顶管法基础整体托换的设施，采用顶管技术对山门、琉璃墙，东西两宫宫门基础采用预制的钢筋混凝土箱梁、H型钢梁进行托换。随之浇注用混凝土托换后箱梁内部芯梁、型钢等，使之形成具有足够刚度的混凝土整体基础，因之，山门及琉璃墙，两宫宫门则坐落于刚性的混凝土“托盘”之上。这是完成整体顶升的关键性基础工作之一。

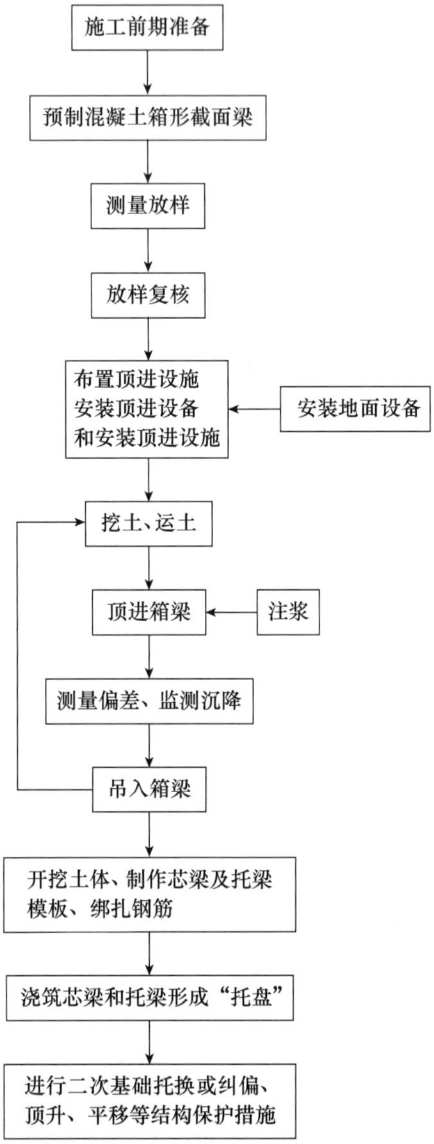

矩形顶管法基础托换技术流程图

5）在已达到设计强度的混凝土“托盘”底面，以上部结构自重为反力，千斤顶顶面直接作用于托盘底面，逐个压入无缝钢管桩，使桩的承载力达到设计值。此后，上部结构通过混凝土刚性“托盘”作用于钢管桩，完成顶升前的基础托换加固。

顶升前，应对原来以地面为支撑的预加固体系进行调整，使预加固体系附着于被整体顶升的结构体系之上，并随之同步上升。

顶升时，预压的钢管桩承载力为反力，千斤顶同时发力，因钢管桩单桩承载力之和的设计值大于桩上结构重量之和的2～3倍，则上部结构随之上升。顶升的过程，同步完成上部结构下方一定区域的混凝土基础浇筑，并控制桩的自由长度。

2. 主要技术方案

遇真宫山门及两翼琉璃墙、东西两宫宫门的整体顶升保护方案主要内容包括：文物建筑本体加固、截水与降水、基础托换、整体顶升四个方面。其主要技术方案可概括如下。

（1）文物本体加固

顶升保护工程不可避免地对文物建筑本体的基础产生扰动，从而使建筑本身因不均匀沉降而产生应力变化，这对变形能力较差的砖石砌体结构的安全产生威胁。

加固的基本原则是在文物本体以外建构钢结构（可逆）体系，并与文物本体刚度协调，共同工作，以增强其在外力作用时的整体刚度和强度，合理分担地基扰动、结构变形产生的不利荷载。

遇真宫顶升工程基础施工

本体结构加固保护主要针对基础托换（顶管法）、整体顶升两阶段对土体扰动引起的结构变形。因此，加固设计分两个阶段完成：顶管法施工结构，加固保护体系合理承担因土体变形引起文物本体的附加荷载，控制文物本体的变形，加固体系直接或间接作用于地面；整体顶升时，加固保护体系则根据文物本体的受力特点，对原结构施加一定的预应力，并增强原结构的整体刚度，以保证顶升过程文物本体呈现“刚体位移”的理想状态，控制结构内力变化在合理的范围之内。

加固设计的目标为：加强结构的整体性，控制结构的内力与变形。

结构加固设计的重点在于控制拱券（门洞）、拱脚的水平推力，保证拱券的稳定。结构设计分两个层次：其一，结构体系的加固保护；其二，关键性构件的特殊加固保护。非结构构件，可无损拆卸保存并能够恢复的，优先拆卸；无法无损拆卸的，采用柔性织物进行绑扎保护，确保其与结构本体的可靠连接。

砖雕、石雕、琉璃瓦等特殊文物应根据施工方案和现场条件制定专门的保护方案。

（2）截水与降水

1）截水帷幕：①截水帷幕采用高压旋喷桩，桩长7米，且桩体深入强风化层不小于500毫米。②桩体采用高压喷浆，当有可靠经验时，也可采用喷粉施工。③高压旋喷桩的水泥用量应参考当地施工经验和地质资料进行专门的设计。④桩体达到设计强度时，方可进行土方开挖施工。⑤高压旋喷桩作为顶进过程反力墙时，其承载力和稳定性应经过专门的设计计算。

2）井点降水：①井点间距不大于10米，深度为6米。②井点抽水量应经过测算确定，既保证施工必要的水位，又不得产生较大的波动，影响上部结构的沉降。③降水全程应对水位变化、抽水量、上部结构沉降等进行监控。④降水方案应包含特殊天气气象条件下的应急预案。

（3）基础托换

基础托换分两步完成，首先采用顶管技术在山门主体结构和琉璃墙下面分别顶进预制的钢筋混凝土和型钢（H650×500×20×20），顶进完成后浇注箱梁内部芯梁及以型钢为骨架浇注成混凝土托盘体系；其后以混凝土托盘体系和上部结构自重为反力系统，在托盘下方采用坑式静压桩技术，逐根压入钢管桩，从而使上部结构通过混凝土托盘，作用于钢管桩基础，完成基础托换。

东、西宫门均采用型钢（H650×500×20×20）进行托换，其他均同山门。

1）顶管法基础托换：采用顶管技术进行基础托换的基本程序流程如图所示。①山门箱梁的最大顶进力应经过专门的计算或现场实验确定，建议取值为山门主体2200kN，宫门建议取值为700kN。②顶进设备体系，后座墙加固措施、反力架系统、导轨系统、顶铁、垫块等顶进工艺系统应进行专门的设计，以保证顶管过程安全、精确。③箱梁及型钢顶进时应严格监控因土体应力损失引起的不均匀沉降，不均匀沉降值不大于3‰。④人工掘土量、开挖尺度、单次顶进量应经过专门的设计计算。⑤芯梁钢筋绑扎、混凝土浇筑应制定专门的方案，并采取超声检测等手段，保证内部密实。⑥顶管托换的顶进误差应控制在上下8‰，左右5‰。

顶管法基础托换是技术风险较大的关键性工序，其工艺设计、监控、施工方案等进行专门的设计和论证，并参考既有案例的实测数据，制定相应的预案。

2）坑式静压桩基础托换：①导坑开挖深度不大于1.8米，以两人可操作空间为限，并采取放坡、台阶开挖或有效支撑等措施，保证土体稳定。②不可一次性大面积连续开挖，控制上部结构脱空面积。③坑式静压桩施工空间、时间秩序应经过专门的设计、论证。④桩体垂直度满足相关现行规范，或经过专门的设计、论证。⑤接桩面坡口斜率应经过设计计算，既满足焊缝高度的要求，且保证接桩面满足强度、稳定性的要求。⑥桩体自由长度应经过设计、计算，且不大于1800毫米。⑦可在桩体内部填入干硬性混凝土。⑧桩体焊接面高度应满足相关规范要求。⑨桩体之间通过L50×4角钢连接，每300毫米高一道。⑩及时回填导坑，采用C10以上混凝土或填入碎石后注入水泥浆。

2011年4月遇真宫保护方案审查及概算评审会

3）整体顶升

①整体顶升设备推荐使用1000kN手动液压千斤顶，不主张采用自动控制同步顶升设备。②整体顶升前应对钢管桩接桩长度、垫块类型、焊缝位置错开百分比、单次接桩卸载数量、千斤顶行程等关键参数进行专门设计。③顶升时桩体的自由长度应综合施工条件，并进行计算分析，但不

大于1800毫米。④顶升过程应全程进行监控，上部结构的倾斜角不得大于1‰。⑤顶升过程应对关键部位千斤顶承载力进行监控，千斤顶承载力不得大于设计值。⑥顶升过程应采取可靠的施工措施，防止上部结构整体产生水平“漂移”。

4）施工监测与控制

①不均匀变形控制应贯穿于降水、顶管法基础托换、坑式静压桩基础托换、整体顶升等全过程，测点间距不大于1000毫米，测点时间间隔应根据施工方案制定。②顶升过程的误差测量应制定专项方案，监控的指标应包含文物本体的主要几何控制点，基准点应预先设置于不可移动物体，实时监控文物本体的三维相对坐标值变化。③顶升过程的误差测量内容应包含：被顶进箱梁、型钢空间误差，反力系统、顶进系统的变形与位移，开挖土体尺度，纠偏控制误差，顶进设备的安装误差等。④建议对琉璃山墙等薄弱构件及山门、宫门主体已受损部位等，在顶管法基础托换、坑式静压桩基础托换、整体顶升等关键工艺阶段，通过监控预加固的钢构件应力变化，实时监控文物本体内力可能出现的异常变化，以便及时采取相应的保护措施。

3. 在环境及遗址馆设计方面，提出以下内容

（1）设计原则

1）文物保护真实性原则：尽可能真实、完整地保护遇真宫文物建筑本体，包括地面建筑、地下遗迹及宫外附属文物遗迹。全面保护已发现的各种文物遗存，保护其历史信息的真实性。

2）展示文物价值的原则：尽可能完整地展示遇真宫的历史、文化和艺术价值，全面准确地传递相关历史信息。

3）最大程度保存的原则：针对不同的古迹类型，确定不同的保护措施和保存方式，古建筑通过测绘记录，在新址完成复原工作，遗址通过部分抬升，高出日常蓄水位后设立遗址保护馆进行室内保护，同时根据遇真宫考古发掘报告，将遇真宫宫外地下遗迹也纳入新址环境，在新址环境中予以体现和保存。

4）可识别性与适用新技术原则：在文物本体措施上，严格按照文物维修和遗址保护的措施实施。在文物本体的保存环境和价值展示方面，适当采用现代技术，一方面创造良好的保存环境，另一方面提供展示利用的设施和背景。避免展示利用设施直

垫高后遇真宫景观设计平面图

接作用于文物本体。

5）历史场所意境的原则：作为武当山古建筑群的重要宫观，设计应尊重历史场所的基本特性，空间游线设计上遵循历史格局、景观路线等，将历史上山门外的神道空间和古桥遗迹原位置保留，维持原有的历史场所感。

6）自然与人文共生原则："文化融入自然"，考虑到遇真宫未来良好的山水环抱环境，积极扩大种植面积，将自然景观与人文景观在新址环境中完美融合，体现了人与自然、人与历史的和谐相处。

（2）设计理念

1）从文物价值和历史研究入手，结合武当文化精心规划。

考虑到遇真宫新址建成后，将是一处背依凤凰山，前临九龙山，中间是水面辽阔的水库的半岛环境。山水环抱，景色优美，规划设计结合宫外遗迹考古资料确定的范围，将岛岸规划设计为自由曲线形，创造柔和恬静的环境。

2）结合文物本体严格保护的原则，对场所功能区分后，精心组织空间设计。空间设计上，从文物本体需严格保护的原则中寻找灵感，将文物古迹的院落空间和现代展示空间在不同标高上进行组织和叠加，同时结合环境中的绿化空间、步道空间、景观空间等；运用不同尺度的空间叠加，在不同标高上精心组织，创造出历史场所与现实空间纵横交错的观览环境。

（3）总平面布局

新址结合遇真宫宫内外发现的文物遗迹范围，将岛形设计成祥云形平面。从空中俯瞰，如水中漂浮的"玉如意"。岛

2011年5月研究遇真宫保护方案

边缘水坝标高171米，地势逐渐向遇真宫升起，进入山门后宫内地面标高为175～176米。

新址入口设置在原老白公路西侧，经过景观停车场后，沿西宫遗址红墙下绕至遇真宫正门外，进入宫内参观。宫外遗迹中的会仙桥、神道以及泰山庙都与遇真宫宫内遗迹一样，在原位复原。

（4）交通流线

1）流线分析：在环岛外缘设置有机动车通行道，全岛内以步行道为主，主要的步道自由穿行在林木下。自然景观与宫外遗迹随步行路线逐次呈现。进入山门外为一开阔广场，连接遇真宫和辽阔水面，构建良好的视觉通廊。

2）交通性质及道路宽度：环岛主干道宽6米，车库出入口宽度7米，景观道路1.5～4米（满足消防车通行）。

3）消防流线：消防流线结合环境进行整合设计，形成与环境结合成一体的消防环道，既满足消防的要求又不破坏环境。在宫墙外5米外的景观路道满足消防车通行和到达的需要。与遇真宫内的地埋消防系统结合，保障遇真宫文物古迹安全。

4）停车方式设计：机动车停车位数量按景区旅游开放机动车停车位配建要求设置，为90～100个，设置在新址入口处，规模约3500平方米。

（5）遗址保护设施设计

遗址保护馆设计包括西宫和东宫两处，根据专家提出的保护方案调整建议，将遗址抬高到地表进行保护，考虑到遗址保护的复杂性，设立轻质钢结构的保护设施，对遗址进行保护。保护设施设计采用轻质钢结构，室内结构柱网的设计根据建筑遗址的分布适当灵活调整，保证柱网避开遗址。室内设立架空步行木栈道进行遗址观览。在屋顶面上根据建筑遗址的分布分别采用青灰瓦双坡屋面及采光玻璃精心标识，保证与中宫古建筑群整体的协调性。

西宫遗址馆面积11822.63平方米，东宫遗址馆面积7700平方米。

（6）陈列空间

在复原的遇真宫古建筑群中间，考虑选取适当位置设立遇真宫陈列室，比如利用东西两宫遗址馆的屋顶进行虚拟复原展示，也可搭建临时设施进行遇真宫历史文化等各种主题的室内布展。

（7）环境及景观设计

1）地形地势：新址环境地势以临近水面最低，以遇真宫古建筑群所在为最高。周边环境总体以缓坡为主，结合必要的步道、广场和功能空间设计必要的高差，错落分布，形成变化的视觉环境。

2）视线景观：新址环境以大面积绿化植被为主，衬托出位于高地势处的遇真宫古建筑群，造成绿树环绕的红墙黛瓦的历史景观；在山门处将前导空间打开，与远处辽阔的水面山景相互辉映，形成良好的视觉景观。

（8）主要经济技术指标

用地面积/m^2		83438.11
总建筑面积/m^2		19522.63
其中	东宫遗址保护设施建筑面积/m^2	7700
	西宫遗址保护设施建筑面积/m^2	11822.63
架空层建筑面积/m^2		3500
建筑占地面积/m^2		23391.23
建筑密度/%		28
绿地率/%		67
停车泊位/辆		90

2011年3月，湖北省文物局正式上报《关于上报〈遇真宫垫高保护工程设计〉的请示》（鄂文物发〔2011〕123号）补充详细情况。

2011年4月26、27日，国家文物局文物保护与考古司、国务院南水北调工程建设委员会办公室征地移民司联合在北京召开“武当山遇真宫保护方案审查及概算评审会”，来自水利部水利水电规划设计总院、中国文化遗产研究院等单位的水利水电、岩土、古建、考古等方面专家和国务院南水北调工程建设委员会办公室投资司，以及南水北调工程设计管理中心、湖北省文物局、湖北省移民局等单位的代表参加了会议，会议听取了设计单位清华大学建筑设计研究院、长江水利勘测规划设计研究院有限公司关于武当山遇真宫原地垫高保护工程（初步）设计的汇报，与会专家经过认真讨论，提出以下审查意见：

第一，遇真宫作为世界文化遗产武当山古建筑群的重要组成部分，应遵照真实、完整、可持续保护的原则，进行建筑及其建筑遗址和整体格局的保护。武当山遇真宫垫高保护工程在有效保护遇真宫现有地面建筑的同时，注意宫内、外明代建筑遗迹的保护展示，符合文物保护的基本原则和遇真宫保护工作的需要，设计基本可行。第二，遇真宫是全国重点文物保护单位，按现行国家有关标准规定，属于一等工程，设计采用百年一遇洪水标准和按地震基本烈度（6度）采取抗震措施是合理的。第三，碎石分层碾压方案须按照规范保证土质密实，建议补充遇真宫工程区地质勘查及天然建筑材料勘测资料，对地质参数进行复核，并通过碾压实验合理取得工程参数。第四，遇真宫建筑中的山门和东、西宫门是该建筑群中原汁原味的明代建筑，采用顶升方案（包括基础部分）是可行的，也是必要的，应进一步补充顶升项目施工过程中的安全监控设计图纸及施工说明。第五，东、西宫建筑遗址是遇真宫中重要的格局构成和建筑遗存，对其保护与展示应与中路建筑的平面格局一并考虑，应在抬高后的地表上进行严格真实的基础复建。地基处理建议采用碎石土分层碾压方案。不宜建设地下展厅。第六，对中路的主体建筑落架抬高保护，为确保文物安全，在分层碾压的基础上，也可分别做混凝土筏板基础，但不宜采取混凝土桩基础。主体建筑需按照明代建筑基础和落架后的考古现状进行复原处理。第七，地基垫高后保护区域范围内的围堤，按一级堤防设计是合理的，能保证防渗和安全需求。鉴于稳定安全系数裕度较大，建议优化断面设计和排水设计。第八，设计中

遇真宫龙虎殿翼角细部

结合旅游的增列项目，不宜纳入淹没补偿投资概算。

国家文物局文物保护与考古司司长关强、国务院南水北调办征地移民司司长袁松龄分别在会上做了总结讲话，强调经过多轮论证，武当山遇真宫垫高保护工程已经确定了基本保护方案，要进一步加快审批和概算的审查，早日推动这项工程落地实施。湖北省文化厅副厅长、省文物局局长沈海宁，省文物局文物处处长、三峡南水北调办主任王风竹，省移民局副局长段世耀、四处处长宫汉桥等参加会议。这次会议的召开标志着持续多年的南水北调工程涉及武当山遇真宫的保护论证工作正式告一段落。

2011年6月，国家文物局正式下发《关于遇真宫垫高保护工程设计方案的批复》（文物保函〔2011〕1154号），正式批

国家文物局

文物保函〔2011〕1154号

关于遇真宫垫高保护工程设计方案的批复

湖北省文物局：

你局《关于上报〈遇真宫垫高保护工程设计〉的请示》（鄂文物发〔2011〕123号）收悉。经研究，我局批复如下：

一、原则同意遇真宫垫高保护工程设计方案和你局意见。

二、该方案需作以下修改和完善：

（一）应遵照真实、完整、可持续保护的原则，对遇真宫建筑和遗址进行整体保护。

（二）应补充文物搬迁及修缮工程、基础垫高工程、山门及宫门顶升工程等的具体技术要求和安全标准，确保文物安全和施工安全。

（三）应补充建筑及遗址维修、加固、粘接、保护和原位使用的技术指标；应明确更换建筑构件的基本条件；补充说明脱釉瓦件的更换条件和保护方式；对各种饰件，应全部修补、粘接、加固、原位使用，不宜更换。

（四）真武殿的复建应严格按照原测绘图纸和照片，以原工艺、结构、形制和传统材料进行复建。

1

（五）龙虎殿、东西回廊的彩画应作专题项目进行保护。

（六）东西宫建筑遗址应进行严格真实的基址复原，不宜加盖保护棚。

（七）屋面和石地面的复原都应遵照不改变原状的原则，应对屋面曲线进行实测。

（八）应按照拆卸的实际情况和具体尺度及时对施工设计进行调整。

（九）应根据遇真宫保护实际需要确定垫高范围。绿化工作应考虑对建筑及整体格局的视觉影响。

（十）补充相关设计依据，进一步规范文字说明。

（十一）遇真宫保护工程前期开展的考古项目可纳入淹没补偿投资概算。设计中结合旅游的增列项目，不宜纳入淹没补偿投资概算。

三、请你局组织方案设计单位，按照上述意见，对方案进行修改完善，并经你局核准后实施。请你局加强施工过程中的监管工作，确保建筑及遗址安全。

二〇一一年六月十五日

公开形式：依申请公开

抄送：国务院南水北调工程建设委员会办公室	
国家文物局办公室秘书处	2011年6月16日印发
初校：李珅	终校：张磊

2

关于遇真宫垫高保护工程设计方案的批复

准了遇真宫垫高保护工程设计方案。具体批复意见如下。

一，原则同意遇真宫垫高保护工程设计方案和你局意见。

二，该方案需作以下修改和完善：（一）应遵照真实、完整、可持续保护的原则，对遇真宫建筑和遗址进行整体保护。（二）应补充文物搬迁及修缮工程、基础垫高工程、山门及宫门顶升工程等的具体技术要求和安全标准，确保文物安全和施工安全。（三）应补充建筑及遗址维修、加固、黏接、保护和原位使用的技术指标；应明确更换建筑构件的基本条件；补充说明脱釉瓦件的更换条件和保护方式；对各种饰件，应全部修补、粘接、加固、原位使用，不宜更换。（四）真武殿的复建应严格按照原测绘图纸和照片，以原工艺、结构、形制和传统材料进行复建。（五）龙虎殿、东西回廊的彩画应做专题项目进行保护。（六）东西宫建筑遗址应进行严格真实的基址复原，不宜加盖保护棚。（七）屋面和石地面的复原都应遵照不改变原状的原则，应对屋面曲线进行实测。（八）应按照拆卸的实际情况和具体尺度及时对施工设计进行调整。（九）应根据遇真宫保护实际需要确定垫高范围。绿化工作应考虑对建筑及整体格局的视觉影响。（十）补充相关设计依据，进一步规范文字说明。（十一）遇真宫保护工程前期开展的考古项目可纳入淹没补偿投资概算。设计中结合旅游的增列项目，不宜纳入淹没补偿投资概算。

三，请你局组织方案设计单位，按照上述意见，对方案进行修改完善，并经你局核准后实施。请你局加强施工过程中的监管工作，确保建筑及遗址安全。

根据国家文物局的批复，遇真宫现存地面建筑、东西宫遗址、宫墙将整体拆除，待垫高工程竣工后原样复原，其中山门和东西宫门实施整体顶升。针对国家文物局批复文件第二条提出的详细的修改完善意见，湖北省文物局及时组织设计单位，逐一进行了研究答复并在具体设计中做了完善。

关于专家意见一：应遵照真实、完整、可持续保护的原则，对遇真宫建筑和遗址进行整体保护。

设计单位答复：设计方案严格按照文物建筑保护的真实性、完整性、可持续性的保护原则，对遇真宫建筑和遗址进行整体保护。

关于专家意见二：应补充文物搬迁及修缮工程、基础垫高工程、山门及宫门顶升工程等的具体技术要求和安全标准，确保文物安全和施工安全。

设计单位答复：

1）宫墙、建筑、遗址技术要求。施工前，施工单位要对标高定位数据进行现场复核核对，确认无误后进行放线。整个工程无须开挖基槽，按照设计图示在筏板上定位放线后直接进行基础施工，基础达到设计标高后，宫墙首先砌筑干摆砖，干摆砖砌筑时，旧砖尽量用于前墙南面和内宫墙。殿堂房屋按照原有拆除的台明、台阶石构件编号顺序精确吊装。宫墙干摆砖完成后接着砌筑糙砖墙，而后冰盘檐、墙帽坡顶，最后铺设筒板瓦、檐头附件脊饰。

2）山门、东、西宫门整体顶升技术要求。山门、东、西宫门主要工作量为屋面修缮和台明、台阶、栏板的归位安装，补全缺失、风化、破损的构件。

山门屋面：揭去筒板瓦，除杂刨根，补全缺失的檐飞椽，重新苫背，铺设筒板瓦，扶正正脊，加固整修垂、岔脊，添配檐头附件，仙人小跑。

东宫门屋面：屋面小青瓦是后期所盖，无檐头附件，檐飞椽缺失50%，前檐南石角梁断裂缺失，后檐南角梁斜向断裂，揭去小青瓦，重新苫背，更换前檐石角梁，后檐石角梁用粘钢胶灌缝，扁铁打两道箍，顺向加扒钉的方法加固后继续使用。

西宫门屋面：屋面筒板瓦规格凌乱多样，后人随意填补，前檐北角垮塌，檐飞椽缺失40%，择选与山门规格相同的瓦件继续使用，不够的添配新瓦，重新苫背。扶正加固脊饰，拆除垮塌部位松动体，用传统材料砌筑，补全缺失的檐飞椽。

3）院落、室内地面工程技术要求。文物解体时，施工单位应对每一个院落的地面石都进行认真测绘，规格、铺设方法记录清晰；大殿、东配殿地墁砖全部清理入库黏结。复原过程将按照传统工艺，用3：7灰土夯实垫层后，安装周边石沟槽，铺设地面石、地幔砖，尽最大限度地使用原始构件，添配的地面石材质、规格与原始材料相符。

4）安全要求，包括三点。

A．严格保护旧构件的安全

古代建筑是由多种同类构件组合搭套而成的，因此，保护古代建筑就必须从保护每个构件开始。从拆卸、检查到安装都必须保证原构件的安全。经加固能用者要继续使用，尽可能地减少更新复制，存放旧构件的仓库，要安全、通风，防止雨雪侵蚀和狂风的袭击。

B．严格保护木构架的安全

搭建材料保护棚和防避风雨篷，因古建筑结构复杂，施工期长，故保护框架和防避风雨缝必须经常检修。遇有风雨更应及时检修加固，要做到防风、防雨、防潮湿。

C．保护彩画和题迹

搭设殿内壁画保护设施，施软质材料和防水布封闭壁画墙体。

关于专家意见三：应补充建筑及遗址维修、加固、黏接、保护和原位使用的技术指标；应明确更换建筑构件的基本条件；补充说明脱釉瓦件的更换条件和保护方式；对各种饰件，应全部修补、黏接、加固、原位使用，不宜更换。

设计单位答复：建筑遗址技术指标：①石材：对于表面风化深度1～10毫米，且强度不影响后续使用的石材，应原位保留原位使用；对于断裂石材，应使用灰浆黏接加固；对于酥化严重的石材，揭起时酥碱成粉状或小块状，应进行更换。②砖材：砖块局部酥碱风化深度在1～2厘米，可不做处理，原位使用；断裂砖块背里使

国家文物局关强司长在遇真宫保护方案审查及概算评审会讲话

用，空鼓墙面应局部拆砌。③对于各种装饰件，进行修补、黏接、加固、原位使用，不进行更换。

关于专家意见四：真武殿的复建应严格按照原测绘图纸和照片，依原工艺、结构、形制和传统材料进行复建。

设计单位答复：真武殿复建严格按照原测绘图纸和照片，按原工艺、原结构、原形制和传统材料进行复建。

关于专家意见五：龙虎殿、东西回廊的彩画应作专题项目进行保护。

设计单位答复：龙虎殿、东西回廊的彩画待建筑回落完成后，再补充彩画设计。

关于专家意见六：东西宫建筑遗址应进行严格真实的基址复原，不宜加盖保护棚。

设计单位答复：东西宫建筑遗址严格进行真实的遗址复原，不增设保护棚。

关于专家意见七：屋面和石地面的复原都应遵照不改变原状的原则，应对屋面曲线进行实测。

设计单位答复：屋面曲线及地面材料和标高数据均为现场实测数据，若施工时发现隐蔽部位尺寸做法与设计不符，会及时调整设计。

关于专家意见八：应按照拆卸的实际情况和具体尺度及时对施工设计进行调整。

设计单位答复：施工过程中，设计方会跟进施工，并对施工过程中拆卸下的构件尺寸与设计图纸不符合的地方及时进行调整。

关于专家意见九：应根据遇真宫保护实际需要确定垫高范围。绿化工作应考虑对建筑及整体格局的视觉影响。

设计单位答复：随着施工院落顶升工作完善，设计单位会跟进文物建筑院落绿化设计工作，并考虑绿化对建筑和院落整体格局的融洽自然关系。

关于专家意见十：保存相关设计依据，进一步规范文字说明。

设计单位答复：已补充完善相关设计依据，并进一步校对文字说明。

湖北省文物局对依据国家文物局批复意见进行修改完善的设计报告进行核准后，批转给武当山特区文物局，交由相关施工单位组织遇真宫垫高保护工程的施工。设计中概算部分增加了遇真宫考古工作的经费，同时对原设计中结合旅游的增列项目做了剔除，不再纳入淹没补偿投资概算。

五、遇真宫保护经费的审查确定

2011年6月，在国家文物局正式批准遇真宫垫高保护工程设计方案后，长江水利委员会长江勘测规划设计研究院和清华大学建筑设计研究院等单位及时开展了施工设计和相关概算的编制工作。

遇真宫垫高保护工程主要包括以下三

部分：一是对遇真宫现存地面建筑、东西宫遗址、宫墙整体拆除，待垫高工程竣工后原样复原；二是对遇真宫宫墙以内及墙外一定范围进行整体垫高，垫高高度12米，最高达15米；三是对遇真宫砖石结构的八字形宫门（山门）和东西宫两个宫门实施整体顶升，顶升高度15米；此外，对宫墙外垫高的台地进行配套的停车场、厕所建设和环境绿化。

2011年6月8～10日，国务院南水北调工程建设委员会办公室征地移民司与国家文物局文物保护与考古司在北京青蓝大厦联合召开“武当山遇真宫保护方案审查及概算评审会”，对修改后的报告概算评审复审。国务院南水北调办征地移民司司长袁松龄、国家文物局文物保护与考古司司长关强到会并讲话。国务院南水北调办征地移民司副司长邓培全、征地移民处处长王宝恩，国家文物局文物保护与考古司考古处处长闫亚林参加会议。此外，会议邀请国家文物局原副局长黄景略、中国文化遗产研究院研究员付清远、北京建筑工程学院教授汤羽扬、水利部水利水电规划设计总院、中水珠江规划勘测设计有限公司等单位的专家，以及湖北省移民局副局长段世耀，湖北省文化厅副厅长、湖北省文物局局长沈海宁，湖北省文物局副局长黎朝斌，湖北省文物局文物处处长、三峡南水北调办主任王风竹，十堰市文物局及武当山特区管委会等单位的代表参加了会议，会议听取了清华大学建筑设计研究院、长江勘测规划设计研究有限责任公司和西安建筑科技大学关于依据调整完善后的武当山遇真宫垫高保护工程设计重新编制的项目概算情况的汇报，经过认真讨论，形成《武当山遇真宫垫高保护工程设计概算评审复审专家意见》：

2011年4月26～27日，国务院南水北调工程建设委员会办公室征地移民司与国家文物局文物保护与考古司联合召开武当山遇真宫垫高保护工程设计审查及概算评审会。会后，根据专家评审意见，设计单位按照国家文物局关于遇真宫保护方案的审查意见，修改完善了《遇真宫垫高保护工程》设计报告，进一步细化和完善了遇真宫垫高保护工程设计及概算。

2011年6月8～10日，国务院南水北调工程建设委员会办公室征地移民司与国家文物局文物保护与考古司在北京青蓝大厦联合召开“武当山遇真宫保护方案审查及概算评审会”，对修改后的报告概算评审复审，来自中国文化遗产研究院、北京建筑工程学院、水利部水利水电规划设计总院、中水珠江规划勘测设计有限公司等单位的专家，以及湖北省移民局、湖北省文物局、武当山特区管委会等单位的代表参加了会议。会议成立了专家评审组。会议听取了设计单位清华大学建筑设计研究院、长江勘测规划设计研究有限责任公司和西安建筑科技大学关于项目概算编制情况的汇报，经过认真讨论，形成如下意见：

依据2011年4月国家文物局和南水北调办关于武当山遇真宫垫高保护方案专家评审会议的意见，设计单位对方案概算进行了部分调整。山门及东、西宫门顶升保护和基础垫高工程概算总体可行，古建筑文物修缮工程概算仍有部分不合理，文物修缮工程设计概算中存在漏项和汇总错误。经认真审查，形成具体单价和工程量评审结论如下。

1. 文物修缮工程

（1）文物解体工程部分。东、西宫建筑遗址解体由539.1元/平方米调整为458.2元/平方米，相应工程量由11862平方米调整为8897平方米。东宫院落遗址由539.1元/平方米调整为287.2元/平方米，相应工程量由7284平方米调整为5463平方米。中宫院落解体由52.2元/平方米调整为287.2元/平方米。取消涉及的民居拆除、民居院落拆除项目。

（2）文物复建工程部分。大殿复原单价由9752.8元/平方米调整为12000元/平方米。东宫建筑遗址复原由1651.4元/平方米调整为1403.7元/平方米，相应工程量由11862平方米调整为8897平方米。院落遗址复原由1651.4元/平方米调整为287.2元/平方米，相应工程量由7284平方米调整为5463平方米。围墙复原由9891.9元/平方米调整为6429.7元/平方米。泰山庙解体及修复单价由12665元/平方米调整为4322.34元/平方米。核增文物抗渗、防风化处理165.13万元。

（3）文物安防工程。防雷工程由180万元调整为80万元，消防工程由180万元调整为100万元，技防工程由180万元调整为80万元。核增文物院内消防、技防用电及排水208.46万元。

（4）工程建设其他费。取消环评报告编制费、涨价价差预备费，基本预备费由5%调整为3%。

龙虎殿木构件拆迁

（5）核增设计单位计算汇总错误

2. 顶升工程

（1）其他直接费由12.09%调整为7.29%，综合费由18%调整为6.2%。

（2）核增设计单位漏列工程建设其他费。

3. 基础垫高工程

（1）垫高填筑工程。碎石土回填工程量阶段系数由1.05调整为1.03；植生块护坡及土工布工程量计算有误；浆砌石脚槽调整为干砌石脚槽，并对脚槽体型进行优化，调整相应工程量。

（2）排水涵洞。排水涵洞含钢率由100千克/立方米调整为80千克/立方米，调整钢筋相应工程量；排水涵洞钢筋混凝土强度等级由C35调整为C25；排水涵洞出口海漫工程量漏计。

（3）筏板基础。筏板混凝土强度等级由C30调整为C25，与图纸一致；调整筏基含钢率。

（4）取消房屋建筑工程18.59万元，安全监测费用由72.78万元调整为37.78万元；取消基坑抽水20万元，施工道路由40万元/千米调整至10万元/千米；取消涨价价差预备费。

（5）结合上次审查意见，根据当地实际情况，落实料场。

遇真宫垫高保护工程上报总投资实为24354.48万元（包括遇真宫考古发掘经费778.4万元）。根据以上意见，投资调整为18524.11万元，其中文物修缮工程8423.95万元、顶升工程1847.74万元、基础垫高工程7474.02万元、遇真宫考古发掘经费778.4万元。具体详见概算核定表。

二〇一一年六月九日

会后，南水北调中线水源有限责任公司行文上报国务院南水北调办《关于上报武当山遇真宫垫高保护工程相关概算的请示》(〔2011〕125号)。

2011年7月，国务院南水北调办依据6月与国家文物局组织专家就武当山遇真宫垫高保护工程设计概算进行了评审和复审形成的专家概算评审意见，下发给南水北调中线水源有限责任公司《关于南水北调中线一期工程武当山遇真宫垫高保护工程初步设计概算的批复》(国调办征移〔2011〕133号)，正式批准了遇真宫保护工程概算，最终核定遇真宫保护工程概算投资18524.11万元。

第四章
武当山遇真宫考古发掘工作情况

武当山遇真宫的保护是南水北调中线工程涉及的最重要的文物保护项目，规格高、规模大，其保护工作备受关注，必须确保丹江口水库大坝加高工程蓄水后对遇真宫的影响降至最低程度。同时，要开展遇真宫的保护，必须对遇真宫有全面的了解，包括遇真宫已经毁坏而文献记载又语焉不详的东宫和西宫遗址、遇真宫周边与之相关的附属建筑或遗址等。因此，根据国家文物局《关于对遇真宫保护方案的意见》（文物保函〔2005〕1187号）提出的对遇真宫进行考古调查、勘探和发掘工作的

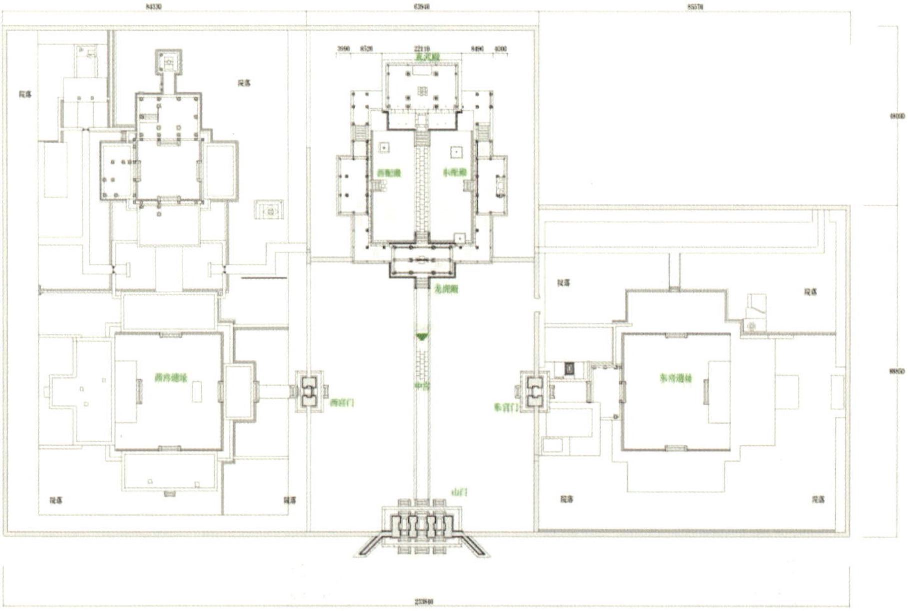

武当山遇真宫考古发掘总平面图

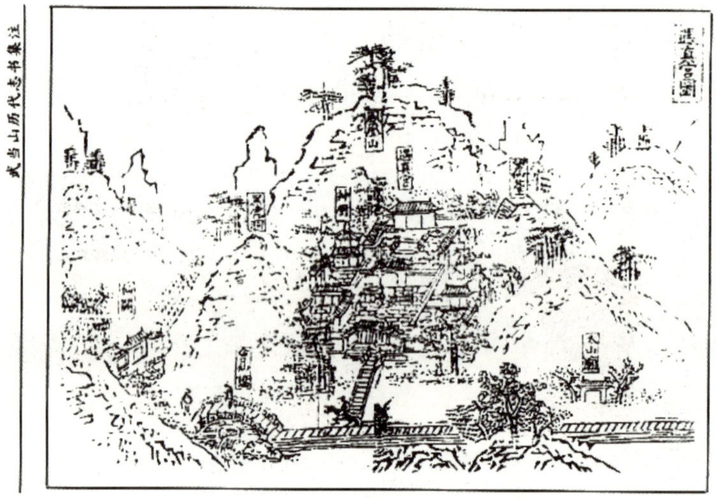

太岳山志遇真宫图

基础上，组织有关单位完善和细化三个方案的要求，湖北省文物局责成湖北省文物考古研究所编制遇真宫遗址考古发掘工作方案，尽可能明确遇真宫遗址的整体范围、布局、建筑兴废年代及特点，为遇真宫遗址文物保护工作方案的最终制定提供科学依据。为加强对发掘工作的领导，省文物局专门成立了遇真宫遗址文物保护工作领导小组。遇真宫遗址考古发掘工作由湖北省文物考古研究所负责。发掘工作实行领队负责制，考古发掘队由发掘勘探人员、照相人员、测绘人员、古建专家、后勤管理人员等20人构成。

2005年国家文物局正式批复了遇真宫遗址的发掘计划，批准湖北省文物考古研究所孟华平为发掘领队，明确发掘时间为2005年12月，发掘面积为1万平方米。

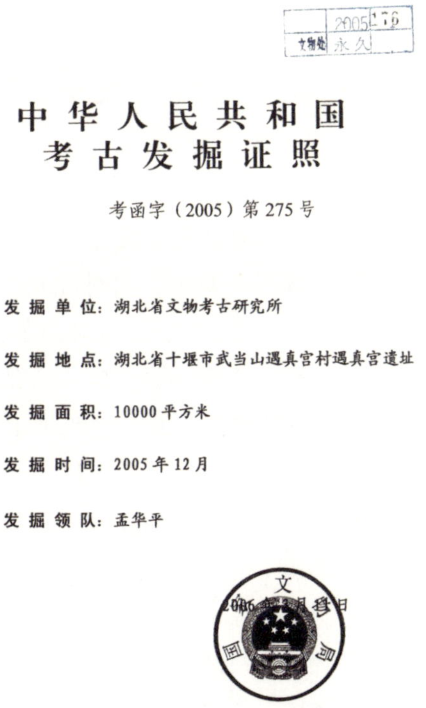

中华人民共和国
考古发掘证照

考函字（2005）第275号

发掘单位：湖北省文物考古研究所

发掘地点：湖北省十堰市武当山遇真宫村遇真宫遗址

发掘面积：10000平方米

发掘时间：2005年12月

发掘领队：孟华平

中华人民共和国考古发掘证照

武当山五龙宫

一、遇真宫考古发掘的基本况状

遇真宫位于湖北省十堰市武当山特区遇真宫村，背依凤凰山，面对九龙山，左为望仙台，右为黑龙洞，山水环绕如护城，故有“黄土城”之称。遇真宫中心地理坐标为东经111°02′15″，北纬32°30′11″，海拔160米。

遇真宫始建于明永乐十年（1412年），为明成祖敕建，共建殿堂、斋房、方丈、楼阁等97间。到嘉靖年间，遇真宫扩大到396间。由前至后有琉璃八字宫门、东西配殿、左右廊庑、斋堂和真仙殿等。沿中轴线对称布局，从南至北依次为宫门、前院、龙虎殿、主院、遇真宫大殿等，前院有左、右宫门可通东、西两院，主院内东西两侧为配殿和廊庑，建筑面积为3366平方米，四周为宫墙环绕，宫墙周长697米，占地面积24000平方米。

遇真宫现存有山门、东宫门、西宫门、宫墙、龙虎殿、大殿（已焚毁仅存部分墙体）、东配殿、西配殿、廊庑、斋堂、耳房等砖木结构古建筑，共33间，山门为砖石结构三孔卷拱式宫门、门外接琉璃琼花八字宫墙，山门外有青石金水桥一座。

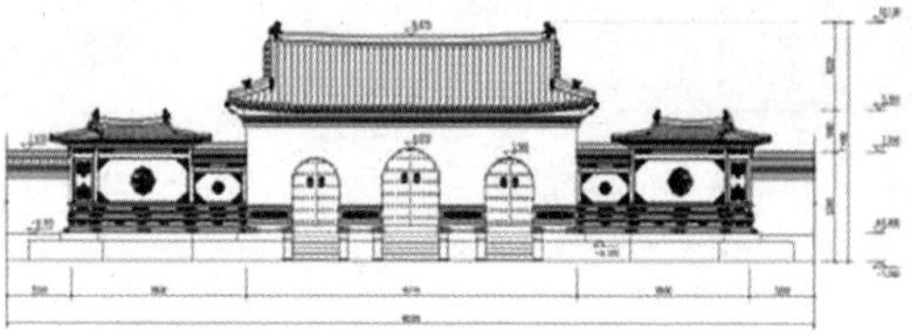

遇真宫山门正立面图 1:100

（一）考古发掘工作背景

作为世界文化遗产武当山古建筑群的重要组成部分，遇真宫具有极其重要的历史、科学和艺术价值。同时，作为南水北调中线工程最重要的文物保护项目之一，其保护意义十分重大，必须使丹江口水库大坝加高对遇真宫保护造成的影响降至最低。由于遇真宫之东宫和西宫的地面建筑已毁，而文献记载又语焉不详，根据国家文物局的要求，必须对遇真宫进行科学的考古调查、勘探、发掘工作，尽可能明确其范围、布局、建筑特点与内容，为最终确定遇真宫文物保护工作方案的决策提供科学依据。

（二）考古发掘工作方法

西宫发掘最初采用正向布方法，共布11个20米×20米的探方，布方面积4400平方米。11个探方发掘完后采用整体揭露的方法直接发掘，共发掘9500余平方米。同时，对宫内建筑进行解剖，了解其地层关系与结构。

东宫首先布2条长约85米的“十”字形探沟了解其堆积的基本情况，之后利用“十”字形探沟将东宫一分为四进行探方

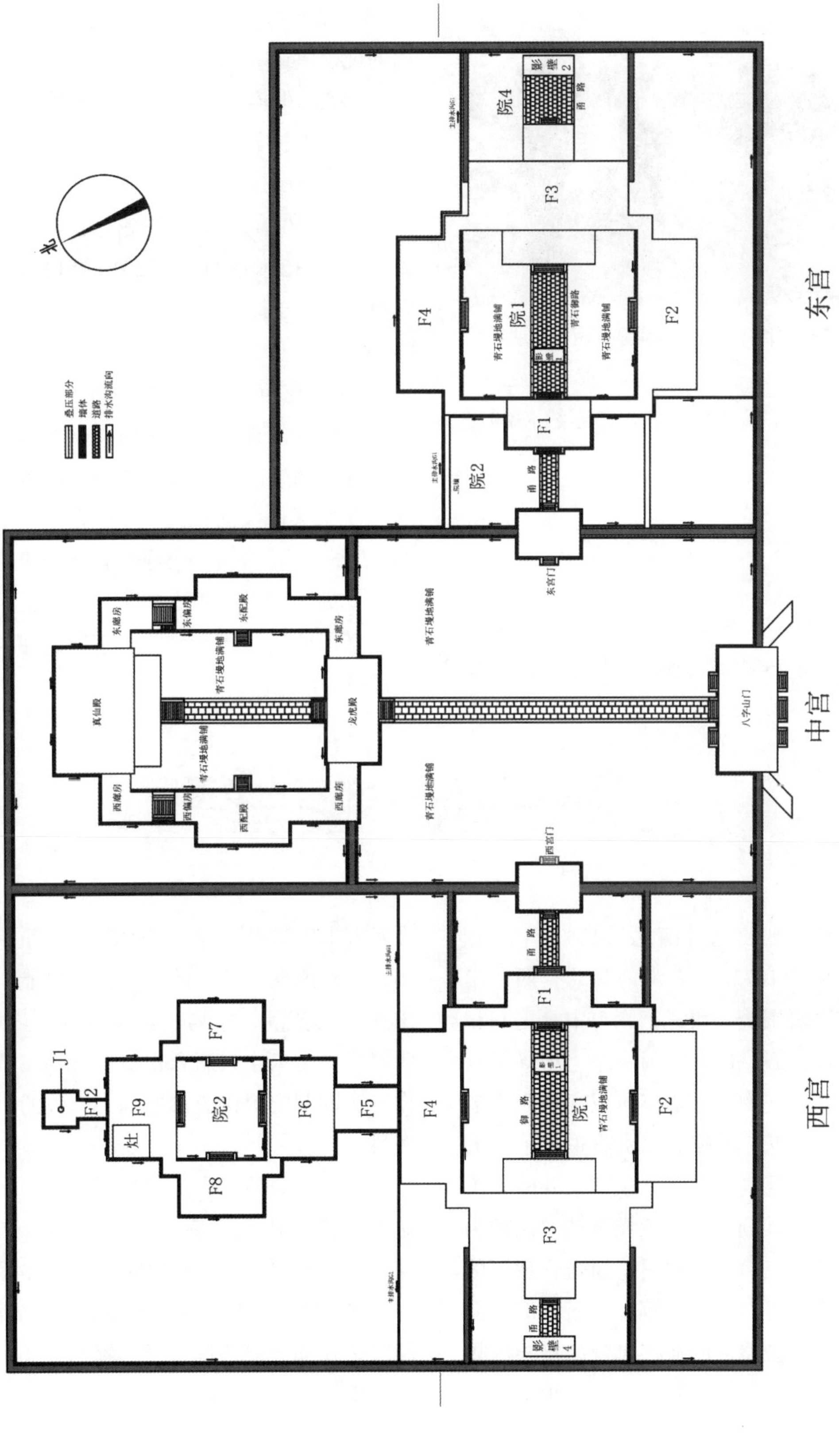

遇真宫永乐年间总平面图

2006年11月徐光冀先生考察遇真宫西宫遗址

发掘（编号T1～T4），整体揭露约7300平方米。

（三）考古发掘工作经过

1）2005年12月至2006年12月，对遇真宫西宫进行勘探、发掘。其中发掘面积达9500余平方米，比较完整地揭露出西宫内的现存建筑基址。

2）2010年4～11月，对遇真宫东宫进行发掘。发掘面积约7300平方米，完整揭露出东宫内的建筑基址。

3）2010年5月，在中宫西南角发掘一条1.5米×12米的探沟。2010年12月，又发掘一条1.5米×30米的探沟。发掘面积共63平方米。

4）在东西宫的两次发掘过程中，先后对遇真宫外的神道、金水桥、遇真桥、排水渠等宫墙外的附属建筑进行了详细的勘探、发掘。普探面积约3万平方米，重探约1万平方米。先后布5条探沟于遇真宫宫外，发掘面积约200平方米。在与文献资料相互印证后，基本掌握了宫外的建筑附属设施的信息。

二、遇真宫西宫遗址的考古发掘

遇真宫西宫遗址南北长134、东西宽80米，面积10720平方米，其北、西、南三面被宫墙围绕，西宫东侧与中宫之间相隔的宫墙已毁，仅存宫门一座。2005年11月，湖北省文物考古研究所成立遇真宫遗址考古工作队，并据有关资料拟定了全面勘探和发掘遇真宫西宫、东宫及外围相关设施的工作计划。发掘工作坚持“保护为主、抢救第一、合理利用、加强管理”的文物工作方针，科学发掘、记录、保存原始资料，保护遗址的遗存风貌的指导思想与工作原则。工作方法与目的是根据《田野考古工作规程》，采取整体揭露、重点解剖、重点勘探相结合的方式，尽可能明确该遗址的范围、布局、建筑特点与内容，明确保护对象，为遇真宫遗址文物保护工作方案的制定提供更加准确、细致的科学资料。

考古发掘的工作内容与要求是：①对遇真宫宫墙内的西宫区域按10米×10米探方进行发掘，计划发掘面积约9500平方米。清除废弃堆积，整体暴露原遗迹界面，同时选择部分遗迹进行局部解剖。②对遇真宫山门（外）南部50米区域范围进行重

遇真宫西宫遗址发掘布方全景

2006年5月考古发掘后的西宫遗址状况

遇真宫西宫遗址考古现场工作照

点勘探，对其相关的重点遗迹进行局部解剖，明确其可能存在的道路、桥梁、水道等遗迹的布局与结构。③文字、图纸、照片等记录资料要求规范、完整。利用全站仪和热气球等对遇真宫遗址进行整体测量和摄影。④对出土的遗物进行系统记录、保存、保护。

对遇真宫西宫遗址的考古发掘工作分两个阶段进行。第一阶段是2005年12月至2006年3月。湖北省文物考古研究所开始第一次对遇真宫西宫遗址进行发掘，发掘工作采取整体揭露、重点解剖、重点勘探相结合的方法进行。遇真宫西宫南北长134、东西宽80米，四面被宫墙环绕，其北、西、南三面宫墙保存基本完好，东墙被毁，四面围墙仅在东墙建有宫门一座，与中宫联通。发掘初期采用正向布方法进行发掘，第一批共布20米×20米的探方11个，探方编号为T1～T11，发掘面积4400平方米。发掘显示，西宫的建筑遗迹规模宏大、保存较好，且其上的废弃堆积简单。为全面揭示西宫的基本建筑格局，后期发掘采用整体扩方的方式进行，全面清理原建筑遗迹界面上的废弃堆积。为确保宫墙的安全，靠近宫墙的部分未进行发掘，对西宫遗址全部进行了整体揭露。西宫总体发掘区域南北长约126、东西宽约76米，面积达9500余平方米，比较完整地揭示出西宫的建筑遗迹概貌，显示西宫建筑基址布局结构清晰，保存状况比较理想。出土了一批珍贵文物，基本明确了西宫建筑的布局、特点与内容。同时，对遇真宫南宫墙外侧50米的区域及西宫外的神道、排水渠等设施进行了局部勘探和重点解剖，大体明确了神道的走向及宫外排水渠的结构和走向。发掘过程中，运用三维激光扫描仪对遇真宫西宫遗址进行部分扫描测图，获取了比较完整的数字化信息。

第二阶段的考古发掘工作是2006年8～12月。在第一阶段考古发掘全面了解掌握遇真宫西宫遗址的整体布局后，为进一步了解西宫建筑遗迹的结构和层位关系，特别是一些建筑基础的建造情况，在开展对第一阶段西宫考古发掘出土文物整理的

遇真宫西宫遗址考古发掘全景

遇真宫西宫遗址宫殿台基

遇真宫西宫遗址影壁基座砖雕细部

同时，对西宫的建筑遗迹进行了整体解剖，共布解剖探沟12条。通过解剖新发现了部分建筑遗迹，同时明确了西宫原建筑遗迹界面下的地层堆积状况。遇真宫西宫建筑遗址的北部堆积由早期文化堆积层（东周时期）和黄色自然黏土层构成，南部堆积由含有大量水锈的河沙淤积层及含有草根的灰色河滩自然阶地构成，为将来的重建进一步提供了详细的资料。

通过先后两次考古发掘确认，西宫内遗存有8个院落、13个房屋、3个影壁、1个崇台、1口水井、2个灶，以及完整的排水设施及相应道路设施，既有永乐年间修建的建筑，也有晚期单独修建的建筑或在永乐年间的建筑基础上扩建的建筑。西宫原始建筑界面下的原始地表并不平整，基本上呈北高南低、东高西低分布，其中南北高程相差有2米左右，东西高程相差有1.4米左右，北部为夹杂有早期文化堆积层（东周至战国）和自然堆积形成的黄色黏土层，南部建筑面下（包括西宫南面外）的原始地表高低不平且呈弧状分布，内含有大量水锈的河沙淤积层及含有草根的灰色河滩阶地。从西宫整体来看，北部、东部建筑都建在结构紧密的黄褐色黏土层上，而南部、西部建筑都建筑在结构松软的河滩阶地和河流淤积层上。因此，北部和东部的大多建筑如F7～F9、F11、F12等都直接建造在经过平整后的黄褐色黏土层上，而西部、南部地区的建筑如F1～F4等都需垫土来抬高建筑面和加强地基。

通过考古发掘可以确定如下几方面情况。

1. 地层情况

发掘表明，西宫原建筑遗迹界面之上有三层堆积，局部存在部分扰坑。

第1层：表土层，灰褐色土，夹杂有明代的砖瓦块，以及大量的现代砖瓦块和现代房屋的地基。北部厚10～160厘米，中部厚10～50厘米，南部厚20～100厘米。

第2层：黄褐色黏土，土质较疏松，夹杂少量砖块、瓦块和白灰渣。北部厚10～80厘米，中部厚10～100厘米，南部厚5～75厘米。

第3层：灰色黏土，土质较疏松，夹杂较多石块、瓦当、青花瓷片等，多分布在建筑遗迹的外围，可能为建筑废弃后形

遇真宫西宫遗址发掘现场

遇真宫西宫遗址卵石摆塑遗迹细部

成的堆积。原建筑基址均开口在此层下。

2. 建筑布局情况

西宫位于遇真宫西部，经中宫前院宫门处进入，平面布局呈长方形，南北长134、东西宽80米。北、西、南三面有宫

遇真宫西宫遗址院落台基

墙环绕，东宫墙已毁，现仅存西宫门。西宫建筑群体以一个两进四合院为主体，沿四合院建筑轴线对称分布有跨院等建筑。中轴线有两条，第一条为东西向中轴线：以西宫门、院1前殿基址F1、正殿基址F3为中轴线，前殿与正殿之间南北两侧置配殿F2、F4，四隅两房交接处设抄手廊成一个近似正方形的四合院院1，院内用青石板十字错缝墁地，院内设影壁Y1。正殿F3后院院7内靠宫墙处也设有一影壁Y4，两影壁皆在轴线上。第二条为南北向轴线：以院1偏殿基址F2、基址F4、连接院1与院2的廊房基址F5、后院院2前殿基址F6、正殿基址F9为中轴线，其中前殿F1基址与西宫门处、正殿F3基址与东宫墙处南北两侧均设有院墙，呈对称分布的院6与院7。廊房F5两山对称分布院3和院4，院内分别设南北向影壁Y2、Y3。院2前殿F6、正殿F9东西两侧设配殿F7、F8，四隅两房交接处有抄手廊连接成一个近似正方形的四合院，院内用青石板十字错缝墁地，院内未设影壁。院2后有一井，由廊房F12将井1和F9连接起来。另在西北角分别设有F10、F11、F14（F13销号），其中，F11、

武当山遇真宫出土铜像

西宫出土构件

F14分别建院墙形成院5和院8。除院落、房屋基址外，还存有甬路、散水地墁、水沟、水井建筑附属遗迹单位。

3. 出土遗物情况

出土包括铜器、石器、陶器、铁器在内的110多件珍贵文物，既有生活上用的钱币（铜）、茶具（瓷）、砚台（石）等，也有宗教用的如铜金真武大帝、铜灵官像、陶神像等，还有大量的建筑构件。时代上从明代延续到清代。

4. 建筑分期情况

西宫内现存建筑遗迹单位按照修建的前后初步可分为早晚两期，其中早期建筑为以一个两进四合院为主体，结合甬路、排水系统等建筑附属设施形成的一个完整的建筑格局，晚期建筑则以早期建筑为基础，在此基础上通过维修、扩建形成新的建筑遗迹单位和建筑格局。

三、遇真宫东宫遗址的考古发掘

遇真宫东宫南北长86.45、东西宽84.37米，面积7293.79平方米。四周被宫墙环绕，为一呈正方形的独立院落，发掘前宫内地表平坦，北部略高于南部，地表残留大量现代建筑。为进一步为遇真宫保护方案设计单位编制保护方案提供相关依据，2010年4～11月，湖北省文物考古研究所对遇真宫东宫遗址进行考古发掘。遇真宫东宫遗址的考古发掘相比之前（2005年11月至2006年12月）发掘西宫遗址的方法有所调整，发掘工作先采取布设“十”字形探沟的方法进行。在解剖了解遗址的堆积状况后，再按顺序法将整个东宫遗址分为Ⅰ～Ⅳ四个大型探方进行考古发掘，分别编号为T1～T4，每个探方布方为43米×43米，除部分区域因考虑保护需要未发掘外，整体发掘面积约6720平方米。此次发掘揭露出东宫内大量建筑基址，出土了一批珍贵文物，明确了东宫整体建筑布局。从考古发掘和清理掌握的情况看，遇真宫东宫内遗迹单位破坏较西宫严重。清理出的遗迹单位包括F1～F5，院1～院4，水井1口、影壁2座、主排水渠1条、角门1处，以及环宫墙排水系统、青石甬路和卵石路面构成的交通设施等。东宫明代建筑基址原始地表北高南低，东高西低，其中南北高程相差有1.5米，东西高程相差有1.2米。东宫内出土遗物数量较多，可修复小件数量有400余件，多为瓷器，少量建筑构件、石碑及一些宗教生活用品。

通过对东宫的考古发掘，明确了建筑遗迹的基本年代。宫内建筑从明代延续到清代，大体分为早晚两个时期。建筑遗迹的基本布局与特点是早期建筑布局规整、用料讲究，多用规则的石材砌建；晚期建筑在早期的基础上改扩建，布局比较随意，多用灰砖。整体反映出从皇家道观向普通

2004年3月发掘前的遇真宫东宫遗址远景

遇真宫东宫遗址考古发掘全景

道观的变化过程。

通过考古发掘可以确定如下几方面情况。

1. 地层情况

发掘表明，东宫原建筑遗迹界面之上的地层堆积同西宫地层堆积，但扰乱现象较西宫严重。

2. 建筑布局情况

东宫基址位于遇真宫东部，平面近正方形，南北长87、东西宽85米，四面为宫墙环绕。东宫建筑群体主次分明，以一个大型四合院院1为主体。沿四合院建筑轴线对称分布有跨院、房屋等建筑。中轴线仅一条，为东西向中轴线：以东宫门、院1前殿F1、正殿基址F3为中轴线，院1前殿F1与正殿F3之间南北两侧配殿F2、F4，四隅两房交接处设抄手廊成一个近似正方形的四合院，院内用青石板十字错缝墁地，院内设影壁Y1。Y1与院4内影壁Y2皆在轴线上。另在前殿F1与宫门处设置院墙，形成院2，院2内北侧建院墙修有院3及F5，但F5毁坏殆尽，仅剩几处柱础。后殿F3与东宫墙处设有院墙，形成院4。院4内靠宫墙处设置影壁Y2。在F4后檐处还存有一条主体为东西向的青石甬路，从中宫至东宫偏门并连接F4。除院落、房屋基址外，还存有散水地墁、水沟、水井建筑附属遗迹单位。

东宫建筑基址平面布局、结构与西宫南部建筑基址平面布局大体一致，且主要建筑修建手法相同，仅规模略有放大。

3. 出土遗物情况

出土了包括铜器、石器、陶器、铁器

在内的410多件珍贵文物，同西宫出土遗物数量相似。但是建筑构件数量较少，瓷器、石碑数量较多。

4. 建筑分期情况

东宫内现存建筑遗迹单位按照修建的前后也初步分为早晚两期，其中早期建筑为以一个大型四合院为主体，结合甬路、排水系统等建筑附属设施形成的一个完整的建筑格局，晚期建筑则以早期建筑为基础，在此基础上通过维修、扩建形成新的房屋和院落。

四、中宫及宫外遗址的考古清理

（一）中宫遗址的考古清理

遇真宫中宫南北长134.8、东西宽61.54米，面积8254平方米。四周围墙环绕，宫内平面布局为前后两进院落，前院内设有宫门通往东西两宫。后院为龙虎殿（前殿）、真仙殿（主殿）、东西配房等建筑围合而成的四合院。其中前院南北长72.4、东西宽61.54米，面积4455.5平方米；后院南北长29.45、东西宽27.82米，面积819.3平方米。2010年12月至2011年1月，湖北

遇真宫清理前照片

省文物考古研究所对中宫遗址及宫外进行解剖与勘探。中宫前院山门及东西两宫宫门保存较好，院内地表后期在原有地面之上铺满一层水泥。中宫主院内龙虎殿、东西回廊、东西配殿及东西偏房保存较好，参照主院结构对前院进行解剖，分别布设长17、宽1.5米和长30、宽1.5米的TG1和TG2进行解剖，了解其整体建筑布局，未进行全面发掘。同时结合文献资料，对宫外相关区域进行调查和小型探沟解剖，发现宫外存在排水沟、神道、水井、桥梁等明清建筑遗迹单位。

遇真宫中宫清理前照片

根据两条探沟的解剖，可基本了解遇真宫中宫的基本情况，中宫内遗迹单位如下。

1. 甬路

为“一”字形，位于地表下10～50厘米，南北向，22°，连接龙虎殿和遇真宫正门。甬路两侧用一层厚25、长190～270厘米的条石包边。条石表面平整光滑，外侧打过糙道。甬路中部用125厘米×125厘米（厚未解剖）的方形石板南北向错缝直铺。由于地势北高南低，西高东低，因此甬路北端高于甬路南端。

2. 墁地

中宫内根据两条探沟解剖及正宫现存基本情况可知：中宫内地表按东西向错缝直铺青石板，尺寸为96厘米×96厘米×8厘米。地墁整体保存较好，但局部地墁遭破坏，且因风化和地面下沉等原因而高低不平。在靠近遇真宫宫门部分，因20世纪50年代大炼钢铁而就地起炉，此处破坏尤其严重。

3. 水渠

根据遇真宫整体发掘情况来看，中宫内各殿、宫门和宫墙均应存在排水系统。

4. 其他遗迹

根据宫内目前解剖情况，以及与中宫后院对比和当地老人描述，宫内不存在明清时期建筑基址，但仍存有民国至20世纪末的一些遗迹单位。

（二）遇真宫外遇真宫村遗址发掘

遇真宫村遗址位于武当山遇真宫宫墙外（南面）水磨河两岸的河边台地之上。该遗址于1994年中国社会科学院考古研究所调查时发现，2004年经南水北调中线工程丹江口水库淹没区湖北省文物保护规划组复查确认，遗址海拔159～162米。2008年7月受湖北省文物局委托，厦门大学考古队对该遗址进行抢救性发掘，确定四个发掘区，其中Ⅰ、Ⅱ、Ⅲ区位于水磨河北岸、遇真宫南侧，本年度的发掘共发现房屋和灰坑遗迹12处，其中房址11座。Ⅰ区共发现房址9座和灰坑1座，正位于遇真宫西宫南宫墙外，与遇真宫关系密切。发现的9座房址大致可分为三期，F2、F7年代稍早，F1、F3、F4、F8年代稍晚，F5、F6、F9年代最晚。

F2开口于第3层下，年代最早，墙基多以大块河卵石砌成，较少使用宫墙砖。

F1、F3、F4、F8较F2稍晚。F1为石铺庭院，四周以宫墙砖环砌排水沟。F3叠压于F2之上，局部利用了F2原有墙基，将宫墙砖砌入墙基之中使用，以小鹅卵石和碎瓦片砌成“人”字形散水和石子路连接房屋和庭院。F4和F8在建筑风格上与F1、F3颇为相似，F4亦附带一铺石庭院，F8则以小鹅卵石砌“人”字形散水。F7叠压于F4排水沟之下，墙基以河卵石砌成，未见使用宫墙砖，其年代或与F2相当。

F5、F6、F9年代最晚，F5叠压于F4之上，F6、F9叠压于F8之上，其中F6规模最大，北面有五个相连的房间，每个房间进深和宽度都较小，但墙基宽大，每个房间中还多有石砌方形柱础，使得房间内可利用空间更为局促，似非普通民居。

遇真宫村遗址Ⅰ区发现的9座明清时期房屋和院落，正位于遇真宫西宫南宫墙外，对于研究明清时期遇真宫乃至整个武当山建筑群的布局规划，探讨遇真宫由明代皇家宫观沦落至清代主要由府县及乡绅修葺的兴衰历史具有重要意义。

（三）遇真宫宫外附属设施考古清理情况

在开展对遇真宫上述考古发掘的过程中，湖北省文物考古研究所的考古人员也开展了对遇真宫宫外相关附属设施的调查和考古清理工作，相关情况如下。

1. 金水桥

金水桥位于遇真宫正门外，

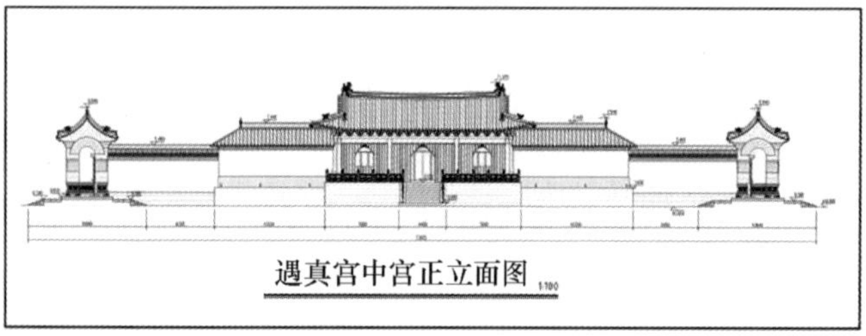

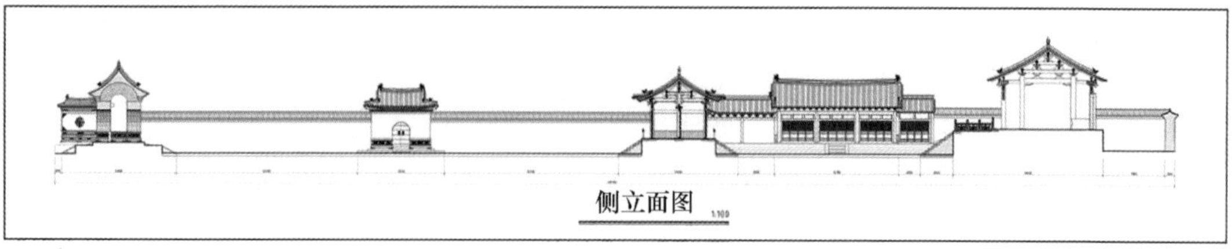

武当山遇真宫中宫立面图

目前仅可见金水桥的部分石制栏杆，石栏间的距离约39厘米。桥的详细信息目前因尚未发掘而不可得知。

2. 南宫墙外排水渠

经解剖得知，南宫墙排水沟叠压在现代水渠之下，距南宫墙1.3～1.5米，水渠与宫墙间为青石板错缝平铺而成的散水，水渠渠口距地面深约140、宽85、深5厘米，为暗渠形制，保存完好，坑口有盖板，盖板刚好露出，为方形，规格大小略异。排水沟两侧以长方形灰砖单层直砌二层，底部铺设方砖，其规格与盖板砖相同。两侧的砖墙砌于底部的铺底之上。铺底砖之下垫有碎石及灰砖等。沟内堆积为灰淤土，黏性强，较纯。

在宫门口，排水渠距宫门崇台约0.31米，坑口上未见盖板砖，其上部被现代水渠打破。坑口距地面深约105、宽90、深4厘米。其南侧依次侧立方砖作为墙体，方砖边长51、厚6厘米。北侧单层直砌三层长方形灰砖，其规格略异。根据排水渠走向推测正宫门处应有一处桥涵（金水桥），由于没有在金水桥桥涵所在位置进行发掘，目前对桥涵了解的情况太少，仅能根据排水沟的走向推算金水桥桥涵距宫门崇台的距离约3.2米。

宫门崇台下的地面与南宫墙西部靠近墙体的地面基本是相平的，但这两处的排水沟坑口距地表的高度却不同，前者（距地表深约1.4米）明显高于后者（距地表深约1.05米），推测当时可能采用分流式排水，即从中间向东西两边分流至东西宫处。另经调查发现，现有在东西宫两侧皆有一南北向水渠向南直流向水磨河，推测该水渠是在明代水渠基础上修建而成的（因水渠正在使用，无法进行解剖发掘）。

会仙桥桥基

3. 神道

宫门外原来的地势相对较低，1954年在原路面上填土增高至与宫门崇台相平。现在地面高度距原神道高1～1.3米。经过

遇仙桥

勘探与解剖初步得知，神道以金水桥为起点，南北向（偏20°～25°）向南部延伸，距当地百姓描述与约200米外通往武当山的大路相连，目前神道残存约83米（房屋无法发掘，房屋后经解剖未发现神道），宽约38.8米。

4. 会仙桥

在遇真宫宫门西南约163米处，存有一东西向石制拱桥，该拱桥因地表抬高和人为破坏，目前仅可见4块石板以榫卯结构相互叠加铺设而成，榫卯间以白灰做黏合剂。拱桥下为南北向从西宫宫墙处自凤凰山流下的水渠。根据《大岳志略》图中所示的位置，推测该桥为会仙桥。据《大岳志略》图中所示，武当山进山大道应与会仙桥相对接，而神道与大道相连接，加上神道所偏差角度，可推知神道距遇真宫宫门160～200米。

5. 古石桥

该桥位于遇真宫东宫东南约144米处，存有一东西向石桥，该桥因地表抬高和人为破坏，目前仅见少量石制桥基。桥下为南北向从东宫宫墙处自凤凰山流下的水渠。当地老百姓描述该桥为遇真桥，但尚未经过发掘，是否为遇真桥尚不可得知。

6. 水井

J1位于中宫门外东南约20米处，位于一清代老宅后，井口现为水泥砌制，高于地表5厘米。未见井台，地表四周为荒地。井圈为少量青砖修建而成，现已废弃。推测该水井为清代老宅所使用。

J2位于遇真宫宫门东南约168米处，该井现存一水泥制井台，井台四周为农田，低于井台1～1.2米。井台南侧尚在，井台西侧尚存两根石制井架。井口上有一水泥制井圈，下为用青砖制成。该井所用青砖皆为明砖，且铺设较为工整和规律，因此推断该井为明代水井。现居民仍在使用灌溉农田。

J3位于宫门东南85米处，该井现存一

水泥制井台，井台北部现为乡村土路，南部为居民住户，现居民仍在使用。井台高于地表5～10厘米。在井台西侧尚存两根石制井架。井口上有一青石制井圈，下为青砖制成。该井所用青砖皆为明砖，且铺设较为工整和规律，因此推断该井为明代水井。

遇真宫前水井

五、遇真宫考古发掘的主要收获

遇真宫三个建筑遗址区域的考古发掘工作结束后，湖北省文物考古研究所采用数字三维激光全息扫描技术对遇真宫正门、中宫、东宫、西宫及外墙等现有建筑进行精密扫描测绘记录，可完整重现遗址发掘时的现场。同时组织人员先后分别对遇真宫西宫的基础资料，遇真宫东宫、中宫及宫外考古发掘资料进行整理工作，至2012年8月结束。遇真宫考古发掘工作概括地讲，取得了以下几个方面的收获：一是明确了建筑遗迹的基本年代。西宫内发现的原建筑遗迹有房址13座、影壁3个、水井1处，道路、排水沟、院落若干。出土大量铜、瓷、陶、铁等质地的珍贵文物，既有生活上用的钱币（铜）、茶具（瓷）、砚台（石）等，也有宗教用的铜鎏金真武大帝、铜灵官像、陶神像等，还有大量的建筑构件。时代从明代延续到清代，大体分为两个时期。东宫与之相似。二是明确了建筑遗迹的基本布局与特点。西宫早期建筑布局规整、用料讲究，主要由南部的F1～F4构成的1号院落和北部的F6～F9构成的2号院落组成，多用规则的石材；晚期建筑在早期的基础上改扩建，布局比较随意，多用灰砖。整体反映出从皇家道观向普通道观的变化过程。东宫与西宫类似。三是通过考古发掘，尽可能真实、完整地还原了遇真宫的整体建筑结构布局，以及宫外周边区域的附属建筑和景观环境，为遇真宫的保护方案提供了第一手资料，并为原

武当山遇真宫出土小铜像

地垫高保护方案的工程实施打下了良好基础。使之尽可能减小对遇真宫文物建筑核心价值的负面影响及对文物本体的损害，并尽可能完整地展示遇真宫的历史、文化和艺术价值，全面准确地传递相关历史信息。

通过对遇真宫西宫、东宫、中宫遗址的考古发掘和清理，尽可能真实、完整地还原了遇真宫的整体建筑结构布局，以及宫外周边区域的附属建筑和景观环境。考古发掘所揭示的遇真宫建筑遗址规模庞大，遗迹丰富，遗迹之间关系复杂，建筑基址的修建年代大体分为四个时期：一期为明永乐年间修建时期，“遇真宫西宫之F1～F9、F12、水井、院一、二、六、七，东宫的F1～F4，院一、二、四，中宫、宫墙、神道皆修建于这个时期，奠定了遇真宫建筑群的基本格局。其修建严格按照明代官式建筑的要求进行，整个建筑群基本上按照中国传统建筑风格建造，以取正型的布局方法将宫内整体建筑布局定下来，以南北和东西两个方向为主轴线，整体建筑布局合理，规模宏大，结构严谨，用料讲究”。二期为明永乐后至明末的扩建时期，西宫F11、F10、F14，院三、四、五、八、九，主甬路，东宫F4以北的青石甬路为代表。三期为清早中期修缮时期，不具备明代官式建筑的风格，建筑布局出现比较大的随意性。四期为清中晚期废弃时期，遇真宫整体的宗教寺庙功能已经衰败，只是遇真宫中宫可能还发挥部分功能。

《武当山遇真宫遗址》考古报告关于遇真宫建筑布局有如下结论：遇真宫平面布局呈曲尺形，由西宫、东宫、中宫三部分组成，四周为宫墙所环绕。考古揭示的遇真宫建筑基址含明永乐年间至清代早中期建筑基址，其规模庞大，基本结构比较完整、清楚。可知遇真宫建筑群的修建经历了比较长的历史过程，其建筑基址在技术、建筑风格及材料上随时代和技术发展有所变化，但整个建筑群基本布局、风格为明永乐年间奠定，并在此基础上发展和延续。

遇真宫明永乐年间建筑布局：遇真宫在明永乐年间按照官式建筑规制修建，其建筑布局有迹可循，以取正型的布局方法将宫内整体建筑布局定下来，以南北和东西两个方向为主轴线，将各宫及宫内主体建筑群对称排列。

第一条南北向主中轴线：以中宫山门—龙虎殿—真仙殿轴线为主轴线，既将中宫内建筑对称分布，又将东西两宫不规则对称分布。第二条东西向中轴线：由西向东以西宫F3—西宫F1—西宫门—东宫门—东宫F1—东宫F3为中轴线。在其前殿与主殿之间两侧置对称的配殿，构成东西宫内的两个主体四合院。各宫内又在总轴线的基础上有本宫内的中轴线。

西宫位于中宫以西，经中宫前院宫门处进入，平面布局呈长方形，四面有宫墙环绕，东宫墙处设宫门，西宫建筑群为一两进四合院。宫内中轴线有两条。第一条为东西向中轴线：以西宫门—F1（前殿）—F3（正殿）为中轴线，前殿与正殿之间南北两侧置配殿，四隅两房交接处设抄手廊连接成一个近似正方形的四合院院1，院内满铺青石地墁，院内设影壁Y1。第二条为南北向轴线：以F2（偏殿）—F4（偏殿）—F5（廊房）—F6（院2前殿）—F9（院2正殿）—F12（廊房）—水井（J1）为中轴线，院2前殿F6、正殿F9东西两侧设配殿F7、F8，四隅两房交接处有抄手廊连接成一个近似正方形的四合院院2，院内满铺青石地墁，未设影壁。J1由廊房F12与F9相连接。除院落、房屋外，还存有青石甬路、水沟等相关遗迹单位。

东宫位于中宫以东，经中宫前院宫门处进入，平面近正方形，四周为宫墙环绕。东宫建筑群体主次分明，以一个大型四合院为主体，沿四合院建筑轴线对称分布有跨院、房屋等建筑。中轴线有两条。第一条为东西向中轴线：以东宫门—F1（前殿）—F3（正殿）为中轴线，前殿与正殿之间南北两侧置配殿F2、F4，四隅两房交接处设抄手廊连接成一个近似正方形的四合院院1，庭院内设有一条东西向青石甬路，甬路上修建有影壁1，甬路两侧满铺青石地墁。第二条为南北向轴线：以F2（偏殿）—F4（偏殿）为轴线。宫内还存有青石甬路、水沟等相关遗迹单位。

中宫同现有地面建筑布局基本相同，仅部分建筑改建和扩建，其中轴线与第一主中轴线共用。

永乐年间后扩建的建筑：永乐年间后的建筑按照年代大致可分为明永乐后至明末、明末至清早中期，这两个时期的建筑一为在原建筑布局基础上进行系统地扩建，

武当山遇真宫出土小铜像

遇真宫神像

线，与F8对称修建了F10，并为抬高F11的规格，修建了院5。

东宫内的建筑此时并未发生大的变化，仅修建了一条与西宫沿第一主中轴线对称分布的青石甬路。而这条道路除了交通功能外，在其后也衍变出其他功能。根据从东宫出土的明万历年间碑刻东T33 ：49记载“就敕建琳宫便道之所，造立碑文光扬”来看，当时敕建的便道应为这条甬路。立碑人在甬路处立碑也不可能是心血来潮，在宫内随意建立，只有遵循遇真宫宫内的制度和前人立碑惯例才能顺利立碑，因此推测当时东宫主甬路为遇真宫专门立碑之处。而根据东宫内发现的碑刻数量，推测当年这条甬路已成为遇真宫的碑林。

中宫宫内建筑也未发生大的变化，仅在后院修建两座偏门，推测在后院建筑与院墙之间空地也建有连接东西两宫的青石甬路。据当地老人描述，曾见过中宫后院至中宫宫墙铺设有石板道路，后因修房、种地将之破坏殆尽。

系统的考古发掘和清理工作为遇真宫保护方案的完善、细化、科学论证和最终审批确定提供了重要的考古依据。为进一步有针对性地制定遇真宫的保护方案提供了第一手资料，并为原地垫高保护方案的工程实施打下了良好基础。

一为在原建筑布局基础上无规律地修缮扩建。其中，永乐后至明末的建筑还有一定章法，明末至清早中期的建筑则彻底杂乱无章，无法掌握其规律。

永乐后至明末的建筑主要以明嘉靖年间扩建建筑为主，这时期的建筑在遵循明永乐年间的建筑布局和轴线基础上，发展出自己的建筑布局和特色。此时的遇真宫在原永乐年间的两条主中轴线基础上，扩建出许多新的建筑。

西宫内的建筑在原南北向主中轴线的基础上以F5为轴线，对称修建了院3和院4。以新修建的甬路第三段（南北向）为轴

第五章
武当山遇真宫保护工程组织实施

一、遇真宫保护工程的组织实施

在完成前期遇真宫保护方式的多轮系统的评估论证、协调委托相关资质单位开展施工方案的设计及完成方案审批程序后，为确保高质量、按计划如期做好遇真宫原地垫高保护工程的实施，2011年9月，湖北省文化厅、湖北省移民局、十堰市人民政府联合发文《关于成立武当山遇真宫保护工程领导小组的通知》（鄂文化文〔2011〕227号），指出：武当山遇真宫是世界文化遗产武当山古建筑群的重要组成部分，是南水北调工程文化遗产保护中的重大项目。为切实加强遇真宫保护工程的领导和管理，经省政府批准，由湖北省文化厅、湖北省移民局、十堰市人民政府、武当山旅游经济特区管委会共同成立遇真宫保护工程领导小组，由湖北省文化厅厅长杜建国任领导小组组长，湖北省文化厅副厅长、湖北省文物局局长沈海宁，湖北省移民局副局长彭承波，十堰市委常委、宣传部长冀群风、十堰市人民政府副市长刘学勤，武当山旅游经济特区管委会主任任副组长。领导小组成员有湖北省文物局副局长黎朝斌、武当山旅游经济特区管委会副主任，湖北省文物局文物处处长王风竹，湖北省移民局四处处长宫汉桥，湖北省移民局四处副处长张玉水，十堰市文化体育局局长牛孝文，十堰市移民局局长孙建文，十堰市文物局局长郭崇喜，武当山旅游经济特区文物局局长等。领导小组下设办公室，办公室主任由沈海宁、武当山旅游经济特区管委会主任兼任，副主任由黎朝斌、武当山旅游经济特区管委会副主任担任。

为加强武当山遇真宫垫高保护工程的有效管理，2012年2月，湖北省文物局就关于进一步做好遇真宫保护工程去函武当山旅游经济特区管委会（鄂文物函〔2012〕4号），强调遇真宫垫高保护工程是南水北调工程建设中级别最高、单体规模最大的文物保护工程，科学、规范地抓好遇真宫保护工程，不仅有利于推动武当山旅游经济特区乃至全省文物保护事业的跨越式发展，同时也关系到南水北调工程建设的大局。2011年以来，根据武当山旅游经济特区的申请，经与湖北省移民局研究，省文物局同意武当山旅游经济特区具体负责此项工程。为进一步加强遇真宫保护工程管理，要求武当山旅游经济特区管委会作为遇真宫原地垫高保护工程的责任主体，迅速成立了工作专班，以打造世界文化遗产保护的典范为目标，全力推进各项工程建设任务，并认真做好以下几方面工作：一是规范管理，确保进度。要根据省政府确定的时间节点，按照工程实施方案，狠抓进度管理，确保2012年底完成基础垫高至海拔175米；要进一步加强领导，完善各项制度，确保各地管理科学规范；坚持执行月报制度，每月20日前以文字形式将遇真宫保护工程进度和项目安排及资金使用

湖北省文化厅
湖北省移民局　文件
十堰市人民政府

鄂文化文〔2011〕277号

各有关单位:

武当山遇真宫是世界文化遗产武当山古建筑群的重要组成部分，是南水北调中线工程文化遗产保护中的重大项目。为切实加强遇真宫保护工程的领导和管理，经省政府批准，由湖北省文化厅、湖北省文物局、湖北省移民局、十堰市人民政府、武当山旅游经济特区管委会共同成立武当山遇真宫保护工程领导小组，现将组成人员名单通知如下:

组　长: 杜建国　湖北省文化厅厅长
副组长: 沈海宁　湖北省文化厅副厅长、省文物局局长
彭承波　湖北省移民局副局长
冀群风　十堰市委常委、宣传部长
刘学勤　十堰市人民政府副市长
李发平　武当山旅游经济特区管委会主任
成　员: 黎朝斌　湖北省文物局副局长
陈平海　武当山旅游经济特区管委会副主任
王风竹　湖北省文物局文物处处长
宫汉桥　湖北省移民局四处处长
张玉水　湖北省移民局四处副处长
牛孝文　十堰市文化体育局局长
孙建文　十堰市移民局局长
郭崇喜　十堰市文物局局长
舒　涛　武当山旅游经济特区文物局局长

领导小组下设办公室，沈海宁、李发平同志兼任办公室主任，黎朝斌、陈平海同志任办公室副主任。

遇真宫保护工程竣工后，领导小组自动撤销。

特此通知。

湖北省文化厅　湖北省移民局　十堰市人民政府

二〇一一年九月二日

主题词：文物保护　工作机构　遇真宫　通知

湖北省文化厅办公室　2011年9月2日印发

共印30份

关于成立武当山遇真宫保护工程领导小组的通知

情况报省文物局备查。二是科学施工，确保质量。要进一步细化施工组织，加强项目单位技术沟通和人员培训，按照国家文物局批准的方案内容组织施工，如有重大调整，须按程序另行报批。三是精心组织，确保安全。要严格按照有关规定，落实安全规章制度，加强安全防范措施，做好安全教育培训工作，制定突发事件应急预案，确保人员和文物安全；同时强化资金监管，实行专账专户，专款专用，确保资金使用安全。

在遇真宫保护工程正式实施前，为确保各项工作有序进行，武当山特区管委会的工作专班开展了前期准备工作，陆续完成了以下几方面的工作。

1. 场地清理工作

遇真宫垫高保护工程建设涉及三个组的25户农户（属内安移民）需要搬迁，175亩农户菜地需要补偿，开工前，25户农户已全部搬迁，农户菜地已经全部补偿到位。完成了东、西宫建筑遗址除杂清理及积排水处理。同时，施工区域内涉及国防光缆、中国移动、中国联通、中国电信、传输局、二汽专线、广播局七家相关部门的地上地下双回路线路10余条，42根国防光缆电杆、地下光纤，经协商补偿后全部迁移。

2.“三通”工程

协调解决地方供水主管道及时进入施

工场地及项目部所在地，改道安装长700、直径2米的供水管道通过316国道，为遇真宫供水提供保障。及时架设电力设施，为三座门顶升架设一台125千伏安的变压器，架设3×95+1低压电缆750米，四路低压配电柜一个，贯通了通往项目部、施工现场的供电线路，确保供电畅通。在遇真宫东西两端宫墙以外临时修建了1000米长的运输通道，确保物资运输通道畅通。此外，整理宫内出土文物碑刻资料，拓制石碑60余通。移植宫内古树名木及名贵树木130余棵。协调遇真宫抬高垫土的取土地点三处。协调明确公安、土地、交通、公路、园林及办事处、村组等相关部门，以及村民各自负责的分项工作。

3. 文物库房及工程项目部建设工作

为保证遇真宫现存地面建筑及东西宫建筑基址解体后的文物建筑构件安全、合理、有序堆放，在遇真宫东北约1千米的地方征地70亩，通过挖山填塘，开辟一块场地，经过平整、碾压、四周修建排水沟渠，作为临时文物库房和砖石构件的分类堆放场地，在此场地内修建了3个工程项目部的生活及办公用房以及两栋临时文物库房，库房总面积2304平方米，用以专门存放解体的木质构件和砖石雕刻艺术构件。

上述工作的及时完成，为遇真宫保护工程的顺利实施打下了良好基础。

二、遇真宫保护工程招投标工作

遇真宫垫高保护工程是一项涉及内容多，工序交叉复杂、技术要求高、实施难度大的综合性、特大型文物保护工程。遇真宫垫高保护工程根据工程性质和设计内容大体可以分三部分，即文物解体及复原

中宫甬道清理

工程、山门及东西宫门顶升工程、土石方垫高工程。从实施工序看是首先进行文物解体工程（包括现存地面文物建筑、宫墙及基址、东西宫及中宫考古发掘和清理出的建筑基址）——再实施遇真宫一定范围的土石方垫高工程（根据设计垫高体平面面积达8500平方米）——同时对三个宫门实施原地顶升工程——在垫高后的平台上待土石方均匀沉降满足基础施工条件后，对解体的文物建筑实施复建、对东西宫考古发掘和清理出来的建筑基址的复原工程——最后实施复原后的遇真宫周边环境整治及绿化工程。为保障遇真宫垫高保

护工程各环节的有效衔接和工程施工单位具备相应施工资质，根据国家文物局文物保护工程管理的有关规定，在遇真宫垫高保护工程实施阶段共分三个标段开展招投标工作，为了科学确定招标标底，遇真宫保护工程领导小组办公室责成武当山特区文物局的工作专班，请地方财政部门和工程造价部门核算出了文物拆迁及复原工程、土石方垫高工程和顶升工程的拦标价。

（一）委托确定工程招标代理机构

2011年6月30日，武当山特区文物局与湖北建达工程项目管理有限公司正式签订工程建设项目招标代理协议书，确定湖北建达工程管理有限公司为武当山遇真宫垫高保护工程招标代理机构，承担本工程施工及监理的招标代理工作。确定招标规模：①文物保护工程：砖木结构，现存建筑及遗址面积2.8万平方米；②土石方工程：土石方量约200立方米。招标范围：①武当山遇真宫宫墙、东西宫遗址、中宫现存建筑（包括庭院、台阶、崇台、廊道）拆除及复原（不含山门、东西宫门）；②文物古建拆迁后的材料包装、建档、运输、存放；③文物古建材料临时库房建设；④土石方工程。以上项目的施工及监理。

（二）文物解体及复原工程招投标

2011年6月24日，武当山特区文物局向特区管委会上报《武当山特区文物局关于武当山遇真宫垫高保护工程招标相关事宜的请示》（武文物局文〔2011〕50号）。

中宫建筑解体施工现场

关于招投标地点：确定为十堰市综合招投标中心，招标公告发布媒体为湖北工程建设信息网、十堰市招投标中心网。招投标代理单位为湖北建达工程项目管理有限公司。

关于招标评标专家：提出因武当山遇真宫垫高保护工程十分复杂，迁移复原技术难度大，古建专业又是相对独立的学科，区别于房屋修缮工程，需在招标时科学择优选择古建施工企业。鉴于湖北省综合招投标中心和十堰市综合招投标中心均未建立古建专家评委库，经省文物局同意，参照以往文物古建工程招标的一贯做法，拟从省文物局掌握的古建专家名单中随机抽选5名专家，组成本项目评标委员会；开标前3天需请特区管委会组织邀请特区纪委、十堰市招投标管理局和十堰市建设工程招投标管理办公室等监管部门一同到省文物局抽选评标专家，并派专车接送。

2011年7月1日，十堰市招标中心发布武当山遇真宫垫高保护工程文物解体及复原工程（一标段）招标公告，于2011年7月5～11日公告。这个标段的文物解体及复原工作的工程性质是文物保护工程，由于遇真宫是世界文化遗产武当山古建筑群的主要组成部分，是第六批全国重点文物保护单位，因此按照国家文物局制定的《文物保护工程管理办法》的规定执行。

关于工程概况：一、工程名称：武当山遇真宫垫高保护工程。二、招标范围：1. 武当山遇真宫宫墙、东西宫遗址、中宫现存建筑（包括庭院、台阶、崇台、廊道）拆除及复原（不含山门、东西宫门）；2. 文物古建拆迁后的材料包装、建档、运输、存放；3. 文物古建材料临时库房建设，以上项目的施工及监理。三、施工地点：武当山遇真宫。四、工程规模：砖木结构，现场建筑及遗址面积2.8万平方米。五、工程工期：计划开工时间为2011年8月，文物古建、遗址拆迁计划工期210天，文物复原工程待垫高工程竣工后实施，计划工期约720天。六、工程质量要求：达到施工验收规范部优标准。

关于投标人资格：一、施工企业：需具备建设行政主管部门核发的园林古建筑施工一级资质和国家文物主管部门核发的文物保护工程施工一级资质（两项须同时具备）。二、监理企业：需具备国家文物主管部门核发的文物保护工程监理甲级资质。

宫墙解体

三、施工及监理企业需具有独立法人资格并具有足够的资产及能力来有效地履行合同。本项目不接受联合体投标。

8月19日上午开评标，9月30日正式确定中标单位为北京市园林古建工程公司。

2011年12月25日，武当山特区文物局与北京市园林古建工程公司签订合同，确定工程合同工期为2011年10月20日至2014年5月20日，工程总日历天数920天。

（三）山门及东西宫门顶升工程招投标

2011年7月26日，武当山特区文物局向武当山特区管委会上报《关于武当山遇真宫山门和宫门顶升工程采用邀请招标的请示》，提出要符合国家《中华人民共和国招标投标法》，以及国家住建部和国家文物局对建筑企业资质的管理规定。此次准备启动的武当山遇真宫山门、东西宫门顶升工程的招标，投标人必须同时具备国家文物主管部门核发的文物保护工程施工一级资质和建设行政主管部门核发的特种专业承包资质。通过市场调查，国内符合上述资质要求的施工企业极少，同时考虑到该工程的施工难度和技术复杂性，经研究拟对该工程采用邀请招标的方式进行。经特区管委会同意后，武当山特区文物局开展了相关工作。

2011年9月20日，武当山特区文物局向湖北省文物局上报《关于遇真宫垫高保护工程顶升工程邀标情况的报告》（武文物局文〔2011〕86号），遇真宫垫高保护工程顶升工程，经请示相关行业部门，承担该工程的施工企业必须同时具备建设行政主管部门核发的特种专业工程专业承包资质和国家文物主管部门核发的文物保护工程施工一级资质。为该工程建设，前来武当山报名的企业有8家（含联合体）。为了确定邀标的范围，8月30日，武当山特区分管领导组织特区纪委、文物局、财政局、招标代理公司等部门相关人员召开专题会议讨论研究，按照“一个企业同时具备双资质的优先，业绩突出的优先”原则，最后确定邀标对象共4家，即：河北省建筑科学研究院、陕西普宁工程结构特种技术有限公司、上海天演建筑物移位工程有限公司（上海建筑装饰集团第一工程合作公司）、山西省建筑科学研究院（山西省古建筑保护工程有限公司）。武当山特区文物局已向上述单位发送了邀标通知书，并要求对方准备相关文书资料。同时，要求在9月30日前，按照相关规定，省外企业须到湖北省文物、建筑行政主管部门做好资质备案工作。

2011年9月20日正式发布邀标通知书。9月30日湖北省文物局给武当山特区文物局下发《省文物局关于遇真宫顶升工程施工单位备案的通知》（鄂文物综〔2011〕195号），明确上海建筑装饰集团第一工程合作公司、陕西普宁工程结构特种技术有限公司、河北省建筑科学研究院具有相应文物保护工程资质，同意备案。指出为保证工程质量请特区文物局协助招标代理机构，严格对邀标单位技术力量、水平和诚信进行核查，确保优秀文物保护工程资质

宫墙解体

单位承担该项目。

2011年10月，遇真宫顶升工程开标，最终由河北省建筑科学研究院中标。

（四）土石方垫高工程招投标

2011年9月20～26日，发布武当山遇真宫垫高保护工程（二标段）招标公告，工程范围为设计图纸范围内的全部工程量（含垫高填筑、护坡、排水涵洞等），涉及土石方量约120万立方米。

11月15日开标，湖北新七建集团有限公司中标。工期至2012年4月，200天。

（五）遇真宫垫高保护工程监理单位招标

通过招投标确定武当山遇真宫垫高保护工程的文物解体及复建工程的监理单位为北京方亭工程监理有限公司（为国家文物局颁发的文物保护工程甲级监理资质），土石方垫高工程的监理单位为湖北东泰监理有限公司（为土石方工程甲级资质）。

三、遇真宫保存现状的勘察测绘

遇真宫由东宫、西宫、中宫三部分组成。中宫保存建筑较完整，东西两宫除宫门和宫墙外，原有的地面建筑均已不复存在，全为遗址，经湖北省文物考古研究所进行科学的考古发掘和清理，原有建筑的基址保存基本完好，地面建筑的历史布局情况已基本清楚。要实施文物解体工程，首先要对地面文物建筑存在的现状进行详细的勘察设计、对东西宫考古发掘出的建筑基址进行详细的测绘记录和客观记录，这是非常重要的一环，做好这项工作体现着文物保护工作的水平，事关遗产保护的真实性、完整性，也关系到文物保护工程的质量和效果，是遇真宫垫高保护工程的关键环节。

遇真宫中宫

遇真宫中宫现存建筑由南向北依次为：八字山门、宫墙、东西宫门、龙虎殿、东西回廊、东西配殿、东西偏房、真武殿（已烧毁）。建筑面积2795.6平方米。中轴线大殿压沿石坐标为东经111°07′07″，北纬32°30′22.7″。

1. 八字山门（明代）

位于遇真宫最南端，坐北朝南，面宽三间，每间起券门，砖砌结构单檐歇山顶。檐下由砖雕飞椽叠涩承托檐部，墙体下肩墙为须弥座样式。上身砖砌墙外侧表粉刷涂铁红。老角梁为石材雕砌。宫门基础现状良好，无倾斜和不均匀沉降现象。

遇真宫山门及西侧八字墙

（1）平面

建筑开间：宫门明间宽2.84、次间宽2.37、进深5.84米。台明东西长22.01、南北宽10.88米，占地面积239.46平方米；投影面积135.82平方米。

（2）残损情况

下肩砖雕须弥座风化破损40%。屋面杂草丛生严重。捉节夹垄灰脱落严重。屋面瓦件大面积松动、砖雕椽飞风化破损、吻兽、垂兽、戗兽、套兽局部破损。墙面抹灰泛碱、起皮、空鼓、脱落75%。压沿石风化残损20%，次间门均为后人用砖石堵砌。明间板门为后人改制，次间门无存。

2. 东、西宫门（明代）

位于甬路东西两侧，面宽一间，明间起券门，砖砌结构单檐歇山顶。檐下由砖雕飞椽叠涩承托檐部，墙体下肩墙为须弥座样式。上身砖砌墙外侧表粉刷涂铁红色。老角梁为石材雕砌。东、西宫门基础现状良好，无倾斜和不均匀沉降现象。

（1）平面

东西宫门明间宽2.02、进深4.06米，占地面积85.73平方米。

（2）西宫门残损情况

前檐压沿石与垂带踏步均埋于地下。后檐压沿石破损25%。垂带破损80%。踏步缺失一步。下肩砖雕须弥座风化破损40%。屋面杂草丛生严重。屋面为后人修缮时改动，吻兽无存、套兽缺失2个、东北角破损一半，垂兽、戗兽无存。墙面抹灰泛碱、起皮、空鼓、脱落40%。前檐50%砖雕椽飞破损无存，后檐仅剩西北角6根飞椽，两山飞椽破损35%。板门无存。

（3）东宫门残损情况

前檐压沿石与垂带踏步均埋于地下。压沿石破损35%。下肩砖雕须弥座风化破损55%。墙面抹灰泛碱、起皮、空鼓、脱落25%。前檐50%砖雕椽飞破损无存，后檐仅剩西北角6根飞椽，西南角石雕老角梁破损缺失。前檐石雕飞椽全部破损无存，后檐仅剩6根飞椽。屋面为后人修缮时改动，留有一吻兽，垂兽、垂脊、套兽无存。板门无存。屋面瓦件大面积松动。

3. 龙虎殿（明代）

位于八字山门北侧，面宽3间，进深2间，单檐歇山顶。梁架形制为五檩双步梁。檐下置单昂三踩斗拱。两步梁上座托墩承攀间斗拱，上交单步梁顶承金檩，单步梁与双步梁后尾插入金柱内，金柱上方座斗交丁华抹颏栱顶撑脊檩。

（1）平面、柱网

建筑开间：面宽3间，明间宽6.26、次间宽4.75米，通进深6.74米。台明东西长18.4、南北宽9.35米，占地面积172.04平

遇真宫龙虎殿梁架复原

方米。前后飞椽距9.88米，东西飞椽距19.42米，投影面积191.87平方米。

柱子均为圆形直柱。龙虎殿基础现状良好，无倾斜和不均匀沉降现象。

（2）斗拱

龙虎殿前檐设斗拱三种十八攒，分别布置在柱头、平身、转角。均为三踩单下昂，上出要头。柱头斗拱要头为五架梁梁头制成。材宽8厘米，单材高12厘米，足材高17厘米。

（3）梁架结构

梁架形制为五檩双步梁对金造。檐下置单昂三踩斗拱。两步梁上座托墩承攀间斗拱，上交单步梁顶承金檩，单步梁与双步梁后尾插入金柱内，金柱上方座斗交丁华抹颏栱顶撑脊檩。举架：脊部步架156厘米，脊举高114厘米，7.3举。檩部步架181厘米，举高90厘米，4.9举。前后檐举数相同。

龙虎殿正面

龙虎殿正面

（4）木基层及屋面瓦件

前檐出檐与翼角下沉，现有后人用柱加固顶承檐部，前出檐131厘米，其中椽出71、飞出60厘米；前后出檐相同；椽子为圆形对搭头结构。

（5）残损情况

压沿石风化30%。前檐东侧垂带断裂。踏步风化破损、凹凸不平。后檐东侧栏杆东向西第二根处栏板断裂。殿内墁地砖破损严重、地面凹凸不平。后檐梁架为后人重修时改动。梁架檩子开裂。柱子小碎缝。前檐斗拱向外侧倾闪。屋面与装修为后人修缮时改动，形成前半部歇山、后半部悬山的屋顶。殿内墙面为油漆涂刷。有渗雨现象。套兽无存。屋面瓦件大面积松动，有渗雨现象。

4. 东西回廊

位于龙虎殿东西两侧，呈“L”形。后人改建成单独的房间。

（1）平面、柱网

建筑开间：东西南北向均为面宽三间，东西向由东向西次间宽2.45、明间宽2.42、次间宽3.72米，东西向通面宽8.59米。南北向由南向北次间宽3.72、明间宽4.6、次间宽4.22米，南北向通面宽12.54米。进深一间，间宽3.72米，建筑面积64.76平方米，占地面积93.07平方米。柱子均为圆形直柱。回廊基础现状良好，无倾斜和不均匀沉降现象。

龙虎殿背面

（2）斗拱

回廊前檐设铺作两种共十七攒，均为五踩双下昂，上出耍头。

（3）梁架结构

回廊梁架为三架梁形制。上立瓜柱直接顶承脊檩。后人改制，制作随意。举架：步架207厘米，脊举高105厘米，5举。

龙虎殿斗拱拆迁前情况

龙虎殿拆迁前梁架情况

大殿斗拱细部

龙虎殿内部装饰斗拱细部

大殿斗拱细部

（4）木基层及屋面瓦件

前出檐106厘米，其中椽出59、飞出47厘米；后出檐80厘米，椽不设飞椽；椽子为方形，为后人不当改造。

（5）残损情况

回廊漏雨现象严重。木构件有局部糟朽情况。墙面抹灰酥碱、开裂、空鼓、脱落。斗拱局部构件丢失。墁地砖破损严重。屋面没设望板导致雨水顺瓦面缝隙中流下，致使梁架受潮，木构件局部变形。

5. 东配殿（明代）

位于龙虎殿北、东两侧，面宽三间，进深两间，单檐悬山顶。

（1）平面、柱网

建筑开间：面宽三间，明间宽5.14、次间宽4.79米，通面宽14.72米。进深2间，各间3.72米，通进深7.44米。建筑

龙虎殿内部梁架及彩绘细部

龙虎殿内部梁架及彩绘细部

面积109.51平方米；台明东西16.6、南北9.33米，占地面积154.87平方米；前后飞椽距10.55、东西博风距16.52米，投影面积174.28平方米。

柱子均为圆形直柱。东配殿基础现状良好，无倾斜和不均匀沉降现象。

（2）斗拱

东配殿前檐设铺作两种共二十攒，均为三踩单下昂，上出耍头。

（3）梁架结构

东配殿梁架形制为双四架梁后接单步梁。双四架梁与后檐单步梁均插入后金柱中。后金柱直接顶承金檩。四架梁上座托墩承托平梁，平梁上座托墩承攀间斗拱交异形栱承脊檩。举架：脊部步架180、脊举高110厘米，6.1举。前檐步架192、举高93厘米，4.8举。后檐脊部步架183、脊举高110厘米，6举。前檐步架189、举高93厘米，4.9举。两山出际87厘米。

（4）木基层及屋面瓦件

前出檐145厘米，其中椽出93、飞出52厘米；后出檐124厘米，其中椽出72、飞出52厘米；椽子为圆形对搭头结构。

（5）残损情况

东配殿压沿石破损风化15%。台明石风化破损25%。垂带局部断裂。踏步对接

遇真宫中宫后院落及东配殿拆迁前现状

东配殿须弥座

须弥座龙纹细部

缝隙过大。室内墁地砖破损85%，地面凹凸不平。肩墙风化破损25%。前檐北次间额枋劈裂。北次间山墙金柱柱头斗破损劈裂。檐下斗拱糟朽10%。平梁西侧下沉，前檐金檩走闪。屋面瓦垄不顺直，捉节夹垄灰脱落，杂草丛生。前后檐均有漏雨现象。装修为后人改建。殿内梁架均有不同程度的受潮现象。

6. 西配殿

位于龙虎殿北、西侧，面阔3间，进深2间，单檐悬山顶，屋面为后人改建。

（1）平面、柱网

建筑开间：面阔3间，明间宽5.14、次间宽4.79米，通面宽14.72米。进深2间，各间3.72米，通进深7.44米。建筑面积109.51平方米；台明东西长16.6、南北宽9.33米，占地面积154.87平方米；前后飞椽距10.55、东西博风距16.52米，投影面积174.28平方米。

柱子均为圆形直柱。西配殿基础现状良好，无倾斜和不均匀沉降现象。

（2）斗拱

西配殿前檐设铺作两种共二十二攒，均为五踩双下昂，上出耍头。

（3）梁架结构

西配殿梁架形制为七檩分心用三柱。前后四架梁均插入金柱中。金柱直接顶承脊檩。四架梁上立瓜柱承托三架梁，三架梁上立瓜柱承托平梁。西配殿为后人改制，制作随意。举架：脊部步架120、脊举高78厘米，6.5举。金部步架124、举高76厘米，6.1举。檐部步架128、脊举高73厘米，5.7举。两山出际71.5厘米。

遇真宫中宫后院落及西配殿拆迁前现状

（4）木基层及屋面瓦件

前出檐145厘米，其中椽出93、飞出52厘米；后出檐124厘米，其中椽出72、飞出52厘米；椽子为圆形对搭头结构。

（5）残损情况

西配殿压沿石断裂5%。北侧压沿石局部向东侧歪闪。垂带破损30%，顺纹理开裂45%。踏步对接缝隙过大。室内墁地砖破损90%，地面凹凸不平。肩墙风化破损30%。西次间两山柱不顺直，有小碎缝。明次间现存墙为后人加砌。西次间攀间枋与金柱相交处脱榫。明间西金柱裂缝高320、宽0.2、深0.4厘米。殿内梁架均有不同程度的受潮现象。屋面为后人修缮改建。由于没设望板，雨水顺瓦面缝隙中流下，致使梁架受潮。椽飞、斗拱均为后人改建。

7. 东偏房（清）

位于东配殿北侧，开间、进深均为一间，单檐悬山顶。

（1）平面、柱网

建筑开间：开间宽4.02、进深3.72米，

东配殿梁架彩绘图案

建筑面积14.95平方米，占地面积93.07平方米。东西压沿石距离5.33米，南北外墙距离4.52米，占地面积24.09平方米。

柱子均为圆形直柱。东偏房基础现状良好，无倾斜和不均匀沉降现象。不设斗拱。

（2）梁架结构

梁架为五架梁通檐用二柱。五架梁上立瓜柱直接顶承平梁，平梁吃金檩，平梁上立脊瓜柱顶承脊檩。举架：脊步架93、脊举高56厘米，5举。檐步架93、举高50厘米。

（3）木基层及屋面瓦件

前檐120厘米，其中椽出83、飞出37厘米；后出檐83厘米，不设飞椽；椽子为方形对搭头结构。

（4）残损情况

东偏房脊檩局部烧毁。屋面为后人改制，漏雨严重。偏门封堵。压沿石向外侧倾闪。墁地砖破损严重。墙面抹灰酥碱、开裂、空鼓、脱落。装修为后人改制。

8. 西偏房（后人改制）

西偏房为单檐悬山顶。后人改建，制作随意，结构简单。西偏房基础现状良好，无倾斜和不均匀沉降现象。

（1）平面、柱网

建筑开间：开间宽4.02、进深宽3.72米，建筑面积14.95平方米，占地面积93.07平方米。东西压沿石距离5.33、南北外墙距离4.52米，占地面积24.09平方米。

柱子均为圆形直柱。西偏房基础现状良好，无倾斜和不均匀沉降现象。不设斗拱。

（2）残损情况

屋面为后人改制，梁架结构简单，材料不顺直、过细。局部漏雨。偏门封堵。墁地砖破损严重。装修为后人改制。

9. 真仙殿（亦称真武殿，建筑已毁）

位于龙虎殿北端。面宽3间，进深3间。殿前为月台，青石地墁，周围用石雕栏板望柱围护。2003年1月19日，大殿被大火焚毁。现只存建筑台基和后半壁墙垣。参考历史照片，真武殿被焚毁前为歇山顶，梁、坊、斗拱中许多构件都保留有元代营造手法。

真武殿老照片

大殿檩上纪年

（1）平面、柱网

明间宽7.87、次间宽5.52米，通面宽13.39米，进深3间，通进深11.13米。台明东西长22.1、南北宽14.25米，建筑面积211.13平方米，占地面积314.92平方米。

真武殿基础现状良好，无倾斜和不均匀沉降现象。

（2）残损情况

现存须弥座风化破损35%，束腰部分有一块砖体遗失。墁地砖被大火烧过，破碎达90%，地面凹凸不平。压沿石增大，表层风化20%。明间西金柱风化脱落较为严重。大殿后檐斗拱与柱体经火烧后碳化松动。后檐西柱火烧后断裂，只余柱根部分。

10. 院墙（明代）

位于遇真宫四周，外围院墙深埋于地下，西宫门两侧院墙不存，仅剩一座单独的宫门。院墙高5.28、厚1.2米。院墙残损较为严重，外侧为水渠，水流顺院墙流走，对院墙造成极大的损伤。院墙局部破损，抹灰基本不存，内墙抹灰起皮、空鼓、酥碱、脱落。院墙墙帽全部无存，墙上杂草丛生。

11. 东、西宫建筑遗址（明代）

东、西宫区域建筑基址经考古发掘，均保存完好，建筑台明、压沿石反映出遇真宫东宫原有的建筑规模，东宫遗址范围以院墙内皮为准，东西宽84.37、南北长86.45米，面积为7293.786平方米。西宫遗址范围以院墙内皮为准，东西宽83.13、南北长135米，面积为11191.79平方米。

在南水北调中线工程实施之前，遇真宫东、西宫遗址一直被掩埋在荒草杂土之下，中宫前部区域被近代水泥地面掩盖，随着遇真宫保护项目的确立，湖北省文物局组织湖北省文物考古研究所和厦门大学考古队对遇真宫东、中、西宫遗址及宫墙外与遇真宫整体建筑相关的部分进行了大规模考古发掘和清理工作，揭露并展现了明清以来各时期遇真宫原有建筑群的遗址面貌，使我们对明清以来遇真宫遗址的规模和总体布局、区域功能兴废变化情况有了清晰的认识。遇真宫建筑遗址大部分为

中宫东配殿

中宫西配殿

砖石构筑的建筑基址，因年久风化，长期受植被根系和地下水的侵扰，大部分砖石风化严重，砖体破碎面积较大，亟待全面保护。

四、遇真宫地面文物建筑的解体

根据施工设计，遇真宫垫高保护工程分为文物解体和文物复原工程、顶升工程、土石方垫高工程三个子工程。

文物解体和文物复原工程由北京市园林古建工程公司（具有国家文物局颁发的文物保护工程施工一级资质）中标承担施工，北京方亭工程监理有限公司（具有国家文物局颁发的文物保护工程监理甲级监理资质）中标负责承担监理任务。

武当山遇真宫除八字山门、东宫宫门及西宫宫门为原地顶升后重点修缮项目外，现存宫墙，中宫龙虎殿、回廊、东西配殿、东西偏房、真武殿现存地面建筑，东西宫及中宫经考古发掘和清理出的建筑基址等为文物解体复原工程。其中首先实施的中宫现存文物建筑解体工程按照我国历史建筑修缮的原则做法，明确如下施工总体流程和施工方法及要求两个部分。

第一部分　文物解体工程施工总体流程

从建筑拆卸顺序上来说：

宫墙⟶西宫、东宫遗址⟶中宫前院土方石材⟶龙虎殿、东西回廊⟶东西配殿⟶真武殿⟶崇台⟶地面石材。

宫墙包括清理杂草⟶做影视资料、拍照⟶拆屋面⟶拆冰盘檐（分层拆）⟶拆墙身⟶拆下碱⟶拆基础。

中宫前院落现状

东西宫遗址（分区拆卸）包括拆台明⟶台阶⟶干摆碱⟶拆柱顶⟶室内地面⟶拆院内石材。

拆卸木结构建筑包括拆栅板望柱⟶搭脚手架⟶拆瓦面⟶椽望⟶拆结构⟶拆墙身⟶下碱墙。

石材地面包括清理土方⟶由面向东拆山门至龙虎门之间的地面⟶后院地面。

崇台基础⟶拆台明⟶拆柱顶⟶崇台基础⟶随崇

台基础⟶拆台阶。

第二部分　文物解体工程施工方法

一、文物拆卸项目的施工方法

武当山遇真宫宫墙、龙虎殿、回廊、东西配殿、东西偏房、真武殿为落架复原工程，八字山门、东宫宫门及西宫宫门为重点修缮项目，其主要施工方案及要点如下。

（一）屋面瓦顶拆卸的施工方法

1. 瓦顶清除杂草

瓦顶上所生草木种类很多，各地区也不尽相同，有低等的隐花植物如藻类、苔藓，也有显花植物的草类，它们的孢子或种子，借助于风力或带在鸟粪里传播、扩散开来。武当山地区最常见的有苔藓、瓦松、皿子草等。后两种都是多年生植物，耐干旱、草籽多易于繁殖，据统计，每株皿子草的草籽多达1万～4万粒，繁殖能力是非常惊人的。所以屋顶生草后若不及早拔除，很快就会蔓延成大片生长。瓦顶上生长的小杂树，有的树根穿破屋顶顺墙伸入地内扎根，不仅危及瓦顶，甚至连墙壁也遭到破坏。

本项目修缮中拟采用化学除草：用化学药剂除草，首先应注意选择有效的、对人畜无害的药剂，更不能对古建筑物的质地有所损害、腐蚀或留下永久性的污渍。

去除苔藓类的药物为“蓝矾膏”，用捣成粉末的硫酸铜与细滑石粉混合，用水和甘油制成膏，敷在苔藓或苔藓类的生长处，留一两日后，再用刷子轻轻刷过，水洗干净，最后用含4%的福尔马林溶液再刷一次，便可把残留的任何有机物杀死。但需注意，福尔马林会刺激眼睛和皮肤，应戴防护工具，蓝矾膏侵入细孔的质地留下蓝色污点，故白色质地的文物最好不用此药剂。

2. 揭除瓦顶

落架复原项目必须揭除瓦顶，如武当山遇真宫宫墙、龙虎殿、回廊、东西配殿、东西偏房、真武殿。具体做法是：对顶升后需修缮的八字山门、东宫宫门及西宫宫门屋面中能勾抹的就不进行揭瓦。其他解体复建的建筑需全部揭瓦时的工作顺序如下。

（1）现状记录

决定揭瓦时，首先进行现状记录，除文字记录以外，还须附以线图或照片，记

2011年12月15日中宫拆迁前现场情况

录内容分为三种。

一是现存瓦顶的工程做法记录：例如瓦顶的样式为歇山、悬山等。做法为筒板瓦、蝴蝶瓦等。瓦件的地质为琉璃瓦（包括颜色）、布瓦等。

瓦顶的尺寸：以歇山顶为例，应记明四面坡檐头的长度，大脊、垂脊等长度，高宽尺寸。每面坡瓦垄的长度，翼角翘起的尺寸（檐生起），翼角向外平出的尺寸（檐生出），筒板瓦、沟头、滴水瓦、大小吻兽的尺寸等都应记录清楚。

瓦件的数量：每条脊用的脊筒子的数目，每陇瓦的筒瓦、板瓦数目，如为琉璃剪边，或贴有琉璃花心的瓦顶，则应记明其部位、数量、颜色。翼角戗脊上小兽的个数，排列次序。

二是残毁情况的记录：筒板瓦件数目较多，一般以百分比估计，如某建筑的筒瓦残毁百分比，板瓦残毁百分比，沟头、滴水、吻兽、脊筒子等都以件数记。大吻应记明残毁部位和块数，缺欠的小兽、钉帽也应查明记清。

三是形制（法式）的记录：瓦顶是后代修缮更换较多的部分。历史上的修缮不可能完全是按照我们今天标准“保存现状”

东配殿落架施工

或“恢复原状”的原则进行。因而往往出现瓦件、花纹乃至配色混杂的现象。这些都应仔细做好记录，尽可能在拆解过程中分析瓦顶原来的状况，并为日后修缮提供参考资料。

（2）瓦件编号

拆除瓦顶前，为了最大程度复建还原一些艺术构件，如雕花脊筒、大吻、小兽等，拆卸前应对其进行编号，绘出编号位置图。编号应依一定顺序进行，一般是从西北角开始（或由中间向两边分揭），在图上写明构件名称和编号数。重要部位和重要艺术构件在实物上可以用油漆书写，颜色需与瓦件颜色有明显的区别。对于数量多的、位置关系不大重要的勾头、滴水、扣脊瓦、筒瓦、板瓦或无雕饰的脊筒等，一般标注所在部位即可，可不进行编号。

（3）拆除瓦件

一般顺序是先从檐头开始，卸除勾头、滴水、帽钉，然后进行坡面揭瓦。自瓦顶的一端开始（或由中间向两边分揭），一陇筒瓦，一陇板瓦地进行，以免踩坏瓦件。坡面瓦揭完后，依次拆除翼角小兽、戗脊、垂脊、正脊，通常最后拆卸大吻，要借助于起重设备，便于操作和确保安全。大吻是由多块雕花构件组成，拆卸时先将各块之间的连接铁活拔除或锯断。然后由上而下逐块拆卸，必要时应将有雕饰的部分包扎后再进行拆卸。

拆卸施工不得用大镐大锹，以免对瓦件造成新的损伤。

瓦件拆卸后应随时从施工架上运走，放在安全场地，分类码放整齐，自屋顶向下运送瓦件，可装在篮子、箱子内用塔吊机等吊装设备运到地平，不得采用“溜筒”的办法，以免对瓦件造成新的破坏。

瓦顶拆除的最后一道工序是铲除望板砖上的苫背层，这时应补充记录苫背层的做法、厚度。遇有用望砖的建筑物，最后应将望砖揭下。揭除时一般是自脊顶到屋檐，即自上向下逐块揭除，如果发现椽子有朽折的部分，需预先在底部支搭安全架木，以免造成事故。

拆除瓦顶的过程中，应配合照相、摄像记录工作，以备研究原来的做法和复建复原的参考。

（4）清理瓦件

拆卸瓦件后，运到文物构件出发地进行集中存放。重新安装前，在适当的时间内要对瓦件进行清理，首先是清除瓦件上的灰迹，这道工序古代叫作“剔灰擦抹”，用小铲慢慢除去瓦件的灰迹，还要用麻布擦拭干净。

标准瓦件的挑选，应按规定尺寸式样挑出整齐的筒瓦、板瓦、勾头、滴水等，以备研究和补配制作参考。

2018年7月1日遇真宫脊饰修复黏接

（二）木结构拆卸的施工方法及要求

拆卸时需特别注意，对属于小木作的如天花、藻井、门窗和其他附于木构件上的雕刻品（包括额枋上的泥塑雕花、柱子雕龙等），应在拆卸大木构件之前拆卸。

1. 准备工程

清理现场：拆除前首先应平整场地，清除附近的杂草树木，划出码放构件的范围，并为运输车辆留出通道。

搭建工棚：遇真宫垫高保护工程施工前，已经在遇真宫东北约1千米处征地70亩，集中安排项目部和文物构件存放场地，其中为木构建筑构件和砖石雕刻艺术构件专门搭建了2300平方米的库房。拆下木构件中，如斗拱、带有彩画的梁枋及有雕刻的构件，应存放于库房内免受风吹雨淋。

遇真宫大殿木构件情况

准备拆除器材：必要的起重设备，计划在遇真宫中宫后院场地中心安装一部大型塔吊，便于建筑构件的运输，确保安全的同时进一步提高施工效率。重要构件和其他艺术构件应准备包扎用的草绳、旧棉花和纸张等。

钉编号木牌：为防止拆除过程中，构件错乱丢失和安装时不被安错，在拆除前应根据每座建筑物的结构情况，绘制拆除记录草图，并按结构顺序分类编号注明于图上，同时制作编号小木牌，写明编号及构件名称，拆除前钉于该构件上。大构件应不少于两枚，便于码放后查找。木牌尺寸一般为6厘米×4厘米×1厘米。拆下构件应填写登记单以便查核。

2．绘制拆除记录草图及编号

拆除记录草图依结构分为椽飞、檩枋、梁架、额枋、柱子等不同的图样，线条粗略以简明为准，编号采取“综合编号”，凡自成一组或一个单位的构件如斗拱、各缝梁架，每一组的总号依水平面进行，各组内构件另编分号，依结构情况不同，自下向上或自上向下皆可。

椽子、飞檐椽：根据分布情况 ，画单线平面俯视草图，各步架分别注明根数、

真武殿石构件存放

做法（斜搭掌或乱搭头）、翼角超翘部位式距角梁的尺寸，各角各面翘起椽、飞数目，并自起翘点向翘起方向逐根编号，如东南角椽1、2等。

檩、枋及角梁：依据结构位置画单线草图，依不同构件分别进行编号，四周交圈的正心檩，挑檐檩自西北角起逆时针旋转编号，不交圈的檩枋，自左向右排列，如脊檩1、2等。角梁、子角梁编号顺序同正心檩。

梁架：先画总编号图，梁架的范围一般是指脊檩至梁。总号自左向右编为“一缝”“二缝”，每缝梁架可利用各缝梁架的横断面图，自上向下逐层进行编号。单一的构件即可写为“一缝三架梁”“一缝五梁架”等。

斗拱：首先画总编号图，标明位置、号数，每攒斗拱依不同种类画出草图，一般包括角科、柱头科、平身勺或殿内金柱柱头科。此种草图，结构简单的斗拱，可利用设计文件中的斗拱平面图。结构复杂的需改画为分层平面图。然后从下到上，从左到右依照安装顺序编写出各攒斗拱构件的分号。

额枋及柱：按结构层次，分别画出平板枋、额枋、柱子的平面草图，先外檐后内檐，内外檐的号码可连续排列，也可分别编号。

门窗：一般应画平面图或立面草图，总号一般可指明部位如前檐明间，分号自左向右如“前檐明间隔扇1”“前檐明间隔扇2”。

其他构件如天花藻井、柱础、压沿石等编号方法基本相同。

3. 主要构件拆除方法

（1）拆卸椽子

支搭架木后，首先撬起望板，然后拆除各步架的椽子，由上而下，自脑椽（头停椽）、花架椽、飞椽、檐椽，最后拆卸翼角椽。拆除时需注意，起椽钉时不要将椽头弄劈。运送时避免摔伤，运达指定地点，分类码放齐整。

（2）拆卸大木构件

依结构情况，支搭承重架木需避开梁缝，不能影响大构件落地。拆卸之前要清除构件榫卯中的积土，如有加固铁活，应先取除。

大木构件拆落顺序，一般分两个阶段进行，第一阶段自建筑物一端开始，先拆除山面的悬鱼博缝，然后由西向东，或由东向西逐间由檩枋，顺结构次序拆至大梁上皮为止，第二阶段自一端开始逐缝拆卸大梁。

小构件如瓜柱、叉手、柁墩及梁架上的各种斗拱，可用简单工具如撬棍等撬离原位后，运至架木下。大构件如檩、三架梁、五架梁、角梁等的拆卸需借助起重设备如倒链、天秤、绞磨等。拆卸中，撬离构件榫卯离位，应两端反复进行，避免仅从一端直撬、另一端榫头折断或劈裂。必要时可用千斤顶在构件底皮辅助进行。

构件上绘有彩画或墨书题记，拆卸前应用纸、棉花或麻片等包扎，以免施工中被磨损。

（3）拆卸斗拱

大木拆卸接近完成时，开始拆卸斗拱。与大构件相连的真昂、挑杆等应随同大构件的拆卸提前进行。第一步拆落各

2011年11月25日石构件编号

攒斗拱之间的构件如正心枋、挑檐枋。第二步拆落各攒斗拱。依结构顺序自上而下进行。

（4）拆卸额枋、柱子及檐墙

依结构顺序自任何一间开始皆可，先拆平板枋，依次为额枋、垫板、小额枋、柱子。需借助于简单的起重工具。

（三）砖石构件拆卸的施工方法及要求

现状记录：现状记录包括文字和线图或照片。记录内容是位置图或排列图，残损现状和残损的部位以及残损程度，可利用的应标明位置号回收。各封火墙、墀头等部位拆卸前要重新测量，绘制准确形状、尺寸的图样，并拍照存档，以利复原。

编号：与木构件拆卸一样，在绘制的平面图上编号，并使用油漆书写。

拆卸：对不提前拆卸的砖石构件，应采取包裹遮护。石构件拆卸比木构件更要小心，接触处的榫头更易折断。断后修复非常困难。拆卸墙身时，由上而下逐层逐块地把砖头轻轻拆下，不许用推倒的办法，这样才能了解到墙的结构、砖的摆设形式，并尽量多地保留原有砖块，墙身拆完后，还要继续下挖，如实了解砖石构件的基础

状况及做法：墙体石础和石梯步、石栏杆有无基础或基础状况。对于岩石将采用金刚砂线性切割技术。

砖石构件拆卸后，采用软性材料包装，运至临时工棚内存放。对于石栏杆、条石挡土墙、石桥等条石构件，应防止损坏外露棱角，以利修复后保持建筑物的原貌。踏步、阶石、地面条石、门前登道、侧墙石料修复中可利用者，都要全部回收利用。

（四）东、西宫建筑遗址保护与解体方法及要求

本项目东西宫遗址为历史珍贵文物，需进行遗址保护，遗址保护要求为：按其现有建筑遗址进行划分，用创造局部小环境的方法进行保护，将一切会导致文物本体损坏的外界因素隔离开来。

遗址保护采用考古学和建筑学相结合的方法，首先对遗址区按定位坐标进行分区编号，分区可以按照建筑学的方法以建筑基址和院落关系进行编号分区，对每块分区内的遗存记录按照考古学的方法进行测绘定位、构件编号和影像记录，分别装箱归类后库存。在还原遗址过程中也以考古学结合建筑学的方法分区分块进行，在新址中根据图纸上定位坐标将每个区的位置现场放样，对照测绘图纸的每个坐标点经行放样并参考该区域的照片，先确定大编号区域的位置和范围，再延伸小的分格区按坐标和尺寸进行复原，在划分区域中按照测绘图纸和考古记录，以及影像资料逐区对遗存构件进行复原归位。要做到边复原边保护，并详细记录工作流程，后输入表格保存资料。

（五）建筑解体过程中的文物保护措施

遇真宫为明代官式建筑，虽经多次修缮和局部修改，但该建筑仍以明代建筑形式为主，保存价值极大，为中国古建筑的研究提供了可靠的依据。必须先将它们保护起来，才能开展其他的复原修缮工作。在施工中必须加强对文物保护意识的教育、宣传，加强文物保护的法治观念，坚决制止、防止建设性损坏。

1. 对拆卸施工中原有建筑的保护措施

在施工的过程中，对于完好构件及已破损构件进行拆除时，均应采取如下保护措施。

（1）保护现存文物

根据现存文物的具体尺寸，采用加厚杉木板及杉木枋做成一个隔离层，将其保护起

2011年12月地面建筑解体开始实施

来。待砖石工程、大木结构工程、油漆彩绘工程完工后，再拆除里面的保护木料。

（2）内外檐架子

外檐架子为双排齐檐，所有架子立杆不准与地面直接接触，均铺垫脚手板一层，排木、打戗，长结实一律不准与建筑物相连，架子的稳定性要靠架子的戗杆解决，形成几何不变体系。二层檐下架子站立杆时瓦面上要采用相应的措施，如垫麻袋布，架木枋均不准与瓦面直接接触。内檐架子为满堂红，在满足施工操作的同时，不与建筑有任何直接接触，内檐搭架子过程中要谨慎操作，防止触碰。

2．对拆除下来再利用构件瓦件等材料的保护措施

对于本工程修缮过程中再利用的构件等材料在拆除之前由施工管理人员进行拆前检查登记，必要时照相，如可利用的椽、飞，并清点数量。对施工人员进行交底，拆除后运至指定地点按规格堆放。易受雨浸、易燃物采取相应措施处理，并做好文字记录，作为原始归档资料，便于重新利用在复建工程上。对部分已破损瓦件、地面砖等有文物价值的材料，但复建工程上又不能再利用的须事先以书面信函方式经文物管理部门审查，提出书面处理意见后再进行处理。

3．运输过程中的保护措施

拆除下来的建筑构件有些需要运至场外整修，在运输过程中均应采取保护措施，如防雨雪、防装卸撞击等。车辆进入施工现场对建筑物容易刮碰的位置采取防护遮挡，对古路地面不准碾压，划定行车路线，以保证文物不受任何损坏。

4．防火防盗保护措施

本工程防火工作极为重要，为重点工作内容。对于本工程的材料要进行妥善保存保管，尤其是建筑拆下来的旧构件必须做好防火措施，设置专职安全消防保卫人员。施工中列为文物保存范围，任何个人无权私自动用及收藏，对于不遵守制度忽视文物法律的任何行为，工地有权扭送或起诉到有关部门，对其违法行为进行制裁。

5．对文物保护的技术措施

工地设一名技术人员，负责文物原状的资料收集工作。具体工作内容包括：摄像、照相、文字记录和实测大样图，真实完整地记录各部位的构件尺寸、形式特征、工艺特点、材料做法等内容，对修缮的部位要仔细

2011年12月12日省文物局对宫墙解体进行现场检查

进行测量，做详细的文字记录，对测量过程进行摄像或照相，然后根据记录资料绘制图纸，作为修缮复原的技术依据，待工程竣工后留下完整真实的技术资料存档，以备专家、学者将来研究考证。具体内容包括：细部尺寸列表记录，工艺做法文字记录，附于测绘图后，同时配以照片，录像测量过程，最后汇总转录成光盘存档。

（六）施工中应注意的事项

遇真宫位于武当山境内。根据这一带的地理、气候特点和建筑实际情况，除了施工中通常所具备的一般技术知识和方法外，有下列问题应注意解决。

1. 严格保护旧构件的安全

古代建筑是由多种同类构件组合搭套而成的，因此保护古代建筑就必须从保护每个构件开始。从拆卸、检查到安装都必须保证原构件的安全。存放旧构件的仓库，要搭建材料保护棚，做到安全、通风、防潮湿，防止雨雪侵蚀和狂风的袭击。

2. 保护彩画和题迹

施工开始，除先将门窗等装修构件拆卸保存外，对建筑物上绘有彩画（哪怕是隐约可见的彩画）和书有题迹的构件，均应事先用细纸、棉花、草绳包扎严实，绳索吊动要加设木板垫片。防止拆卸时损坏彩画和题迹，安装时亦然。

3. 施工过程中要注意科学方法

施工前殿宇前后要各安一个坐标点。拆卸后柱础、台明、殿内地面等皆由此而定。为了施工顺利和检修方便，不致将同类构件相互交错，需在施工开始前描绘各种构件的编号草图和大小构件登记表。然后根据编号书写编号木牌钉挂于构件上，每件两书。小型构件（如斗、栱）可根据草图上的编号，在拆卸时用同一方位墨写于构件的隐蔽部位。同时将各个构件的编号名称和规格打印在登记表上，据此有顺序地分类存放、检修、加固、安装。

应在施工前进行施工勘测，复查所有建筑构件的尺度模数。

4. 人身安全

施工期间，安全工作必须始终如一地排在重要议事日程上。

东宫门下穿钢梁浇筑口

5. 文物拍照存档

在施工中，对重要隐蔽部位及其接点应拍照存档，以备复建施工时使用。

6. 注意新发现

施工中如发现新的题迹、壁画、碑碣和其他文物，都应认真保护，拍摄照片，临摹绘图，并采取措施予以保护，严防损坏。需要归安于建筑之上或建筑之内者，应及时提出，研究解决。

二、文物古建拆迁后构件包装、建档、运输、存放施工方案

（一）文物古建构件拆迁后包装施工

文物构件包装则是指使用适当的包装材料、包装容器，并利用相关的技术（并不局限于包装技术），保证文物在运输过程中的安全，并有效地控制包装容器内的文物保存环境，保持文物本身所蕴含的历史、艺术、科学等信息和价值不受影响。文物建筑材料的种类多，性质特点和形状各异，因而它们对包装的要求也各不相同，保存状况良好的文物构件都需要有科学的包装，才能被迁移、运输以满足复建等方面的需求。经过科学合理包装的文物构件，便于运输、装卸、搬运、储存、保管、清点，在运输过程中确保状态完好和信息完整，为文物材料的管理、复原等工作提供支持。

（二）文物构件包装的原则

文物材料包装的原则是根据文物材料包装工作的规律，在长期的工作实践中总结出来的，它包括：安全性原则、真实性原则、选择性原则、科学性原则、环保性原则。

1. 安全性原则

要求包装设计确保文物材料安全，不能使文物材料在各种搬动、运输等环节上损坏。

2. 真实性原则

在选择内包装材料时，尤其是直接接触文物构件的包装材料，应避免选择可能对文物本体造成污染的材料，包括文物

中宫拆迁前技术培训

采用传统技术“石膏脱模”法揭取地墁金砖

表面色泽的改变、包装材料中可能的化学物质对文物材料本体的渗透，而改变文物材料的物质成分；同时还应注意在包装操作过程中避免造成文物材料表面的摩擦和磨损。

3. 选择性原则

对于保存状况不佳、残损严重的文物材料，包装人员应及时与文物管理部门进行沟通，在条件允许的情况下，对文物构件预先进行保护修复和加固处理，改善其保存状况，使之适宜于运输，经过科学分析和模拟实验，确认适合包装的情况下，进行包装工作。对于不宜运输的文物构件绝不勉强包装，避免造成对文物构件的损坏。

第三部分　文物解体工程文物建档要求

一、建立健全档案管理体制和制度

文物古建材料档案管理，要想达到规范化，档案必须要实行集中统一管理。为了防止档案的损毁和丢失，首先要建立健全档案管理体制和管理制度。由项目副经理来分管档案工作，并配备一名文化程度相对高、人品素质比较好、责任心比较强、最好懂得电脑应用的同志，做专（兼）职档案员，从事具体的档案事务管理工作，并要求设立文物古建材料“综合档案室”。

二、广泛收集，规范整理

凡是反映本工程项目中的、具有查考、利用、凭证价值的各类文件材料，都应纳入归档范围，任何个人不得据为己有。

分管档案工作的主要领导，要把现场拆卸人员、资料记录人员对文物构件的测绘记录资料，主动移交到档案员手上，从而保证文件材料收集工作的到位。

收集范围：主要围绕9个方面来着手，该项目的历史背景、建造年代、文物构件拆卸的技术手段、完好程度、构件添补修配记录、复建记录、文物古建材料搬运储存记录等。

第四部分　文物解体工程文物运输及库存要求

一、文物运输中的防护

搬运过程中应指定责任人，负责文物材料库存过程中的完好；在运输过程中保护好包装箱及其标识，防止文物材料在运输

跟踪影像记录

跟踪影像记录

建筑构件打包转运

文物构件包装运输

2012年1月25日西宫影壁基座构件整体切割打包起运

建筑构件打包编号运输

中损坏，确保文物材料安全地存放于仓库。

根据文物材料的搬运特点，对文物材料搬运人员、文物材料仓库的工人及运输司机应进行必要的培训，以掌握文物材料搬运的要领，并作为文物材料防护的重要手段。

二、仓库储存管理

拆卸下来的木构件及瓦石构件要及时入

2011年11月25日构件打包

2012年1月10日文物构件存放场所建设现场

文物构件存放仓库平面图

库，防止暴晒，入库时要轻拿轻放，搬运时要注意标识，严禁不按规定搬运。

（1）仓库保管员根据《收料单》填写文物古建构件的材质、厚度、规格存放。

（2）文物古建构件入库后，仓库保管员将构件按不同材质、残损程度做好标识；分区域堆放，并根据文物材料的技术性能和质量要求，做好防护工作。

（3）管理员应负责在文物构件的外包装上标注构件编号、是否完好、残损程度、拆卸部位，并标注防护的标记，搬运时亦应注意标记。落实文物材料防护的各项措施。

（4）保管员根据拆卸人员的《收料单》核对文物古建材料的详细记录，填写《入库单》，办理入库手续。

（5）保管员负责标识，将按不同部位、构件编号、不同材质、残损程度、拆卸部位分区域堆放。

三、防护工作程序

（1）管理员要根据文物古建材料的技术性能和质量要求做好防护工作，包括防虫、防腐、防霉、防火、防机械损伤等，避免古建材料在复原前损坏。

（2）文物古建材料和物资应分区、分类隔离堆放，标识明确，防止错用、误用和损坏。

（3）施工人员负责文物古建材料在搬运、贮存、包装和防护过程中发生的问题进行汇总分析，需要包装改进时，可向项目经理汇报，并提出改进方案。

五、遇真宫垫高保护工程的实施

2011年9月，湖北省就国家文物局（文物保函〔2011〕1154号）批复的武当山遇真宫垫高保护工程（二标段）开始招标。武当山遇真宫垫高保护工程（二标段）内容包括武当山遇真宫垫高填筑、护坡、排水涵洞等工程量的施工。工程规模为土石方量约120万立方米；计划工期约210天；要求具备建设行政主管部门核发的房屋建筑工程施工总承包一级及以上资质和土石方工程专业承包一级资质，明确本项目不接受联合体投标。湖北新七建设集团有限公司（土石方施工一级资质）最终中标承担该工程。

武当山遇真宫原地垫高保护工程主要

由原地垫高保护体、东西排水箱涵，以及保护体边坡防护、沿316国道线修筑挡土墙及边沟等主要设施组成，其主要工作内容包括清基、土方垫高填筑、混凝土筏板、混凝土排水箱涵、浆砌挡土墙，以及边沟、浆砌石脚槽、土工布铺设、植生块护坡、场内排水工程等组成。垫高填筑范围围绕遇真宫自西向东布置，全长770米左右，边缘处垫高高程至172.1米，中心处垫高至175米，垫高区总面积约11万平方米。

2012年3月10日开工，施工单位进场后，先期对现场地形地貌进行踏勘，对现场地面标高进行复核测量。之后开始整个施工场地的清淤工作。现场配备4台挖掘机，2台推土机，3台压路机，1台装载机，1台平地机，1台洒水车，20台运输车辆。使用挖掘机清理地表腐殖土，平地机对清理后的区域进行场地平整，同时开展碾压土方配比实验，并与设计单位长江水利委员会长江勘测规划设计研究院开展碾压实验取得符合要求的数据。在完成垫高区域清表、清淤、清渣工作后，实施土石方垫高、分层碾压施工。根据设计，垫高区域标高达海拔175米，在垫高区域设计3个排水箱涵，垫高区域外围护坡基础为毛石砌筑，护坡用水泥植生块铺设。

（一）垫高区域的范围及形状确定

遇真宫垫高区域是依据遇真宫历史上的总体布局确定的，在确定垫高区域的过程中，充分参考了遇真宫宫墙外的考古调查、发掘和清理情况，并查阅到大量历史资料，同时也兼顾了垫高区域的总体形状、配套功能的布置（如停车场、厕所等）和绿化方面的考虑。其核心目标就是要在垫高后营造一种与历史上遇真宫所处位置、周边环境相接近的区域。一般垫高工程的土石方工程垫高区域相对比较简单，重点考虑的是垫高工程部分地面建筑的形状，基础垫高部分适当向外放宽就可以满足要求，但遇真宫垫高保护工程相对于一般的工程有很大的不同，在前期研究和勘查阶段，就发现遇真宫的宫墙是呈不规则方形的，除墙基外有一定小护坡以外，其宫门前还有一条与宫外道路相连的石板铺的路，在路向前延伸段有一座跨越小河的“遇仙桥”。在遇真宫东侧历史上还存在两座建筑，一座是遇真宫泰山庙，另一座是襄府庵，根据现状勘查，遇真宫泰山庙现存仅一座单体建筑，面积87平方米，而襄府庵也已经不完整，现存建筑面积262平方米。考虑到遇真宫布局及周边同时期建筑的分布情况，遇真宫山门前及其两侧在整体垫高的过程中就必须考虑与遇真宫相关建筑及道路同步实施的问题。同时，遇真宫垫

2012年6月垫高工程分层碾压施工

高保护工程设计垫高高度达15米，且垫高区域直接面临水库，这就决定了遇真宫垫高区域的外围必须有足够的距离放坡，以减低水库风浪的侵蚀破坏，防止崩塌。故湖北省文物局组织设计单位在确定遇真宫垫高区域过程中，充分考虑了上述因素。

早在2010年3月，为进一步做好遇真宫原地垫高方案的施工设计工作，根据国家文物局《关于遇真宫保护工程的意见》（办保函〔2010〕86号）和2010年3月7日在北京召开遇真宫原地垫高施工设计方案专家咨询会的有关精神，湖北省文物局于3月24日在武当山召开“遇真宫原地垫高方案施工设计讨论会”，进一步讨论确定遇真宫原地垫高方案施工设计中的细节问题和重点工作内容。会议由湖北省文物局三峡南水北调办主任王风竹主持，省文化厅副巡视员吴宏堂、十堰市政府副秘书长冯安龙出席会议并讲话。会议邀请故宫博物院、清华大学建筑设计院、湖北省文管会、湖北省古建筑保护中心、湖北省文物考古研究所、北京LORD国际文化发展有限公司等单位的专家参加讨论，会议对研究确定的重要内容形成了会议纪要，其中第五点关于遇真宫垫高范围明确提出“建议遇真宫垫高保护范围，以满足公共文化基础设施需要和公共文化服务需求以及泰山庙、襄府庵、神道、桥梁等文物复建用地的需要为原则进行整体规划设计，遇真宫垫高设计高程以173米水位线为基础进行设计”的原则。

遇真宫附近泰山庙拆迁前现状

泰山庙内部梁架现状

在此原则下根据设计，遇真宫垫高区域库岸线围绕遇真宫宫墙自西向东布置，南侧宫门外较为开阔，距遇真宫宫门达120米，岸线全长770米。东西两侧各留出50米距离，垫高后形成一个半弧形的半岛，边缘临水处坡脚高程为160米，坡顶高程172.1米，中心宫墙范围垫高到175米，垫高区域最初为83830平方米，后东西两侧北部略有调整，垫高区域面积达11万平方米。在此垫高区域内在遇真宫东西宫宫墙外各布置一个钢筋混凝土排水箱涵，将后山来水通过箱涵排向水库内。关于垫高体形成的半岛形状，最初设计单位清华大学建筑设计研究院文化遗产研究所参考了武当山一些建筑图案，特别是祥云图案的形状，将垫高后凸起的半岛外围临水库岸的形状做了造型设计，从空中俯瞰呈如

泰山庙东山墙现状照片

意祥云状。2013年，世界遗产组织开始关注世界文化遗产武当山遇真宫在南水北调工程建设时面临的保护问题，并派出反应性监测小组到武当山考察，2014年3月形成的《武当山古建筑群（中国）考察报告（705）》中，指出了遇真宫保护工程五大主要问题，其中第一点就提到了遇真宫垫高后平台形状问题，指出“考察团建议采用与遗产地的自然地貌相一致的有机设计，提出这一建议时，考察团也意识到这会涉及到可观的成本，但相信目前的设计对理解遇真宫及其周边环境会带来负面的影响”，为此，在2015年遗产地提交的保护状况报告时对此做了积极回应，“将吸纳有关建议做深化设计，根据历史研究，遇真宫前有神道、旁边有泰山庙等建筑，要充分尊重这些重要的历史环境要素，避免过于生硬的人工景观设计，对垫高体如意祥云状的垫高区域两侧狭长的水域用土石方填满，进一步弱化半岛边缘线人为设计的形状，使整个垫高体的岸线轮廓尽可能自然”。临水库岸按照水利部门的标准放坡，坡面用水泥预制的防浪植生块铺设，防止垫高体的临水面受到水库水位上下起伏波动对垫高体边坡产生的侵蚀，起到较好的防护作用。

（二）遇真宫垫高土石方料场选定

遇真宫垫高保护工程在确定垫高体的范围、形状和垫高高度后，就基本确定了垫高体的土石方工程量，根据设计方案，遇真宫垫高保护工程中的土石方垫高工程原设计为120万立方米，后考虑到遇真宫周边同时期襄府庵、泰山庙、遇仙桥等建筑复建及配套停车场布置、绿化等的需要，经调整更改遇真宫基础垫高体底层面积，由原来的83830平方米扩大至11万平方米，土方量相应增至158万立方米。垫高区域外围护坡基础毛石砌筑工程量达5500立方米，护坡植生块铺设约2500平方米。如此大规模的土石方，在武当山下很难找到合适地点的取料场，一方面，料场要有符合遇真宫垫高工程对土石方性质、土石比例的需要，另一方面，料场距离遇真宫施工现场要尽可能近，距离远则运输费用会大量增加；同时考虑到遇真宫在武当山分布的地理位置，料场必须位于武当山风景区山门以东，否则大量运输车辆的往返会给武当山附近的交通带来巨大的压力，乃至对武当山风景区的正常开放造成极大影响。为此，设计单位长江水利委员会长江勘测规划设计研究院在武当山风景区山门以东临近遇真宫的周边地区进行了全方位的调查。

根据施工设计，遇真宫垫高区域所需天然建筑材料主要储量（$\times10^4m^2$）要求，其中垫高填筑土料124、混凝土骨料0.2、块石料2、土料5。共选定4处料场，分别为遇真宫西沟村土料场，距离工程施工区约1千米，有简易公路相连，两侧为一走向200°的带状山脊，脊顶高程230～255米，东西两侧是冲沟脊顶与沟谷，高差55～60米。两侧长550、横向宽200～350米，总面积约0.15平方千米，岩性为中元古武当群浅灰—灰色及灰绿色石英绢云片岩、绢云片岩，拟选用其表层的全强风化碎石土层作为垫高填筑土料。混凝土骨料主要是商业购买，此次选定距离遇真宫3千米的草店码头砂砾石料场，储量丰富，与316国道相连，交通运输便利。块石料料场选定在水磨河石料厂，距离遇真宫约1千米，有简易公路与施工区相连，交通运输比较便利，块石料主要为铁路隧道开挖的渣料，岩性为变质灰绿岩，岩石质量符合要求。上述料场的勘察选定既满足了武当山遇真宫垫高工程所需土石方的数量和配比需要，也较好地解决了大规模、长时间施工可能给武当山景区开放及城镇居民生活带来的负面影响，从而为武当山遇真宫垫高保护工程的顺利实施打下良好基础。

（三）遇真宫垫高区域的填筑施工

根据长江勘测规划设计研究有限责任公司负责设计的《遇真宫垫高保护工程》中的《武当山遇真宫原地垫高保护工程初

2012年12月14日遇真宫垫高工程现场

垫高体两侧排水管涵施工

步设计》部分，遇真宫基础填筑首先要对现有场地进行清基处理，将地表腐殖土、草皮、树根、杂物、含水量较高的浮土、建筑垃圾等清除，填筑时采用分层压实，压实度应不小于98%，压实分层厚度不大于50厘米，应控制所用土料的含水量，开工前通过实验确定土料的最优含水量。难以压实的特殊部位，采用土工格栅进行处理，以控制不均匀沉降。垫高填筑过程中碎石土料采用5～10吨自卸汽车运输，用100～120马力推土机铺料，用17吨振动碾碾压，压实次数为8次。填筑质量采用现场取样试验和施工过程控制的双控制度，以现场取样试验控制为辅，过程控制为主。施工过程控制是从料场开采到铺料、碾压的全过程的土料质量、铺层厚度、碾压次数、碾压机械行走速度、结合面情况等的全过程的质量控制。

在遇真宫垫高工程施工过程中，施工单位在工程施工前和施工过程中做了大量实验。根据《碾压式土石坝设计规范》，在施工前使用触探仪做地基承载力实验，碾压前做土料碾压实验，用填土密实度现场

土工布验收的遇真宫垫高保护工程

武当山遇真宫垫高体临水护坡

检测仪检测回填土密实度数据，确保垫高过程中分层碾压满足设计要求。

遇真宫宫内区域与三个宫门顶升项目部交叉施工场地比较大，与顶升项目部之间配合施工非常重要。由于遇真宫三个宫门的顶升进度按设计速度控制，加之相关区域要预留一定范围的施工场地，其与基础填筑工作无法做到同步进行，整个遇真宫垫高区域基础填筑只能采取先外围后中间的次序分步进行，待三个宫门依次顶升到设计高度后，在最后对顶升体周边进行分层碾压填筑的施工。顶升现场回填采用台阶式回填，每层回填前都用挖掘机对台阶挖进2米，再进行土方回填碾压。

遇真宫垫高体的混凝土排水箱涵工程，设计有排水箱涵3个。1号箱涵大小为5.7米×6.3米，墙厚85厘米；2号箱涵大小为3.5米×3.5米，墙厚50厘米；3号箱涵大小为1.7米×2.5米，墙厚30厘米。箱涵施工在整个工程中是关键，项目部人员从6月开始就进行箱涵施工的准备工作。首先开始施工的是难度最大，也是工程量最大的1号箱涵。在基础碾压实以后，依次进行土工格栅铺设，再铺设30厘米的粗砂碎石垫层、C10垫层浇筑、钢筋绑扎、模板支护、混凝土浇筑、混凝土洒水养护等施工。其他2个箱涵也依此施工次序施工。

遇真宫垫高体临水面的护坡工程，包含边坡修整、土工布铺设、植生块护坡、浆砌块石脚槽及封顶。本工程护坡分为二级护坡，一级坡坡比为1∶3，二级坡坡度为1∶2.5。由于本护坡工程采用的植生块较为特殊，因此对坡度平整度要求比较严格。测量人员对边坡放线后，挖掘机开始沿线修整护坡，之后砌筑浆砌块石脚槽及封顶，最后在坡面进行土工布铺设及植生块铺设。

本工程场地排水工程采用PVC-U管道，由于工程埋深最深处有3米，管道确定为8级双壁波纹管。沟槽回填采用粗砂碎石回填至管道顶以上30厘米。依据设计砌筑检查井及雨水井。

基础垫高施工过程中在遇真宫垫高区域共发现4口古井，施工单位对此高度重视，与设计单位一道编制保护方案，依据井口及井壁情况，采用1000直径钢筋水泥管对其进行保护，做好标识，尽可能保护好遇真宫的历史元素。

总体上，基础填筑垫高施工由于料场先期选址距离遇真宫施工现场比较近，同时都有公路通达，且填筑所需土料的储备充足，较好地满足了填筑施工的需要，施工进展比较顺利。

六、遇真宫局部顶升工程的实施

遇真宫垫高保护工程分为三个部分，即文物解体及复建工程、局部建筑顶升工程和基础土石方垫高工程，其中技术难度最大、保存文物价值最高、最能体现对遇真宫世界文化遗产原真性保护效果的是遇真宫八字形山门和东西宫门的原地顶升工程。

（一）局部顶升建筑的选择与确定

国家文物局正式批复的《武当山遇真宫垫高保护工程方案》，是在2007年6月清华大学城市规划设计研究院文化遗产研究所编制的《武当山遇真宫原地顶升方案初步设计》和2007年7月编制的《武当山遇真宫原地垫高保护方案初步设计》基础上，经过专家论证和与协调，综合各种因素后，进一步完善形成的，是上述“全顶复原”和“全垫复建”两个相对绝对方案的综合，既充分考虑了中国古代不同类别建筑的结构和建造特点、详细勘察了遇真宫各现存地面建筑历史上的维修过程、各建筑现存状况，客观分析评估了遇真宫现有建筑中最具明代建筑特点和历史、艺术、科学价值的建筑所在，又充分分析了对遇真宫现存建筑采取顶升工程施工的可行性、安全性等问题。

遇真宫现存地面建筑主要有琉璃八字山门、宫墙，中宫东西宫门及后半部分的龙虎殿、东西配殿、廊庑、斋堂、大殿崇台等，据考证，遇真宫自永乐十五

遇真宫垫高体及临水护坡

年（1417年）竣工后，历史上多次进行修缮、改扩建，比较大的一次是在清康熙二十四年（1685年），真仙殿原后檐及翼角被改掉变成后封檐。此后，遇真宫还多次遭受不同程度的火灾和水患的破坏，特别是1935年的特大山洪冲毁遇真宫大部分建筑。现存这些建筑中除了琉璃八字山门、大部分宫墙后期没有维修，基本保持明初的建筑风格外，其他建筑基本为清代，乃至民国改建或重修。因此，从文物的原真性和最大程度地保存遇真宫明代初年的建筑真实性出发，选择明代初年原汁原味的三个宫门是最有意义的，而遇真宫琉璃八字山门及东西宫门是属于砖石砌体拱券建筑，无论是结构还是完整程度都保留了明代永乐十年（1412年）初建时期的原状，这类建筑形制正是明代初年发展起来并得到推广的典型。此外，从中国建筑的特点看，单纯的木构建筑这一性质决定其在历朝历代都会有不同程度的维修，如遇火灾水患被毁，重建也可按照固定的营造法式把一些原有的构件再利用，复原也相对简单。而砖石结构的宫门、影壁等建筑则相对稳定和安全，延续的时间也长，其本身承载的历史信息也相对丰富和完整。但砖石结构的建筑同木构建筑相比也有其自身的缺欠，就是一经拆动，其建设过程中原有的形制和结构所使用的特殊黏结物会造成不可逆的改变，一些重要的建筑构件也会发生不同程度的损坏，且这些损坏往往是不可挽回的，一方面会给建筑复原建设造成不能还原历史面貌的缺憾，乃至产生不和谐、不真实的观感，另一方面会在一拆一建的过程中造成很多重要历史信息的断续和丢失，还会产生新的错误信息。

从现存武当山遇真宫地面建筑的历史、科学、艺术价值上看，地位最重要、建筑

2012年12月14日顶升及垫高现场近景

2012年12月14日顶升施工细部

等级最高、单体体量最大、建筑艺术价值最丰富、最高的就是遇真宫真仙殿，但这处建筑在2003年1月19日被火焚毁殆尽。其他建筑或在清代，或在民国时期被破坏，现存的龙虎殿和东配殿在清代和民国时期被大量改建，除基础部分外已经不再是典型明代建筑的形制，历史信息所存不多，而西配殿则为近代建筑。综合分析，现存遇真宫建筑群中具有突出的历史、艺术和科学价值的建筑就是遇真宫保存年代最久远、完整保留明初建筑特点的以遇真宫琉璃八字形影壁宫门（也称遇真宫山门）为代表的三座砖石砌体拱券建筑宫门。

遇真宫山门为遇真宫正南门，为永乐十五年（1417年）敕建，位于遇真宫建筑群的中轴线上，建于用规整的石条垒砌的崇台之上，坐北朝南。山门为砖石结构三孔券拱形门，墙体下碱为大型石雕的须弥座，雕花精美。两侧建有八字琉璃琼花影壁墙，外接宫墙。山门为单檐歇山顶，黑瓦红墙，长17.67、宽6.5、高9.07米。檐下由砖雕飞椽叠涩承托檐部，四翼老角梁均为石材雕砌。东、西宫门形制相同，同为单檐歇山顶，单孔券拱形门。面宽一间，居中起券门。下碱墙为做工精致的青石须弥座。屋顶檐部均为仿木构的砖檐飞椽叠涩，四角为青石角梁挑出，端部饰兽口，造型精致尺度简洁。这处以遇真宫八字形琼花影壁宫门为代表的设计独特、寓意丰富、雕饰精致、保存完好的明代砖石砌体拱券结构的建筑单体，本身就是一个完整的明代建筑艺术品，一旦拆解便无法得到完全的复原。采用现代比较成熟的建筑移位技术手段整体顶升保护才是最科学合理、也是在不得已的情况下最为稳妥的保护方法，也正是基于此才最终成为遇真宫原地垫高保护工程中原地顶升的对象。而就遇真宫垫高保护工程本身来讲，原地顶升以八字形影壁宫门为代表的三个明代原汁原味的建筑单体，才是这个工程的技术难点、媒体关注点，才是延续历史的传承点，更是我国保护世界文化遗产真实性、完整性的亮点。

（二）局部顶升工程施工组织设计

根据清华大学建筑设计研究院文化遗产保护研究所的设计，对遇真宫八字山门和东、西两个宫门的整体顶升高度是根据水库蓄水高程和建筑本体所处高程综合考虑的，设计为15米、顶升后的建筑高程超出水库最高蓄水高程，同时也考虑了极端情况下2米风浪线的高度，确保文物建筑顶升后的“万无一失”。顶升施工要达到在

维修后的山门

山门须弥座石雕纹饰

保证原有建筑主体结构（含台基）在不进行任何拆解的情况下，完整安全地实现在原址处抬高的效果，原有建筑除垂直高度变化以外，其在武当山古建筑群总体布局中的空间位置保持原有坐标，从而实现最大程度保护文物的真实性和完整性。

根据施工设计，整个顶升过程可以归纳为五大步骤：第一步，在进行顶升之前，采取确保文物安全的措施。根据选择顶升的三个砖石结构的建筑特点，针对顶升施工可能由于基础的扰动产生的对建筑单体的影响，即建筑体结构变化、墙体开裂及建筑顶部装饰构件的损伤等问题，需在顶升施工前对山门、两侧琉璃翼墙及东、西两宫宫门进行的加固保护。第二步，在顶托体周边开挖基坑做反力墙，为基础托换做准备。在正式顶升前，必须先期做好顶升托盘，替换原有建筑的基础，同时作为顶升的支撑体。在山门、东西两宫宫门2～2.5米的范围内进行高压旋喷桩施工，形成封闭的截水帷幕，一侧用作顶管法基础托换的反力墙、其他做基坑施工挡土墙。第三步，进行基础托换施工。在基坑安装基础整体托换的设施，采用顶管技术对山门、东西两宫宫门基础采用预制的多组钢板空心箱梁，通过顶进设备依次顶进并穿过建筑体下方的基础土层，形成多组钢梁基础，再掏空箱梁内的土内置钢筋，用混凝土浇筑，形成混凝土实体芯梁，在多组实体芯梁两端，通过钢板连接并浇筑成一体，最终把顶升建筑的原有基础换成钢筋混凝土“整体基础”。第四步，在已达到设计强度的混凝土“整体基础”底面，以上部结构自重为反力，千斤顶顶面直接作用于“整体基础”底面，逐个压入无缝钢管桩，使桩的承载力达到设计值。此后，上部结构通过混凝土刚性“整体基础”，作用于钢管桩，完成顶升前的基础托换加固。第五步，顶升及同步混凝土浇筑。顶升时，预压的钢管桩承载力为反力，千斤顶同时发力，因钢管桩单桩承载力之和的设计值大于桩上结构重量之和的2～3倍，其上部结构随之顶升。顶升的过程，同步完成上部结构下方一定区域的混凝土基础浇筑。

（三）实施局部顶升工程关键技术

遇真宫垫高保护中部分建筑单体顶升

工程由具有国家文物局颁发的文物保护工程施工一级资质单位河北省建筑科学研究院承担。该院成立于1958年，主要从事建设领域新技术、新工艺、新材料的科学研究和技术服务工作，是集科研、技术服务与咨询、新材料研发等于一体的综合性科研单位。拥有一支业务能力强、综合素质高、实践经验丰富的专业技术队伍，配备千余台（套）国内外的仪器设备，具有较强的技术服务能力。具有检测、施工、勘察、监理、设计等多项技术服务资质，广泛服务于工程建设的各个领域。1999年，该院开创建筑整体移位技术，从河北栾城县鑫都大厦整体平移起步，开始了建筑物整体移位技术的钻研和摸索。多年来，在建筑物整体移位方面积累了大量经验，特别是在文物古建筑的移位保护方面有很多成功案例，先后完成云南昆明金刚塔整体顶升2.6米、河南慈源寺建筑群整体转向90°并平移470米，工程的顺利实施和取得的良好效果，得到了国家文物局的肯定。因此，该公司在遇真宫顶升工程施工的招标过程中脱颖而出，成为这个极富挑战性的顶升工程的施工单位。

2011年12月30日顶升工程正式开工，河北省建筑科学研究院成立武当山遇真宫顶升工程项目组，采用钢桁架整体加固、密布孔桩、箱梁贯穿、浇筑预应力混凝土，形成基础托盘，设置钢筋混凝土防倾柱等顶升工艺，对山门和东、西宫门实施原位整体顶升。湖北省文物局对武当山遇真宫顶升工程高度重视，作为直接督办的重点项目，采取跟踪指导，施工前及施工过程中，省文物局多次组织专家到现场对文物本体保护加固等进行检查指导。遇真宫顶升工程在完成各项准备施工后，2012年8月1日，武当山遇真宫山门、宫门顶升正式启动，到2013年1月30日完工。

古建筑整体顶升是一项技术性要求非常高的建筑移位工程，这类工程在我国有过一些尝试，但并没有形成一套完善和十分成熟的技术体系，尚处在不断尝试和技术积累的阶段。特别是遇真宫山门顶升，创下了世界古建筑整体顶升四项之最：一是顶升高度最高达15米，是世界纪录的5倍；二是一次顶升建筑数量最多，山门加东西宫门一共三个；三是顶升建筑年代最久远，三个宫门都是永乐十年建造，距今达600多年；四是顶升体总量最重，山门达4600吨，东西宫门各重约1200吨，总顶升重量约7000吨。遇真宫顶升工程是我国第一次因大型水利工程建设实施的对世界文化

顶升前对遇真宫山门本体进行加固

2012年12月国家文物局专家组检查遇真宫

遗产的重要组成部分进行特殊保护的工程，其保护工程要求之高、实施难度之大可想而知。作为遇真宫顶升工程副总指挥兼现场总负责人，河北省建筑科学研究院研发中心主任边智慧总结了顶升工程堪称创新的几方面关键技术。

（1）钢桁架整体加固体系保护措施的运用

遇真宫顶升工程施工过程中为确保顶升时古建筑物的安全，施工单位根据建筑物的结构和形制特点设计了完善的钢桁架整体加固体系。由于遇真宫顶升对象为砖石结构的八字琉璃山门及东、西宫门三个单体建筑，相对而言，东、西两个宫门体量较小，结构也较为独立单一，而八字琉璃山门实际上是由中间一个三孔券拱山门的主体及两侧呈反“L”形的琉璃琼花影壁翼墙组成的，山门主体建筑有大型石质雕花须弥座，厚重庄严，而两侧影壁墙则为砖砌墙体，相对单薄灵巧，因此整个顶升体结构较东、西宫门要复杂得多。三个建筑单体都是明永乐十年敕建，文物建筑建造年代较为久远，历600年风雨，经受自然环境侵蚀，砌体材料老化较严重，结构整体性差，变形能力也较差，垂直度偏差超出国家现行规范要求，就会开裂乃至坍塌损毁，这些都给顶升工程的基础托换和同步顶升造成较大的困难。

顶升过程中确保文物本体的安全是核心问题，不能保证文物的安全顶升工程就是失败的。为保证顶升体文物本体的结构稳定性，施工单位河北省建筑科学研究院对三个山门的结构进行了认真分析，制定了对文物本体加固的详细方案：对古建筑上部结构进行整体加固，结构支撑体系采用方钢管焊接桁架体系，山门和宫门内部建有竖向支撑，外部设置侧向稳定支撑，山门翼墙处设置侧向支撑，所有支撑体系与下部混凝土顶升托盘固结，保证文物在施工过程中的绝对安全。为防止支撑体系对建筑本体外观产生摩擦损坏，外部加固体系根据建筑形态变化，所有与建筑接触点均垫有胶皮等柔性填充物，确保做到最大可能地保护文物不受施工损伤。

（2）钢箱梁盾构法和大底盘技术运用

遇真宫顶升工程是国内首次将钢箱梁盾构法和高效预应力大底盘技术用于古建筑物基础托换和整体顶升中，可以最大程度地保护文物原有形态。遇真宫作为皇家建筑，其下部地基在建造时经过特殊处理，虽然基础不是特别深，但有基础木桩、垫石和青砖垫层等层层垒砌，十分坚硬，强度高于普通砂浆强度，山门青砖垫层厚度达1米多，为制作混凝土托换底盘增大了难度。托盘下部的土层主要为卵石层和纳长片岩层，且建筑所在场地地下水位高，场地地下水主要为填土层和粉黏层中的上层滞水和卵石层中的孔隙水，滞水层的土层渗透性弱，而卵石层的渗透性好，施工时排水困难，对施工造成较大影响。

由于工程古建筑上部结构年代久远，材料强度低，因此对建筑进行顶升施工前必须在建筑下部建造大刚度基础托盘。工程基础托换方法采用切入式钢箱梁进行基础托换，此种方法具有施工速度快、顶推力小、施工工艺简单、对原有基础土体扰动小、上部结构因托换产生的不均匀沉降小的优点。在钢箱梁内部增加预应力钢筋混凝土芯梁，可以有效减少底盘的挠度变形，并在各个钢箱梁端部增加了大刚度的边梁，保证底盘的整体性。此外，经过考古解剖和现场开挖，发现整个建筑体青石基础部分为咬砌方式建造，强行拆除会对文物地基造成破坏，从而引起不均匀沉降，对上部结构造成损伤，也不利于下部顶升作业。为此，顶升方案将青石基础作为文物的一部分同时顶升，在青石基础下部预留原状土体（生土），减少制作托换底盘对结构的影响。既保证文物结构安全，同时最大限度地保护文物原有形态，充分体现本次顶升的历史意义。

（3）冲击灌注桩作为顶升反力桩的运用

为减少顶升体结构的工后沉降量，施工单位将冲击灌注桩用于遇真宫顶升工程古建筑整体顶升的反力系统，这在国内尚属首次。施工过程中采用冲击灌注桩作为顶升反力桩，桩端进入中风化纳长片岩层，桩基设计时单桩承载力均考虑土方回填后造成的负摩阻力，形成安全可靠的整体顶升反力系统。山门周围布设34棵顶升受力桩，宫门周围布设14棵顶升受力桩，确保顶升反力安全储备，而且顶升反力桩穿过了压缩性较大的土层，减小顶升完成后结构的工后沉降量。

遇真宫顶升工程与文物解体复建工程不同，除了施工难度大、技术要求高之外，还有时间要求紧的限制。根据南水北调工程建设进度和蓄水的目标进度要求，三个门的顶升工程要在2013年1月底前结束，确保三个山门顶升到设计高度，以满足南水北调工程正常蓄水的要求，工期相当紧迫。施工单位在施工过程中采取桩体施工与结构托换要同步进行的办法，两种工序通过合理安排进行交叉施工，节约了大量时间，加快了施工进度。

（4）型钢混凝土支撑和滑模顶升施工技术的运用

为确保顶升文物建筑的结构安全，遇真宫顶升工程采用了型钢混凝土支撑和滑模顶升施工技术，这是该项技术在国内建筑物超大高度整体顶升的首次运用。建筑物整体顶升本身就是一项要求较高的技术，而顶升具有600年历史的文物建筑，技术要求更加严格，不能有半点的疏忽，更不能出丝毫的差错。同时遇真宫顶升工程设计顶升高度达15米，顶升高度为现有顶升高度世界纪录的5倍，各项指标要求都有非常大的提高，这是一项巨大的挑战；遇

西宫门顶升地梁施工

遇真宫山门顶升过程中34棵顶升受力桩及型钢混凝土支撑和滑膜顶升施工情况

真宫为砖石混合结构，建筑物自重大，因此对同步顶升系统和下部支撑体系要求非常高。工程下部顶升支撑体系山门处采用型钢混凝土剪力墙结构，宫门处采用型钢混凝土框架结构，顶升支垫采用型钢短柱，同时支撑体系的混凝土浇筑采用滑模施工，在建筑顶升过程中完成了滑模的提升，实现滑模与顶升的同步施工。由于型钢短柱支垫承载力高，顶升不受支撑结构混凝土龄期的限制，顶升速度快，缩短了施工工期。另外由于循环顶升高度大，回填土工作空间大，因此回填质量更容易保证。“采用此种方法对回填土要求低，支撑体系刚度大，可以独立支撑上部结构，结构传力体系明确，能确保文物顶升过程和就位后的结构安全。”

（5）高精度限位装置和防倾技术的运用

为防止顶升过程中古建筑物的倾斜，遇真宫顶升工程施工过程中采用了高精度的限位装置和防倾技术。由于遇真宫山门结构平面复杂，山门两侧各有一面翼墙，两侧翼墙需和山门主体一同顶升，翼墙刚度与山门主体相差较大，墙体高厚比大，稳定性差，同时翼墙与山门主体基础不同，对结构托换技术要求更高，大大增加了工程难度。为避免顶升过程中桥梁产生横、纵向偏移，施工单位设立了限位装置，限位装置有足够的强度，并应在限位方向有足够的刚度，在顶升过程中起限位兼防侧倾的控制作用。限位装置包括横向限位和纵向限位两部分，在建筑物的每侧设置了防倾柱，在防倾柱上设置限位轨道，底盘侧面对应位置安装型钢短柱，顶升过程中建筑物只能沿着限位轨道向上顶升，很好地限制了建筑物的侧向位移。

（6）长行程无回降多点同步顶升技术的运用

为确保遇真宫山门和两个宫门的文物建筑得到平稳顶升，在遇真宫整体顶升中，施工单位首创了建筑物长行程无回降多点同步顶升技术。根据工程特点进行的顶升方案设计，采用同步顶升系统利用液压变频调速控制、压力和位移闭环自动控制的方式，实现多点力均衡控制，对山门和宫门进行称重、同步顶升、同步降落。整个山门结构（含底盘）重约4600吨，山门混凝土托盘下部设计布置48台200吨千斤顶，最大顶升力为9600吨。东西宫门结构（含底盘）重各约为1200吨，每个宫门混凝土托盘下部布置12台200吨千斤顶，最大顶升力为2400吨，顶升力远远大于上部结构自重。顶升系统中的液压泵站采用阀配流形式的柱塞泵，泵站上安装有均载阀，可靠地保证千斤顶在顶升和降落时都处于进油调速控制，缓解了千斤顶升降切换过程中液压冲击力对顶升的同步精度和梁体的结构造成影响，同时均载阀可以无泄漏地锁住千斤顶，在意外停电时仍能保证千斤顶不会自由下滑，使千斤顶所承负载不会处于失控境地。系统中还安装有压力变送器和位移检测装置，当千斤顶移动时，压力检测装置就可以实时精确地测定千斤顶所承受的负荷；同时位移检测装置可测定千斤顶的实时位移，从而测得梁体的顶升高度。

遇真宫顶升工程施工单位河北建筑科学研究院自2012年8月起实施了垫高保护工程，遇真宫山门及两翼琉璃琼花翼墙体、东西宫门设计实施原地顶升高度为15米。该公司正是在遇真宫项目上采取了针对性的措施，依靠上述六个方面的技术上的突破和创新，使整体顶升工程的施工得以高效、安全、圆满地进行。到2013年1月17日，随着遇真宫山门顶升达到标尺上15米的高度，顶升工作圆满完成，顶升高度为现有顶升高度世界纪录的5倍，并创造了吉尼斯世界纪录。负责此项工程的河北省建筑科学研究院，创造了一项新的“世界高度”，也创造了我国世界文化遗产原真性保护的新纪录。

（四）实施局部顶升测量技术保障

2012年8月，遇真宫局部顶升工程开始启动，计划至2013年1月17日结束，遇真宫局部顶升的单体分别是遇真宫山门、东宫门、西宫门三个明代砖石结构的文物本体，根据设计顶升高度为15米，宫墙四周正负零为黄海海拔175米。为准确确定施工过程中的高程定位，武当山特区文物局为此专门委托湖北华迪工程勘察院，负责顶升工程实施同步测量工作，需要通过精密的测量技术手段和方法，将遇真宫顶升建筑单体原地抬升15米，准确地抬升至海拔（黄海高程）175米处。

1. 测量依据

《全球定位系统（GPS）测量规范》GB/T 18314-2009 中华人民共和国国家标准，

2013年1月16日山门顶升到位，中央电视台进行了全程现场直播

遇真宫顶升记录

《国家三、四等水准测量规范》GB12898-91中华人民共和国国家标准，《工程测量规范》GB50026-2007中华人民共和国国家标准，《中、短程光电测距规范》GB/T 16818-2008中华人民共和国国家标准等。

2. 测量要求

平面控制点按GNSS四等精度要求施测；高程控制点采用四等水准精度联测；遇真宫东、西宫门和山门顶升采用计算机液压同步顶升系统控制，其精度为±0.5毫米，以保证顶升过程平稳；遇真宫东、西宫门和山门最终高程定位测量采用四等水准测量精度确定。

3. 测量坐标系基准

测量中平面坐标系采用1954年北京坐标系统，中央子午线111度，高斯投影3度带第37带。高程基准采用1956年黄海高程系。

4. 顶升及高程定位测量

首先是建立测量控制点，测量控制点是遇真宫顶升工程测量的重要参考依据，由于工程施工及交通等因素，在遇真宫南北山坡上布设了8个GNSS控制点，采用GNSS静态观测方法，以YHGH和YZG两个已知点为起算点，组成GNSS网进行解算求取控制点平面坐标。高程采用四等水准测量方法测了其中3个GNSS控制点，根据高程拟合出其他控制点高程。其次是参照点的布设，为了准确反映建筑物的抬升，以及抬升过程中严格保证建筑物的水平，根据现场实际情况，分别在遇真宫东西宫和山门选择了一系列参照点。最后是顶升技术和方法，以中宫山门正门砖墁地面设计高程175米为基础，在设计高出东、西宫门0.5米的基础上确定山门内拱门高程为176.456米，以此作为中宫山门和东、西宫门顶升的参照基准。根据设计要求，遇真宫东宫门和西宫门顶升高度相同。为了突出中宫山门的主体性质，其高程比东宫门和西宫门内拱门高0.5米，这样计算出东、西宫门内拱门高程为175.936米。

为了保证顶升工程质量，采用的顶升技术方案是：通过计算机同步液压顶升系统（每台千斤顶的上方连接一台液氧泵，液氧泵的作用是往千斤顶里填充液压材料，并在两侧各安装一台位移感应器，所有有关设备最终都与电脑控制台相连）对建筑物托盘进行顶升，速度控制在每小时大约10毫米，精度控制在±0.5毫米。该系统具有自动调节功能。如果两排千斤顶用力有丝毫的不均匀，装置在底盘下部的位移感应器就能把信号发送给电脑控制台，电脑时刻会进行校正。顶升时先从重量较小的西宫门开始，在顶升过程中逐步积累经验，然后依次为中宫山门和东宫门。在顶升结束阶段，则先选择东宫门，然后是西宫门，最后是中宫山门。在每一个宫门参照基准达到顶升高度后，还要测量每个宫门的四周参考点，以确保宫门严格水平。

5. 顶升高度最终定位测量

根据施工进程安排，先对东宫门顶升高度进行最终定位测量，即将东宫门内拱门高度定位在175.936米。然后，以东宫门为高度基准，通过精密水准测量方法，依次将西宫门和中宫山门内拱门高程分别定位于175.936米和176.456米。在定位测量过程中应用高精度拓普康GTS-332N全站仪，隔点设站，采用单程双测法，测量东宫门内拱门高程。测量过程中将全站仪设置在东宫门内拱门参照基准点和控制点GPS4之间，通过测量计算出测量仪器至两觇点之间的高差。将仪器和东宫门参照基点之间的高差减去仪器与控制点GPS4之间的高差，得到东宫门参照基点和控制点之间的高差，然后根据GPS4点的高程（205.0216米）计算出东宫门内拱门参照基准点高程，并与设计高程（175.936米）进行比较，确定需要顶升的高度，最后进行复测。以顶升后的东宫门内拱门参照点为基准，在东、西宫门之间安置精密水准仪，应用水准仪测量方法测定两点之间的高差。根据高差对西宫门不断进行顶升，当两点之间高差为零时，东、西宫门内拱门就在同一高度上。按照同样的方法确定中宫山门顶升高度。在东宫门和中宫山门之间安置精密水准仪，应用水准测量方法测定两点之间的高差。根据高差对中宫山门不断地顶升，当两点之间高差为0.5米时，中宫山门内拱门就在176.456米的高度上。

在遇真宫局部顶升施工过程中，湖北华迪工程勘察院与设计和施工单位配合，本着科学、严谨、细致的工作态度，树立对工程质量精益求精的精神，严格遵守相关技术规程，按照工程设计精心施工作业，确保每一次顶升科学合理，测绘技术控制精准，最终将遇真宫山门及两翼八字琉璃墙体和东、西宫宫门准确地定位在175米，原地顶升高度达15米，打破了世界单体建筑物顶升高度的世界纪录，为开创我国工程建筑物超高度顶升做出了贡献。

（五）实施顶升体的沉降稳定监测

2013年5月，在遇真宫垫高保护工程的山门及东西宫门顶升工程完成后，武当山特区文物局委托湖北华迪工程勘察院，开展了遇真宫顶升体沉降稳定性监测工作，根据监测方案，坚持基准点选址在遇真宫附近居民点的适当空隙位置进行布置，为保证基准点水位的可靠性，共布置3个监测基准点。每次观测前先校核基准点的稳定性、判断选择稳定点作为工作基点的起算点。为了准确地反映建筑物和土建回填垫高平台的沉降变化，监测点选择在建筑物的柱位或剪力墙上，以及回填垫高平台边缘进行布置。根据现场实际情况选在东西宫门四个墙基角布置4个监测点，山门四个墙基角布置4个，山门左右琉璃墙基布置1个监测点；回填垫高平台边缘等间距布置4个监测点，共计布置18个监测点。根据遇真宫垫高保护工程设计要求，顶升工程结束后第一年，监测频率每月一次，自第二年开始，监测频率为每三个月一次，第三年监测频率为每六个月一次。

2014年6月，湖北华迪工程勘察院根据遇真宫监测设计要求布设了18个监测点，2014年7月16日进行了首次观测，取得了观测数据，确定了监测系统基准。2014年8月5日进行了第一次监测。到2015年2月14日进行了第七次监测，监测结果分析：前几次的监测所有沉降量均在沉降误差范围内，没有明显的沉降出现。第七次的监测表明遇真宫顶升体总沉降量呈下降趋势，但其数值大小均较小，没有明显的沉降出现。根据沉降数值大小能够说明遇真宫地基基本稳定。

七、遇真宫地面文物建筑的复原

遇真宫地面文物建筑的复原是遇真宫垫高保护工程三个子项目中文物解体及复原工程的一部分。

（一）实施文物建筑复建的准备

遇真宫垫高保护工程的三个子项工程是分阶段进行的，根据施工设计规划和工程控制进度，2011年8～10月要首先完成文物解体工程，2011年11月～2012年4月完成垫高区域排水箱涵的施工，2011年12月～2012年12月完成基础垫高填筑工程，2013年和2014年属于南水北调工程蓄水期，遇真宫垫高区域要等待沉降稳定，《武当山遇真宫垫高保护工程勘察设计方案》提出“垫高工程完成后需经两次蓄放水过程，经监测沉降稳定后，方可实施文物工程”。

遇真宫中宫基础筏板施工

根据设计垫高区域基础要经过两次工程蓄水的浸泡确保垫高区域得到均匀沉降后，方可在得到平稳沉降的填筑基础上浇筑筏板基础，之后才能开始地面文物建筑的复原施工。但在实际实施过程中，由于南水北调工程分阶段蓄水过程中遇到上游来水过小的情况，水库蓄水量一直得不到满足，实际蓄水后一直无法达到设计蓄水高程。遇真宫垫高工程实施后，垫高区域所处位置一直没有受到蓄水的影响，在接近两年的时间内，丹江口水库水位一直没有达到正常设计水位，遇真宫垫高区域因为没有得到两次蓄水的浸泡考验，填筑体沉降情况无法得到验证，即无法通过蓄放水的方式来检验土石方垫高工程的稳定性，文物复建区迟迟无法开展复建前基础筏板浇筑等各项准备工作，遇真宫文物复建工程难以正常推进。

针对工程实施过程中出现的这一新的情况，为不拖延施工工期，在规定的时间内完成遇真宫基础垫高后的文物复建任务，满足南水北调工程总体验收要求，湖北省文物局于2015年7月23日就遇真宫文物复建基础设计事项召开专家咨询会议，国务院南水北调办、国家文物局、湖北省移民局、南水北调中线水源有限责任公司均派员参加。专家组建议，增加文物复建场地基础岩土工程勘查环节，另行验证土石方垫高工程实施后地基的稳定性。会后，武当山特区文物局根据专家组的建议正式委托地质勘探的专业机构——鄂西北工程勘探总公司针对遇真宫复建场地开展了场地岩土工程勘察工作，详细了解遇真宫基础垫高工程在没有满足工程设计预设的二次蓄水浸泡自然沉降的前提情况下，基础沉降的稳定性和承载力情况。根据委托本次勘察属详细勘察阶段，目的是拟建建筑物地基基础及边坡设计与施工提供必需的工程地质资料，主要勘察任务如下：

1）搜集附有坐标和地形的建筑总平面图，场区的地面整平标高，建筑物的性质、规模、荷载、结构特点、基础形式、埋置深度、地基允许变形等资料。

2）查明建筑场地岩土层的类型、成因、分布、埋深及工程特性，分析和评价地基的稳定性、均匀性及承载力。

3）查明建筑场地内及附近有无影响建筑场地稳定性的不良地质现象并查明其成因、类型、分布范围和危害程度，提出整治方案建议。

4）查明建筑物范围内地下水的类型、埋藏条件、补给及排泄条件，并判别地下水与土对建筑材料的腐蚀性。

5）查明埋藏的河道、沟滨、墓穴、防空洞、孤石等对工程不利的埋藏物。

6）对需进行沉降计算的建筑物，提供地基变形计算参数，预测建筑物的变形特征。

7）确定场区的抗震设防烈度、分组及有关技术参数；场地土类型和场地类别，评价岩土的地震稳定性，并对饱和砂土及粉土进行液化判别。

遇真宫中宫东配殿复建

8）查明边坡水文工程地质条件，确定边坡类别和可能破坏模式，评价边坡稳定性，对边坡工程的设计、施工方案提出建议及提供支护设计所需的岩土技术参数。

9）查明场区周边原有建筑物、构筑物对新建建筑物的影响，查明场地内不良地质作用，对不良地质作用进行危害性评价，并提出整治建议，提供不良地质作用防治所需的岩土工程参数。

10）对可供采用的地基基础设计方案进行论证分析，提出经济合理的设计方案建议；对桩基础，需评价其适宜性，提供桩基础设计的有关参数，并估算单桩承载力；提供与设计要求相对应的地基承载力及变形计算参数，并对设计与施工应注意的问题提出建议。

2015年8月26日，武当山特区文物局向省文物局正式上报了《关于请求动工修复遇真宫垫高保护工程宫墙内基础筏板等工程项目的请示》（武文物局文〔2015〕58号），依据鄂西北工程勘察总公司地勘结论，提出动工修复遇真宫垫高保护工程宫墙内基础筏板等工程。查武当山文物局随文件所附的鄂西北工程勘察总公司提交《武当山遇真宫垫高保护工程场地岩土工程勘察报告》（2015-kc-054）的勘察结论及建议如下：

第一，拟建场地位于构造侵蚀中低山地貌，地形较起伏，场地整平形成较多的人工边坡，处理不当会产生崩塌、滑坡，拟建建筑物位于坡顶和岸坡的边缘，场区属抗震不利地段，本建筑场地属稳定性差的场地，工程建设可能诱发地质灾害，工程建设适宜性差。

2016年10月20日大殿基础部分复建施工现场

2016年10月20日宫墙复建施工现场

第二，武当山地区抗震设防烈度6度，设计基本地震加速度值为0.05g，地震动反应谱特征周期为0.35s，设计地震分组为第一组。拟建中宫建筑及围墙的抗震设防类别均为丙类（标准设防类），应按本地区抗震设防烈度确定其抗震措施和地震作用。拟建场地土类型为中软场地土，建筑场地类别为Ⅱ类。

第三，勘察区地下水主要为上层滞水，通过对水和土的检验结果进行腐蚀性评价，场地水和土对混凝土结构具有微腐蚀性，对钢筋混凝土结构中的钢筋具有微腐蚀性。

第四，建议中宫建筑物采用两种基础形式，一是采用筏板基础，以①碎石素填土为天然地基持力层；二是采用桩基础，以④-2中风化绢云母石英片岩为桩端持力层，桩端进入持力层1～3倍桩径深度。

第五，围墙荷载不大，建议采用条形基础以①碎石素填土层作为天然地基持力层，必要时选用强夯法、堆载预压法或注浆加固法进行地基处理。

第六，基槽开挖后，应通知设计、质检、监理、施工和勘察等单位联合验槽，确保基础和基坑施工安全、质量达标。

第七，本项目地基基础设计等级为甲级，根据建筑地基基础设计规范（GB50007-2011）第10.3.8条规定：地基基础设计等级为甲级建筑物，在施工和使用期间应进行沉降及变形观测。

2015年11月2日，在经与省移民局和设计单位等部门及相关专家就遇真宫垫高体中宫建筑复建区地勘结论及地勘部门意见进行沟通后，湖北省文物局给武当山特区文物局下发了《关于遇真宫文物复建工程的意见》（鄂文物〔2015〕146号），明确：根据你局委托专业机构提交的地勘报告，我局原则同意按照原设计采取筏板基础实施遇真宫复建工程。同时提出加快施工进度，要按照南水北调中线工程总体工期要求加快推进遇真宫复建工程，确保在2016年12月前完成遇真宫文物本体复建；强化工程管理，在确保工程质量和工程进度的基础上，坚持高标准做好遇真宫文物附件厂，尽可能使用原材料、原工艺进行复建，文物构件（含砖石文物）严格按照拆解编号进行复原，最大限度地保持遇真宫原真性，严格按照操作规范开展文物复建施工，如有重大设计变更，须按程序报批；完善施工资料，在文物复建工程中进一步完善文字、影像资料，确保工程资料的完整性和规范性；规范安全管理与宣传报道，进一步强化施工现场安全制度与措施，确保施工安全；进一步规范财务管理，确保资金使用安全；妥善处理新闻媒体采访的相关事宜等四个方面的工作要求。此后，武当山特区文物局积极组织施工单位按照文物复建区基础筏板设计文件开展施工，并于2016年6月按照长江水利委员会长江勘测规划设计研究有限责任公司编制的遇真宫的中宫、内外宫墙基础设计筏板施工方案开始施工。

但在准备开展垫高后遇真宫复建区基础施工过程中，设计单位长江水利委员会长江勘测规划设计研究有限责任公司对原经过国家文物局正式批准的《武当山遇真宫保护垫高工程勘察设计方案》中的筏板基础设计内容（设计文件里提到：由于遇真宫建筑多为砖石结构，应采取措施防止基础不均匀沉降，拟采用筏板基础作为防止基础不均匀沉降的措施。遇真宫中宫筏板沿中宫范围布置，总长61.45、宽50.15、厚1.2米，为了控制结构变形，分区块设置了4道后浇带，后浇带宽度均为1米。筏板按建筑工程规范进行设计，混凝土等级为C25，采用PKPM系列软件进行设计），提出要增加桩基础设计的变更意见。根据设计单位提出初步设计桩基础，2015年8月，对垫方部分做了最后勘测，设计部门对上述各阀板基础作了重新设计变更，提出原筏板基础变更为钢混承台桩加承台梁基础。变更后的基础无形中加大了施工难度和工程造价。根据设计，内外宫墙全长约890米，设计承台柱129根，柱径0.8米，每根长25米，需12.6立方米混凝土，129根共需1626立方米混凝土。承台梁1.2米×1.6米×890米=1708立方米，桩梁混凝土3334立方米。原设计阀板基础砼2563立方米，承台桩梁相比多出771立方米。按照当时商品混凝土价格，每立方米410元，需资金31.61万元，承台桩钢筋约84吨，按照十堰市当年第四季度建材价格，每吨2400元，需资金20.16万元。机械打孔桩每立方米592元，共1626立方米，需资金96.3万元，变更后的宫墙基础与原阀板基础相比，需增经费148.07万元。此外，大殿、东西配殿、龙虎殿增加承台桩126根，增加混凝土1583立方米，价格64.9万元，钢筋182吨，价格43.68万元，机械打

2016年10月20日大殿基础复建施工现场

孔桩1583立方米，价格93.72万元，需增加经费202.3万元。宫墙承台桩、承台梁、殿堂承台桩共需增加经费350.37万元。以上经费仅根据变更图纸的要求为设计依据，而实际桩深不止25米，加上当时的人工费，建筑材料费用的上涨，实际应增加经费至少约600万元。

由于此前经过专家组论证增加文物复建场地基础岩土工程勘察，另行验证土石方垫高工程实施后地基的稳定性环节，且勘探报告的结论是筏板和桩基基础两种基础处理形式均可以。业主单位武当山文物局和设计单位长江勘测规划设计研究有限责任公司之间产生分歧，设计单位对已经实施完成的筏板基础施工部分一直不签字认可，但按设计单位的变更设计，必须重新走审批程序，且增加的费用总量过大，增加经费也需重新审查，特别是国家文物局和国务院南水北调办分别对遇真宫垫高保护方案和遇真宫垫高工程经费得到正式批复已经过去了4年多，提出增加经费几乎无从解决。为此，武当山文物局只能暂停遇真宫复建工程的施工。

2016年12月2日大殿基础复原施工现场

2017年3月27日大殿木结构吊装

根据武当山遇真宫垫高保护工程遇到的实际问题，为加快推进武当山遇真宫文物复建工程建设，按照预定时间圆满完成武当山遇真宫垫高保护工程，2016年7月20日，湖北省文物局与湖北省移民局、南水北调中线水源有限责任公司一道，组织设计单位长江水利委员会长江勘测规划设计研究有限责任公司、清华大学建筑设计研究院、鄂西北工程勘察总公司、北京市园林古建工程公司、北京方亭工程监理有限公司、十堰市文物局及武当山特区管委会、武当山特区文物局等方面的人员召开“武当山遇真宫文物复建工程工作会议”，及时研究解决工程施工过程中遇到的问题。湖北省文物局副局长王风竹主持会议，会前与会人员考察了遇真宫文物复建工程基础施工现场，会上首先通报了遇真宫垫高保护工程进展情况和遇到的问题，听取了武当山特区文物局及遇真宫保护工程施工方、监理方关于文物复建工程进展情况，以及鄂西北工程勘察总公司关于文物复建场地基础岩土工程勘察情况的汇报，工程设计方清华大学建筑设计研究院、长江勘测规划设计研究有限责任公司技术负责同志分别发言，并重点围绕遇真宫文物复建基础筏板处理进行了讨论。会议指出，遇真宫

复建白蚁防治施工照片

土石方垫高工程施工过程中，管理单位和施工方严格按照经国家文物局批准的设计文件实施分层碾压和土石方垫高，于2015年7月通过湖北省文物局组织的专家组验收。验收后，为确保文物复建基础符合遇真宫文物复建要求，在工程蓄水无法满足“垫高工程完成后需经两次蓄放水过程，经监测沉降稳定后，方可实施文物工程”的情况下，湖北省文物局及时组织咨询专家意见，结合专家组建议，由工程责任主体武当山特区文物局委托鄂西北工程勘察总公司进行地质勘察。根据地勘报告形成的“文物复建基础处理可采取筏板基础和桩基础”的意见，湖北省文物局同意按国家文物局正式批复的方案实施基础处理。武当山特区文物局根据上述情况，组织施工单位按批复的方案采取筏板基础开展施工，积极推进文物复建整体进度。针对遇真宫文物复建面临的筏板基础处理的问题，工程设计方长江勘测规划设计研究有限责任公司提出重新进行基础设计，采取桩基的方案处理遇真宫文物复建的基础，武当山特区管委会对此提出异议，此前也多次书面与设计单位沟通，明确要求对已经按照国家文物局批复方案设计文件实施的筏板基础进行核验签字，以便尽快推进复建工程的施工。会议认为，为高水平做好遇真宫文物复建工程，各方面作出了大量的努力，体现了对世界文化遗产保护的充分尊重与高度重视；遇真宫文物复建筏板基础处理措施得当，有关技术指标符合技术标准和设计要求，能够满足遇真宫文物复建需要。

会议要求，工程相关各方应在充分相信和依据勘探报告得出的结论的基础上，尊重国家文物局批准的原方案，客观合理对待复建场地基础处理问题，进一步加强沟通交流，密切配合，为进一步加快推进遇真宫文物复建工程做出新的努力。

（二）地面文物建筑复建的过程

遇真宫地面文物复建工程与文物建筑解

体工程属于一个标段，由北京市园林古建公司承担。在开展复建工程前，施工单位陆续做了大量准备工作，对拆除的各类砖、石、木构件进行排查，对现有木构件糟朽部分进行挖补，对开裂部分进行黏接加固，对残损的砖、石构件进行拼对黏接，确保复建过程中最大限度地利用已解体的原始文物构件。对复建区基础区域及文物构件进行白蚁防治处理。同时根据复建工程需要，依据不同构件的样本确定砖瓦构件、木料的定向采购点和先期询价，先行备料、加工，确保垫高区域和山门顶升工程完工后，能够在较短的时间内实施文物复建工程。

遇真宫是世界文化遗产武当山古建筑群的重要组成部分，2012年8月至2013年1月，为配合南水北调中线工程建设和文化遗产的保护，武当山遇真宫山门及两翼琉璃墙体、东西宫门实施了原地抬升15米的保护工程。在开展顶升工程的过程中，对遇真宫复建区域用分层碾压的方式进行垫高。2015年7月，湖北省文物局组织国内有关方面的专家对上述两项工程进行了工程竣工省级初步验收，此后，经过两年多的垫高体稳定沉降观测、文物复建基础地质勘察与专家论证，2016年7月，施工单位完成复建中宫宫殿区域的基础筏板浇筑工作，标志着遇真宫原地垫高保护的文物复建工程正式启动。

在复建过程中，严格遵循“不改变原状”和“原材料、原形制、原工艺、原做法”的“四原”原则，确保遇真宫文物复建做到“原汁原味”。施工单位对基础复原、砖石及木作复原等各阶段复建工序和施工环节应注意事项做了进一步的操作规定。

2017年3月27日龙虎殿梁架安装

2017年3月27日龙虎殿脊枋襻间斗拱安装

遇真宫中宫神道及龙虎殿复建现场

1. 基础复原工程

（1）施工准备

核对设计图纸总、分尺寸及与各部结构关系，结合传统做法，校核调整各部位尺寸。其地上、地下尺寸检查无误后，按原有基础进行砖料添配加工，备好灰土、灰浆料及分间丈杆。

（2）主要工序

按原先建筑物方位，砌线墩定出轴线，加肥槽放坡撒灰线放荒，确定开挖槽坑尺寸。再在荒线以外相对槽沟两边钉龙门桩，按设计要求确定台平，用水平仪测画到龙门桩上，然后钉龙门板，板上皮应平直，与桩上台平线在同一平面上。

2016年12月2日复建宫墙

2. 石作工程的复原

石作项目：石活清洗、石活归安、石活添配、石活修补。

（1）石活清洗

清洗范围包括阶条石、台明石、角柱石、埋头、好头、台阶。用清水和钢刷子对石活表面进行清洗去除污垢。石活的边角沟缝均应清洗干净。注意不准使用酸碱溶液，如：草酸、火碱等。刷洗石活防止对石活造成腐蚀损伤。清洗中不准使用錾子、剁斧、钢挠子等硬器剔挠污物，防止对石活造成硬器损伤。清洗后的石活表面应清洁无污物。

（2）石活归安

要按石料原有位置归安，不得错位并按原位置、原标高将石活稳好。

（3）石活添配及修补

石活添配部位有：台明部分压沿石残损较多。添配石活石料应与原石活材质一致。修补好头石应先将缺损部位剔凿规矩，然后按补配的部位选好荒料，后口形状要与剔出的缺口形状吻合，露明的表面要按原样剔出糙样，安装牢固后再出细。新旧槎接缝处要清洗干净，然后黏接牢固。缝隙处用石粉拌和，环氧树脂黏合剂堵严，最后打点修理。

3. 木构件的归位复原

在堆放文物古建材料临时仓库对大木构件逐件仔细检查，损坏轻微的进行整修。损坏、虫蛀、糟朽严重者进行更换，更换构件须与原有构件在形状、花纹、断面尺寸一致，保持原有风格，所用木材应与原用木材一致。如特殊树种、直径过大等因素，只能采用化学灌浆技术，梁灌注环氧树脂，柱灌注不饱和聚酯树脂或脲醛树脂。能够修补复原的构件尽量使用原有构件，以保证建筑的文物价值。

对门、窗、挂落、楼梯等装修构件应

2018年12月2日修缮后的山门

针对不同的损坏情况采取剔补、添配、更换、重新组装等方法进行。修理后的装饰构件要与原有构件、图样、花纹、断面尺寸一致，保持原有风格。木构件的修配工作基本完成后就可以开始安装。顺序与拆卸工作恰好相反，即先拆卸的后安装。安装顺序是先内后外，先下后上。各根立柱复原归位后，检查尺寸、支顶戗杆、吊直拨正、调整角度。再进行枋梁的安装复原，整个安装都需按原有构件上的位置号对号归位。

各构件要按拆卸记录草图编号，核对实物无误后再进行安装。

4. 砖石构件的复原

对柱础、石柱等承重构件应逐件检查，有横断或斜裂纹、纵向受力裂纹及表面风化严重损坏的应予更换。

砖石构件的安装需按原构件上的位置号归位，且构件各面朝向位置应与原建筑物相符。砌筑灰浆品种及配合比符合设计要求，灰缝饱满、均匀、拼缝严实。

阶沿石，地面铺石，原物可用者要尽量使用原物，缺失部分按原材料的规格、质地、色调补足。大面积碎裂不能再利用的，按设计规格重新制作复原。

5. 屋面的复原

瓦件铺设：碌筒瓦时由中线向两边分，并使用水泥砂浆坐灰，要尽量做到每匹滴水瓦伸出部分大约一致。底瓦盖瓦时，要根据屋面的形状适当调整，平均数为压七露三，在大脊处坡度陡峭，瓦件要铺设得紧密些，这里瓦件容易产生滑动，在檐口处，坡度平缓些，瓦件要铺设得稀疏些。

盖瓦完毕后，要进行“捉节夹垄”。盖瓦抹缝完毕后，要进行调脊工作，对碌筒瓦件的屋面尤为重要。调脊即为安装脊，其工序为先垒两端，后垒正中的大脊，即先垒垂脊，然后垒戗脊和大脊。各类脊堆砌成后，都要进行勾缝处理。

6. 柱子修缮

对糟朽柱子通常采取挖补和包镶两种方法。柱皮小局部的糟朽深度不超过柱子直径的一半时，采取挖补的方法。如果柱子糟朽部分较大，在沿柱身周圈一半以上深度不超过柱子直径的四分之一时，可采取包镶的方法。

对糟朽柱子采取剔补与墩接，仅表皮糟朽柱心完整不超过柱根直径的一半时，采取剔固的方法，将糟朽部分剔除干净，用干燥旧木料依原式样、尺寸补配整齐。糟朽严重自根部向上高度不超过柱高的四分之一时，通常采用墩接柱根的方法。依据糟朽的程度、墩接材料及柱子所在位置的不同大体采取不同的墩接方法。

7. 斗拱修缮

遇真宫修缮中，斗拱的构件数量较多，且多为小构件，结构复杂，易于变化，各构件互相搭交，凿刻榫卯，剩余的有效断面仅为构件本身的一半、三分之一或更小一些。因此极易发生扭曲变形、榫头折断、劈裂、糟朽、斗耳断落、小斗滑脱等现象。

（1）单体构件的修补

整朵斗拱由于外力作用，如檐檩向外滚动，柱子下沉、梁架歪斜等都会引起斗拱各构件因受力不均而发生位移的现象，形成扭闪变形的外貌。在此变化过程中，

大木维修铁箍加固

大木维修铁箍加固

大木维修铁箍加固

常常伴随出现卯口挤裂、榫头折断和斗耳断落。

进行斗拱维修时需从单体构件开始，再进行整朵斗拱的归整。

斗：劈裂为两半，断纹能对齐的，黏接后应继续使用。断纹不能对齐的或严重糟朽的应更换。斗耳断落的，按原尺寸式样补配，粘牢钉固。斗“平”被压扁超过0.3厘米的可在斗口内用硬木薄板补齐（应注意补板的木纹与原构件一致）。

拱：劈裂未断的可灌缝粘牢，左右扭曲不超过0.3厘米的应继续使用。超过的可更换。榫头断裂无糟朽现象的灌浆粘牢，糟朽严重的可锯掉后接榫。用干燥硬杂木依照原有榫头式样尺寸制作。

昂：最常发生的是昂咀断裂，甚至脱落。裂缝黏接与拱相同。昂咀脱落时照原样用干燥硬杂木补配。与旧构件相接。平接或榫接。

以上所述灌浆黏接材料皆指用环氧树脂等高分子材料，配方同梁枋维修。

（2）斗拱构件的更换

凡应更换的构件就可随时比照原来位置进行复制，并随时安装在原位，以待正式安装。

梁架采取地上和架上修配结合的办法进行。即在修补之前，在施工现场按原来存在情况先进行一次安装，然后逐件修配。同时，在梁架安装时进行架上边安装边修配。

8. 梁、枋、檩等木构架加固与修配

梁、枋糟朽的维修与更换，根据糟朽后所剩余完好木料的断面尺寸，如仍能安全荷重时应进行修补，将糟朽部分剔除干净，边缘稍加规整，然后依照糟朽部位的形状用旧料钉补完整，胶粘牢固，钉补面积较大时外加1～2道铁箍。糟朽严重不能承担荷载时，可以更换新料，严格按照原来的式样和尺寸制作，最好选用与旧构件相同树种的干燥木材。

各修配的梁、枋构件，修补或更换过程中需随时与其相连接构件校核榫卯是否严实，尺寸是否相符。在上架安装前，修配构件较多时通常要进行预安装工作。在施工现场的空地上将大梁的两端垫起，按结构顺序自下而上进行实地安装，凡尺寸不符、榫卯不严的再进行一次修改，然后拆卸保存，等待正式安装。

9. 屋面盖瓦施工

补配顶升后山门的石质栏杆

（1）灰背、泥背、护板灰

苫背是屋顶工程的重要工序之一，即用防水、保温材料在望板上做垫层，其功能是用于室内保温和调整屋面曲线。苫背由上向下进行，接茬做斜茬，塞严抹平，不翘边，七八成干时刷青浆轧活，然后进行隐检，合格后苫垫层背，垫层泥背，具体做法是：泥背使用掺灰泥，要求用生灰块泼制，抹背不少于两遍，找出昂弯。望板铺钉完毕之后，先施麻刀灰勾抿望板缝，之后于望板之上抹2厘米的护板灰，用于保护望板，其配料为泼灰和麻刀加水调匀而成，材料配比（重量比）为泼灰：麻刀＝20：1。护板灰应抹灰均匀严实、平整、不露木骨，薄厚一致。之后开始苫灰泥背，灰泥背所用材料是黄土泼灰掺麦秸加水搅拌匀施用，为减轻屋顶荷载及保温效果和防止屋顶生草，所用黄土须为熟土，并且配料时加大泼灰比例，其用料配比（体积比）为黄土：泼灰＝100：55。平均厚度不少于100毫米，垫层背找昂要和缓平整，并层层拍打严实（要“打拐子”以防止瓦面下滑）。灰泥背，即滑秸泥掺合均匀密实，左右薄厚一致，上下平整。青灰背用青灰麻刀。要求两遍，面层应不少于“三浆三压”，青灰背拍麻刀要匀不要厚、待将麻刀揉实入骨后方可溜浆。擀轧后顺抹子花出亮交活，不得有灰拱子、麻刀泡和裂缝，同时须经有关检查部门验收后方可进行下一道工序。

（2）屋面瓦灰陶筒瓦施工

根据武当山遇真宫残存的黑色灰陶筒瓦等构件，确定原有屋面采用琉璃作。色调为黑色，以保持原有庄重古朴的建筑风格。屋面采用官式瓦件，并以此模数配齐小跑、垂兽、仙人、围脊及岔脊等。大吻及正脊纹样和造型按设计图定制。

（3）屋面盖青瓦

青板瓦屋面，此屋顶一般采取“撞肩做法”，即先调脊后瓦瓦的做法，施工程序亦可分为审瓦、沾瓦、分中号陇、调脊、瓦瓦等。

斗拱修补

龙虎殿屋面施工

10. 地面复原工程施工方法

（1）地面墁砖施工方法

所用缺损墁砖补配砖料规格、品种、加工应遵照建筑物的时代特点和尺寸。对照地面拆除时对其铺墁形式和材料所作的详细文字记录及照片，先做底衬层。

地面细墁铺设要先做垫层。垫层做好后，四角抄平，以黑或红线在墙壁四周弹出水平线，根据原样分出行数挂线进行铺墁。磨砖：细墁所用砖块，必须经砍磨加工。首先用磨石或两砖相对，将砖正面磨平，再将四个侧面，用平尺、方尺找直校正，按要求尺寸画线，再把多余的砖边砍掉，用磨石磨平，底面斜收。墁砖：用方砖细墁。用砍磨加工的砖块，依原样铺墁。先将砖块逐行按线摆正，用水平尺和拐尺检验砖块是否方正，边棱接缝是否严密平直，不足之处应随时磨石修好。铺墁时，先铺底灰厚1～2厘米，砖块边棱接缝处勾灰。然后逐行逐块进行铺墁。随时用木墩锤击，将砖缝挤严，令四角合缝，砖面平整。细墁所用底灰用纯白灰浆，砖棱勾缝用油灰。白灰和生桐油的重量比为1∶1（或加少许白面），以竹制宝剑形的抹子，尖挂油灰抹在待墁的砖块接缝处。铺墁后油灰

2017年3月28日修缮后的遇真宫宫门

挤在缝内，外露油灰擦拭干净。钻生泼墨：细墁砖地面干后，打扫干净，用拨斗墨汁洒在砖面上，干后钻生桐油2～3道。使灰钻油：在细墁砖地面上，先刷生桐油1～2遍，再涂灰油1～2遍，最后刷光油1～2遍。

质量要求：地面美观整洁，棱角完整，表面无灰浆，油灰饱满、缝子严实、宽窄一致、真砖实缝。墁完到钻生之间要有晾干的过程，要加强成品保护，以防碰砸、污染。

（2）地面墁石施工方法

石板的铺设工艺次序为：弹线→试排→铺灰浆（砂）结合层→铺石板→清扫面层。

弹线：首先统一往待铺面引进标高线。然后在垫层面上弹互相垂直的控制十字线，作为检查和控制的准绳。试排：铺设前先要进行石板的试拼。同时可核对板块与周围面的相互位置是否符合要求。铺灰浆（砂）结合层：按水平线定出面层厚度，拉好十字线，即可铺灰浆（砂）。铺前宜洒水湿润垫层，然后摊铺灰浆（砂），铺好后刮大杆、拍实，用抹子找平，其厚度适当高出按水平线定的结合层厚度1～2毫米。铺设石板：铺设时要拉准线，用水平大尺边铺边靠，保证铺筑平整度，纵横缝要通直。铺好后用木槌敲击检查密实度，如有空鼓要及时掀起补浆（砂）后再复位，正式镶铺。清扫面层：铺设完成后，要以干灰粉或细砂铺在板面扫缝，使所有缝隙都嵌堵严实，然后将板面清扫干净。石板材质较脆，在铺设时应注意要用木夯、木槌排实，严禁用铁锤击打；此外，在大板铺设时，要小心用木撬棒移动，不可用铁棒，以防撬碎石板楞边。

2017年3月28日遇真宫复建现场

2017年3月28日维修后的遇真宫宫门细部

2018年7月12日遇真宫宫门修缮后情况

施工前施工单位对各施工工序都提出了针对性的操作程序和技术要求，从而确保了施工规范可以有序进行。

按照上述复原工程确定的复建工序和各阶段施工环节的注意事项，施工单位顺利推进了遇真宫地面文物建筑的施工。在此过程中，湖北省文物局多次组织专家深入施工现场开展工地检查，对各阶段施工过程中需要研究确定和解决的实际问题及时研究论证，提出处理意见。

八、遇真宫保护工程的检查验收

（一）遇真宫保护工程检查管理

遇真宫垫高保护工程从工程内容和工程实施次序考虑，可以分为遇真宫顶升工程、土石方垫高工程和文物解体复建工程，其中顶升工程主要对象为山门和东、西两个宫门，文物复建工程包括前期的文物建筑解体和土石方垫高工程实施后的文物建筑复建工程两个大的阶段。

根据武当山旅游经济特区管委会的请求（武区文〔2010〕100号），经湖北省文物局专题研究，同意武当山旅游经济特区管委会作为遇真宫垫高保护工程的责任主体，具体负责遇真宫垫高保护工程的实施（鄂文物函〔2011〕15号）。但考虑到遇真宫垫高保护工程内容复杂、技术要求高、保护难度大、时间要求紧，由武当山旅游经济特区负责完成相应的任务确实难以承担。为进一步强化管理，省文化厅、省移民局、十堰市人民政府联合成立了“遇真宫保护工程领导小组”（鄂文化文〔2011〕277号），并责成武当山旅游经济特区管委会成立了工作专班组织开展相关工作。同时，为按照时间节点、工程施工次序高质高效地推进遇真宫垫高保护工程建设，省文物局在加大经费保障力度的基础上，在遇真宫垫高保护工程实施的每一个重要阶段，由南水北调办多次组织有关专家赴现场督办工程进度、检查工程质量、查验工程记录、指导工程建设，为科学、规范保护好遇真宫打下了坚实基础，提供了技术保障。

根据南水北调工程蓄水要求和文物保护工程实际，遇真宫垫高保护工程的工期安排要在确保工程质量的前提下尽最大可能满足蓄水要求。经研究，当时确定了三项工程，分四个阶段完成了工期计划，其中：

文物解体工程，计划在2011年10月10日动工，2012年2月底完工，工期140天。

文物顶升工程，计划2011年12月1日动工，2012年8月30日顶升到海拔168米，确保不影响先期蓄水，12月30日顶升到175米，工期390天。

基础垫高工程，2012年3月10日动工，2012年7月土石方垫高到海拔168米，9月10日垫高到海拔175米，工期210天。

文物复建工程，计划2013年1月1日动工，2015年1月1日完工，工期720天。

1. 加强施工前的检查督办

2011年3月8日，湖北省文化厅副厅长、省文物局局长沈海宁率调研组到武当山开展专题调研，省文物局副局长黎朝斌、综合处处长方勤、文物处处长王风竹，湖北省文化厅古民居保护中心主任沈远耀、副主任吴晓，中国文化遗产研究院冯铁宏等，武当山特区管委会副主任、武当山特区文物局相关人员等参加。调研工作的重点是武当山文物保护规划问题、“十二五”及近年文物保护工作情况、遇真宫保护专题。3月9日召开专题座谈会，沈海宁强调关于武当山遇真宫建设问题，已经明确武当山特区管委会是责任主体，特区文物局就是业主单位，省文物局全面协调指导，特区要立即确定遇真宫保护工作专班。要高度重视遇真宫垫高保护工作的建设，进一步提高认识，要在工程建设过程中秉持正确的文化遗产保护理念，省文物局将加大指导和督办，与武当山特区一起把工作做好、做成世界文化遗产保护的亮点和典范。省文化厅、省文物局、移民局、十堰市政府将共同成立工作领导小组，这项工作省文物局正在与移民局、十堰市政府沟通进行。会议进一步确定了遇真宫垫高保护工程推进的时间节点，2011年3月底以前完成施工设计成果汇总征求意见后上报国家文物局，4月完成审批和修改。2011年内完成现有建筑构件的编号拆解，开始三个宫门的顶升，为基础垫高施工提供必要条件。

2011年12月14日湖北省文物局组织专家到遇真宫文物解体工地检查听取各方工作汇报

2011年12月14日湖北省文物局检查遇真宫文物解体工地

2011年12月14日，根据遇真宫垫高保护工程总体工作安排，武当山特区文物局组织中标单位开展了遇真宫垫高保护工程的分项施工，按计划开展施工前的场地清理、临时道路铺设、施工用电线路搭设等准备工作。湖北省文物局组织开展遇真宫垫高保护工程相关施工组织及工地管理工作检查，湖北省文物局文物处处长、三峡和南水北调办主任王风竹、文物处副处长陈飞，省古建筑保护中心副主任吴晓，湖北省文物考古研究所副所长孟华平，设计单位清华大学建筑设计研究院文化遗产保护研究所朱宇华、长江水利委员会长江勘测规划设计研究有限责任公司高工王静，以及文物拆迁复建施工单位北京园林古建公司、文物顶升施工单位河北建筑研究院及工程监理单位北京方亭监理有限公司的相关负责人，武当山特区管委会、特区文物局等负责同志参加。

检查组分别听取了业主单位关于工程总体工作安排和进场以来开展相关工作情况和施工单位、监理单位的工作进度汇报，查阅了相关资料，检查了工程施工现场进度情况和组织管理情况后，召开专题会议，与会领导和专家认为：武当山特区对遇真宫垫高保护工程的各项工作高度重视，迅速成立了领导小组和工作专班，克服诸多困难，开展了招投标、移民外迁、场地清理等一系列卓有成效的工作，确保了工程如期开工，各项工作总体进展顺利，值得充分肯定。但通过现场检查，发现施工组织与管理还存在一些问题，有的还比较混乱。王风竹代表省文物局提出以下几个方面的要求：一是要进一步提高认识，参建各方要进一步提高对遇真宫垫高保护工程性质和重要性的认识，这不是一个简单的文物保护工作，遇真宫是世界文化遗产武当山古建筑群的重要组成部分，是全国重点文物保护单位，这里的一砖一瓦都是文物，这是我国第一次对世界文化遗产的组成部分进行拆迁复建，受到世界关注，这项工作前期经过多方面论证，由湖北实施，但实际上代表的是国家，因此必须高度重视、高标准要求；同时这也是南水北调工程中最大的文物保护工程，工程涉及文物的拆解和复建、基础垫高和文物本体部分顶升，工程内容复杂、技术要求高、实施难度大，而且工程施工进度受南水北调工程总体蓄水的时间约束，必须在规定的时间完成，不能因为遇真宫垫高保护工程对南水北调工程正常蓄水带来影响。二是要进一步加强管理，确保规范，要做好施工的技术交底工作，在施工前和施工过程中及时发现问题、解决问题，要建立工地例会制度，及时研究解决施工中遇到的复杂情况。业主单位要进一步加强力量，确保现场的管理协调工作及时有效；施工单位项目经理必须到场，施工组织设计必须进一步细化和确保到位，不能流于形式；施工及监理单位要进一步加强人员培训，严格按图纸施工、严格按文物保护工程的技术要求施工、严格按施工流程和步骤施工，确保质量。文物解体过程中，要确保每一个文物构件的安全，要轻拿轻放，安全保护和包装措施等该做的工作必须按要求做到位。要按分项、分阶段做好记录、完善资料。三是进一步加快进度，遇真宫垫高保护工程的工程性质复杂，要合理安排工期、合理衔接各分项工程作业、合理组织现场施工，相关的工作要考虑交叉进行。要确保2012年底前完成顶升和基础工程施工。四是进一步加强沟通，相关的施工组织设计、重要的设计变更、工程的工作进度要实行月报制度。五是进一步确保安全，一方面是文物构件的安全，在拆卸、转运过程中要仔细，要有现场加固和包装的措施，特别是易破损的砖石构件，尽可能减少损毁；另一方面是人员安全，不能出安全事故。大型机械的安装、使用问题要按标准规程进行，要及时向业主汇报，按程序向相关管理部门报备。此外，要耐心做好周边村民的安抚工作，减少工作过程中的摩擦，及时消除可能出现的负面影响。六是进一步做好宣传，遇真宫垫高保护工程的宣传要经国家文物局批准，电视台拍摄要按程序报批，宣传报道要把好关，确保专业性和规范性。施工现场要注意形象，各种工程说明和标牌、标识必须规范到位。最后，王风竹强调：武当山特区文物局要明确现场工作专班人员，做到分工明确，责任到人。遇真宫垫高保护工程各参建单位要切实做到认识到位、管理到位、措施到位、落实到位、档案资料建设到位，要建立信息报送制度，及时上报工程进展情况，让上级领导机关随时了解工程的进度和实施情况。各方要齐心协力、共同努力，把遇真宫垫高保护工程打造成我国世界文化遗产保护的典范工程，成为南水北调工程文物保护工作的亮点。

2. 加强施工中的规范管理

2012年2月，遇真宫垫高保护工程正

2017年3月遇真宫复建现场

式启动后，为加强管理，湖北省文物局专门下发了《关于进一步做好遇真宫保护工程的函》（鄂文物函〔2012〕4号），指出遇真宫垫高保护工程是南水北调工程建设中级别最高、单体规模最大的文物保护工程，科学、规范地抓好遇真宫保护工程，不仅有利于推动武当山旅游经济特区乃至全省文物保护事业的跨越式发展，同时也关系到南水北调工程建设的大局。2011年以来，根据武当山旅游经济特区的申请，经与省移民局研究，同意特区具体负责遇真宫垫高保护工程，特区在机构建立、招投标、文物拆迁、三通一平等方面做了大量工作，实现了遇真宫保护工程的良好开局。为进一步加强遇真宫保护工程管理，坚持高质量保护、高水平施工，努力将武当山遇真宫保护工程打造成我国乃至世界文化遗产保护的典范。对具体工作提出以下要求：一是规范管理、确保进度。根据省政府确定的时间节点，按照工程实施方案，狠抓进度管理，确保2012年底完成基础垫高至海拔175米；要进一步加强管理，完善各项制度，确保工地管理科学规范；坚持执行月报制度，每月20日前以文字形式将遇真宫保护工程进展和项目安排及资金使用情况报省文物局备查。二是科学施工，确保质量。要进一步细化施工组织，加强项目单位技术沟通和人员培训，严格按照国家文物局批准的方案内容组织施工，如有重大调整，须按程序另行报批。三是精心组织、确保安全。要严格按照有关规定，落实安全规章制度，加强安全防范措施，做好安全教育培训工作，制定突发事件应急预案，确保人员和文物安全，同时，强化资金监管，实行专账专户、专款专用，确保资金使用安全。

2012年3月3日，省文物局副局长黎朝斌带队，到武当山对遇真宫垫高保护工程施工进度开展检查督办，省文物局文物处处长、三峡南水北调办公室主任王风竹，湖北省古建筑保护中心副主任吴晓、规划设计部主任王吉，省文物考古研究所副所长孟华平、协调部主任张成明等参加工地检查。武当山特区管委会副主任，武当山特区文物局局长及施工、监理单位负责人参加。检查组听取了武当山特区文物局关于遇真宫垫高保护工程开工以来的工作汇报，文物建筑解体工程于2011年10月进场，已经按计划完成，文物构件已经有序存放在文物保护临时仓库中。根据工程总体安排，文物复建工程计划于2013年1月动工，用2年时间完成；三个宫门的顶升工程总体顺利，按计划到2012年8月30日前顶升到168米，年底前完成顶升计划；土石方垫高工程已经进场动工，计划7月底垫高到168米，按计划9月10日前完成。蓄水淹没涉及住户外迁工作，共有25户外迁移民，已经外迁21户，后续工作正在进行。

黎朝斌在讲话时指出：这项工作武当山特区政府高度重视，开工以来特区文物局集中力量做了大量工作，工程总体进展顺利，对各项工程进度和效果比较满意。这次检查的目的就是与武当山特区一道坚持高标准规范管理，做到科学有效地加快工程进度，对下一步工程推进工作做安排部署。同时他强调：一是严格把好时间关、质量关、安全关。把好时间关，各施工单位制定倒排工期的时间表，工期不能拖延，

2011年12月14日湖北省文物局到遇真宫工地检查文物解体施工

不能影响南水北调中线工程正常蓄水这个大局；把好质量关，施工质量，特别是顶升工程，认真研究加固的方式方法，确保万无一失。解体工程实际上是给我们深入研究遇真宫建筑历史、建筑工艺和流程提供的一次非常难得的机会，必须注意细节的记录和研究，还要考虑今后的展示和利用问题。资料整理需及时做好现场三大记录资料和室内资料汇总登记建档工作，全面提高记录水平和记录质量，最大限度地记录和保留尽可能全面的资料。工程完工后要出版工程报告；把好安全关，包括文物（包括文物构件的存放、防火、防盗问题）和人身安全、资金安全；把好经费关，基本原则是不能有大的突破，相关程序必须到位，重大设计变更和经费追加必须论证确认，必要项目先期跟进审计。二是进一步提高认识、提高标准、提高水平。这不是一项普通的文物保护工程，要提高对这项工程特殊意义的认识，从一般意义的工程来要求已经做得不错，但对遇真宫来讲，要高标准要求，还有很大的提升空间，围绕保护、展示和利用，多思考，合理做好各工种的衔接，认真研究重点问题，进一步突出重点，也要从细节出发提高保护水平。三是加强规范管理、信息通报、工作跟进。规范经费使用，马上开始的经费审计工作，经费用到哪里审到哪里，一定要高度重视。垫高工程碾压工作实验必须尽快开展，符合相关要求后加快施工进度。文物解体工程基本完工，要有详细汇报。整个过程的工作进度简报月报必须认真执行。相关工作要及时跟进，如重点部位的解剖和取样，拆解下来的文物构件的防腐处理、白蚁防治施工跟进、经费使用跟踪审计，等等。同时要求省文物局要进一步加强力量，加强现场的巡视和检查监督，及时协助解决相关问题，做好配合服务。

2013年6月5日，为迎接国务院南水北调办和国家文物局南水北调工程蓄水前验收，湖北省文物局组织专家组开展武当山遇真宫垫高保护工程施工进度检查，湖北省文物局文物处处长、三峡南水北调办主任王风竹及湖北省文物考古研究所副所长孟华平，湖北省古建筑保护中心副主任吴晓，湖北省三峡工程库区文物管理中心主任李劲等参加现场检查，十堰市文物局局长郭崇喜、武当山特区管委会副主任、武当山特区文物局副局长赵本新及施工方、监理方负责人参加。上午专家组深入遇真宫施工现场检查，之后到文物构件存放库房及堆料场进行检查，在工程项目部认真查看工程施工各阶段相关资料之后，召开专题会议听取业主单位关于遇真宫垫高保护工程总体推进情况及施工单位和监理单位的汇报后，专家组对工程进度，特别是资料建档等方面存在的问题提出了整改意见。关于工程进度，检查组认为基本符合遇真宫垫高保护总体进度计划安排和要求；对各参建单位工程资料的搜集管理提出要分阶段归档成册，特别要注意相关影像资料的记录搜集，确保即时性和真实性；对已存放的文物构件的编码，要及时检查清理，对露天的编码标志要定期更换，确保清晰完整，对堆放的木质旧构件要定期检查和维护；在做文物复原工程准备的过程中，对木质和石质构件采取的加固材料必须按文物保护工程有关规范和标准执行。

2014年3月7日，湖北省文物局副局长王风竹、文物处刘杰等，就落实南水北调工程文物保护规划涉及纳入遇真宫整体

湖北省文物局组织专家检查遇真宫

保护的襄府庵、泰山庙以及遇真宫前古桥的保护问题，赴武当山检查督办，要求武当山特区文物局要按南水北调工程丹江口库区文物保护规划确定的任务，在实施遇真宫文物解体及垫高保护的过程中，秉持正确的文物保护理念，及时做好遇真宫周边襄府庵、泰山庙和遇真宫遗址前古桥的实测、影像资料的记录和相关数据的搜集，做好抢救性清理和文物构件的提取、保护等工作，加强与设计单位共同协调，统筹安排组织开展好设计、选址及后续复建工作。

2016年7月20日，省文物局在武当山召开武当山遇真宫文物复建工程协调推进会。省文物局副局长王风竹，省移民局四处处长王文杰，特区工委委员、管委会副主任刘建平等，以及工程施工方、监理方，设计单位清华大学建筑设计院、长江勘测规划设计研究院等部门参加会议。会议就遇真宫复建工程涉及的中宫钢筋砼筏板基础问题、宫墙基础处理问题、相关附件施工图设计等问题进行了交流讨论，进一步明确了各方职责和相关工作衔接问题。据了解，此前遇真宫文物垫高保护工程的山门、东西宫门顶升工程已经通过了验收，进入审计阶段；中宫真武殿、龙虎殿、东西配殿等所需的添配木材、砖瓦材料已经全部订购到位；龙虎殿、东配殿的斗拱全部修补、添配完毕，完成总工程量的35%，后期的复原工程已准备就绪，待设计团队调整完善施工图纸后即可全力投入复建工程施工。会议指出，遇真宫复原工程是南水北调工程中规模最大、技术难度最高的保护项目，经过各方的共同努力，目前即

将进入文物复建阶段，时间紧迫，任务艰巨，技术要求高。各有关部门要密切配合，加强协调，采取有效措施，进一步加快工程进度，狠抓工程质量和施工安全，严格按照各项规章制度和设计要求，确保遇真宫文物复建工程保质保量早日完工。

2016年10月20日，经过两年多的垫高体沉降观测、文物复建基础地质勘察与专家充分论证，在湖北省文物局的积极组织协调下，武当山遇真宫原地垫高保护工程文物复建部分正式启动，在根据测绘资料精准防线确定遇真宫建筑基础位置后，在完成中宫钢筋砼筏板基础上砌筑柱墩，内部进行灰土和砖层的填筑；中宫的台明基础条石归安到底商层，中宫台明石基础与砼筏板的高差采用毛石砌体已砌筑完成；宫墙内的基础已经放线确定准备砌筑。10月20日，为加强现场施工管理，湖北省文物局副局长王风竹等一行赴武当山特区检查了文物复建现场。

检查过程中，在依次检查了文物复建备料、大木前期施工准备、中宫柱墩砌筑、台明条石归安及宫墙基础放线等工程施工现场后，在工程项目部召集参建各方召开工作会，听取武当山特区文物局和文物复建工程设计、施工、监理单位工作汇报并查验了相关施工记录。在会议总结时，王风竹强调：遇真宫垫高保护工程备受关注，工程实施以来国务院南水北调办、国家文物局领导、相关方面专家多次亲临现场检查指导工作，对工程建设进度与质量给予了充分肯定，认为该工程建设与管理水平达到了世界文化遗产保护的高标准，这是对我们工作的极大鼓励。目前遇真宫垫

省文物局组织专家检查遇真宫拆迁现场

高保护工程进入了地面文物复建的关键阶段，这个工程已经进行了四年，中间因为蓄水的原因停滞了一段时间，影响了整个工程的进度，目前，复建工程已经全面复工，参建各方要在已取得成绩的基础上继续保持良好的工作状态，克服疲劳厌战情绪，以昂扬的工作状态，继续努力做好复建工程。一是要进一步坚持高标准、严要求。加强设计、施工单位的技术沟通，做好设计交底，严格按照批复的施工方案实施文物复建，加强现场管理和施工监理，坚决按图施工，必须根据文物修缮的原则体现原工艺、原规制，特别是木构件、石构件的榫卯形式一定要延续，在复建中保持传统工艺；要理清变更程序和严格相关管理制度，涉及重大变更必须严格按原程序报批。二是要进一步加强施工、监理资料的管理。科学、规范地做好工程建设过程中的文字、图纸、影像资料记录，一方面是工程技术资料的搜集记录，特别是关键环节和细部施工的记录，另一方面是工程管理各关键环节、重要工作的记录，要为下一步整理研究、工程报告的编写与后续展示利用工作夯实基础。三是要进一步明确工作目标，突出工作重点。合理安排施工次序，按照南水北调工程总体蓄水的

2017年3月遇真宫宫墙下肩墙复建

艺做法，如真武殿翼角处老仔角梁与桁条45°角处未设鼻子榫宫、墙的丝缝墙体未设拉丁砖块实际工艺上如何操作等问题，要求施工单位和监理单位要及时与设计单位沟通，查找相关历史资料，以传统工艺的规范要求进行施工和验收。在现场就发现问题进行了现场指导，对已完成的中宫祟台条石破碎部分的旧构件归安做法表示肯定，要求继续保护这种好的做法，对真武殿已经安装到位的大木构件的效果表示认可，要求参建各方要充分认识到遇真宫垫高保护工程的重要性，要高度重视，要以建设成优秀文物保护工程的标准要求做好施工和资料工作，在确保工程质量的前提下加快工程的推进进度。

相关时间节点要求倒排工期，做到宏观把握，有序推进，又要根据工程的特点、季节和天气的变化情况明确阶段性施工内容，做到心中有数、重点突出，总的目标和要求就是要确保顺利通过南水北调工程文物保护专项验收。

2017年3月28日，遇真宫中宫真武殿4.38米的台明祟台岩归安到位，真武殿的柱、额枋、斗拱正在组织安装施工，东西配殿的台明石正在归安；宫墙部分进行1.2米以下肩丝缝砖墙的砌筑，东宫外围采用旧下肩砖，内侧采用新购城砖加工而成的丝缝砖砌筑，施工现场人员组织较多，其中木工约30人，泥工40人，其他人员约10人。3月28日，省文物局副局长王风竹组织专家组到工地突击检查，北京市古建筑保护研究所研究员韩扬、湖北省古建筑保护中心研究员吴晓、湖北省古建筑保护中心主任陈飞等参加检查。在施工现场，检查组重点察看了木工和泥工的施工操作过程，要求解答设计图中无法表达的传统工

2017年5月9日，遇真宫真武殿、龙虎殿的大木构架已经安装完成，木工进行椽子和望板的安装，东宫宫墙的东段和南段11层的下肩丝缝墙已经砌筑完毕，中宫内院石墁层和神道开始铺装归安，西宫设置归安遗址条石的吊装机械塔吊。9日下午，省文物局副局长王风竹、文物处副处长刘杰一行到工地检查，对现场工作进行指导，复建项目旧构件尽可能使用在重点可显露部位，宫墙下肩丝缝墙的旧砖使用效果较好，中宫内院要求要结合旧构件的保存情况，尽可能采用较为完整的旧石板铺设；强调工程施工过程中传统工艺的保持和传

承，对原材料的加固修复根据先期试验成功后的效果（如旧大木柱镶填灌注黏接材料、破损的地砖黏接加固、石构件的修补黏接加固等）实施的做法值得肯定。工程质量必须按标准和规范实施和验收，资料的搜集和归档要及时全面。对工程部门反映的工作进度款不及时而影响工程进度的问题，要求武当山特区文物局主动安排开展经费使用的跟踪审计，在掌握反映工程实际造价的情况下，及时按合同拨付工程进度款，尽快改变目前从3月份以来的工程形象进度相对缓慢的情况，确保工程进度。

2017年7月28日，遇真宫三个顶升到位的山门的修缮基本到位，中宫建筑台明，宫墙复建完成约60%，中宫龙虎殿木构件已经安装完成，屋面准备苫背施工，西宫遗址台明基础正在施工。省文物局组织有关专家开展工程阶段检查，省文物局副局长王风竹、文物处副处长刘杰、省移民局南水北调处郝毅、浙江省古建筑设计研究院研究员黄滋、中国文物信息咨询中心研究员王立平、武汉大学后期保障部部长兼文物保护处处长陈慧东、湖北省古建筑保护中心研究员吴晓、浙江双林古建工程有限公司总工赵阳等到遇真宫垫高保护工程现场检查。武当山特区管委会副主任刘建平、文物局局长陈家宏等陪同检查。检查组重点检查了顶升后山门和东西宫门屋面的修缮情况，中宫的台明条石归安情况和西宫建筑遗址施工情况，对西宫遗址台明添配过多新石材，复原整齐划一、缺少遗址残留信息的问题提出立即停工，待考证咨询形成一致意见后再实施。在检查现场，王风竹强调已完成竣工的过程和现在正在

2016年10月20日西宫门维修

进行中的项目，专家提出的建议和指导意见，必须引起参建各单位的高度重视，需要整改的尽快整改到位，应按照世界文化遗产的标准进行文物保护工作，坚持真实性保护、尊重遗址原状、坚持传统工艺施工、操作要细致，要确保质量，确保效果；遇真宫从文物解体到复建工期过长，必须拿出竣工时间表，按计划推进；武当山特区文物局要与地方审计及财政部门加强沟通，实事求是地反映工程进度和经费需求，确保资金按进度及时到位；要充分考虑到遇真宫工程的特殊性，但也要合理控制工程造价，必要的情况下省文物局将邀请审计部门或委托审计中介机构结合工程进展情况开展跟踪审计，确保资金使用合理合规和及时，不影响工程工期。

2017年10月29日，湖北省文物局组织清华大学建筑学院吕舟教授、中国文物信息咨询中心王立平研究员、湖北省古建筑保护中心负责人吴晓研究员等组成专家组，对武当山遇真宫垫高保护工程实施情况进行检查，省文物局副局长王风竹、省文物局文物处刘杰、宋博，十堰市文物局局长郭崇喜、文物科李鑫，武当山特区管委会副主任刘建平、武当山特区文物局局长兰海波、武当山特区文物管理所所长肖志喜及施工单位、监理单位负责人参加本次检查。遇真宫复建工程施工在紧张进行之中，其中中宫台明砌筑除厢房和爬廊外均已完成，大殿和龙虎殿、东西配殿均

2019年1月遇真宫施工塔吊拆除

遇真宫大殿木构施工现场

已完成屋面木基层，正在做苫背的施工准备。东西宫建筑遗址的西宫台明复建完成约60%后，处在停工状态，宫墙正在砌筑下肩丝缝砖墙。在遇真宫复建工地现场检查过程中，专家组根据国家文物局文物保护工程检查办法的管理规定，查验填写相关表格，检查过程中发现施工现场的石灰洗池污水横流，工地施工现场管理不规范，施工没有大规模进行，特别是西宫的建筑考古遗址复原存在很大问题，与原遗址保存的历史状况感官差距很大。专家组肯定了宫墙施工质量与效果，特别是下肩丝缝砖墙的砌筑工艺，确保了传统工艺、传统材料的使用，效果较好。对工程施工程序与工程档案资料存在的问题（包括施工及监理），提出资料的搜集归类要按照2016年国家文物局颁发的文物保护工程检查验收管理办法的有关规定执行，要重视施工、监理资料的规范管理，应尽快补齐缺项资料。对现场靠近水库设立的石灰洗池提出限期拆除的整改要求，以避免污水对库区造成污染。对西宫考古遗址的复原工地检查过程中发现建筑基址的复原改变了原考古清理出来的遗址高低错落的原貌，要求暂时停工，待与设计文件核实及与设计方沟通研究后再行施工。针对复原的建筑基址的台明部分过多使用新补石条的问题，要求最大限度使用原有条石，新补条石添配率保持在30%左右，尽可能保持原有建筑基址考古揭示的现状。（后经查东西宫建筑基址复原设计及与设计单位沟通了解到，原经批准的设计文件对东西宫建筑基址在复原设计上存在一定问题，设计文件没有按照考古发掘清理揭示的建筑基址的残存实际状况复原，而是从建筑设计角度做的复原，所以虽然西宫每一个建筑基址位置及平面结构均参照考古发掘清理进行定位设计，但建筑基址的残存高度并没有按照考古清理出的残存尺寸复原，而是统一按建筑应有台明高度统一进行恢复，因此整个西宫遗址的复原从效果上存在真实性差的问题，这是遇真宫复建的一个遗憾！）

2018年1月12日，遇真宫文物复建工程，除中宫一侧廊房的屋面木结构正在施工外，其他殿的苫背均已完成施工，已经采用防潮布覆盖保护，宫墙的下肩丝缝砖已经砌筑完成80%，其上部的淌白灰糙砖墙有30%的地段已经施工，由于黏结材料石灰不能低温施工，墙体砌筑施工已经停止。西宫遗址台明部分上次停工后施工单位未接到业主单位的复工指令，尚处在停工状态。1月12日，省文物局副局长王风竹，省古建筑保护中心副主任吴晓、省文物考古研究所副所长孟华平及省文物局文物处刘杰一行四人，在十堰市文物局局长

2018年1月12日遇真宫龙虎殿复建

2018年1月12日遇真宫宫墙复建

郭崇喜、副局长龚德亮及武当山特区管委会副主任刘建平、文物局局长陈家宏等陪同下，来到遇真宫施工现场进行检查，检查组全面检查了遇真宫保护工程施工进度，对总体工程实施进度表示满意，提出工程的总体进展不能影响南水北调工程的总体验收，但工程进度要服从质量，必须把好质量关；后续工程的相关内容要提前做好计划准备，特别是瓦件和宫墙冰盘檐构件的加工，需求量大，质量要求高，要提前做好充分准备；对西宫建筑遗址的复原，存在使用新石材过多的问题，强调填补新的石构件要依据考古清理的原始记录，要掌握好度，不能随意填补，这事关复原总体效果，从大的方面看，也事关世界文化遗产的真实性问题，必须慎重，对重点部位的复原方式和效果需要进一步充分论证和讨论。

2018年5月15日，省文物局副局长王风竹、文物处副处长刘杰一行到武当山遇真宫进行例行检查。对中宫廊房的复建与原建筑遗址原状差异较大，设计单位和业主单位均未上报备案的问题，强调设计图必须依据原遇真宫老照片及武当山文物局历次文物普查的原始记录为参照，必须尊重历史，要求业主单位要秉持正确理念，要多与设计单位沟通，属正式批复方案以外的重大变更，必须按原程序报批。中宫

2018年1月12日遇真宫中宫甬道归安及场地平整情况

专家检查武当山遇真宫

真武殿、龙虎殿的瓦屋面施工必须与山门瓦饰起升相协调一致，瓦面铺设必须采用传统工艺施工。

2018年8月9日，武当山遇真宫复建工程中宫施工已经完成接近90%，宫墙冰盘檐层施工已经完成，宫墙墙面抹灰装饰施工已完成约50%，中宫构筑物石板铺地正在施工阶段。省文物局副局长王风竹率专家组深入遇真宫复建工地开展检查。专家组由浙江省古建筑研究院院长黄滋研究员、中国文物信息咨询中心王立平研究员、湖北省古建筑保护中心吴晓研究员，以及省移民局原副巡视员宫汉桥、计财处原处长蒋人瑞、省审计厅原处长王全德组成，省文物局文物处刘杰副处长、宋博，十堰市文物局局长郭崇喜、武当山特区管委会副主任刘建平、武当山特区文物局局长兰海波等参加检查。专家组对工程施工质量和效果、工程记录资料进行了检查，指出部分木构施工工艺粗糙，应立即整改，检查中还发现存在个别设计变更未履行变更程序的问题。专家组专程对西宫遗址复原施工现场进行查验，探讨复建设计调整及确保复建良好效果等问题。在听取业主单位及施工和监理单位的汇报，以及清华大学设计院的设计说明及下一步要补充的设计施工图后，专家们发表了各自的意见，对东西宫遗址的复原展示效果和方式问题进行了论证，建议业主单位及时与设计单位沟通，重新考虑复建方式和效果，并适当增加可供游览参观的设施，专家组还对物价上涨产生的价差、人工费调整、材料价格上浮、古建筑特殊材料供应商市场限制等问题进行了讨论，建议施工单位及时与业主单位协商解决，业主单位在后续的工程决算过程中统筹考虑。在总结讲话时王风竹强调，武当山遇真宫垫高保护工程已经进行了七年，在参建各方的共同努力下，工程总体进展顺利，目前已经进入尾声，各单位要进一步提高认识，要怀着敬畏之心做好每一项工作，要确保施工质量，各项工艺必须确保规范、细致；要规范和强化工程管理程序，工程的重大变更必须履行相关程序，及时健全和完善工程档案；要严格按照国家文物局批复的方案施工，合理安排工期，加快后续工程施工，确保在2019年6月满足国务院南水北调办的全面验收；要超前思考加强文物保护单位维修后的管理利用，让文化遗产保护成果全民共享。

2018年1月12日遇真宫顶升维修后的山门

2018年5月15日遇真宫大殿施工现场

2019年8月3日，针对遇真宫垫高保护工程省级验收过程中专家组提出的遇真宫文物复建东、西宫考古遗址的复原效果不理想、积水、石质地幔铺设等问题，湖北省文物局组织召开专家咨询会。清华大学建筑学院吕舟教授、中国文物咨询中心王立平研究员、湖北省文物考古研究所副所长孟华平研究员、湖北省古建筑保护中心原副主任吴晓研究员组成专家组。专家咨询会由湖北省文物事业发展中心二级巡视员、原省文物局副局长王风竹主持，会前专家组专程到遇真宫东、西宫考古遗址复原现场实地考察，并现场核实查阅了工程设计文件，对现场存在的地面积水、建筑基础排水、宫墙外缺散水、中宫前院落石板铺设、山门前甬道铺设形式与范围等问题现场研判解决方案。咨询会上形成如下专家咨询意见：

一是东、西宫遗址复原施工按照设计文件已经基本就绪，虽然存在局部过于规整的问题，鉴于现状可考虑不做过多调整，尊重原设计的基础上做适当补救，台明房基内的地面铺碎石，颜色区别于柱础石，提升遗址展示标识效果；二是东、西宫建筑遗址复原要按考古发掘揭示的状态复原，尽可能按发掘的勘察记录及照片记录的原状，采用原破损、残缺石材和老砖恢复，避免过度使用新的过于规整的石材，尽可能保存和体现考古遗址原状效果；三是按发掘、拆迁前记录的照片及三普等历史老照片的记录，恢复宫墙边石质排水和遗址房屋排水沟，完善遗址的有组织排水，材料尽可能使用残件适当进行规整并视构件残损风化程度调整设计；四是在完善宫内建筑遗迹后的院落，结合土石方的标高，采用黄土填土碾压后铺设石墁，确保宫内无积水，有组织的排水要畅通排水沟槽的坡度和衔接；五是中宫前院落的石墁应尽量使用较好的旧石板，可做适当集中铺设，山门前甬道和台明由设计单位结合已形成的状态出具设计图，山门外甬道结合考古清理资料按30米铺设；六是宫墙外散水参照考古及“三普”资料恢复，结合宫外的排水系统进一步考虑排水沟的设计。王风竹最后强调，这次专家咨询提出的意见非常重要，进一步研究解决和明确目前遇真宫复建工程验收前需要解决的问题，请武当山特区文物局迅速与设计及施工单位研究落实，确保10月15日前尽快落实到位，以最好的状态和效果迎接国家级验收。

2018年5月15日遇真宫宫内场地平整

3. 国家级工程例行检查

2008年11月，国家文物局副局长童明康检查南水北调中线工程丹江口库区文物保护工作，专程到丹江口市检查静乐宫大石牌坊等复建项目，并到武当山检查遇真宫遗址。2009年7月，国务院南水北调办副主任张野、征地移民办司长袁松龄等到遇真宫现场考察，听取了湖北省文物局副局长吴宏堂的情况介绍，武当山特区管委会主任、省文物局南水北调办主任王风竹等陪同考察。2010年10月22日，国家文物局与国务院南水北调办联合开展南水北调工程湖北库区文物保护工地检查，国家文物局文物保护司考古处处长闫亚林、副处长张磊，国务院南水北调办移民司处长王宝恩、副处长曹继文一行，带领由西北大学文化遗产学院教授王建新、山西省考古研究所所长宋建忠研究员、河北省古建筑研究所所长韩立森研究员组成的专家组，到武当山检查遇真宫垫高保护工程。湖北省文物局副局长黎朝斌、文物处处长王风竹，湖北省文物考古研究所副所长孟华平，十堰市文物局局长郭崇喜，丹江口市文化局副局长陈胜先及武当山特区管委会副主任等陪同检查。

2009年7月国务院南水北调办副主任张野考察遇真宫

2010年10月国务院南水北调办、国家文物局联合检查遇真宫

检查组听取了王风竹代表湖北省文物局做的湖北南水北调工程文物保护工作情况及武当山特区文物局关于遇真宫垫高保护工程相关情况的汇报，认为遇真宫各项准备工作做得比较

2008年11月国家文物局副局长童明康检查丹江口静乐宫大石牌坊复建现场

2010年10月省文物局黎朝斌副局长检查遇真宫发掘资料

细，比较全面，指出遇真宫是世界文化遗产武当山古建筑群的重要组成部分，其保护备受关注，具有特殊性，对文物保护提出了很多高标准的要求，现存地面建筑落架拆解要进一步细化和论证，拿出切实可行的方案，把砖瓦和木构架等的损失降低到最小。遇真宫建筑拆除后，对建筑基础要用考古的方法做好记录，留取详细的资料，为复建和研究服务好。王宝恩处长在讲话时指出湖北整个南水北调文物保护工作非常有成效，硕果累累。这次检查非常必要，遇真宫垫高保护工程是南水北调工程文物保护工作的重中之重，务必做好。遇真宫基础工程要进一步加快，2012年6月内必须完成基础垫高工程，台子垫起来了，进度方面就算满足要求，复建也一定不能着急，要把工作做细，基础稳定沉降后再开展文物复建，确保安全。闫亚林处长在总结时强调，南水北调工程文物保护工作，国家文物局和国务院南水北调办合作得很好，在南水北调工程文物保护规划方面、在遇真宫前期保护方案论证方面合作多年，相互支持，配合得很好。南水北调工程建设过程中的文物保护工作是我们双方共同的责任，以后会经常开展联合检查，这次是一个良好的开端。首先我们要共同做好2011年的最后工作，任务还是很艰巨的，务必要抓紧时间，遇真宫要合理安排工期，必须及时汇报工程进展情况，明年6月底完成，年底之前国家文物局还要进一步检查。地面文物要充分利用，包括遇真宫今后的利用情况，地方政府要结合工程建设提前谋划。黎朝斌表示检查组对湖北南水北调工程文物保护工作给予了充分肯定，是对我们工作的一种鼓励。对下一步工作，两位处长有很好的意见和工作要求，我们的工作重点是遇真宫，

2019年4月29日遇真宫西宫建筑基址条石复原补配

保质保量同时要确保2012年6月底完成基础工程施工。

2012年3月16日，国务院南水北调办副主任蒋旭光、征地移民司司长袁松龄、副司长陈曦川一行，在省移民局局长汪元良、副局长彭承波，十堰市副市长沈学强、武当山特区管委会主任等的陪同下，考察武当山遇真宫文物保护情况并指出，文物是全社会共同拥有的历史文化遗产，保护文物是历史和时代赋予我们的责任，要以保护文物本体和原生环境为原则，把保护与利用，开发与管理有机结合起来，使文物资源得到持久永续传承。

2012年6月3日，原国家文物局局长、故宫博物院院长单霁翔一行，在省文物局副局长黎朝斌、文物处处长王风竹，市文物局局长郭崇喜及武当山特区管委会相关部门负责同志的陪同下对武当山古建筑保护等方面进行了考察。在遇真宫垫高保护工程现场，单霁翔一行详细了解了遇真宫垫高保护工程进展及文物修缮、保护情况。他强调遇真宫是国家重点文物保护单位，是武当山世界文化遗产的重要组成部分，也是国家南水北调工程重点文物保护对象，前期经过多轮论证，最终确定采取原地垫高保护的方式，湖北和武当山特区对此项工程要高度重视，目前现存的建筑、东西宫遗址、宫墙的解体，文物编号、包装、建档、运输、存放等工作已完毕，工作规范、细致值得充分肯定。他强调武当山对以遇真宫为代表的世界文化遗产的保护与修缮，始终要按照“修旧如旧”的原则，这不仅对保护武当山世界文化遗产的完整性和真实性具有重要的意义，而且对于促进武当山旅游经济的发展都将产生深远的影响。

2014年3月国家文物局局长单霁翔、文物保护司司长顾玉才在湖北省文化厅蒋昌忠等陪同下考察遇真宫

单霁翔考察遇真宫文物构件存放库房

2012年7月25日，国务院南水北调办检查组到武当山检查遇真宫垫高保护工程进展情况，武当山特区文物局就工程进展情况作了专题汇报。关于遇真宫垫高保护工程前期准备情况：一是完成了招投标工作。为了科学确定招标的，请财政部门和造价部门核算出文物拆迁及复原工程、土石方垫高工程的拦标价。招投标代理单位为湖北建达工程项目管理公司；地点在十堰市招投标中心；发布平台为湖北工程建设信息网、十堰市招投标中心网。遇真宫垫高保护工程分三个标段招投标，即文物拆迁及复原工程、宫门顶升工程、土石方垫高工程。其中，文物拆迁及复原工程于

2011年7月5～11日发布招标公告，8月19日上午开、评标，9月30日正式确定中标单位为北京市园林古建工程公司；宫门顶升工程，经请示相关行业部门采取邀标的办法，2011年9月20日正式发布邀标通知书，11月10日开标，河北省建筑科学研究院中标；土石方垫高工程于2011年9月20～26日发布招标公告，11月15日开标，湖北新七集团有限公司中标。二是完成了场地清理工作。遇真宫垫高保护工程建设涉及三个组的25户农户（属内安移民）需要搬迁，175亩农户菜地需要补偿，目前，25户农户已搬迁21户，农户菜地已经全部补偿到位。完成了东、西宫建筑遗址除杂清理及积排水处理。同时，通过遇真宫的12根（涉及42根）国防光纤电杆（线）需转移，目前正在实施。三是完成了“三通”工程。供水主管道已进入施工场地及项目部场地，供水已通；架设安装了1台125千伏安的变压器，贯通了通往项目部、施工现场的供电线路，供电已通；在遇真宫东西两端宫墙以外修建了运输通道1000米，运输通道已通。目前“三通”已全部到位。四是完成了文物库房及项目部建设。为保证拆卸文物安全合理堆放，挖山开辟了一块70亩的场地，作为临时文物库房和砖石构件的堆放场地，以及3个工程项目部的建设场地。目前，已经完成场地平整、碾压、排水等场地建设工程；临时文物库房已基本完工（两栋库房总面积2304平方米，除山墙、后檐墙简易封护外，已全部完工并投入使用）；根据工程需要，文物解体工程、顶升工程和土石方垫高工程三个工程项目部的建设已完成。

关于遇真宫垫高保护工程施工进展情况：一是完成了文物解体工程。文物解体工程是遇真宫垫高保护工程实施的第一个重要步骤。为了确保施工和交通安全，在沿汉十公路沿线搭建了400多米的金属防护墙。按照复核—测绘—编号—清理—拆除—运输—存放的工作节点，现已完成东西宫遗址的复核、测绘、编号、清理，文物拆除工程全面完工，宫墙、东西宫遗址、砖石构件、中宫建筑、山门至龙虎殿院落甬道、地墁石、龙虎殿至大殿甬道、地墁石已全部拆运至材料堆放地。二是顶升工程快速推进。顶升工程就是对山门和东、西宫门实施顶升。目前，山门、东西宫门周围已清理完毕，各类施工机械和部分材料已运至现场，项目技术员、主要施工人员全部到位，先后完成了地质勘探、文物本体前期型钢加固、顶升机械设备购置等工作，顶升孔桩、基础托盘已基本完工，计划8月1日开始顶升宫门，8月20日开始顶升山门，预计2013年1月30日完工。三是基础垫高工程稳中求进。受多雨天气等因素的影响，土石方垫高工程启动晚、推进相对慢。为确保工程进度，该工程开工后，在可施工日采取全天候不间断施工的方式推进工程建设。目前已完成垫高区域清表、清淤、清渣及换填24.32万立方米；土石方垫高工程已完成垫方58.65万立方米，占土石方工程量的50%；阀板、护坡挡墙等工程正在做备料等筹备工作。四是文物复原工程正在筹备。对拆除的石构件和木构件进行摸排，正在进行清理可挖补，最大限度地利用已拆除的文物构件。同时，已会同纪检、财政、审计

2019年1月遇真宫复建建筑木装饰安装前

等部门外出考察，确定砖瓦构件、木料的采购点和价格，先行备料、加工，确保垫高和顶升工程完工后，按程序尽快开展复原工程。检查组要求，遇真宫垫高保护工程要按照国务院南水北调办确定的调水时间节点和有关工作要求，确保在正式蓄水前，按时完成遇真宫垫高保护的全部工程。

2012年8月4日，文化部副部长、国家文物局局长励小捷，国家文物局文物保护司司长关强等一行，在湖北省文化厅副厅长、省文物局局长沈海宁、副局长黎朝斌、文物处处长王风竹，十堰市副市长刘学勤、武当山特区管委会主任等的陪同下，到遇真宫垫高保护工程正在实施的山门顶升工程施工现场进行检查，亲切看望一线文物工作者和施工人员，强调遇真宫原地垫高保护工程经过长时间充分论证来之不易，工程环节多、工期要求紧、技术难度大、社会关注高，湖北省文物局要加强业务指导，十堰市和武当山特区要高标准、严要求，上下一心、通力合作把遇真宫原地垫高保护工程打造成南水北调工程文物保护工作的典范工程。励小捷充分肯定了湖北省在南水北调工程文物工作方面取得的显著成绩，他说，湖北文物资源非常丰富，近年来，在湖北省委、省政府的高度重视和各地方党委、政府的大力支持下，湖北大遗址保护工作力度大、进展快、效果好，特别是三峡工程、南水北调中线工程文物抢救保护和考古工作有力配合了国家重大基本建设项目，为社会发展做出了重要贡献。

2013年4月18日，国务院南水北调办

文化部副部长、国家文物局局长励小捷到遇真宫检查

国家文物局局长励小捷听取遇真宫顶升保护工程施工现场负责人汇报顶升工程情况

副主任蒋旭光一行考察遇真宫垫高工程。省移民局党组书记局长彭承波、十堰市副市长沈学强、特区工委副书记、管委会副主任柯希胜、管委会副主任余建强等陪同视察。蒋旭光在遇真宫垫高保护工程施工现场，实地考察了宫门顶升、护坡设计施工等工作。要求相关部门在加强保护维修的同时，认真研究借鉴成功经验，努力推进文化遗产的科学保护和世代传承。

2013年6月，国务院南水北调办陈曦川副司长、国家文物局文物保护司王彬副处长率专家组检查南水北调中线工程丹江口水库文物保护项目，到遇真宫保护工程现场检查指导。

2013年8月11日，为迎接世界遗产组织反应性监测的现场考察，国家文物局组织专家组首先对武当山世界文化遗产保护管理情况进行先期检查，国家文物局文物保护与考古司（世界文化遗产司）遗产处处长佟薇带队，专家组由清华大学建筑设计研究院教授吕舟、中国文化遗产研究院研究员张之平、中国古迹遗址保护协会秘书处处长郑军、中国文化遗产研究院崔明、陶亮组成，湖北省文化厅副厅长、省文物局局长沈海宁，文物处处长王风竹、文物处刘杰、杜杰及湖北省古建筑保护中心副主任吴晓，十堰市文物局局长郭崇喜、武当山特区管委会副主任等相关负责同志陪同参加调研。

专家组首先实地调研了武当山遇真宫原地垫高保护工程施工现场及文物构件存放库房，之后前往玉虚宫、紫霄宫、太子坡、南岩宫、金顶等武当山古建筑群重要组成部分遗产点考察，实地研究、讨论设计了迎接世界遗产组织专家考察武当山的路线。13日下午召开考察反馈会议，专家组指出，世界遗产组织对一个世界文化遗产地启动的反应性监测是世界遗产组织对保护管理方面存在问题的遗产地采取的很严厉的一种工作措施，高度关注遗产的真实性和完整性，应对不好就有可能被列入濒危遗产名录，因此必须引起遗产所在地各级政府的高度重视。武当山评为世界文化遗产符合三条标准，Ⅰ、Ⅲ、Ⅳ，其中标准Ⅰ是一般遗产地所没有的，就是人类杰出的代表。我们的保护工作要体现如何珍惜、尊重文化遗产的问题，以什么样的心态和虔诚的心态对待祖先留下的文化遗产。检查中发现武当山管理方面的问题很多，保护管理规划滞后，没有审批、没有论证、随意乱建的事件时有发生，问题比较严重！

佟薇处长指出世界遗产组织对武当山古建筑群启动反应性监测并派国际专家开展现场检查，主要是两个任务，一是遇真宫垫高保护工程实施情况的评估，二是武当山古建筑群保护管理状况的实地评估。遇真宫垫高保护工程的实施情况总体较好，但施工的备料场还需整治，文物构件还需加强保护，现场要做些说明标识，要加一部分现场地形图，交代位置关系，介绍清楚。汇报材料，遇真宫的保护与南水北调工程的需要，关系涉及国家利益，是不得已采取这样的措施，遇真宫在南水北调工程过程中采取什么方式保护的方案比选是关注的重点，这实际上是有一个利益相关者参与论证的工程。最大限度保护历史信息，编号、拆解、运输、记录、研究的工程记录照片要全面准备好。现场的图示指认，文物构件的标记，编号等的保护措施要体现出来，每个构件做好编号，哪个部位应如何复原，真实性如何体现，尽快补救。下一步的工期安排要做好解释工作，为了确保未来遇真宫的安全，复原的工作是通过怎样的措施达到最理想效果。此外，露天的砖石构件要重新清理规整，保护大棚内不要放文物构件以外的物品。

沈海宁强调，非常感谢国家文物局多年来对湖北特别是对武当山文物保护工作的大力支持。这次国家文物局组织的遗产地保护管理工作大检查，发现了很多问题，是对我们工作的一次促进，我们的工作距离我们履行对全人类的文化遗产保护要求差距较大，世界遗产组织启动的反应性监测也是帮助我们加强遗产地的管理。对武当山遗产地保护管理中存在的问题，反映出我们缺乏对祖先的遗产发自内心的尊重和崇敬，我们的法规体系还不完善，我们保护管理的理念还不够正确，一些做法还与相关法律法规不符，会后涉及到遇真宫垫高保护工程的一些问题和资料的准备，将于第一时间调整准备到位。对于遗产地管理中存在的问题一定迅速整改，该整改的必须整改到位，不能推托，不能找任何理由。今后几个月省文物局的重点工作就是做好整改工作，确保以最好的状态迎接世界遗产组织的现场检查。

2013年11月2日，国家文物局副局长童明康率国家文物局检查组到武当山检查世界文化遗产武当山古建筑群的保护管理工作。国家文物局文物保护与考古司（世界文化遗产司）副司长陆琼、处长刘洋，督查司处长刘大明、中国古迹遗址保护协会秘书处处长郑军等相关同志参加检查，湖北省政府参事、省文化厅巡视员沈海宁，省文物局副局长黎朝斌、文物处处长王凤

2013年6月，国务院南水北调办与国家文物局联合检查遇真宫保护工程

竹，十堰市市长张维国、武当山旅游经济特区工委书记、管委会主任等主要同志参与检查工作。

童明康一行重点调研、检查了世界文化遗产武当山古建筑群重要组成部分的遇真宫、玉虚宫、五龙观等多处古建筑群和遗址，并召开专题调研会，听取了武当山特区关于遇真宫垫高保护工程和武当山古建筑群保护管理工作的汇报，对湖北省、十堰市及武当山旅游经济特区对世界文化遗产保护的重视和付出的努力给予了肯定。并指出，随着中国世界遗产总数跃居世界第二位，国际社会高度关注中国世界文化遗产的保护管理工作，相关要求和标准执行更为严格，这就要求我们进一步提高工作水平，不断加强能力建设。童明康强调，应当积极贯彻落实习近平总书记有关文化遗产保护的重要指示批示精神，秉持正确的保护理念，切实保护好武当山世界文化遗产的历史文化价值，坚决反对以文化遗产保护为幌子的铺张浪费和政绩工程；要摸清武当山古建筑群的家底，进一步夯实保护管理基础工作；要与利益相关者进行充分沟通，在尊重其合理诉求的基础上，全力推进保护规划编制工作；要按照规划先行的原则，做好文物本体保护、遗产监测、安全防范、灾害预防和阐释展示等工作；要开展游客承载量测算和控制研究，加强游客行为和宗教活动管理；要依法依规对世界文化遗产和全国重点文物保护单位进行管理，在世界文化遗产的遗产区和缓冲区、文物保护单位保护范围和建设控制地带内的相关建设必须依法履行报批程序；在遇真宫等文物保护工程实施过程中应进一步加强研究，不断完善档案建设和管理工作。

2013年11月8日，国务院南水北调办蒋旭光副主任在武当山特区调研南水北调中线工程移民工作期间，深入遇真宫垫高保护工程现场，实地了解垫高保护工程实施工作进展情况。十堰市副市长沈学强、武当山特区工委副书记、管委会副主任柯希胜等陪同调研。在了解情况后指出，遇真宫垫高保护工程是南水北调移民工程中保护级别最高、单体投资额度最大的文物保护项目，也是南水北调移民工程中第一个将文物保护工程交由地方直接实施的文物保护项目，时间紧迫，任务艰巨，意义重大，相关部门

2013年11月2日国家文物局童明康副局长检查遇真宫保护工程

2017年11月17日国务院南水北调办领导检查现场

能够按照时间节点完成各项工作任务，希望各部门在推进工作时要快中求细，确保遇真宫垫高保护工程顺利完工。

2016年6月13日，国务院南水北调办副主任蒋旭光一行调研遇真宫文物复原工程建设进展情况。省移民局局长陈树林，省文物局副局长王风竹，十堰市委常委、统战部部长沈学强，武当山特区工委书记、管委会主任吴先锋，工委委员、管委会副主任余建强等陪同调研。蒋旭光一行先后来到遇真宫复原工程现场、文物构件存放库房，详细了解工程进展情况、目前存在的问题以及下一步工作计划。了解到，遇真宫文物垫高保护工程山门、东西宫门顶升工程已经通过了验收，进入审计阶段；中宫大殿、龙虎殿、东西配殿等所需的添配木材、砖瓦材料已经全部订购到位；龙虎殿、东配殿的斗拱全部修补、添配完毕，完成总工程量的35%，后期的复原工程已准备就绪，待设计图纸出来后即可全力投入施工。

蒋旭光强调，遇真宫复原工程难度大，时间紧迫，任务艰巨，技术含量高，复原工程能否保质保量完成，关键在于落实责任。要采取有效措施，进一步加快工程进度，狠抓工程质量，狠抓施工安全，严格按照各项规章制度和设计要求，把这项工程建成优质工程、亮点工程、示范工程、廉政工程。为今后文物保护工作积累经验，为后续各项工作顺利开展创造一个良好的环境。

2017年6月8日，国务院南水北调办副主任蒋旭光一行再次赴武当山考察遇真宫文物复建工程，省移民局局长陈树林，省文物局副局长王风竹，武当山特区管委会书记、主任吴先锋等陪同考察。2011年武当山遇真宫垫高保护工程启动以来，湖北省文物局亲自部署、加大经费保障力度，多次组织专家到施工现场督办工程进度，检查工程质量、研究解决重点问题，指导工程建设，为高水平做好遇真宫保护工程提供了有力支撑，在完成文物解体、局部顶升、土石方垫高等施工环节后，2016年5月正式启动了遇真宫文物建筑本体及东西宫建筑基址的复建工程。蒋旭光一行在听取了湖北省文物局关于遇真宫原地垫高保护工程实施情况的汇报后，仔细考察了遇真宫文物复建工程现场和工程复建进度，对湖北省科学严谨、高质高效推进遇真宫保护并取得阶段性显著成果给予了充分肯定，他强调，遇真宫原地垫高保护工程是南水北调工程涉及的唯一一处世界文化遗产，高水平保护好遇真宫，有利于提升我国文化遗产保护和南水北调工程的国际影响力。他要求遇真宫文物复建要还原文物原貌，再现真实历史，复建过程中要注意施工细节，要坚持质量第一，继续高标准、严要求做好文物复建和展示利用，全面记录、宣传科学严谨的施工工程和国际领先的施工水平，要按照时间节点顺利完成工程复建工作，打造南水北调工程文物保护的典范。

2017年11月17日，国务院南水北调办副主任蒋旭光率调研组一行在省移民局局长陈树林，十堰市委常委、统战部部长沈学强，武当山特区工委委员、管委会副主任余建强等领导的陪同下，就南水北调中线工程武当山特区移民安置点地质灾害治理与遇真宫复建工程进行调研。在复建工程现场了解到，复建工程进入中宫修复阶段，工程量已达总进度的75%。蒋旭光对复建工程给予了高度评价和充分肯定，他强调，省、市、特区要依法依规落实文物保护管理相关规定，高质量施工、高标准监测、规范化管理，有效保护遇真宫本体的真实性，将其打造成精品文物保护工程，使其历史价值、艺术价值和科学价值得以更好地延续和有效利用。

2018年8月9日专家对遇真宫大殿订制建筑构件陶鸱吻进行现场验收

2018年8月22日，国家文物局副局长宋新潮、文物保护司司长闫亚林、世界文化遗产处长肖莉等在湖北省文化厅党组成员、省文物局局长黎朝斌，副局长王风竹、文物处处长张晓云，十堰市委统战部部长刘荣山、十堰市文体新广局局长郭卫东，武当山特区管委会副主任刘建平，武当山文物局局长兰海波等的陪同下，到武当山遇真宫检查。宋局长对遇真宫文物复建工程的建设，特别是中宫东配殿、龙虎殿使用原有文物构件的效果，对重新复建的真武殿、廊房、厢房等在利用旧材料和使用新材料的用材、工程质量等方面均给予充分肯定。对大殿等油饰彩绘等问题进行了讨论，使用新材料施工的大殿等要待木料完全风干（1～2年）后再根据研究确定方案实施，对东配殿、龙虎殿等旧构件的彩绘应慎重处理，对原有彩绘要拿出好的、有效的保护方案。要求设计单位和业主单位对原旧构件油饰腻子层有所研究，原初始状是单皮腻子灰层，未做地仗层，要考虑后期油饰参照进行。强调遇真宫垫高保护工程是南水北调中线工程最大的文物保护项目，是世界文化遗产的主要组成部分，工程的效果直接关系到我们对待世界文化遗产的态度，体现我们保护世界文化遗产的努力和水平，要严要求、高标准、高质量地尽快完成这项世纪工程。

2018年10月9日，遇真宫复建工程的真武殿、龙虎殿和东西配殿的屋面已经基本完成，爬廊及厢房的木构架完成并开始苫背层施工，宫墙整体砌筑已经完成80%，宫墙上部冰盘檐安装及苫背层完成40%。10月9日，国务院南水北调办副主任蒋旭光一行到武当山遇真宫垫高保护的文物复建工程现场进行检查，湖北省文物局副局长王风竹、十堰市文物局局长郭崇喜、武当山特区管委会副主任刘建平、武当山特区文物局局长兰海波等陪同，检查组现场听取了遇真宫复建工程进展情况，详细检查了遇真宫中宫龙虎殿、真武殿复建及中宫院落及甬道复原铺设情况，对已完成的工程总体效果表示充分肯定，认为基本达到了当初审批预设的效果，对现场检查过

宋新潮副局长考察武当山

程中发现的部分墙面抹灰层爆灰、旧构件拼装个别间隙大、拼合面不平、大木新料构件局部开裂等工程细节问题提出了整改意见。检查组从行政和行业管理的角度提出南水北调中线工程的竣工和验收时间已经确定，遇真宫复建工程要进一步加快进度，满足2019年6月进行全面验收的条件，不能影响南水北调中线工程的收官验收，同时要求武当山特区政府要进一步积极主动管理督促参建各方尽职尽责完成这项工程。

2022年7月1日，国家文物局副局长关强一行至武当山特区调研文物保护工作，省文化和旅游厅党组成员，省文物事业发展中心党委书记、主任余萍，十堰市政协主席赵哲，武当山特区工委副书记管委会副主任杨武等参与调研。关强一行实地考察了遇真宫垫高保护工程现场，听取了文物保护和利用工作情况汇报。关强副局长充分肯定了湖北省在南水北调工程过程中对世界文化遗产武当山遇真宫保护所做的工作和取得的成就，强调武当山古建筑群是世界文化遗产，具有深厚的历史文化底蕴，要继续加大文化保护管理、日常维护保养及展示利用等工作。深度挖掘文物内涵，注重梳理文物中蕴含的丰富历史文化信息，加强文物价值的阐释和传播利用，让文物“活起来”，讲好文物故事。

（二）省级分阶段分项验收

1. 蓄水前省级验收

2013年3月以来，根据国务院南水北调办、国家文物局和省委、省政府的有关要求，省文物局组织开展了南水北调工程文物保护项目蓄水前初步验收工作，组织南水北调工程丹江口库区各文物保护项目承担单位就项目工作情况进行自验，同时成立以省文化厅副厅长、省文物局局长沈

2018年10月9日遇真宫复建现场

2004年7月24日国务院南水北调办副主任李铁军视察遇真宫

海宁任组长的南水北调工程湖北丹江口库区文物保护初步验收领导小组，邀请考古、古建、监理等方面的专家成立初步验收工作专家组。

2013年6月4～7日，专家组对包括武当山遇真宫在内的文物保护项目进行初步验收。根据验收工作安排，初步验收工作围绕批复的文物保护项目，结合项目工作实际情况，按照不低于30%的比例，选取不同文物保护等级的文物点进行抽查，其中重点检查了武当山遇真宫保护工程，以“看（现场）、听（汇报）、查（资料）”的方式，检查了遇真宫复建工程工地、拆迁文物存放保护等情况。

通过南水北调工程湖北丹江口库区自验、抽查、核查，项目承担单位的自验报告基本属实，包括遇真宫在内的南水北调中线工程丹江口水库淹没区地面保护项目全部完成拆迁和构件暂存工作，根据规划和工程实际要求，南水北调中线工程湖北丹江口水库淹没区地面文物保护项目外业工作任务全面完成，包括遇真宫在内的地面文物保护工作，能够满足南水北调工程丹江口水库蓄水淹没要求，总体蓄水前初验评定为合格。

2. 分项阶段性验收

2015年7月22～23日，湖北省文物局组织由中国文物信息咨询中心（北京国文信文物保护有限公司）王立平、滕磊研究员，清华大学建筑学院教授吕舟，北京古建筑保护研究所研究员韩扬，浙江省古建筑保护研究所研究员黄滋，湖北省古建筑保护中心研究员吴晓等方面的专家对遇真宫顶升工程、土石方垫高工程进行分项阶段性验收。国务院南水北调办王琦，国家文物局王彬，南水北调中线水源有限责任公司湛若云，湖北省文物局王风竹、刘杰、杜杰，省移民局王文杰、郝毅及十堰市文物局郭崇喜，武当山特区管委会刘建平、陈宏家等单位有关人员参加了验收会议。22日下午，专家组分别查勘了遇真宫山门、东宫门、西宫门实施顶升后的现场和土石方垫高工程垫高碾压场地、排水箱涵及垫高体临水护坡的现场。23日上午，在武当山宾馆会议室由湖北省文物局副局长王风竹主持召开遇真宫顶升工程验收会议，专家组听取了工程业主单位武当山特区文物局、顶升工程设计单位清华大学建筑设计研究院、施工单位河北省建筑科学研究院和监理单位北京方亭工程监理有限公司关于顶升工程组织管理、设计、施工、监理工作的汇报后，认真查验了工程施工、监理的相关资料，经质询和讨论最后形成同意的验收意见：一是武当山遇真宫顶升工程管理、设计、施工、监理单位充分认识到顶升工程的重要性，在技术队伍组成、施工组织、记录资料等方面体现出对工程的高度重视；二是顶升技术成熟，并结合遇真宫实际情况进行了研发和创新，按期达到了设计顶升高度；三是顶升过程进行了全程监测，根据监测结果，文物本体未发现变形、裂缝等现象，保证了文物安全；四是顶升工程的实施为文物保护过程领域解决类似保护问题起到了很好的示范作用；五是建议尽快开展下一步文物本体维修工作，进一步完善工程档案资料，制定方案安全拆解防护钢架。专家组认为，遇真宫顶升工程管理科学、施工规范、监理到位，符合设计要求，同意通过验收。

7月23日下午，专家组听取了武当山特区文物局、长江水利委员会长江勘测规划设计研究院、湖北新七建设集团有限公司、湖北东泰建设管理咨询有限公司关于垫高工程管理、设计、施工、监理工作的汇报，审验了工程施工和监理资料后转件，专家进行了质询并发表个人意见，最后形成验收意见：一是武当山遇真宫土石方垫高工程土石方垫高碾压、排水箱涵、护坡等环节处理规范，填土达到设计高度；二是根据湖北华迪工程勘察院《武当山遇真宫沉降观测工程项目七期监测总结报告》，沉降观测结果显示沉降稳定，符合设计要求；三是对于施工过程中新发现的古井，建议管理方与设计单位共同研究保护展示方案；四是对于因移民拆迁问题影响而无法合拢的局部护坡，建议适当调

2019年1月17日省文物局检查遇真宫复建工程

整边坡范围，尽快完成护坡收尾工程；五是建议进一步补充完善工程档案资料。专家组认为遇真宫土石方垫高工程管理科学有效、施工技术规范、监理工作到位，符合设计要求，同意通过验收。

3. 省级初验情况

2019年7月10日，根据水利部的工作安排，湖北省文化和旅游厅与湖北省水利厅联合开展武当山遇真宫垫高保护工程省级初步验收，因此前遇真宫垫高保护工程的顶升和土石方垫高工程均已完成分项验收，此次验收工作的重点是文物复原工程。省文物事业发展中心二级巡视员、原湖北省文物局副局长王风竹，省水利厅二级巡视员、原省移民局南水北调处处长王文杰，南水北调中线水源有限责任公司移民部主任湛若云、十堰文物局局长郭崇喜及移民局武当山特区管委会、特区文物局的同志参加。文物复建工程设计单位清华大学设计院及施工方、监理方相关负责同志一并参加。验收专家组由中国文化遗产研究院研究员乔梁、北京市古建筑研究所原所长韩扬研究员、原湖北省古建筑保护中心副主任吴晓研究员、湖北省古建筑保护中心主任陈飞副研究员、湖北省文物考古研究所副所长孟华平研究员组成。验收组上午查看了武当山遇真宫施工现场，到武当山文物局查阅审验了工程相关资料。下午在武当山宾馆召开遇真宫垫高保护工程省级验收会议，会议由王风竹主持。验收组听取了工程业主单位武当山特区文物局、设

2019年7月10日省文物局组织遇真宫省级竣工验收会

2019年7月10日专家组验收遇真宫工程

计单位清华大学建筑设计研究院文化遗产保护中心、施工单位北京市园林古建工程公司及监理单位北京方亭工程监理有限公司关于工程管理、设计、施工、监理工作的汇报，专家们就遇真宫文物复建工程施工情况及工程相关资料查验等情况进行了质询和评议。从现场状况看尚有三处宫门旁的宫墙因施工需要暂时没有完全封闭、中宫前院落的甬道及局部石铺地幔收尾未完、东西宫遗址复原正在收尾，但局部效果不理想。专家组形成验收意见，认为武当山垫高保护工程是南水北调中线工程涉及的唯一的世界文化遗产，工程规格高、工程量大、实施周期长。遇真宫垫高保护工程含土石方垫高工程、顶升工程和文物复建工程，其中，土石方垫高工程、顶升工程已于2015年7月通过验收，本次验收的文物复建工程的管理、设计、施工、监理单位充分认识了工程的重要性，在技术队伍组成、施工组织、工程质量等方面体现出对工程的高度重视。工程审批程序基本完善，施工组织科学，施工资料基本完整，保护原则及技术手段符合国家文物局批复要求。根据工作量和施工单位工作安排，在南水北调中线工程项目验收前确保可以完成的情况下，原则同意通过省级初步验收。

验收过程中，专家组注意到，实际实施过程与原经批准的设计文件存在变更情况，这是可以理解的，但相关变更手续不完善的问题必须整改，尽快完善工程变更手续及档案资料，确保整个工程的可行性、相关程序合理性和合规性；此项目前期实施分段验收，为本次验收打下了良好基础，但各阶段存在的问题需要逐一检查核对，无论是技术上的、程序上的，还是维修保养方面，业主单位武当山特区文物局必须认真组织落实整改，做到彻底到位；对甩项如油饰、新填补石材做旧、未完扫尾工作量，必须拟定倒计时工期，按时完成。为此专家组在验收意见中提出如下建议：一是完善工程技术资料，特别是涉及工程变更、隐蔽工程验收、阶段性验收等方面的内容，并做好竣工资料梳理汇总；二是进一步强化东、西宫考古遗址信息展示，完善排水和道路的设计以及建筑基址外场地设计；三是针对个别大木构件劈裂、局部台基形制特征不明，部分砌体空鼓，少量木装修粗糙等问题，业主单位应积极做好整改；四是为确保工程圆满完成，业主单位应积极组织勘察设计、施工、监理单位通力合作，及时沟通，抓紧推进后续工作。王风竹在会议总结时指出，遇真宫垫高保护工程从2004年开始提出保护，经长达8年的充分论证、严格审批，再从工程施工到今天的总体验收前后历经15年的时间，中间克服了很多困难，殊为不易。今天正式通过专家组的验收，工程的总体效果和质量是令人满意的，工程所做出的很多方面的创举是令人鼓舞的，也是世所瞩目的，这项工程已经取得了良好的社会效果，成绩的取得离不开国家文物局、国务院南水北调办的指导和省委、省政府的重视，是湖北省、十堰市和武当山特区及参建各方共同努力的结果，是集体智慧和共同奋斗的结晶。验收只是一个程序，我们配合南水北调中线工程建设对遇真宫进行了全面保护，更重要的是我们在这个过程

2019年8月3日遇真宫复建现场俯瞰照片

中延续了遇真宫的建筑历史文化，最大限度地保护了世界文化遗产武当山古建筑群的真实性和完整性。武当山特区文物局要根据专家组的验收意见迅速组织力量限期整改到位，在工程质量上确保精益求精，在管理程序上科学规范，在各项记录档案上真实、完整、全面，以最好的效果迎接国家级验收。要系统总结工程论证、管理、实施等方面的经验教训，为今后文物保护工程的管理积累经验、提供借鉴，通过重大文物保护工程的实施切实提高地方业务管理水平和能力；要求武当山特区文物局及参建各方要严格按照国务院南水北调办规定的南水北调中线工程总体验收时间，全面完成遇真宫垫高保护工程的各项扫尾任务，以良好的工程效果迎接国务院南水北调办的技术性和行政性验收；要系统收集和全面整理各方面工程资料，按照国家文物局文物保护工程管理的相关规定及时组织工程设计、文物解体复建、局部顶升、土石方垫高工程各方专业力量编制“遇真宫垫高保护工程报告”，早日出版文物保护工程成果报告，为遇真宫垫高保护工程画上一个圆满的句号。

（三）国家级的分阶段验收

1. 国家级蓄水前验收

2013年6月14～15日，根据国务院南水北调办《关于开展南水北调丹江口大坝加高工程建设征地补偿和移民安置蓄水前文物保护终验技术性初步验收的通知》（综征移函〔2013〕207号），南水北调工程设计管理中心组织专家开展了南水北调丹江口大坝加高工程建设征地补偿和移民安置蓄水前文物保护终验技术性初步验收。国务院南水北调办征地移民司副司长陈曦川，国家文物局文物保护与考古司处长王彬，南水北调工程设计管理中心，湖北省文物局副局长黎朝斌，南水北调办主任王风竹，湖北省移民局南水北调处处长宫汉桥，南水北调中线水源有限责任公司征地移民处主任湛若云，十堰市文物局局长郭崇喜，武当山特区管委会副主任陈平海及南水北调湖北库区相关市县文物部门及相关单位代表参加验收。验收工作专家组由中国文化遗产研究院原总工付清远研究员、陕西省考古研究院原院长焦南峰研究员、江苏省文物考古研究所林留根研究员等专家组成，由国务院南水北调办征地移民司副司长陈曦川带队，对我省南水北调工程丹江口库区文物保护工作进行蓄水前验收。验收组一行对我省南水北调工程文物保护工作给予了充分肯定，认为我省在南水北调工程文物保护工作中机制创新、措施到位、管理规范、成效显著，工作进度满足南水北调工程丹江口水库蓄水要求，通过验收。在遇真宫垫高保护工程施工现场，省文物局将根据国务院南水北调办、国家文物局验收意见，进一步强化督办武当山遇真宫保护工程，对于受移民搬迁问题影响遇真宫外围护坡局部未完工的情况，加大督办，迅速完成外围护坡收尾施工，根据工作安排，有序推进后续工作。

2. 国家级技术性验收

2019年9月2～3日，受水利部委托，水利部南水北调规划设计管理局组织专家

2019年8月3日遇真宫东宫及中宫复建现场

组开展武当山遇真宫垫高保护工程国家级技术性验收。

遇真宫原地垫高保护工程包括文物保护工程、地下基础垫高工程、山门和东西宫门顶升工程三个部分，根据国务院南水北调办《关于南水北调中线一期工程武当山遇真宫垫高保护工程初步设计概算的批复》，武当山遇真宫垫高保护工程概算总投资18524.11万元，其中，文物修缮工程8423.95万元，山门、东西宫门顶升工程1847.74万元，地下基础垫高工程7474.02万元，遇真宫考古发掘经费778.4万元。根据湖北金地会计师事务所《武当山遇真宫垫高保护工程投资进度财务说明》，截至2019年8月31日，累计签订各类合同27份，含考古发掘、三维扫描、工程测绘、工程设计、招标代理、工程施工、工程监理等，累计完成投资13484.05万元，其中建设安装工程完成投资10300.92万元，设备器具已转固定资产6.44万元，考古发掘完成投资697.8万元，待摊投资完成2478.89万元。

工程于2011年10月全面动工，其中2012年8月至2013年1月实施遇真宫山门及两翼琉璃影壁墙和东西宫门原地顶升15米，克服多项技术难题，实现多项重大技术突破，创造了多项我国乃至世界古建筑顶升之最：顶升高度最高（15米）、顶升数量最多（三个）、顶升建筑本体年代最久远（距今600年）、顶升总量最大（山门4600吨、东西宫门各1200吨，总重量达7000吨），遇真宫顶升工程于2015年7

王风竹在通过竣工验收后的遇真宫山门前留影

2019年9月3日遇真宫复建工程通过原国务院南水北调办组织的终验

2019年9月3日遇真宫终验专家组在顶升维修后的山门前留影

月23日通过湖北省文物局组织的分项阶段性验收；地下基础（土石方）垫高工程于2012年3月10日正式开工，依次完成垫高区域清表、清淤、清渣工作后实施土石方垫高、分层碾压，并完成垫高区域三个排水箱涵、垫高体外围护坡基础毛石砌筑、护坡临水面水泥植生块铺设等项设计内容的施工，于2015年7月23日通过湖北省文物局组织的专家验收；文物修缮工程分文物解体、文物复建两个阶段先后进行，文物修缮工程严格遵循“不改变原状”的原则进行，最大限度使用原构件、采用原工艺、遵循原制式、按照原做法进行，确保复建达到真实效果。2019年7月10日按照水利部的工作安排，湖北省文化和旅游厅（湖北省文物局）组织专家进行了遇真宫垫高保护工程文物复建工程的验收，原则同意通过竣工验收。

本次验收工作是在上述分项、分阶段、总体验收和省级初验的基础上开展的国家级技术验收，验收专家组由中国文化遗产研究院研究员乔梁、中国文物信息咨询中心研究员张治强、湖北省长江文明馆馆长、原湖北省文物局副巡视员吴宏堂等组成。湖北省文化和旅游厅、湖北省文物事业发展中心二级巡视员、原省文物局副局长王风竹，省水利厅二级巡视员、原省移民局四处处长王文杰，十堰市文物局局长郭崇喜，武当山特区正县级调研员余建强，工委委员、管委会副主任刘建平等，遇真宫

检查遇真宫施工记录资料

国家文物局专家组检查遇真宫施工现场

垫高保护工程设计、施工、监理的各方负责同志参加验收会。2019年9月2日下午，验收组实地考察了遇真宫垫高保护工程现场，查勘了武当山遇真宫垫高保护工程基础垫高、文物复建、遗址展示、垫高体临水护坡植生块铺设等项目。9月3日上午，由水利部南水北调规划设计管理局副局长蔡建平主持召开验收会，专家组认真观看了遇真宫原地垫高保护工程相关影像资料，听取了湖北省文物局、武当山特区文物局、清华大学建筑设计研究院文化遗产保护中心、北京市园林古建工程公司、北京方亭工程监理有限公司等单位关于武当山遇真宫垫高保护工程建设管理、工程设计、施工、监理等方面的工作汇报，认真查阅了工程相关资料后，对审批文件、合同、施工记录、相关图纸等有关档案资料进行审查验收。验收专家组进行了充分讨论，认为武当山遇真宫垫高保护工程按照经国家文物局批复的设计内容和方案开展的建设工程，已经基本完成相关工程内容，按照《南水北调工程丹江口水库移民总体验收工作（终验）方案》确定的评定标准，工程评定为合格，同意武当山遇真宫垫高保护工程通过技术性验收。

会上，省文物局及武当山特区表示，武当山遇真宫垫高保护工程顺利通过国家技术性验收，对遇真宫来说是一个历史性时刻，标志着经多年论证由国家文物局和国务院南水北调办正式批准（保护方案及经费概算）的遇真宫垫高保护工程，经过参建各方长达8年的艰苦努力，这项南水北调中线工程保护级别档次最高、保护单体规模最大、保护方式难度对最大、工程投资额度最大的工程项目已经圆满完成各项技术工程，满足南水北调中线工程的总体要求，这是集体智慧的结晶、各方面共同奋斗的成果，要感谢国家文物局和国务院南水北调办的大力支持和省委、省政府的高度重视、感谢社会各界的广泛关注。在下一步工作中，我们将突出工作重点，紧扣时间节点，强化工作措施，按照专家组的要求，不折不扣落实技术性验收会议中提出的相关整改意见及建议，完善相关工作报告，为下一步行政性最终验收做好准备。

3. 国家级行政性验收

2019年12月6日，国家文物局组织开展南水北调库区武当山遇真宫垫高保护工程国家行政性（文物保护组）总体验收（终验）。国家文物局文物保护与考古司副

王风竹与省移民局宫汉桥副巡视员在遇真宫前合影

2019年12月25日竣工后的遇真宫

2019年12月段世耀、吴宏堂、王风竹在通过竣工验收后的遇真宫前合影留念

长达8年的精心施工，遇真宫地下基础垫高、文物局部顶升和文物修缮复建工程分别于2017年7月23日和2019年7月10日通过专家组验收，2019年9月3日遇真宫垫高保护工程顺利通过国务院南水北调办和国家文物局组织的技术性验收。本次行政性验收，重点检查了技术性

司长刘洋、特邀专家中国文化遗产研究院研究员乔梁率领行政验收组对武当山遇真宫进行行政性验收，湖北省文化和旅游厅巡视员黎朝斌、武当山特区管委会相关领导参加验收。验收组实地考察了遇真宫垫高保护工程现场，听取了遇真宫东西宫遗址考古信息展示、文物后续展示与利用、遇真宫绿化方案等方面的情况汇报。遇真宫是世界文化遗产武当山古建筑群的主要组成部分，是武当山九宫之一，也是南水北调工程涉及的单体规模最大的文物保护对象，经国家文物局及湖北省文物局组织专家多方面论证，由国务院南水北调办、国家文物局批复，确定采取原地垫高加局部顶升的方式保护。在湖北省文物局的具体指导下，遇真宫垫高保护工程由武当山特区管委会组织力量实施，工程于2011年10月全面动工，其中2012年8月至2013年1月完成山门及东西宫门的顶升工程。经过

验收后完善的有关内容，认为遇真宫垫高保护工程已经圆满完成各项建设任务，同意通过国家级行政验收。

南水北调工程是继三峡工程之后，世界范围内实施文物保护规模最大、参与文物保护力量最多、持续保护时间最长、开展文物保护最系统的文物保护工程。而武当山遇真宫垫高保护工程则是南水北调工程涉及保护级别最高、论证时间最长、保护单体规模最大、保护难度最大、保护工程实施时间最长的文物保护项目，工程全面完成并正式通过国家文物局组织的行政性验收，标志着以遇真宫为代表的南水北调工程文物保护工作全面结束，通过长达15年的大规模系统性的文物抢救与保护工作，南水北调中线工程涉及的文化遗产在我们手中得到保护传承，这是一个继三峡工程文物保护与大抢救之后的又一个世纪性的文物保护系统工程，值得永远铭记。

第六章
遇真宫的保护与遗产地反应性监测

一、遇真宫保护对遗产地的影响

武当山古建筑群始建于唐贞观年间，明代永乐年间达到鼎盛，现存古建筑及建筑基址66处，占地面积20多万平方米，建筑面积2.7万平方米。1994年12月，武当山古建筑群被世界遗产组织正式列入《世界文化遗产名录》。

武当山古建筑群是根据《真武经》中真武修真的神话进行选址、以武当山天柱峰为中心进行整体统一布局设计的，在《真武经》中真武的出生地为静乐国，在武当山下的古均州城内建有静乐宫，由此通过官道和古神道与最高峰天柱峰相连通，在天柱峰上修建金殿供奉真武大帝，全山营造出真武修真的氛围，香客进山朝拜，一路登攀进出不同宫观，感悟道教文化的玄妙超然，进而达到加深对真武的信仰和崇拜的宗教效果。武当山古建筑群自明代永乐时期就在已有的基础上开展大规模建设，永乐皇帝派重臣率三十万工匠，用十二年时间，在武当山从均州静乐宫开始，在通往天柱峰的长达80千米的蜿蜒崎岖的山路上修建了九宫八观三十六阁堂七十二岩庙等大批建筑，建成当时全国规模最大的道场、皇室家庙。武当山古建筑群布局完整、规模宏大、气势雄伟、主题突出、设计巧妙、建造精湛，是我国古代规划、设计、建筑的杰出典范，是建筑史上的伟大创举。

遇真宫是世界文化遗产武当山古建筑群的主要组成部分，在武当山建筑群总体布局上，处在由处于古均州城内的静乐宫出发，经17.5千米的官道到达武当山脚下的治世玄岳牌坊，之后进入武当山神界后的第一座宫殿，是永乐皇帝为张三丰所敕建的，其在武当山建筑群中的所处位置和地位都比较独特。遇真宫所处的地理环境选择在武当山脚下，其背靠凤凰山，前有水磨河，宫前相对开阔平坦。南水北调中线工程兴建后，丹江口水库坝前水位由157米升高到172米，地处武当山脚下的遇真宫海拔为160米，由于水库蓄水的影响，其将受到水库蓄水后的淹没影响。中

遇真宫前方地势

国政府对此高度重视，早在南水北调中线工程规划论证阶段，南水北调工程建设委员会和国家文物局就组织了多轮论证，最终采取了原地垫高保护的方式进行保护，就是为了尽可能减少干预和对遗产造成破坏，尽可能最大限度地保存遇真宫的原真性。从世界文化遗产——武当山古建筑群的宏观规划布局角度看，一般意义上讲采取原地垫高保护，没有改变遇真宫与武当山古建筑群的相对关系、位置及历史地理坐标，保持了其选址布局上的原真性。由于对遇真宫所在区域的原址进行垂直垫高、对三座山门采用了整体顶升的保护方式，最大限度地对其真实性进行了保护，对所有建筑在垫高后的原址上复建（不是异地重建），并未改变遇真宫在武当山古建筑群总体布局中的空间位置，考虑到周围的自然环境为大尺度的山体，垫高后原址、原样复建的遇真宫并未造成对其环境、景观价值的颠覆性影响；复建后的遇真宫与武当山建筑群的平面位置与文化景观的互动关系依然存在，并没有实质性改变，对遗产地武当山古建筑群的宏观总体布局没有破坏和根本性影响。在基础垫高的设计中最大程度地考虑了遇真宫宫门前的视线关系，保持了约120米的开阔区域。同时，该方案不仅强调了对遇真宫本体的保护，而且对遇真宫周边的泰山庙、神道、遇仙桥等相关建筑同时进行了垫高保护，尽可能体现了完整性的原则。

遇真宫原地垫高保护无论采取什么手段都无法做到对遇真宫没有任何改变，客观地讲，实施垫高保护后遇真宫的周边环境存在一定变化，实施基础垫高加局部顶升方案，就是通过把遇真宫及其周边地区在原高程基础上垫高15米，对三座明代的独立砖石结构建筑，即主门（山门）、西宫门和东宫门原状垂直顶升15米，其他现存的建筑（包括宫墙、中宫现存建筑）及东西宫经过考古工作揭示出来的建筑基址则会按照文物保护的原则，在完成详细测绘（三维激光扫描）、影像资料记录（包括航拍）、定位、复原设计、构件编号后，进行拆除。待遇真宫基础垫高并完成基础沉降监测达到复建要求后，在垫高的基础上按原布局、原结构、原工艺、原材料的原则完成复建和复原。按原状复建的遇真宫，项目完成之际，遇真宫建筑群及其邻近周边垫高的区域将会形成占地面积8.5万平方米的与遇真宫后面的山地相连、面向水库的台地（不是水库中的小岛），永久避免遇真宫受到水库水位的淹没威胁。

遇真宫背后山地

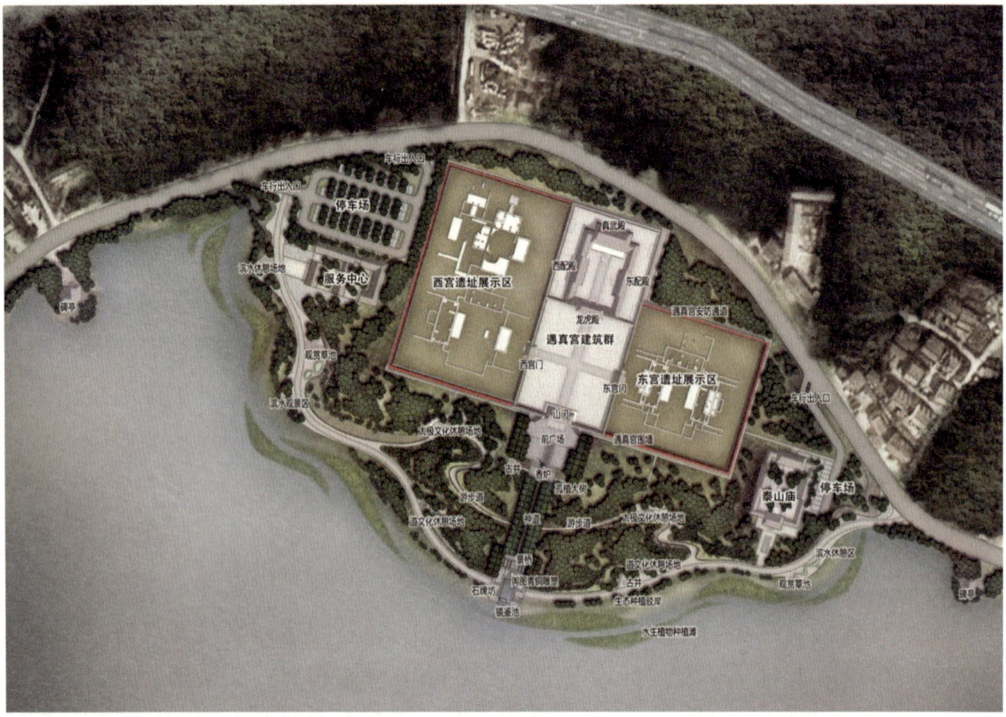

垫高保护效果（阶段性）俯视图

遇真宫与周边环境一般意义上讲没有大的变化，因为垫高保护三个山门文物本体原貌基本没有改变，但垂直高度发生了变化，特别是遇真宫其他建筑都要落架拆卸，对其建筑基址进行垫高与周边环境与背后的凤凰山的相对位置关系发生了15米高差的变化，特别是与原来作为遇真宫大殿的背靠的凤凰山的高大形势受到了一度弱化，原有的古代建筑与周边山形地势的比例关系已经不复存在，此外，遇真宫基础与原有建筑群所处台地融为一体的情况也发生了改变，由于遇真宫整体范围及周边一定区域全部垫高15米，在原有的台地上，新形成了一个人造台地。

遇真宫应因南水北调中线工程丹江口水库水位上升发生的上述变化，虽然我国政府高度重视并为此开展了系统论证，采取了最为周全的方案并投入大量资金开展了最为有效的保护，抬高保护后的遇真宫加强了对东、西轴线遗址的展示，有助于改善遇真宫整体的展示条件，丰富展示内容，突出遇真宫作为世界文化遗产的价值及其完整性；同时也实现了对遇真宫周边环境的整治、清理，有利于改善遇真宫的保护、管理条件，有利于保证遇真宫的文物安全。但客观地讲，这些变化不可避免地对世界文化遗产——武当山古建筑群的真实性、完整性带来一定的影响，同时由于工程工期紧张，在实施上述论证和保护工程的过程中没有及时与世界遗产组织沟通联系，因此，实施遇真宫垫高保护工程带来的这些影响也引起了联合国教科文组织世界遗产委员会的高度关注，故世界遗产组织对武当山古建筑群要进行反应性监测。

二、遇真宫与遗产地反应性监测

（一）世界遗产监测相关内容

1972年11月16日，在法国巴黎举行的联合国教育、科学及文化组织（简称联合国教科文组织）第十七届大会上通过了《保护世界文化和自然遗产公约（Convention Concerning the Protection of the World Cultural and Natural Heritage）》（简称《世界遗产公约》），当时关于世界遗产监测尚无明确条款，只提及了相关内容。此后，世界遗产委员会考虑到应协调和鼓励对世界遗产及对其保护状况的认定进行进一步的研究和关注，继而提出各缔约国应就世界遗产的有关保护状况定期向联合国教科文组织提交报告的要求，此后，成为对遗产地加强管理的一种制度。1994年的世界遗产委员会主席团大会上，修改了《世界遗产公约》的有关章程，将世界遗产监测工作明确列为世界遗产委员会的职责之一。修改后的《世界遗产公约》第29条规定：1.本公约缔约国在按照联合国教科文组织大会确定的日期和方式向该组织大会递交的报告中，应提供有关它们为实行本公约所通过的法律和行政规定和采取的其他行动的情况，并详述在这方面获得的经验。

世界遗产组织专家到武当山博物馆调阅武当山申遗档案资料

2014年3月10日世界遗产组织专家（现场）考察听取遇真宫拆迁情况汇报

产公约操作指南》（简称《操作指南》），提出依据相应程序申报世界遗产并正式列入《世界遗产名录》的世界遗产，应按照世界遗产组织的规定开展世界遗产的监测工作，监测的定义跟申报和保护管理的核心内容即世界遗产的突出普遍价值直接关联，世界遗产的监测有具体的程序和内容。

2.应提请世界遗产委员会注意这些报告。3.委员会应在联合国教科文组织大会的每届常会上递交一份关于其活动的报告。这就是世界遗产监测的由来。世界遗产监测是实施《世界遗产公约》的重要手段。开展世界遗产监测，是世界遗产组织对列入《世界遗产名录》的遗产地加强宏观管理的有效手段，同时也意味着缔约国应认真承担的国际义务，通过经常的检查、评议，随时解决问题，协调矛盾，保障该国的世界遗产被持续、永久的保存。世界遗产监测也意味着国际社会的合作和监督，意味着主权国不再仅仅把本国的世界遗产当作本国自有的遗产，而且要尊重它的国际地位，接受国际公认的准则，承担对全人类所担负的责任与使命。世界遗产监测从一个侧面反映出缔约国的世界遗产保护管理能力和水平，关系到遗产所在地（管理机构、公众）和主权国（政府、公众）的国际形象。

2005年《实施保护世界文化和自然遗

世界遗产监测工作分作系统监测和反应性监测两大类。

1. 系统监测

是由世界遗产地主权国每年主动进行的检查和评估工作。如果主权国愿意，也可以邀请其他方面的专家作顾问。主要包括遗产地保护状况报告SOC（State of Conservation 世界遗产保护状况）和定期报告。

遗产地保护状况报告：依据《操作指南》的要求，缔约国每6年要向世界遗产委员会提交一份报告，就本国世界遗产保护状况做出详尽的说明。这是以《世界遗产公约》缔约国的名义，对关于本国世界遗产可能出现的异常情况，或者开展可能影响遗产保护状况的项目的时候，向世界遗产委员会提交的报告。指南还要求，遗产地的管理者要对遗产的保存状况，主客观条件，一些重大举措的性质、内容及后果等做出逐年、逐月甚至逐日的记录与说明。世界遗产委员会将根据情况提前一年决定把哪一个地区或哪一个国家的问题提交下一次会议讨论和审议。世界遗产中心作为世界遗产委员会的秘书处将为这一工作准备详尽的资料和文件，并协调专业咨询活动。为便于世界遗产委员会及世界遗产中心更有效地开展工作，将尽可能分地区进行，把任务和责任首先落实到各个地区。世界遗产中心已设立了挪威办事处、亚太地区办事处。系统监测要达到目标，对遗产地来说，要提高管理水平，有超前的、稳妥的规划，尽可能减少迫不得已的紧急干预，以及通过预防措施尽可能减少不得不付出的代价等；对缔约国政府，要提高宏观政策水平和规划水平，提高管理与预防性保护水平。

世界遗产地定期报告：是按照联合国的区划依次轮流进行，一般每6年转一轮，要全面、真实地报告缔约国世界遗产的保护管理状况。定期监测报告提供的内容有：评定缔约国执行公约的情况和评价其领土上世界遗产地的保护状况，其他如缔约国是如何利用《世界遗产公约》确定文化和自然遗产的；如何保护、保存和展示遗产；开展了哪些国际合作、筹措资金的情况；开展教育、实施信息传播和提高公众意识等活动的开展情况。还应详细说明世界遗产价值是否仍保持完好，要提供最新的关于遗产管理方面的信息，同时还应说明影响它的各种因素以及监测方法等。为促进缔约国、各遗产地主管当局和地区专家服务机构开展地区合作，世界遗产委员会采取按地区对定期监测报告进行审议的方法。遗产委员会根据事先制定的计划，每6年对一个地区的监测报告审议一次，并将审议结果向联合国教科文组织大会报告。定期监测

2014年3月12日国际专家在武当山听取遗产地保护管理工作汇报

报告的准备由《世界遗产公约》缔约国负责完成。此外，缔约国还应通过定期报告向世界遗产委员会报告一切有关其领土上的世界遗产地的保护状况等相关信息，向世界遗产委员会尽早提供他们的计划或已经批准的、有可能对遗产地产生不利影响的活动情况。缔约国及时提供信息，可以使遗产委员会与他们合作共同寻找适当的解决方法，以确保世界遗产的保护处在最好的和可能的状态。定期报告的内容和要求每一轮都根据各遗产地面临的新问题做一定的修改和增加。近年来，世界遗产组织更加关注遗产的突出普遍价值，关注缔约国的经济社会发展的可持续性、遗产管理的能力建设、遗产地利益相关方、旅游管理等方面的内容。

2. 反应性监测

对《世界遗产公约》缔约国来说，与主动的系统监测相比较，反应性监测实际上是一种被动的监测。一般当缔约国的某一世界遗产地保护状况出了问题，特别是可能或已经产生了比较恶劣影响的问题（如遗产地的地震灾害或者交通设施、工程建设、污染或者管理方面等），世界遗产委员会就要及时启动实施反应性监测。反应性监测工作由世界遗产中心、联合国教科文组织的其他机构以及顾问成员组织进行，根据从各方面了解到的线索提出对缔约国某个（些）特定的世界遗产项目进行现场考察和评估，就世界遗产的保护状况、出现可能影响遗产地保护的问题等向世界遗产委员会提出报告，再由世界遗产委员会根据有关国际公约的条款作出相应的反应。启动反应性监测的过程也包括世界遗产组织要求缔约国就特定遗产地有关保护状况、发生的事件、所采取的措施及其对保护现状所产生的效应等，向世界遗产委员会提交报告。反应性监测的结果有可能促成为改善某一世界遗产地保护状况而进行的国际合作，但也有可能导致遗产委员会将某一遗产地列入《濒危世界遗产清单（List of World Heritage in Danger）》。设立《濒危世界遗产清单》是世界遗产组织为引起缔约国和国际社会对世界遗产保护的关注，特别是提醒缔约国的某处世界遗产已经明显存在受到自然因素和人类某些建设活动的干扰，面临破坏或毁灭的危险，警告缔约国使其高度重视即将到来的危险，尽快采取有效措施以拯救人类共同的

2014年3月10日世界遗产组织专家（现场）调阅遇真宫设计文件

遗产。一般情况下，当某一项世界遗产具备或面临以下问题时，世界遗产委员会就会将其列入《濒危世界遗产清单》：①该遗产已经列入《世界遗产名录》；②遗产项目面临严重的、特殊的危险；③该遗产的保护需要实施较大规模的工程；④已经申请世界遗产委员会依据《世界遗产公约》为该遗产提供援助。某个世界遗产项目一旦被列入《濒危世界遗产清单》，经过缔约国采取有效措施，如果解除了相应的危险和威胁，经过世界遗产委员会的评估，可以从《濒危世界遗产清单》解除。但是，缔约国政府如果不能保证在一定的期限内通过采取有效措施保护该遗产的价值，使受到威胁的遗产地最终失去了其作为世界遗产地的突出普遍价值，该遗产项目将被世界遗产委员会从《世界遗产名录》中除名。

反应性监测是世界遗产委员会敦促《世界遗产公约》的缔约国提升对世界遗产保护管理水平的重要手段。《世界遗产操作指南》对反应性监测有明确规定，授权世界遗产中心对已经列入《世界遗产名录》的遗产地的重大工程和项目进行评估和监管。反应性监测体现了世界遗产委员会的“问题导向”倾向，是对缔约国世界遗产保护管理能力的检查，也是保护世界遗产价值及真实性、完整性的重要机制。

（二）武当山反应性监测提出

南水北调中线工程的主要内容就是对丹江口水库大坝进行加高，由原来的坝顶

2014年3月12日世界遗产组织专家到武当山听取反应性监测汇报

海拔162米加高到176.6米，从而通过提高丹江口水库的蓄水水位实现由南向北调水的任务。根据设计，丹江口水库的蓄水水位要从原来的坝前157米提高到170米，最高蓄水水位为172米，因水库蓄水水位的提高，丹江口水库上游地区增加淹没面积144平方千米，在丹江口水库增加的淹没区域里，涉及大量地上文物建筑和地下古文化遗址，其中，世界文化遗产——武当山古建筑群重要组成部分的遇真宫就在水库淹没区域，这座有着600年历史的遇真宫如何保护，命运如何，世所关注。

中国政府高度重视南水北调工程建设过程中的文物保护工作，对南水北调中线工程涉及的武当山遇真宫的保护工作尤为谨慎重视，采取什么样的方式保护遇真宫更科学有效、更符合世界文化遗产保护的真实性、完整性的原则，从工程规划阶段就要作为一项重要工作列入日程。武当山遇真宫处于水库淹没区，属于受“国家重大（特别重要）建设工程”的影响，因此无法回避。从2003年开始，在国家文物局和国务院南水北调办的高度重视下，文物部门和工程规划设计单位为遇真宫的保护问题进行了长时间的充分论证、研究，对可能采取的围堰（防护）方案、原地抬升（顶升）方案、搬迁方案进行了多方面的论证。到2010年2月，国家文物局下发《关于遇真宫保护工程的意见》，同意采取原地垫高方案保护遇真宫，并要求湖北省文物局组织有关资质单位，抓紧制订切实可靠的遇真宫垫高保护工程勘察设计方案。2011年6月，国家文物局《关于遇真宫垫高保护工程设计方案的批复》正式批准了遇真宫垫高保护工程设计方案，遇真宫现存地面建筑、东西宫遗址、宫墙将整体拆除，待垫高工程竣工后原样复原，其中山门和东西宫门实施整体顶升；2011年7月，国务院南水北调办《关于南水北调中线一期工程武当山遇真宫垫高保护工程初步设计概算的批复》批准了遇真宫保护工程概算，核定遇真宫保护工程概算投资18524.11万元。至此，南水北调中线工程涉及武当山遇真宫的保护方式和经费问题得到国家文物局和国务院南水北调办的正式批准，这是到目前为止，在中国文化遗产保护领域因重大建设工程影响涉及的保护级别最高、保护规模最大、保护经费最多，也是受关注度最高的文物保护项目。

在国务院南水北调办和国家文物局的具体指导下，湖北省文化厅、湖北省移民局、十堰市人民政府共同成立了遇真宫保护工程领导小组，责成武当山特区管委会作为该工程责任主体，迅速成立了工作专班，以打造世界文化遗产保护的典范为目标，全力推进遇真宫保护工程各项工作。根据遇真宫保护工程施工设计，遇真宫垫高保护工程分为文物解体和文物复原工程、顶升工程、土石方垫高工程三个部分（子工程），在完成工程招投标和各项前期准备工作之后，2011年10月10日，遇真宫垫高保护工程正式开工。

备受社会各界关注的遇真宫三个山门的顶升工作于2011年12月30日开工，采用密布孔桩、箱梁贯穿、浇筑预应力混凝土，形成基础托盘，设置钢筋混凝土防倾柱的顶升工艺，对山门和东、西宫门实施原位整体顶升。2013年2月底，山门、东

2014年3月10日世界遗产组织的专家实地探勘遇真宫保护工程施工现场

宫门、西宫门顶升均已安全达到海拔175米；顶升高度为15米，施工过程中湖北省文物局组织专家对文物本体保护加固进行现场指导。武当山遇真宫顶升工程实施过程中，中央电视台新闻频道进行了跟踪录制和报道，在遇真宫三个山门顶升到预定高度的施工关键阶段，新闻频道进行了同步直播，中央电视台国际频道面向世界进行了转播，相关新闻报道引起了世界遗产中心及其咨询机构的高度重视，在进一步了解到世界文化遗产武当山古建筑群及遇真宫保护的相关情况后，向世界遗产委员会提交了有关报告。

世界遗产中心及其咨询机构在提交的武当山古建筑群（中国）（C705）报告中认为：

作为对已获悉的遇真宫顶升工程报告的回应，世界遗产中心要求提供该项目的相关信息。缔约国在2013年1月28日提交的保护现状报告中作出了回应。

遇真宫建于15～17世纪，是宏伟壮观，保存良好的道家建筑群的重要组成部分。该建筑群坐落于景色如画，风景秀丽的武当山。遇真宫与石墙紫禁城、紫霄宫、南岩宫、“治世玄岳”牌坊齐名，是武当山53座最负盛名的建筑之一。遇真宫位于武当山脚下相对平坦开阔的地面，因南水北调工程丹江口水库加高而受到影响。南水北调工程是中国政府为优化水资源分配而实行的水利项目（是通

2014年3月10日世界遗产组织专家考察遇真宫垫高后库岸情况

过加高20世纪50年代建设的丹江口大坝，提高丹江口水库水位，将丹江口水库的水资源通过渠道向北方地区输水，已达到缓解北方地区水资源短缺问题的目的）。由于丹江口水库加高，水库内水位将提高8～19米，遇真宫和周边两处其他建筑（遇真桥/泰山庙）会陷入被水淹没的境地。为使遇真宫“存活”下来，南水北调工程管理局与湖北省文化遗产部门密切合作以制定应对方案。项目规划始于2007年。多种选择都曾被纳入考虑范围，包括修筑围堰、原地顶升以及异地迁建。综合考虑保护原则，安全性能，技术困难，项目成本，项目风险，项目可操作性及其他限制因素之后，最终选择了原地顶升这一方案。换句话说，遇真宫及其周边地区将被提升（垫高）11～15米（15米左右），以超出正常水位。2010年，在遇真宫原地顶升项目达成理论上的一致后，湖北省武当山旅游经济特区委托清华大学建筑设计研究院、武汉长江勘测规划设计研究院联合完成了项目设计。三座小型的独立建筑，即主门（山门）、西宫门和东宫门将会被提升15米，其他建筑则会被拆解原地重建。项目完成之际，遇真宫建筑群及其邻近周边将会形成水库内一座占地面积8.5万平方米的小岛。宫墙内面积将达2.8万平方米，其中东宫遗址占地7700平方米，西宫遗址占地11822平方米，遇真宫中心区则占地8400平方米。由于将会导致水位上升的丹江口水库项目一期工程将于2013年底完成，遇真宫顶升工程现已开工。

同时表示，虽然遇真宫顶升工程自2007年就已规划制定，但并未按照《操作指南》第172条规定，在2012年夏项目开工前向世界遗产委员会提供项目细节内容。鉴于此，在项目即将完工前，咨询机构一直未获得针对该项目发表议评的机会。

遇真宫的建筑结构虽得到了挽救，其与周边环境的互动关系却不能维持原状。遇真宫建宫之初，四面环山，放眼眺去是广袤的田地，远处可一瞥水磨河支流。遇真宫同时还是一座大型道教建筑集群的中心。顶升工程完工之后，遇真宫将会成为水库水域中的一座小岛。虽然有申明该项目将保护遇真宫的完整性和真实性，但遇真宫与遗产区其他建筑及整个文化景观间的互动关系将不复从前，整个关系将因项目的改造而改变。

世界遗产中心及其咨询机构注意到，缔约国正考虑邀请一个咨询工作组到遗址区考察。遗产中心和咨询机构认为，无论是通过咨询工作组还是反应性监测的形式，其在世界遗产委员会第37次会议后尽早地进行实地对话是十分必要的。虽然项目在制定实施阶段已经十分谨慎小心地处理遇真宫各组成部分的关系，实地讨论仍然可以促进对该遗产突出普遍价值可能面临的潜在负面影响的全面认识。工作组和监测同时还可帮助理清应对项目所涉及问题，即遗产区各建筑相互关系及其和整个文化景观间的互动关系是怎样在提议的管理方案中获得解决和应对的。

2013年6月，在柬埔寨首都金边举行的联合国教科文组织第37届世界遗产大会上，审议了世界遗产中心及咨询机构提交的报告，会上形成了对中国世界文化遗产地武当山古建筑群保护状况的决议，要求缔约国邀请相关国际组织实施对武当山古建筑群的反应性监测，并于2014年2月1日之前向世界遗产中心提交最新信息，供2014年第38届大会审议。

第37届金边世界遗产大会决议草案（37COM 7B.60）：

（1）指出世界遗产委员会已经审查了文件 WHC-13/37.COM/7B。

2014年3月10日世界遗产组织的专家考察遇真宫建筑构件存放库房

（2）回顾了决议28 COM 15B.62，该决议于2004年苏州举行的第28届世界遗产大会上通过。

（3）注意到，一项将遇真宫提升到提高后的丹江口水库水位之上的项目在2007年制定，并于2012年开始实施，但并未按照《操作指南》第172条规定向世界遗产委员会提供项目细节内容，对此表示十分担忧。

（4）同时注意到，在顶升项目完成之后，遇真宫将成为扩大的水库水域中的一座小岛，不再与武当山山脚紧密相连。遇真宫与遗产区其他建筑及整个文化景观间的互动关系也将受到影响。

（5）要求缔约国邀请世界遗产中心、国际古迹遗址理事会、国际文物保护与修复研究中心联合小组，对反应性监测评估顶升工程对于遗产突出普遍价值的潜在负面影响进行评估，包括遗产的完整性和原真性，同时检验遗产的管理体系以及管理方案的实施进展。

（6）同时要求缔约国于2014年1月1日向世界遗产中心提交遗产保护现状更新报告及项目实施更新报告，供世界遗产委员会在其2014年的第38次会议上进行审议。

因我国开展的南水北调中线工程丹江口水库大坝加高建设带来的水位上涨，丹江口水库的蓄水水位将上升到172米（含2米的风浪线）、地处武当山脚下的遇真宫海拔仅为160米，将受到淹没影响的风险。虽然在南水北调中线工程规划设计阶段，国务院南水北调工程建设委员会和国家文

2014年3月10日清华大学教授吕舟向世界遗产组织专家介绍情况

2014年3月10日世界遗产组织专家对武当山遇真宫进行反应性监测

物局、湖北省都对工程建设涉及的文物保护工作高度重视，特别是对保护遇真宫从一开始就开展了详细的论证，但这项工作并没有及时向世界遗产组织报备，即“并未依据《操作指南》第172条要求向世界遗产中心提供细节”，从而引发了世界遗产组织启动了对武当山遗产地进行反应性监测这一事件。

（三）应对反应性监测的工作

根据第37届世界遗产委员会会议编号为37 COM 7B.60的决定（金边，2013），国家文物局主管世界文化遗产事务的童明康副局长致信并邀请联合国教科文组织世界遗产中心亚太部主任景峰先生，国际古迹遗址理事会专家、香港大学建筑系建筑保育专业狄丽玲教授，国际文物保护与修复研究中心部门主任乔瑟夫·金教授三名国际组织专家前往湖北省十堰市武当山经济特区进行现场考察。三位国际组织专家组成的反应性监测考察团，于2014年3月8～13日对武当山古建筑群开展反应性监测。根据第37届世界遗产委员会会议编号为37 COM 7B.60的决定，并根据缔约国于2013年1月28日提交的遗产保护状况报告及随附的遇真宫抬升保护工程的工程计划，该反应性监测任务主要针对以下问题。

（1）评估遗产保护状况、影响突出普遍价值、完整性与真实性的因素，且要着

2014年3月10日国家文物局文物保护司副司长陆琼向世界遗产组织的专家介绍情况

重评估丹江口水库工程可能带来的负面影响，因为水库面积扩大以后，遇真宫便会成为孤岛而不是与山脚相连，这样遇真宫与当地景观及其他遗产建筑之间的关系将受到危害。

（2）根据最近就遇真宫作出的决定，审查遗产的管理体系，包括针对涉建项目建立遗产影响评估体系的方法，对遗产管理规划进展进行评估。

（3）根据《操作指南》第173条的规定，评估其他可能对遗产的突出普遍价值产生不利影响的相关保护问题，例如完整性、保护与管理，包括管理规划与其他规划的状态。

（4）与中国国家和地方主管部门以及利益相关方进行协商，并对世界遗产委员会在以前的决议中所提出问题的解决进度进行审查。

世界遗产组织反应性监测考察团在武当山考察期间，在国家文物局、湖北省文物局和十堰市、武当山特区管委会、武当山道教协会有关领导和工程规划、设计及施工单位等有关专家的陪同下，实地检查了遇真宫垫高保护工程施工情况，听取了地方有关遇真宫保护方案论证和实施的情况汇报，详细考察了遇真宫文物解体后建筑构件存放、保管保养的文物库房、相关记录档案保存情况等，在现场就关心的一些情况和问题与中方有关领导和专家进行了沟通和充分交流。在对武当山古建筑群开展反应性监测期间，考察组还专门对武当山世界文化遗产地进行了全方位的检查，现场考察了武当山金顶、紫霄宫、南岩宫、玉虚宫、太子坡等重要遗产点的保护管理情况。考察结束后，三位国际专家对遇真宫保护论证、遇真宫垫高和顶升工程施工情况，文物构件的拆解、存放和全面记录等保护与管理方面所做的工作，特别是中国政府在大型基本建设过程中对世界文化遗产采取多轮论证的审慎态度、确定科学合理的保护措施给予肯定。反应性监测现场考察结束后，考察团就武当山反应性监测有关情况撰写了考察评估专题报告，于2016年7月提交到世界遗产委员会第40届会议上讨论。

考察紫霄宫保护情况

武当山古建筑群（中国）考察报告（705）

2014年3月8～13日

执行摘要

背景（略）

主要结论：

考察和缔约国报告中针对的主要议题包括以上所提及的遇真宫抬升保护工程（遇真宫是该系列遗产的62个组成部分之一，该项目将遇真宫抬高到丹江口水库的新水位以上）以及遗产的综合管理体系。

遇真宫抬升工程：此工程于2007年开始策划，2012年起开始实施，并未依据《世界遗产公约实施操作指南》第172条要求向世界遗产中心提供细节。考察团得知，为了应对迫在眉睫的水患，缔约国曾考虑三种方案：

方案一：将遇真宫解体，在异地重建。

方案二：原址保护，在临水一侧修筑堤坝。

方案三：宫殿部分抬高（三座门），落架/拆解其他部分，包括考古遗迹，在新的土台上（比原来的地平面高出15米）复原。

中国专家组在考虑后，选择了第三种方案，并于2012年开始实施。考察期间，木结构建筑和考古遗迹已经落架或被挖掘（记录并编号），放在遗产点附近的仓库中。此外，三大门已经顶升到位，土工平台的

2014年3月12日世界遗产组织专家对武当山进行反应性监测时在紫霄宫大殿前合影

建设工作已经实施。平台建设现在只差最后的填料压实。一旦这一工作和其他一些细节最终落实，就将开始重组木构建筑、并将考古遗存归位。

考察团发现已实施的工作的技术质量非常杰出（细节可见缔约国保护状况报告），但考察团也注意到，抬高宫殿已经难以避免地改变了宫殿与其所在环境的关系。就遇真宫而言，空间尺度很重要，尤其是建筑群与周边地貌的关系。由于高度的改变，在中国的“风水”语境下，周边的山峰就显得不那么高大，也不那么有效了。

遗产地的管理体系：（略）。

结论和考察建议：考察团与国家级和地方当局进行了开诚布公的交流并提出以下建议：

建议1：遇真宫抬升工程和补救措施，遗憾的是，在抬升遇真宫工程的概念初步形成时，没有在2007年上报给世界遗产委员会。否则，除了缔约国当初考虑的三种方案，有可能提出一个对遗产的突出普遍价值影响更少的解决方案。缺少足够的咨询反映出遗产地缺乏有效的管理架构。显而易见，遇真宫抬升工程改变了宫殿与其环境、文脉之间的关系，不仅是与周边山峰的关系，还包括与农田的关系——这些农田将被水库淹没。值得一提的是，遇真宫只是遗产的62个组成部分之一，毫无疑问，它对遗产的整体突出普遍价值做出了贡献，而遗产的所有组成部分都应得到同等的“护卫”，以保护突出普遍价值。 考察团进一步指出了当前工程的五大主要问题：

1. 平台的形状。考察团建议采用与遗

产地的自然地貌相一致的有机设计。提出这一建议时，考察团也已意识到这会涉及可观的成本，但相信目前的设计对理解遇真宫及其周边环境会带来负面影响。

2. 考古遗存的归安（东宫和西宫）。考察团有所保留地建议，东西宫的考古遗存应当在新的标高上归安（在原平面位置上不变），前提是应明确陈述对真实性的影响（7.5 条会进一步讨论真实性问题）。

3. 平台景观。考察团建议并全力支持地面景观应尽可能保持自然状态。考察团进一步建议，应参考该遗产点的照片记录，并且乔木和灌木的选取应基于对附近自然环境中乔木和灌木种类的调查。参考遗产地其他建筑群也是比较好的。

4. 场地功能。考察团建议，无论是被动使用还是主动使用，对遗产点的规划功能都应当经过系统性的考虑——应当维护该遗产点的“重要性”，特别是与遗产地其他特点间的关系。在考虑遗产点的新用途时，原则是尽可能接近原用途。这也是保护“场所精神”为数不多的方法之一。

5. 遗址阐释。考察团建议，对遗址的阐释应予以扩展，包括遗产点发生的变化，尤其要强调变化的必要性、不同的方案比选和最终的决策。考察团还建议向公众分享遇真宫抬升工程的积极方面，尤其是系统性的记录、存档及工程信息管理。同时，也需要清晰地阐述对遗产点的真实性和完整性的影响。

缔约国需要落实以上建议，尤其是和土台的最终形状相关的建议，形状应当是地面的自然轮廓，而不是人为制造的半岛效果。需要进一步考虑现场发掘出的考古遗存的最终布置、最终的景观设计、阐释和遗产点的功能。

建议2：管理体系和缓冲区的认定：（略）。

建议3：清晰设定保护管理规划（CMP）的愿景：尽管似乎每一个保护和/或再开发工程都已经得到了规划和实施，它们都应当被纳入一个整体的保护管理规划（CMP）中，以避免旅游发展和遗产保护之间不必要的失衡。在这方面，考察团认为目前缺乏对未来行动的清晰的愿景或策略……每一个保护和改造工程都应当制定清晰的策略，优先考虑达成这些目标。遇真宫抬升工程的规划和实施没有经过应有的审批程序，这表明它缺少文化遗产保护管理的清晰策略。

建议4：实施保护导则和保护管理规划：（略）。

建议5：工程的遗产影响评估：考察团认为，尽管按照文化标准（Ⅰ）（Ⅱ）和（Ⅵ）以建筑群的名义申报成功，但应当把该遗产作为文化景观来保护。未来的任何开发、翻新工程都应慎重规划，遵循国际古迹遗址理事会的《世界文化遗产影响评估导则》，并履行相应的决策和审批流程。

因此，考察团建议，武当山管委会的主要职责之一就是通过遗产影响评估，甚至环境、视觉、社会及经济影响评估等手段，对报批项目进行评估审核，使保护和可持续发展并行不悖。联合国教科文组织亚太地区世界遗产培训与研究中心（上海）可提供进一步的培训。在机构层面，考察团建议管委会构建民主的规划、保护和管理流程，与各利益相关方进行定期磋商，并应使社区直接参与到遗产地的管理中来。

建议6：能力建设和国际交流项目：考察团从武当山管委会处得知，他们需要进一步加强与其他类似世界遗产地的交流合作，学习遗产保护与管理方面的最佳实践案例和先进经验。同时，他们还需要接受国际公认的保护理念和实践培训，尤其是和文化景观、历史城镇景观的发展和保护有关的内容。考察团认为，为了促进文化遗产保护的可持续性，增强武当山管委会的管理能力，可以考虑组织一些现场培训活动和/或国际交流项目，使得武当山的遗产地负责人可以同世界上其他类似的世界遗产地交流经验和有益做法。考察团建议世界遗产中心、联合国教科文组织亚太地区世界遗产培训与研究中心、国际文物保护与修复研究中心可以在武当山组织一些培训研讨会，主题可以是历史城镇景观管理、遗产影响评估等。

建议7：制定综合性保护管理规划：考虑到该遗产地令人担忧的处境，即遇真宫工程所反映出的缺少清晰的文化遗产保护与管理战略，以及大量在建工程和旅游设施，建议世界遗产中心、国际古迹遗址理事会和国际文物保护与修复研究中心为指导的中国国家文物局、武当山管委会编制保护管理规划提供技术支持。

2014年6月15日，第38届世界遗产大会在卡塔尔首都多哈召开，会议继续讨论了世界文化遗产武当山古建筑群涉及遇真宫的保护问题，并形成如下决议。

决议：38 COM 7B.9

世界遗产委员会：

1. 已审议WHC-14/38.COM/7B.Add文件。

2. 回顾了第37届会议（金边，2013）通过的37 COM 7B.60决议。

3. 对于缔约国没有按照《操作指南》第172条的规定，将遇真宫抬升工程提请世界遗产委员会注意表示非常遗憾。

4. 注意到2014年世界遗产中心、ICOMOS和ICCROM联合执行的反应性监测任务对遗产进行的考察以及对于工程所做的评估，尽管改变了遇真宫的环境和背景，但对整个遗产的突出普遍价值并不构成威胁。

5. 注意到监测小组对于土方平台的最终形状、考古遗存的最终处置、最终景观布置、阐释以及遇真宫的利用等方面提出的建议，要求缔约国在工程最终实施中执行。

模拟效果图

6～9. 略。

10. 进一步要求缔约国于2015年12月1日前，向世界遗产中心递交一份报告（及1页执行摘要），介绍遗产保存状况及对上述建议的执行情况，以备世界遗产委员会在2016年的第40次会议上审查。

2015年11月，国家文物局、湖北省文物局、武当山旅游经济特区向世界遗产组织提交了武当山古建筑群2015年保护状况报告（SACH SoC 2015-1/5），对第38届世界遗产大会根据世界遗产组织派出的武当山反应性监测小组实地考察后提交世界遗产组织的《武当山古建筑群（中国）考察报告》（2014年3月8～13日），形成的决议条款5对于遇真宫土方平台的最终形状、考古遗存的最终处置、最终景观布置、阐释及遇真宫的利用等方面的问题进行了全面答复。

缔约国已经对遇真宫所在土方平台的后续设计和利用开展了讨论，设计方案正在推进中，平台的最终形状、考古遗存的最终处置、最终景观布置、阐释，以及遇真宫的利用等问题充分考虑、吸收了联合反应性监测报告的意见，将得到妥善的解决。受到水库蓄水的技术原因影响，所有工程将在水库达到目标蓄水位后完成，但不会影响遇真宫抬升保护工程的性质和效果。缔约国将充分利用这一时间段，进一步细化相关准备工作。

决议条款5. 监测小组提出的意见和建议在遇真宫所在土方平台的后续设计和利用中得到了充分考虑和吸收，分别陈述如下：

1. 土方平台的最终形状和景观布置

地方政府已经委托清华大学设计团队进行遇真宫所在半岛的景观设计工作，并将随着整个工程的推进进一步深化。其基本的设计原则充分考虑了联合反应性监测报告的意见，具体如下：

首先，根据历史研究，遇真宫前有神道、旁边有泰山庙，因此遇真宫现处的半岛环境景观设计首先需要尊重这些重要的历史环境要素。

其次，遇真宫建筑群周边采用自然植物群落种植方式，避免过于生硬的人工景观设计，形成郊野自然环境风貌，同时适当设置步行游览通道。植物的选取将主要参考遇真宫周边及山上同类建筑群的植株种类。

最后，整个半岛的滨水区域种植水生植物，或者将土方填到两侧狭长的水道中，弱化半岛的边缘线，使整个岸线轮廓尽可能自然。

2. 考古遗存的最终处置

此前，对于遇真宫考古遗存的安置曾有过三个比选方案。方案一：新建一个地下空间，将考古遗存放置在地下，在地面上复制遗址的台基和矮墙体，原遗存和模拟展示共存，同时可避免考古遗存受风雨侵蚀。方案二：在地面上放置考古遗存，同时在其上方分别搭建防护棚。方案三：在地面上放置考古遗存并补配缺失砖石构件。

半岛形状改变后的景观设计平面图

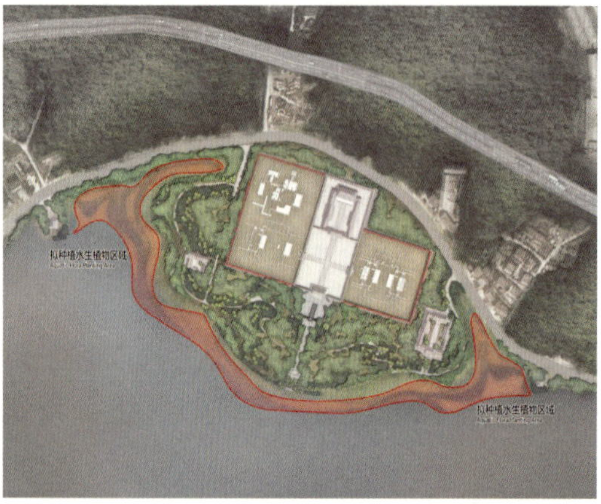

拟在半岛滨水区域（红色区域）种植水生植物

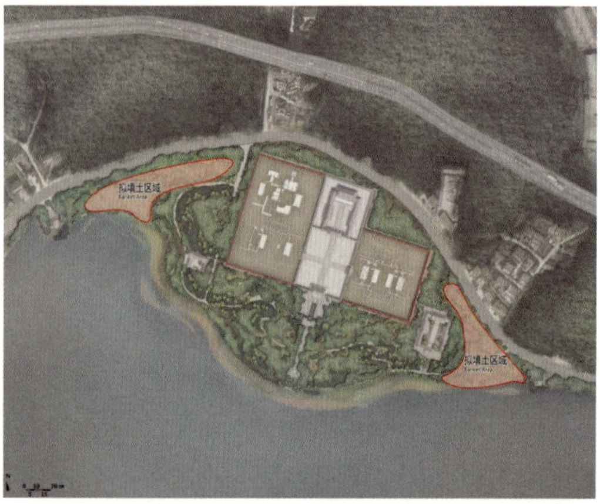

拟在半岛两侧狭长水域（红色圈定区域）填土

此后，国家文物局、南水北调工程建设委员会办公室组织专家对三个方案进行了比较。方案一、方案二虽然可以保护考古遗存免受风雨侵蚀，但方案一的工程量较大，且东宫、西宫与中宫的相对高度将永久改变，方案二的多个保护棚对整体景观环境有不利影响。同时，前两个方案并未从根本上改进考古遗存的真实性，三个方案对于文物本体的影响是基本一致的。

因此，最终决定采用方案三安置考古遗存，该方案和联合反应性监测报告的意见相符，将在丹江口水库蓄水土方沉降试验后实施。不过，由于该地区近几年的降水量锐减，目标蓄水位迟迟未能达到，因此工作进度受到了影响，但不会改变遇真宫抬升保护工程的既定方案和质量。

3. 遗址阐释和利用

当地政府拟将该处庞大的遗址（包括整个半岛区域）用于：遗址本身的展示、小型展览，武术训练和表演、旅游观光、市民休闲、文物保护管理。

遗址本身的展示：在归安的遗址上设立标识、说明牌，主要用以说明所处建筑物的名称、功能和历史故事，以及各建筑构件的信息。

小型展览：在复原的建筑室内或半开敞空间内布置小型展览，展示遇真宫的历史和抬升保护工程的整个过程，可加以利用的资源有历史照片、图纸、视频、数字三维模型、部分原有构件、工程资料等。这样，既可以向公众介绍该遗址悠久的历史，也能向感兴趣的参观者介绍保护工程复杂的决策过程（包括各种比选方案）、施工组织及技术细节（比如编号拆卸和重组、三维扫描、山门顶升等）。

武术训练与表演：张三丰是武当内家拳、太极拳、武当剑等武当武术的创始人，而遇真宫与张三丰有重大关联。因此，将遇真宫的部分区域用于武术活动是符合历史情境的，遇真宫中宫的前院广场是开展该活动的合适场所。

旅游观光和市民休闲：未来，遇真宫将成为武当山山下区域一个重要的游客参观点和市民休闲的场所。

文物保护管理：为了看护这一庞大的遗址，当地政府将在现场安排文物保护及管理的工作人员长期驻守。

2018年6月28日～7月4日，第42届世界遗产委员会大会在巴林首都麦纳麦举行，湖北省文物局副局长王风竹率团赴巴林出席大会（湖北省文物局文物处副处长刘杰、湖北省武当山特区文物局局长兰海波参加）。会后形成42 COM 7B.1号决议，决议要求涉及世界文化遗产武当山古建筑群的相关条款实施及遗产保护情况应提交2020年第44届世界遗产委员会大会审查，之前将与世界遗产中心和咨询机构的代表在中国湖北武当山举行一次会议。因武当山古建筑群反应性监测涉及我国国际形象和世界遗产申报整体策略，国家文物局和湖北省政府高度重视，要求武当山特区积极应对，按照决议要求逐条研究落实，逐步消除反应性监测所带来的不利影响。

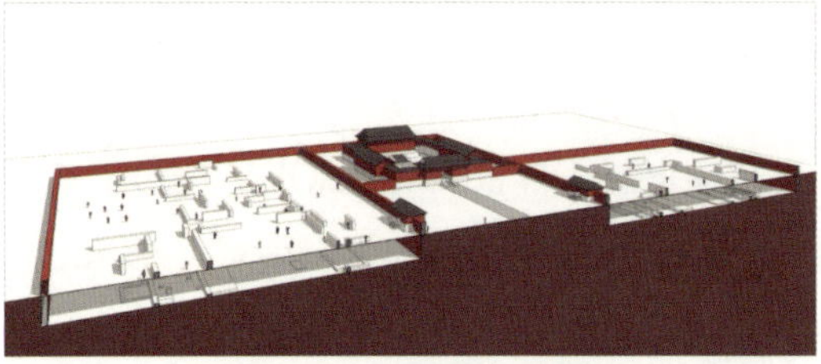

遗址归安方案一示意图

遗址归安方案二示意图

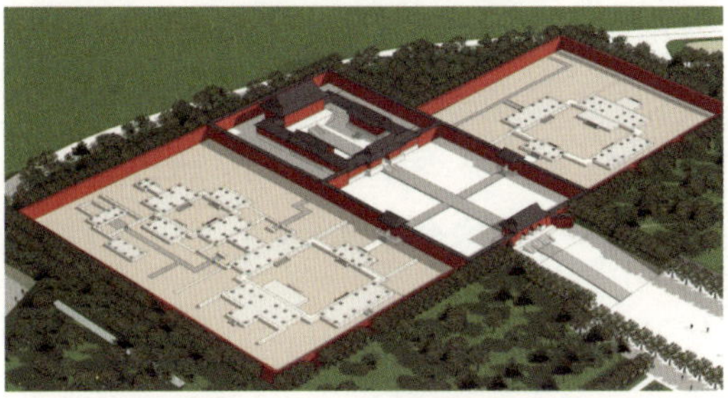

遗址归安方案三示意图

武当山古建筑群（中国）（C705）决议42 COM 7B.1

世界遗产委员会：

1. 已审议文件WHC/18/ 42.COM/ 7B.Add。

2. 回顾了第40届世界遗产委员会大会（伊斯坦布尔/联合国教科文组织，2016年）上审议通过的第40 COM 7B.30号决议。

3. 注意到遇真宫项升工程对海岸线的重新设计及最后举升阶段所取得的进展，并要求缔约国提供最新的继续实施该工程所取得的重新安装效果进展。

4. 还要求缔约国提供更多目前正在实施的游客管理系统的信息，特别是对遗产所有构成部分进行的专项研究，这些研究的目的是更好地掌握遗产的承载能力，并对游客管理计划的制定提供指导，以保证保护遗产及其环境所需的必要物理条件，并确保不会出现太多游客同时游览同一遗产构成地的情况。

5. 欢迎通过市政遗产保护立法，并进一步要求尽快完成遗产保护和管理计划，并尽快将其提交给世界遗产中心由咨询机构进行审查。

6. 此外还要求缔约国与世界遗产中心和咨询机构的代表举行一次会议，来澄清以下议题并确定解决问题的必要程序：最后确定该遗产构成部分的数量；根据构成部分的最终数量对遗产突出普遍价值声明（SOUV）进行可能的修订；修订缓冲区确保其足够大，足以保护整个遗产及其环境。

7. 此外还要求，根据上述会议的结果，缔约国应形成并提交相应文件供世界遗产委员会在随后的会议上讨论，特别是最终确定的遗产构成数量、缓冲区的定义，以及突出普遍价值声明（SOUV）等。

8. 最后要求缔约国在2019年12月1日之前向世界遗产中心提交一份关于上述遗产保护和实施情况的最新报告，供世界遗产委员会在2020年第44届委员会大会上审查。

2019年11月，国家文物局向世界遗产组织提交了《世界文化遗产武当山古建筑群2019年保护状况报告》，报告指出2018年8月以来，武当山旅游经济特区管理委员会积极落实第42届世界遗产委员会42 COM 7B./号决议，继续做好武当山遇真宫垫高保护工程、文物复原工程和平台建设工作，进一步强化游客管理系统建设工作，特别加大了对遗产地游客承载能力的专项研究，坚持以突出普遍价值为核心，在落实依法保护、加强能力建设、记录遗产信息、优化监测体系、实施保养维护、完善开放服务、加强安全防控、推动价值研究等方面开展大量工作。同时，编制完成了《世界文化遗产武当山古建筑群保护与管理规划（2019～2035）》，规划对武当山古建筑群的世界遗产构成要素、突出普遍价值声明及遗产缓冲区边界作了进一步明确，努力推动武当山遗产保护管理工作的法治化、科学化和可持续化发展。

报告针对联合国教科文组织世界遗产委员会第42届会议第 42 COM 7B./号决议关于武当山古建筑群保护状况的有关问题进行回应：决议条款3注意到遇真宫顶升工程对库岸线的重新设计及最后举（抬）升阶段所取得的进展，并要求缔约国提供最新的继续实施该工程所取得的重新安装效果进展的成果。

1. 遇真宫顶升工程推进概况

根据施工设计，遇真宫垫高保护工程分为文物解体和文物复原工程、顶升工程、土石方垫高工程三个部分，首先通过实施文物解体工程，对东西宫遗址、宫墙、中宫所有建筑、院落、甬道、崇台、地墁金砖等各类砖、石、木构件进行原位测绘、编号、拍照、登记建档后，运往遇真宫文物库房，分类、分区暂存入库。然后实施山门和东、西宫门顶升工程，采用密布孔桩、箱梁贯穿、浇筑预应力混凝土，在山门和东、西宫门下部形成基础托盘，实施原位整体顶升15米。同时实施土石方垫高工程，在完成垫高区域清表、清淤、清渣工作后实施土石方垫高、分层碾压。最后在垫高体上实施文物复建工程，在对拆除的各类砖、石、木构件进行修缮后，按照解体编号原位复建。

2. 土石方垫高工程

遇真宫垫高保护工程自 2011 年 10 月启动文物解体，到 2019 年 7 月文物复建工程完工，历时近 8 年。其中，文物解体工程施工单位为北京市园林古建工程公司，监理单位为北京方亭工程建设监理公司，2011年10月10日动工，2012年3月完工。顶升工程施工单位为河北省建筑科学研究院，监理单位为北京方亭工程建设监理公司，2011年12月30日动工，2013年1月16日完成顶升到175米。土石方垫高工程施工单位为湖北新七建设集团有限公司，监理单位为湖北东泰建设管理咨询有限公司，2012年3月10日动工，2013年4月完成垫高到175米。文物复建工程施工单位为北京市园林古建工程公司，监理单位为北京方亭工程建设监理公司，2016年8月动工，2019年7月完工。

3. 工程管理与阶段性验收情况

为高水平实施遇真宫垫高保护工程，2011年7月，湖北省文化厅、湖北省移民局、十堰市人民政府共同成立遇真宫保护工程领导小组，责成武当山特区管委会作为该工程的责任主体，迅速成立工作专班，以打造世界文化遗产保护典范为目标，全力推进各项工程建设任务。工程实施过程中，湖北省文物局下发了《关于进一步做好遇真宫保护工程的函》《关于切实加强遇真宫垫高保护工程规范管理工作的通知》，要求武当山特区管委会规范管理、确保进度；科学施工、确保质量；精心组织、确保安全；并多次组织有关专家赴遇真宫垫高保护工程现场，强化业务指导，督促施工单位严格按照《文物保护工程管理办法》《古建筑修缮工程施工及验收规范》等规定开展各项工作，并联合相关部门及时组织开展阶段性验收。其中，遇真宫顶升工程、土石方垫高工程和文物复建工程分别

遇真宫八字山门复建效果

于2015年7月23日、2019年7月10日通过专家组验收。2019年9月4日，武当山遇真宫垫高保护工程顺利通过国家技术性验收。2019年12月7日，作为南水北调中线工程库区文物保护项目武当山遇真宫垫高保护工程全面完成并通过了国务院南水北调工程建设委员会组织的行政性总体验收（终验），世界文化遗产——武当山古建筑群重要组成部分的遇真宫得到了非常圆满的保护。遇真宫垫高保护工程的实施过程中，国务院南水北调办、国家文物局领导多次赴现场考察指导，并对遇真宫垫高保护工程实施过程中在对世界文化遗产真实性和完整性方面的一些好的做法给予充分肯定。

遇真宫原地垫高保护工程是南水北调工程中对世界文化遗产所实施的保护工程，保护技术、质量要求极高，施工周期长，2014年，世界遗产中心、ICOMOS和ICCROM反应性监测联合考察团在武当山考察遇真宫垫高保护工程项目时，对武当山遇真宫垫高保护工程的管理手段与工程技术给予高度肯定。

4. 重新安装进展及下一步计划

在遇真宫垫高保护主体工程全部完工后，还将严格按照《武当山古建筑群（中国）考察报告》（2014年3月8～13日）提出的相关要求，进行优化设计，对遇真宫建筑群周边采用自然植物群落种植方式，形成郊野自然环境风貌，同时适当设置步行游览通道；并通过遗址现状展示、旅游观光、市民休闲等方式，积极展开对遗址的阐释和利用。

1412与2020的对话——顶升后的遇真宫山门与复建后的遇真宫中宫新旧对比

襄府庵复建地点

遇真宫西宫宫门及宫墙复建效果

对于遇真宫所在土方平台的最终形状问题，武当山地方政府已按照决议要求，尽可能削弱人为制造的半岛效果，将原设计如意形状平台之东、西两端窄小的沟谷用土石填实，其外围表面用砼质材料植生块和土纺布铺设，以防止水浪冲击造成下滑沉降。充填后的东、西两侧与北侧岸基完全相接，吻合美观，强化原始地面自然轮廓，整个平台边界自然呈现。

至此，由南水北调工程建设涉及武当山古建筑群重要组成部分的遇真宫保护问题而引发的世界遗产组织对世界文化遗产地武当山古建筑群进行的反应性监测工作，从重点对武当山遇真宫保护工程实施逐渐向关注整个世界文化遗产地的保护管理、遗产构成、保护管理规划等方面，特别是遗产地的管理体系，管理规划和管理工作是武当山古建筑群长期受到世界遗产委员会关注的遗产影响因素。为回应世界遗产委员会的关切，武当山文物局递交了《世界文化遗产武当山古建筑群保护与管理规划》纲要和《武当山风景名胜区总体规划纲要摘要内容》，对于这两个文件，特别是其中游客管理方面的内容，世界遗产委员会感到满意，同时希望能提供进一步的资料并说明确定该遗产及其独立遗产构成的游客承载能力的依据。由于中方确定的武当山古建筑群的遗产构成（49个）与委员会在2012年通过的“突出普遍价值回顾声明”中提到数量（62个）存在出入，而且每一独立构成都划定了单独的缓冲区，国际古迹遗址理事会认为，目前的缓冲区划定较为混乱，小规模的、独立的缓冲区并

调整后遇真宫垫高体平面效果

竣工后的遇真宫及周边环境与远处丹江口水库的关系

不能充分保护遗产构成彼此之间的关系，以及整个武当山脉之间的关系，因此建议中国加强与世界遗产中心和咨询机构的合作，澄清有关该遗产构成和缓冲区的未解决问题，确保经修订的遗产缓冲区包含整个武当山国家风景名胜区，以保护整个遗产及其更广泛的环境。由于事关遗产地遗产保护和区域经济社会发展等问题，十堰市及武当山地方政府持十分审慎的态度，一些工作还在多方磋商研究。世界遗产组织提出相关反应性监测要在中国福州召开的第44届世界遗产大会上形成最终结论。

2021年7月22、23日晚，联合国教科文组织第44届世界遗产大会在中国福建省福州市采取线上线下的方式召开，会议先后对255项世界遗产保护状况报告进行了审议并顺利通过我国6项世界文化遗产的保护状况报告（分别是丝绸之路：长安—天山廊道的路网、布达拉宫历史建筑群、武当山古建筑群、澳门历史城区、左江花山岩画文化景观、长城）。大会决议赞赏我国在实施武当山遇真宫抬升项目和制订实施遗产管理规划等方面做出的努力。与此同时，决议重申，各国在世界遗产地开展相关建设开发项目前应充分开展遗产影响评估，均需提前向世界遗产委员会通报可能对遗产突出普遍价值造成负面影响的重大项目计划。

虽然关于武当山反应性监测的应对工作在国家文物局的具体指导下，湖北省文物局和武当山地方政府经过共同努力取得了较好的效果，但这项由南水北调中线工程建设对武当山遇真宫造成淹没影响而采取的对遇真宫保护问题引发的对整个武当山古建筑群进行的反应性监测工作并没有最终结束。

三、遇真宫反应性监测基本结论

为了回应2014年世界遗产中心、国际古迹遗址理事会、国际文物保护与修复研究中心联合反应性监测工作组提出的建议，世界遗产委员会一直在密切监测武当山世界文化遗产的保护状况，以跟进2014年联合反应性监测工作组关注解决的三个主要问题，其中就涉及遇真宫顶升保护工程。

为了加快缔约国（中国）、世界遗产中心和咨询机构之间的对话，世界遗产委员会在2023年于沙特首都利雅得召开的第四十五届延期会议上提出，由缔约国邀请世界遗产中心、国际古迹遗址理事会、国际文物保护与修复研究中心的相关专家，联合组成咨询工作组访问武当山古建筑群（见第45 COM 7B.153号决定）。2023年12月13～17日，由教科文组织世界遗产中心代表Luba Janikova女士和Akane Nakamura女士、国际古迹遗址理事会代表Michael Pearson博士、国际文物保护与修复研究中心代表Jihong Kim博士组成的工作组受邀来到武当山开展工作，此行的主要目的：一是评估武当山世界文化遗产的整体保护状况；二是评估武当山遇真宫顶升保护工程成果，以及由此对遗产及其突出普遍价值产生的任何影响和由此采取的缓解措施；三是向缔约国（中国）提供指导，并与缔约国一道努力解决与遗产组成部分、缓冲区划定相关的问题；四是评估遗产的承载能力和相应的可持续游客管理策略，包括金顶，并提供建议。

遇真宫垫高（顶升）保护工程，是2007年为解决中国北方缺水的问题，中国政府开始建设南水北调中线工程，通过提高丹江口大坝水位从而实现向北方输水的目的。而遇真宫处于水库蓄水的淹没区，为保护武当山遇真宫，防止建筑物和周围环境被淹没，所以规划了遇真宫垫高（顶升）保护工程。遇真宫位置所在台地被整体垫高了大约15米（其中三个宫门原状垂直顶升15米）。东西宫建筑基址及中宫原有建筑被重新安置到垫高后的位置，同时保持其原来的平面坐标。遇真宫保护工程经过多次论证，于2011年9月开始正式实施，于2019年12月完成，历时8年。保护工程由四个主要部分组成：文物解体工程、顶升工程、土石方垫高工程和文物复原工程。工程实施顺序依次为文物解体、编号装箱入库→山门、东西宫门开始顶升→原址垫高11～15米施工→文物复原、修缮工程→地下基础处理工程→分层碾压处理地基、垫高→遗址保护设施工程→全岛绿化景观及配套工程→展示陈列工程等。

2014年，世界遗产组织派出的反应性监测工作组进行现场考察时，在现场看到顶升保护工程正在进行，并对遇真宫顶升后的平台形状、东西宫考古遗址归安、垫高后平台景观恢复、东西宫遗址使用情况和展示说明等问题提出关心。2016年，世界遗产委员会根据工作组的意见，同意继续进行该工程（第40 COM 7B.30号决定）。

本次反应性监测咨询工作组通过现场访问确认遇真宫垫高（顶升）保护工程已全面完成，符合之前的报告内容，并确认2014年反应监测工作组的建议已得到执行，并给出如下评价：

关于垫高平台形状：最初，平台的形状是在东西两侧人工切割而成，形似一个半岛。但现在与周围环境已经无缝衔接。此外，在遇真宫游客的视线范围内，看不到石基和平台下的排水口等特征。由于遗址整体抬高，影响了周围景观和遗址之间的视觉关系。但平台形状与周围环境无缝融合，人们几乎不会注意到大规模工程活动的存在。

关于重新安置考古遗迹（东、西宫建筑基址）：工程实施期间进行了考古发掘，展示了东西宫殿的历史遗迹。发掘完成后，在东西宫殿周围建造了新墙，并展示了石头地基以显示结构位置。现场展示信息面板提供了东西宫殿发掘成果的简要概述，但没有给出细节，如挖掘现场和当前地形之间的地面水平差异，以及遗迹的保护方法。

关于平台景观：2014年的反应性监测工作组建议利用周围的植被进行景观美化。但也许是由于最近完成的施工活动，目前的景观给人一种不太自然的印象。在发掘区域周围修建一堵墙也减少了可用于植树的空间（需要说明的是，工作组没有理解围合遇真宫遗址的墙是复建的遇真宫宫墙，而误认为是新修建的）。

关于遗址使用情况：正殿目前用作展厅，解说顶升保护工程。此外，在访问期间，我们看到宫殿入口处的广场正被用作太极训练场地。但宫殿似乎缺乏专门为附近居民设计的方案，也没有通过参与方案为社区建设作出贡献。

关于遗址解说：尽力提供了关于遗产

从遇真宫顶升后的山门看遇真宫与周边山体的相对关系

保护过程的现场解说。修复后的正殿通过展板以及照片、视频演示、详细解释和图表展示了遇真宫顶升保护工程的概况和细节，说明了工程实施前后的变化。但展览主要强调该工程的卓越性和技术方面，没有批判性地检查这些物理变化如何影响遗产的真实性。此外，关于东西宫殿的解说相对简短，有必要加强现场解说，不仅作为历史建筑，更是作为考古遗址。

虽然遇真宫这种保护方法可能无法作为未来的典范，但在有限条件下，缔约国不遗余力地投入大量资源和时间来保护遗产。尽管原始建筑与其周围环境之间的相对关系受到影响，但文物复原工程努力保持建筑的原始布局，并保留从遇真宫可以看到的山景。特别是考虑到世界遗产委员会的建议，将人工抬高的平台改造成更自然的形状，以减轻对景观的影响。个别建筑物的本体已得到改善，2003年，被用作武术学校的正殿被一场大火焚毁，但现在已在新的抬高位置修复至火灾前的状态。其他建筑的外观，在用作学校期间进行的改造也得到了修复。通过展览向游客解说已执行的保护工作，这符合反应性监测工作组的建议。但对于顶升保护工程对遗产突出普遍价值带来的变化和影响却没有足够的介绍，还需对挖掘过程进行额外的现场解说，包括如何对东宫和西宫的遗迹进行保护和展示。

东宫考古遗迹及展示说明

遇真宫位于武当山脚下，是明朝永乐年间建造的宫殿之一。作为与张三丰相关的武术和道教哲学圣地，遇真宫的历史意义及其相关的无形价值得到了保留，而它作为武当山道教宫殿的景观价值则受到了一定程度的损害。尽管在遗产保护和管理方面做出了努力，但以前与当地社区和耕地的紧密联系已经大大削弱。由于远离其他景点、位于平坦地形而非武当山上，以及已经进行了一段时间的顶升保护工程，这座宫殿似乎不太受游客欢迎，或许可以制定相关方案，允许附近居民将宫殿用作

遇真宫大殿复建效果

聚会场所或参与遗址保护和利用计划。鉴于这座宫殿作为张三丰圣地的重要性，正如之前监测工作组所强调的那样，进行遗产解说和充分利用，以抓住所强调的“场所精神”，这是至关重要的。此外，如果这个地方不再用作道教寺庙，可能需要引入一个新用途，以此吸引游客，并确保持续的管理。例如，可考虑设置一个世界遗产解说中心或游客中心。

最后，虽然顶升保护工程最终在2016年获得了世界遗产委员会的批准，但这显然是一项“重大修复”工程，很可能影响遗产的突出普遍价值，应在更早的规划阶段便告知世界遗产委员会。工作组需要提醒缔约国，根据《操作指南》第172条，无论是在遗产本身、其缓冲区还是更广泛的环境中，任何可能影响遗产突出普遍价值的拟议行动，包括重大修复，在做出任何难以撤销的决定之前，都应尽快通知世界遗产中心。此外，应进行影响评价，这应作为此类工程的先决条件，从而确定替代方案以及对遗产突出普遍价值或其更广泛环境的潜在影响。

总体而言，武当山古建筑群处于良好的保护状态，其周围环境亦得到了良好保护。尽管在遇真宫垫高（顶升）保护工程期间，为了匹配周围环境而做出了让步，但该工程对古建筑群突出普遍价值的整体影响仍是有限的。通过采纳世界遗产委员会的建议，对顶升平台的形状进行轻微改造，再加上在两侧填充排水沟，使得景观的负面影响得到了显著降低，且缔约国进行了专门的资源分配并作出了时间承诺。但是，仍然需要现场解说来详细说明该工程的积极和消极影响。

以上是世界遗产组织武当山反应性监测咨询组在实地考察武当山遇真宫垫高（顶升）保护工程实施情况后得出的基本结论和给出的建议。至此，历时近十年的因武当山遇真宫保护工程而引发的世界遗产组织对武当山世界文化遗产开展的反应性监测工程有了基本结论，并将于2024年7月在印度召开的第47届世界遗产大会上有望最终圆满结束。

遇真宫中宫复建效果

第七章
武当山遇真宫复建后的利用探讨

一、遇真宫垫高保护工程的效果

遇真宫位于武当山脚下的水磨河一级台地上，背靠凤凰山，面临水磨河，地势相对平坦，由于南水北调工程蓄水的影响，遇真宫所处台地海拔为160米，为避免受到水库蓄水后被淹没水下，文物部门经过充分论证，最终确定采取垫高保护的方案对遇真宫实施有效保护，垫高高度达15米。为尽最大可能还原遇真宫所处的地理环境，遇真宫垫高保护的基础垫高体的面积既要满足原有建筑得到全面有效的恢复保护，又要尽可能考虑到复建后遇真宫山门及宫墙以外保留有一定距离的空间尺度，同时，还需要兼顾垫高体上有一定的自然环境的绿化和营造、配套服务设施布置及观光游览方面的视觉考虑。设计单位在综合考虑以上问题的过程中，还必须考虑国务院南水北调办审批工程概算的问题以及工程的总造价。

2006年5月提出垫高保护遇真宫蓄水后的远观效果

垫高保护遇真宫蓄水后的正面效果

采取的保护方式不同，遇真宫保护工程的效果也不同，在经过反复论证最终确定原地垫高保护方案之前，综合考虑上述因素，前后经过多次修改和调整，大体上有如下几个阶段的效果：

（一）围堰保护方案保护遇真宫的效果

早在南水北调中线工程规划设计初期，长江水利委员会就提出了增加遇真宫和孙家湾两处防护区的设想，并开展了遇真宫防护区可行性研究，2004年7月，工程设计单位长江水利委员会长江勘测规划设计研究院形成了《南水北调中线水源工程丹江口库区遇真宫防护工程可行性研究报告》，提出了堤线长分别为1320、816和844米的三种方案。2005年6月，该设计单位又单独编制了《丹江口市遇真宫文物保护规划报告》。2006年上半年，该设计院对采取工程防护的方式保护遇真宫进行了完善和细化，并提出大、中、小三种不同方式的围堰方案，三种方案主要的区别就是围堰选址不同及围堰后保护的区域大小不同，但从水库建设的角度考虑，大围堰是在外围山口处建防护坝，保护的区域最大，对遇真宫外围整体环境起到相对最好的原真性的保护，但是对丹江口水库的建设来说是较大的影响，且减少了库容，也是难以接受的。经过论证和综合比较，当时提出推荐采用中围堰的方案保护遇真宫，并绘就了实施围堰保护遇真宫后的效果图。

（二）原地垫高保护遇真宫方案

2006年5月，在细化和完善工程防护方案的同时，通过论证又提出采取顶升（垫高）方案和搬迁方案保护遇真宫。其中顶升（垫高）方案为减少垫高体面积，尽可能减少工作量，采取缩小垫高体（垫高体外沿在宫墙外一定距离，满足宫墙复建）、外围建设观光廊（栈）道的方式处理的方案，但后来考虑到丹江口水库枯水季节，水位回落较大，枯水季节10米左右的落差，大量水下滩涂裸露在外影响观瞻，且观光廊道与垫高体高度基本相同，只能远望遇真宫宫墙，实际上无法形成理想的观景效果，同时存在缺少安全防护措施等原因而被取消。

（三）原地顶升保护遇真宫的总体效果

在提出采取原地垫高方式保护遇真宫的思路以后，对于垫高后的遇真宫建筑群

垫高保护遇真宫外围参观栈道效果

2006年5月27日垫高保护方案垫高体与水库关系效果图

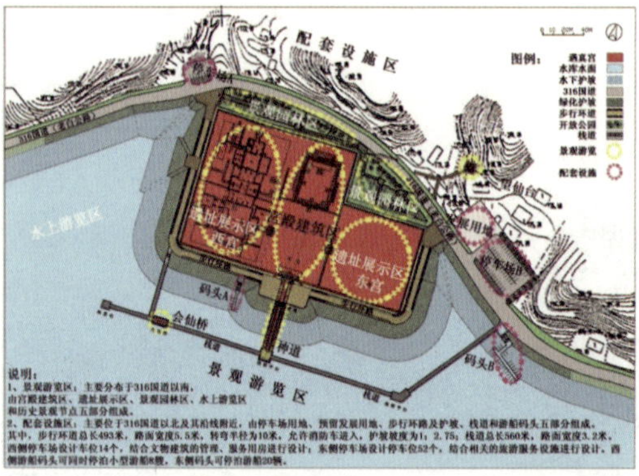

遇真宫总平面图——功能区图

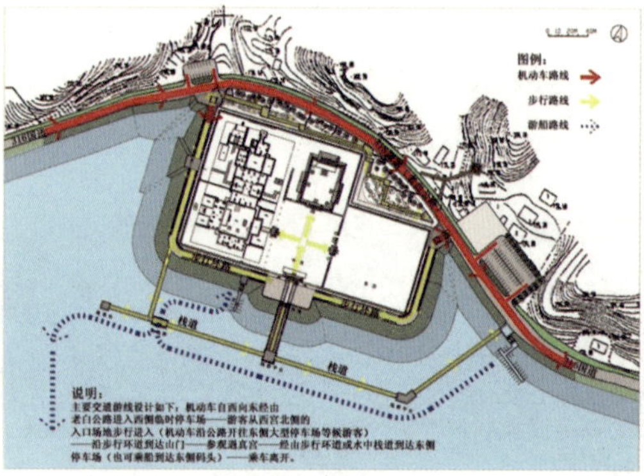

遇真宫总平面图——游线组织图

的总体效果也有几个不同的设计阶段，设计单位也给出了不同的实施效果。首先，不再考虑在外围设立参观栈道的方式，而是在宫墙复建的基础上，将垫高体在宫墙外围适当扩大，增加活动空间和预留人行通道，在外围岸边设立观光码头，增加水上观光线路。但这种考虑显然对丹江口水库蓄水后的情况缺乏必要的了解，实际上丹江口水库大坝加高后，水库蓄水是有季节变化的，一年分蓄水期和枯水区，常年

2007年7月原地顶升保护效果图

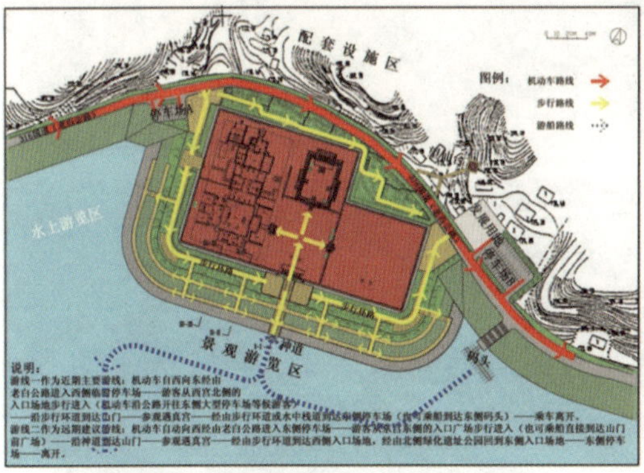

遇真宫总平面图——游线组织图

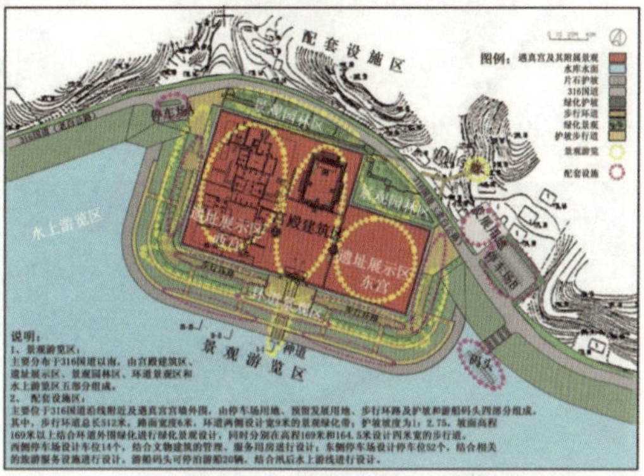

遇真宫总平面图——功能分区图

蓄水水位一般在145米上下，在汛期到来前一般还要提前降低水位，为汛期预留合理的库容，也为水库调蓄洪峰、确保下游安全度汛提供安全保障，所以设立码头开展水上观光条件并不可行。

（四）顶升与垫高后基址复原

这种方案是对重要建筑进行顶升，对其他部位及东西宫等重要考古遗址等进行拆迁并在垫高的土台之上进行修复的方式，直接对遗址本体进行干预完成保护与展示工作。操作上可以比较节省，最初设立的垫高体采取祥云或如意形状，完成后遗址可以复原后进行露天展示。实际操作起来是先对重要部分（三个山门）进行顶升，其他部位进行本体的拆迁（包括宫墙、东西宫建筑遗址进行直接干预），在垫高体上对拆迁的建筑部位及东西宫考古遗址进行原状修复后露天展示。这种处理方式观览效果比较普通，后期特别是东西宫遗址面临长期潮湿多雨和杂草的侵蚀，管理难度大，展示效果不尽理想。垫高体采取如意（祥云）形状，实际上难以摆脱人为设计和干预的问题，重要的是远离了遇真宫周边原有风貌，不可避免地改变了历史环境，这一点也在世界遗产组织的反应性监测过程中成为被关注和后期列入整改的内容。

原地顶升保护效果图

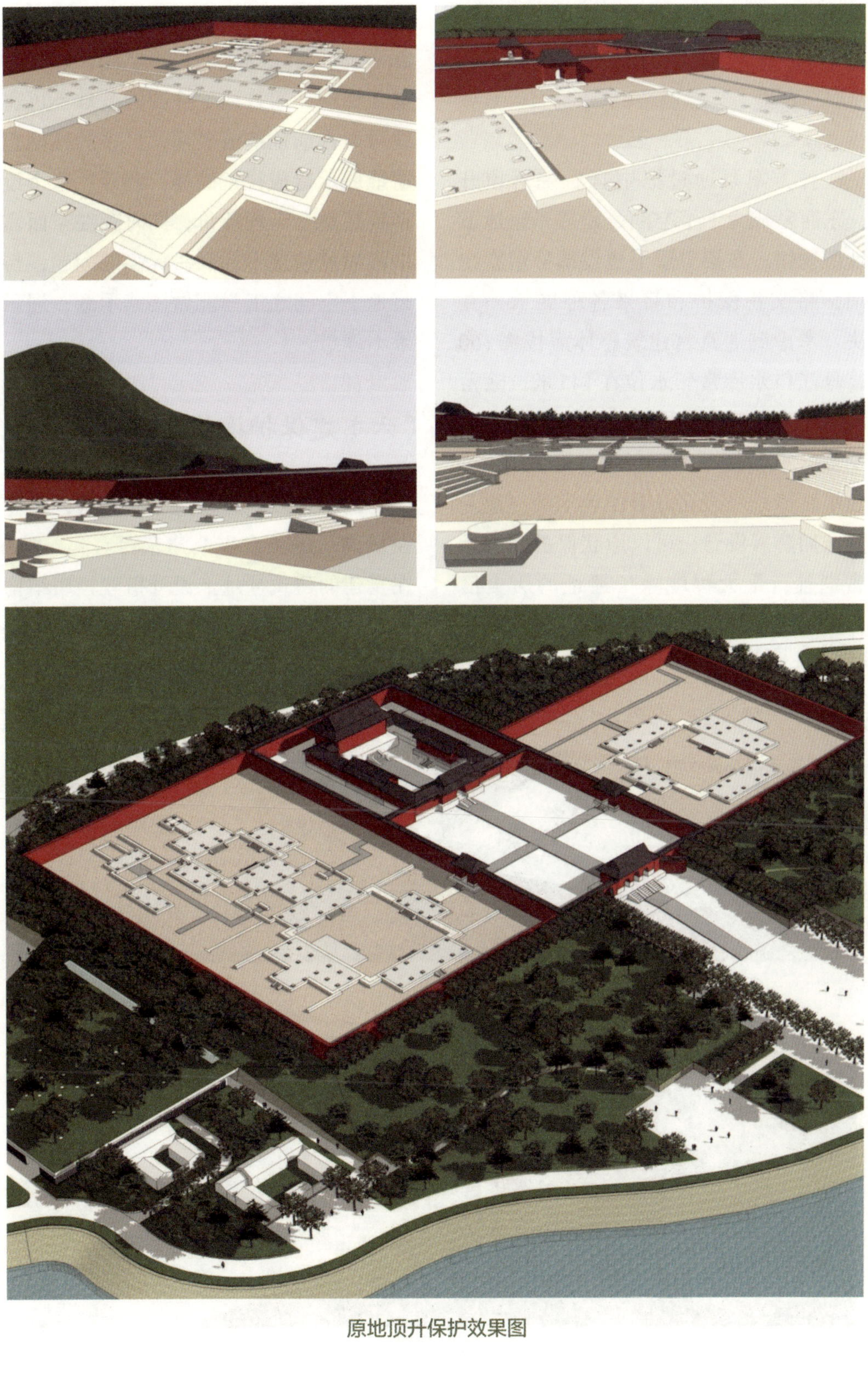

原地顶升保护效果图

（五）遗址原标高保护遇真宫的效果

这种方案是通过把中宫后院落顶升后，东西宫成为下沉空间，建造一组地下遗址博物馆，在架空层上建设部分示意性矮墙，将文物保护和将来各种展示一并解决。考虑到遇真宫建筑整体海拔在160米，丹江口水库常年水位在145米，除蓄水前水库蓄水高程可能达到170米外，遗址部分一般情况下难以处在水位线以下，加之垫高体是经过充分碾压填实的，地下空间增加防渗设计，可以原状保护和展示考古遗址，最大程度保护遗址的历史信息，提供较好的保存环境，具备较真实的展示效果和丰富的展示空间。但这个方案需要设计好大面积的地下空间，增加较多地下柱网，而且地下柱网的基础不可避免地对考古遗址造成破坏，过多的柱网也给遗址展示造成视觉破坏。此外，这个设计将提高整个工程造价，同时存在东西宫和中宫遗址遗迹不在同一标高的问题，特别是地下空间之上只能做矮墙示意，展示效果不理想。

（六）建保护设施的遗址复原效果

建保护设施（建筑）的方式，是通过在垫高后的平台上复建东西宫建筑遗址，在复建的建筑遗址上设计搭建轻质结构设施对遗址进行保护和展示，重点是解决复

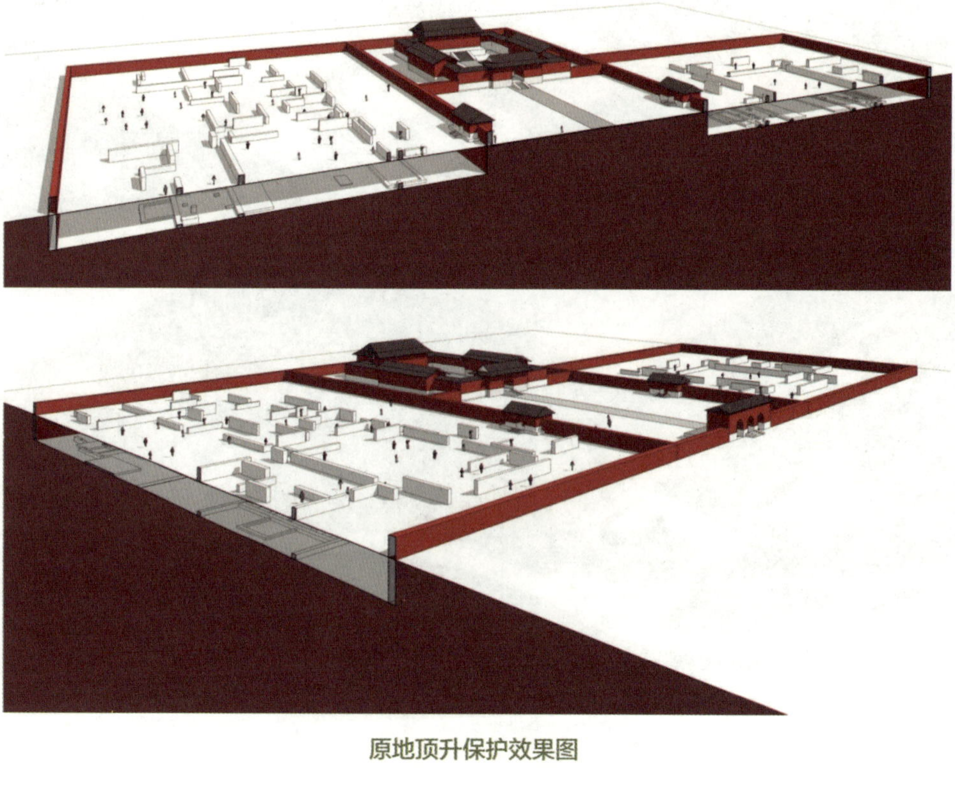

原地顶升保护效果图

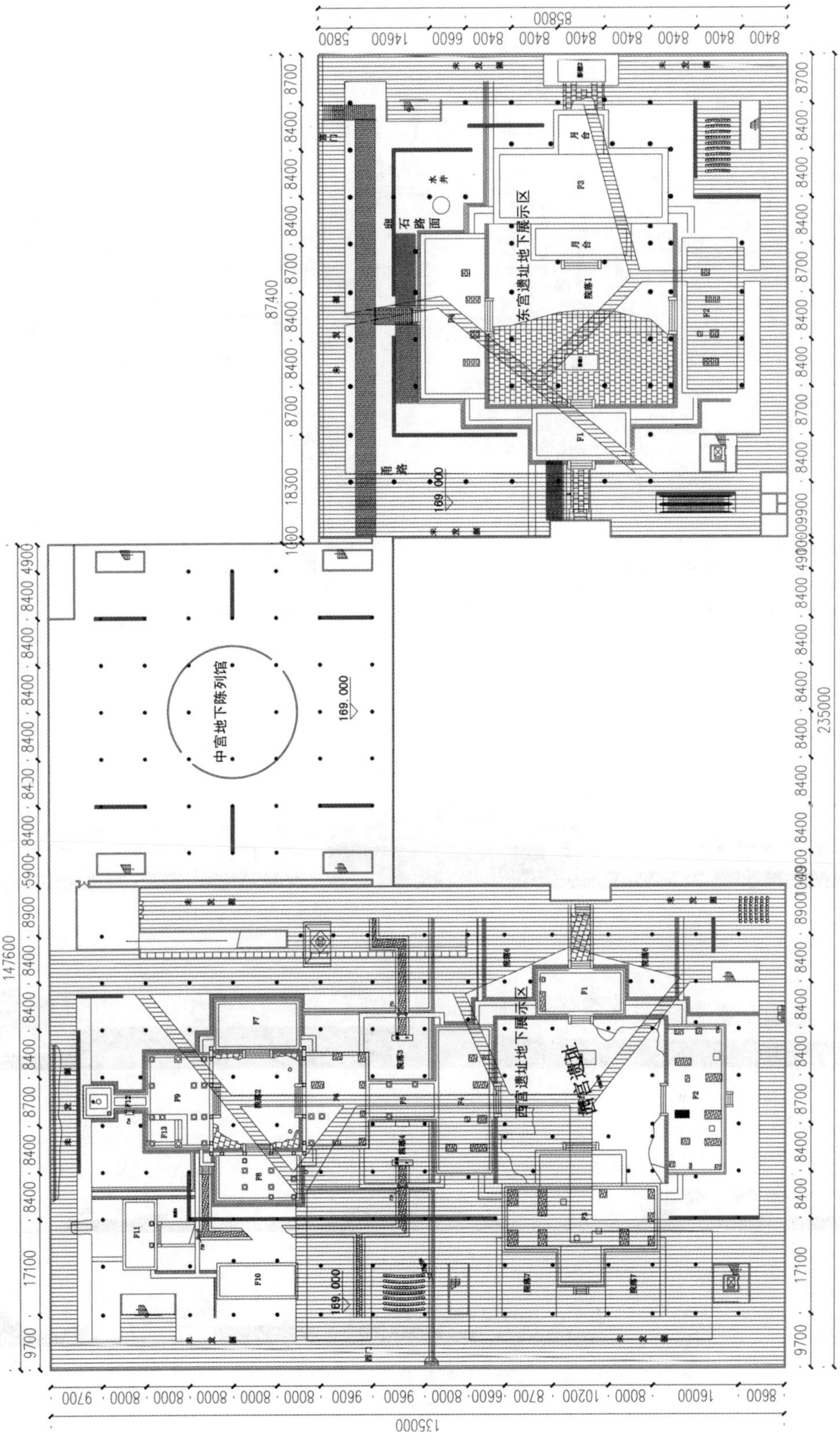

地下一层平面图

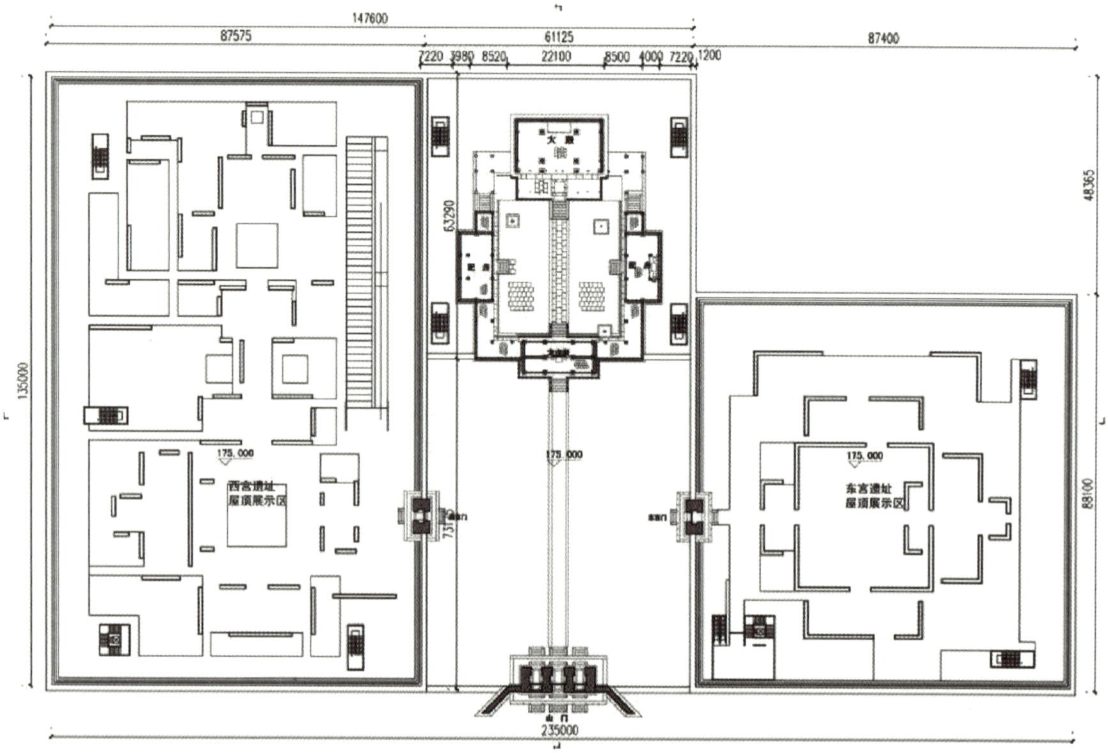

一层平面图

1-1剖面

2-2剖面

1-1剖面

2-2剖面

遇真宫剖面图

原地顶升保护效果图

建后的遗址保护问题，避免遗址被日晒雨淋和遗址上荒草丛生。这种保护方式的优点是复建的东西宫遗址和中宫建筑群在一个标高，也能提供一个较好的遗址保护与展示的空间，造价适中。缺点是保护设施的空间和外形受限制，有一种对考古清理出的建筑基址进行复建的错觉，同时影响中宫主建筑群现存的历史风貌。还有一种设想就是解决室内空间较狭小，不方便观览和展示的缺欠，采用轻质结构，以主体建筑群为重点和单元大跨度覆盖建筑遗址，通过屋顶材料的变化，对下面的遗址轮廓进行标识，同时外观与中宫建筑群相协调。这种设计在论证过程中存在一定争议，在审批上也难以通过，最终被放弃。

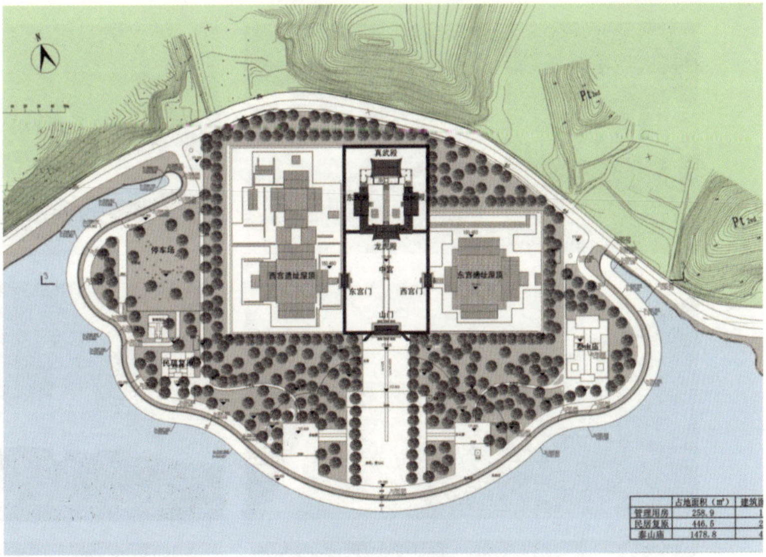

遗址复原平面图

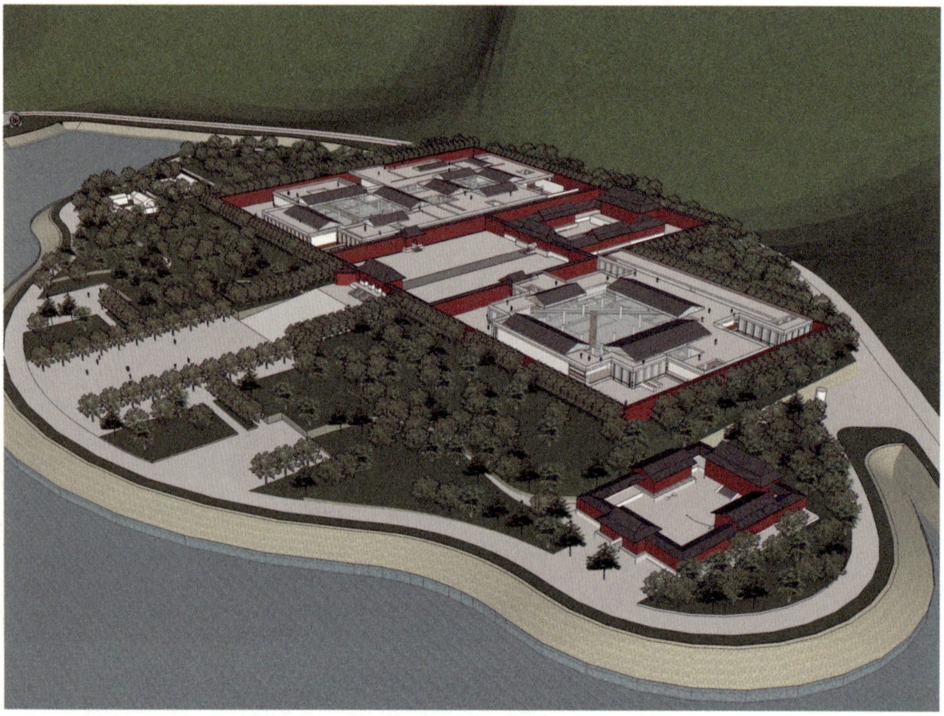

遗址复原效果图

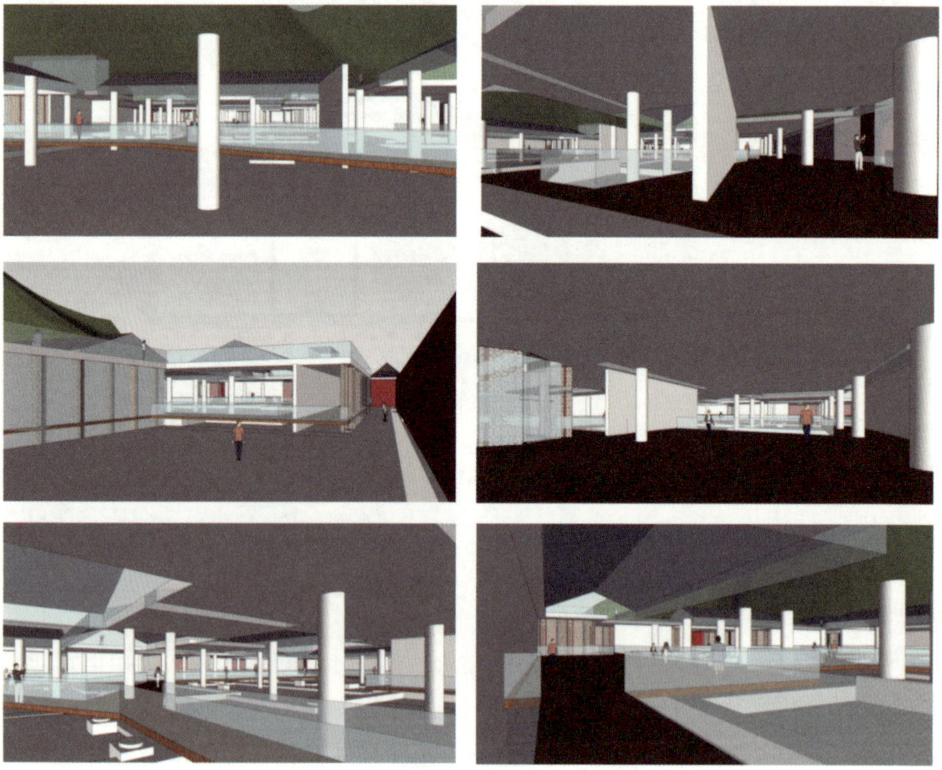

室内效果图

室内效果图

遗址复原效果图

（七）反应性监测调整后遇真宫的效果

2017年，国家文物局给湖北省文物局下发了《关于加强世界文化遗产武当山古建筑群保护管理工作的通知》（文物保函〔2017〕854号），转发联合国教科文组织世界遗产中心转来的世界遗产委员会第40届会议关于武当山古建筑群保护状况的第40 COM 7B.30号决议。要求湖北省文物局进一步加强世界文化遗产武当山古建筑群的保护管理工作，督促、指导当地人民政府继续妥善、细致地做好遇真宫顶升、保护及归安工程。提出应按照决议要求，微调遇真宫现所在半岛的岸线，以弱化其过于人工化的形象；进一步完善遇真宫遗址归安、展示、说明及所在半岛景观环境的设计方案及实施工作，真实、完整地阐释其文物价值及保护工程的全过程。

决议的部分原文如下：

世界遗产委员会关于武当山古建筑群决议40 COM 7B.30（中国）（C 705），指出：已审议文WHC/16/40. COM 7B.2，回顾了第38届世界遗产委员会（多哈，2014年）上审议通过的决议38 COM 7B.9；注意到遇真宫顶升工程正在开展的工作以及待定的设计问题，正在进行的管理规划及其他管理事项；要求缔约国采取第二种方案完成平台最后阶段的工程，即，使用土方填充窄小的通道以形成更为自然的边界线；同意缔约国报告中概述的在更高的地平线上重新安置考古遗存的建议，但要求缔约国确保在对考古

遇真宫原地垫高保护工程实施后对垫高体形状进行调整后的状况

2020年7月对调整形状后的垫高平台绿化设计效果图

遗存和整个遇真宫建筑群进行阐释和展示时进行详细说明，使游客充分理解该遗产由于顶升工程所出现的改变。

2017年5月8日，湖北省文物局将国家文物局《关于加强世界文化遗产武当山古建筑群保护管理工作的通知》（文物保函〔2017〕854号）（简称《通知》）转发给十堰市文物局，要求十堰市文物局按照国家文物局的要求高度重视，督促、指导武当山特区文物部门按照《通知》要求逐条落实，以进一步加强武当山古建筑群文物保护管理工作。其中涉及遇真宫的问题，要求武当山特区文物部门尽快与规划及方案编制单位研究、完善遇真宫垫高后半岛景观环境的调整实施。此后，武当山文物局组织施工单位按照设计单位提出的方案对遇真宫垫高体土台东西两侧的岸线形状进行调整，按照垫高工程施工的程序采取分层碾压的办法进行回填，形成相对自然的岸线形状，并通过后期的绿化和景观复原较好地解决了世界遗产组织专家提出的问题，也较好地应对了世界遗产组织对武当山古建筑群进行的反应性监测涉及遇真宫垫高保护工程的相关内容。

从以上关于遇真宫原地垫高保护的不同阶段效果的论证、调整过程可以看到，在对遇真宫进行保护的过程中，湖北省文物主管部门和相关设计单位是持非常认真和审慎的态度的，在设计和论证过程中既考虑了工程实施中的技术问题，也考虑了工程造价问题，特别是着眼长远，充分考虑了保护工程建成后如何体现遇真宫保护工程实施前其周边的历史环境再现和如何更好地发挥其在展示利用和带动地方旅游发展方面的效果。从最终的工程效果来看，根据世界遗产组织反应性监测提出的关于遇真宫垫高体总体形状和台地绿化效果看，较好地解决了以往设计过程中人为设计痕迹过重的情况，台地形状总体较为自然，绿化效果也减少了，更加接近自然状态，总体效果是令人满意的。

从遇真宫后面山上看垫高后的遇真宫与水库回水区关系

遇真宫与丹江口水库及回水区关系

二、遇真宫建筑彩绘价值及复原

据记载遇真宫始建于明代永乐十年（1412年），为明成祖敕建，其主殿真武殿为庑殿顶式，面阔、进深均为3间，梁、坊、斗拱中许多构件保留有元代营造手法，是武当山保存最具明初风格的建筑。后由于清乾隆十年遭火灾，真武殿被毁，修复后改为单檐歇山式建筑。遇真宫东宫、西宫的地面建筑于1949年以前已经被毁，处于遗址状态。中宫保存有真武殿、东西配殿、龙虎殿等建筑，2003年1月19日，中宫真武殿被大火焚毁。在南水北调中线工程文物保护过程中，经过充分论证确定对遇真宫采取原地垫高保护，经国家文物局审批，根据清华大学建筑设计研究院文化遗产保护中心编制的整体垫高保护方案，对真武殿和龙虎殿及东西配殿进行复原修缮，2015年复建竣工前的基本木构梁架等保持原木状态，由于大木梁架尚处在自然干燥期，一直没有做油饰和彩绘。遇真宫垫高保护工程实施前，遇真宫中宫现存龙虎殿建筑内外檐彩画为明代原物，东西配殿建筑室内为清代地方彩画原物。经文物拆解前的现状勘察，现存龙虎殿内外檐、东配殿内檐彩画大部分保存历史状态，由于历经几百年沧桑变化，烟熏尘染，彩画表面纹饰多已模糊不清，部分已有病害，有局部构件后期修缮更换后彩画缺失的情况，特别是已经完成复建的真武殿、东西配殿及东西爬廊建筑外檐全部上下架木构件皆为新换，裸露在外，这些建筑的大木构件经过几年的自然干燥，长时间缺失地仗油漆彩画，不利于建筑构件的保存，更重要的是严重影响遇真宫整体建筑的装饰效果和完整性。龙虎殿虽然把大量原有构件进行了归安，但也存在一些后补或局部替补的材料在颜色上存在显著反差、总体效果不协调的情况。上述情况如果不及时进行保护修复，原有构件的病害情况将会继续蔓延，新材料也会出现新的病害。因此，遇真宫中宫已经复建的建筑彩画及油饰亟待保护修复及复原。

考虑到工程设计的延续性，2021年7月，武当山特区文物局委托北京建工建筑设计研究院的团队主持开展遇真宫大殿（真武殿）油饰彩画复原设计方案编制工作，包括所有建筑外檐上下架油饰及真武殿内外檐彩画复原工作。复原设计在全面勘察龙虎殿现存彩画的基础上，通过广泛调查研究，在依据历史档案记录，特别是老照片的基础上，以明代遇真宫及故宫相

复建后的遇真宫与周边山体关系

关资料，尽可能多地恢复真武殿、龙虎殿及东西配殿油饰彩画的历史真实性为原则，进行彩画的复原设计。

北京建工建筑设计研究院对遇真宫建筑彩画的历史、科学和艺术价值进行分析和评估后认为：

在历史价值方面，遇真宫现存龙虎殿室内外明代建筑彩画，对于研究明代官式建筑的变迁具有重要的标本参考价值。而大殿真仙殿（2003 年烧毁前黑白照片记载）与东配殿室内外建筑彩画具有晋中地区风土建筑彩画风格，根据大梁题记应该为乾隆四十三年（1778年），这几处建筑的彩画见证了不同历史时期遇真宫建筑的变迁，同时也反映了在不同历史阶段，分别由不同的地域匠师来绘制遇真宫建筑彩画的历史发展过程，对于研究明清宗教建筑格局变迁有着重要意义。遇真宫现存龙虎殿室内外明代初期建筑彩画，应该为明永乐十年（1412年）至永乐十五年的历史原迹，是目前发现保留至今湖北武当山建筑群继太和宫景区——天柱峰山顶的“金殿”、北京昌平十三陵长陵祾恩殿室内大木梁枋之后的另一处明代初期木构官式建筑上色绘彩画的重要历史遗迹，弥补了明代初期官式建筑彩画研究的重要实例，是近年又一处明初永乐时期官式彩画的重大发现，具有很高的历史研究价值。武当山修建的“九宫八观”，其中主要的遇真宫、太和宫、紫霄宫、南岩宫、五龙宫、太子坡、玉虚宫等主要建筑群，其在建筑装饰彩画风格、等级、年代、形制上各有特色，除

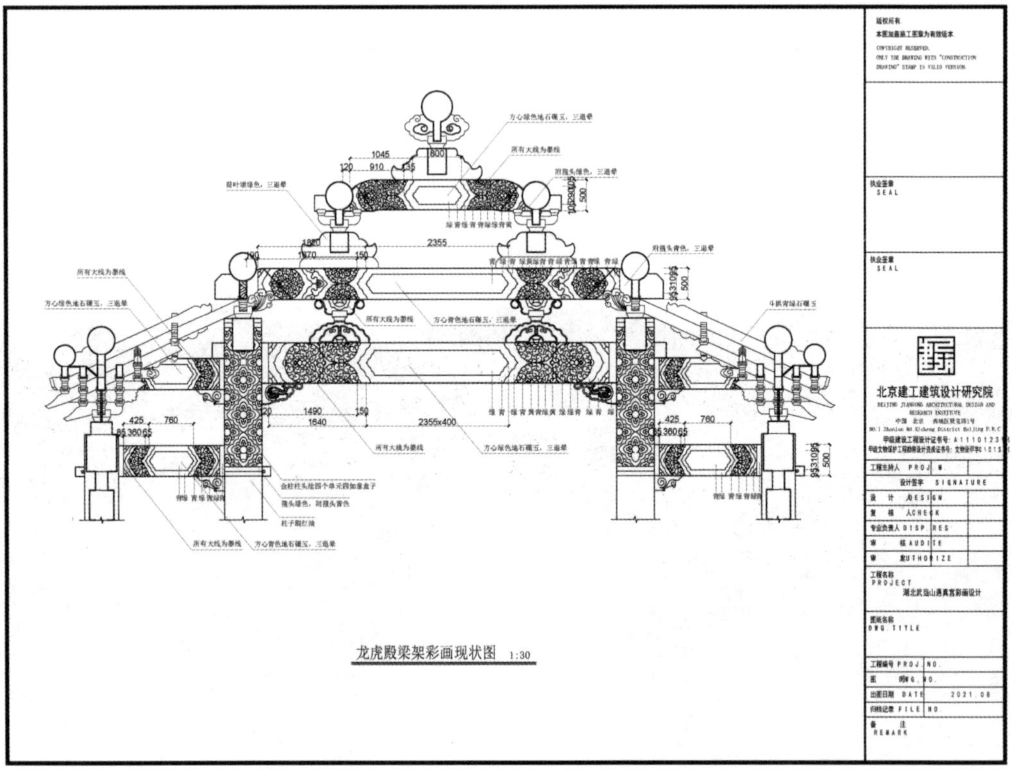

遇真宫龙虎殿梁架彩画现状图

遇真宫龙虎殿明间前内檐彩画复原图

了太和宫金殿、遇真宫龙虎殿还完整保留有明代初期永乐时期的官式彩画，太和宫、紫霄宫、南岩宫、五龙宫等建筑也保留着明代初期的琉璃彩画以外，其他建筑彩画都在清代不同时期由山西工匠改绘成晋中地域性风土的彩画。武当山建筑群现存的不同时期、不同风格彩画，佐证了不同历史时期武当山建筑的历史变迁。遇真宫龙虎殿建筑内外檐彩画携带着非常丰富的明代初期道教建筑文化信息，由于张三丰的宗教界地位及永乐皇帝的重视程度，它是武当山“九宫八观”中目前保留下的明代早期官式建筑彩画的典型代表，较完整地反映了道教建筑装饰的法式制度、规制等级、纹饰母题等不同特点。

在科学价值方面，经古建筑专家结合历史照片考证，其真武殿的梁、坊、斗拱等许多构件存有元代营造手法。龙虎殿仍保存着明代早期官式的建筑特色，具有较高的科学价值。遇真宫现存龙虎殿明代初期官式旋子彩画的绘制工艺技术，在木构表面不做地仗，主要使用国产矿物质颜料石青、石绿、铅白、烟子等大色，从侧面反映了明代初期我国建筑装饰颜料还是以容易开采获取的国产矿物颜料为主，体现了明代初期在营造设计上独特的科学技术发展水平，代表了当代的技术成就。清代中期为供奉道教尊神真武大帝的真武殿烧毁前的历史照片彩画，以及为纪念张三丰的东配殿现存彩画皆为晋中地区风土建筑彩画一绿细画，从侧面体现了原有官式旋子彩画风格经地方工匠修缮设计改变为地方彩画风格，体现了晋中地区风土建筑彩画技术的发展水平。

在艺术价值方面，遇真宫现存龙虎殿明代初期官式旋子彩画能够保留至今十分难得，与太和宫“金殿”彩画、北京昌平十三陵长陵祾恩殿彩画、青海瞿昙寺隆国殿内檐彩画一样，做工规范精细，纹饰艺术造型完美、画法成熟规范，以青绿大色冷色调为主色，所有大色顺线路单色叠晕三道，整体色彩柔和、典雅，体现了明代初期永乐朝建筑艺术特征，具有很高的艺术价值。真武殿烧毁前的历史照片彩画及东配殿现存彩画为晋中地区风土建筑彩画一绿细画，整体彩画风格、绘制工艺技术、东配殿真仙殿灰绿色为主色调的风土彩画，体现了清代中期为纪念张三丰道教建筑成就的装饰风格，大殿真武殿绘制的以龙纹为母题的晋中风土彩画，体现了清代中期为供奉道教玄武大帝等北方之神的道场的重要地位及当时的道教建筑装饰的审美风尚。

在社会价值方面，遇真宫作为武当山道教建筑群九宫八观之一，曾经繁盛一时，

遇真宫龙虎殿东西缝彩画复原图

作为中国传统的道教文化的物质载体，在道教文化的传承与发扬方面作出了巨大贡献，直至今日，其与武当山古建筑群一起仍然是中国道家的圣地之一，每年前来武当山朝拜觐见的香客络绎不绝，为领略中国传统道家文化的各地游客纷至沓来。遇真宫所保存的院落格局与建筑信息能够体现出道教文化的丰富内涵，尤其是现存的明代官式旋子彩画实为珍贵，它所展现的遇真宫完整历史风貌对香客以及已与遇真宫形成密切联系的周边居民都具有更紧密的精神连接，对前来参观的游客则展示了遇真宫悠长丰厚的历史，具有教育意义。

设计单位对遇真宫建筑油饰彩画保存现状进行了系统评估，结合武当山日照、气温、降水、湿度和云雾、霜雪气候条件对病害进行评估，对彩画制作工艺、材料进行调查，对颜料分析进行综合评估，得出评估结论：对遇真宫建筑的油饰彩画采取“现状保留”“重点复原”和“重点修缮”三种方式处理。

龙虎殿、东配殿内外檐彩画的历史、艺术价值非常高，尤其是龙虎殿彩画是目前最早的在木构件上绘制的明代初期官式旋子彩画遗迹。由于年代久远，受外界各种环境的影响及自身胶结材料的降解，保存情况局部较完好，大部分纹饰晦暗不清，部分彩画出现褪色、污染、粉化等不同程度的病害，亟待进行保护修复。本次维修工程性质应该为“现状保留”，即在全部保留的基础上简单除尘。

2015年复建的真武殿，因木构件长期裸露在外，上下架大木、装修没有做地仗，油饰、彩画等受外界环境风吹、日晒、雨淋等，大木局部出现开裂、糟朽、木质素外渗、霉菌等不同的病害。因此，为了更好地保护木构件，更好地装饰美化木构件，体现建筑等级和携带历史信息，使建筑整体更具有完整性和真实性，此次亟待进行修缮及复原地仗油饰彩画。本次维修工程性质为“重点复原”，即按龙

遇真宫大殿明间东西缝彩画复原设计图

遇真宫真武殿木构部分油饰彩绘后效果

遇真宫大殿梁架彩绘施工后补充彩绘工程施工及验收情况

遇真宫大殿彩绘施工

虎殿现存明代初期旋子彩画进行复原，重做地仗及油饰部分。

东配殿、龙虎殿室内外地仗油饰存留部分老活，但也已残缺不全。因此，为了更好地保护木构件，这次亟待进行修缮。本次维修工程性质为“重点修缮”，即室内外上架博缝、椽望，下架大木装修重做地仗，重做油饰。室内外上架大木油饰断白。这项工作的总体目标就是让修缮后的武当山遇真宫建筑群恢复其完整和健康的状态，既要满足对外开放的使用要求，又要使建筑的历史性、原真性、地方特色得以充分体现。

三、遇真宫展示利用方式的探讨

关于遇真宫保护工程实施后如何展示利用的问题，早在2011年进行遇真宫保护方案设计的过程中，就探讨过保护利用及展陈的方式，遇真宫垫高保护工程总体竣工后再次提出了遇真宫复建后的展示利用问题。

在开展遇真宫保护方案论证过程中，按照国家文物局的工作要求，湖北省文物考古研究所先后对遇真宫西宫遗址、东宫遗址进行了考古发掘，并对中宫前半部分通过开探沟的方式进行了局部清理，取得了重要考古收获。特别是西宫、东宫遗址的考古发掘，完整地揭示出从明代始建到清代建筑的变迁情况，建筑布局完整、院落结构清晰、条石基址高低错落有致、砖雕影壁卵石拼花地幔做工精美……这些建筑遗址饱含历史沧桑，具有较强的视觉冲击力。因其所处海拔为160米，处在南水北调工程淹没线以下，如能采取特殊措施确保原址保护和展示是最为理想的。鉴于南水北调中线工程将丹江口大坝从162米加高到176.6米，比以往的蓄水水位提高13米。据悉，在设计条件下丹江口水库多年平均蓄满率约为11%，意味着大约平均每十年，丹江口水库才能蓄满一次（丹江口大坝从2013年加高后，一直无法按设计满足蓄水要求，直到2021年10月10日才第一次蓄满至170米）。丹江口水库的蓄水既存在一个枯水季节，又加上在汉江秋汛防御压力大，要在秋汛期来临之前腾出足够的库容以满足蓄洪的需要，因此，一年当中有大部分时间难以满足170米的高水位运行，或高水位运行的时间相对较短。当时清华大学吕舟设计团队提出了一个有创

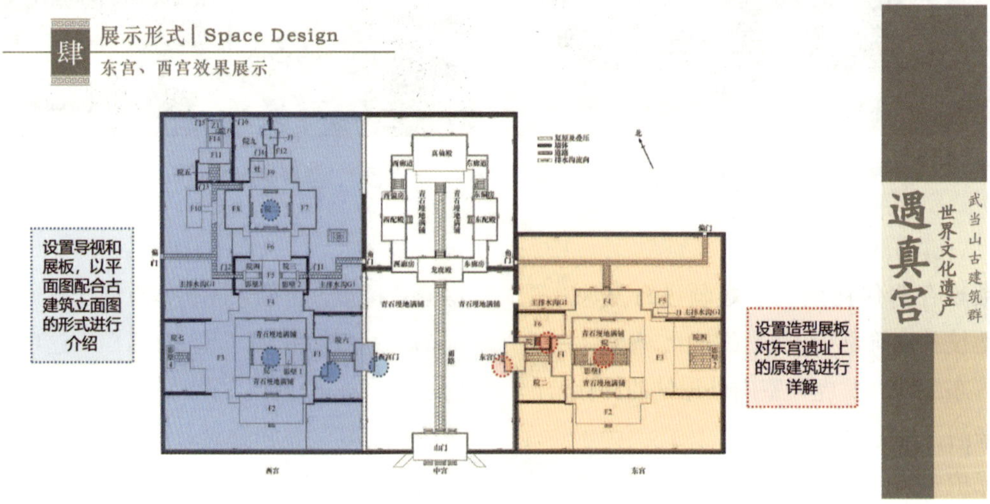

遇真宫东西宫展示效果

意的设计，即在遇真宫宫墙外围一定范围内（50米）填土通过分层碾压的方式垫高至175米，内置防渗层起到防护的作用。宫墙内160～170米之间建设一个架空层，将东、西宫建筑考古基址保存原状，中宫前院落通过分层碾压的方式填实至设定高度，后部分院落原有建筑落架后在地下架空层修建完成后，再在架空层上做复建。这种处理方式可以保障遇真宫东西宫基址的考古发掘现场得到相对完整和真实的原状展示，中宫后半部分的院落间架空层形成的地下空间可以开辟为地下展厅。这是展示利用的第一方案。

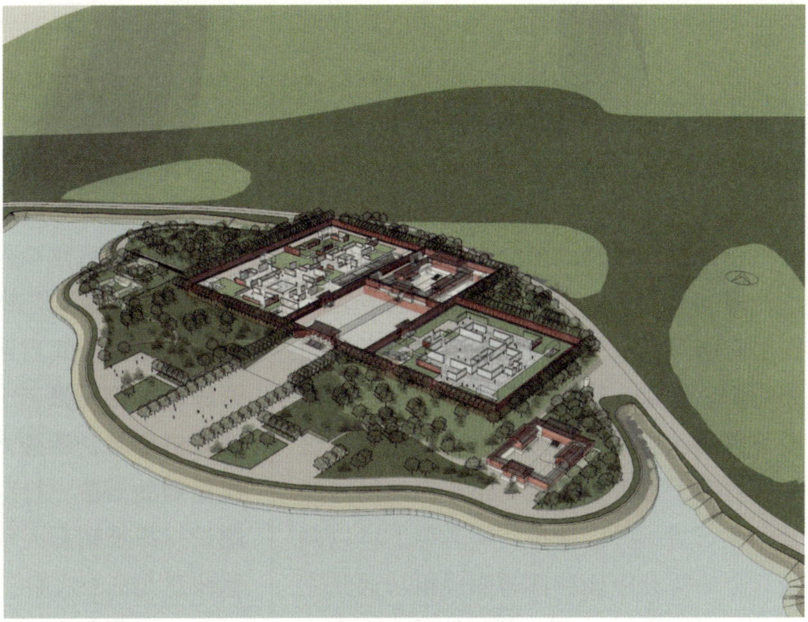

原地顶升保护效果图

2011年湖北省文物局组织开展遇真宫保护方案设计的过程中，同时邀请北京LORD国际文化发展有限公司开展了《遇真宫展陈策划概念方案》的初步设计，展览由序厅、第一部分瑰丽的华彩——遇真宫的建筑艺术、第二部分繁华几春秋——遇真宫的坎坷命运、第三部分武当遇真人——张三丰的传奇故事、第四部分大道应无形——武当山太极文化的奥义、结语组成。

第一部分：瑰丽的华彩——遇真宫的建筑艺术。展示目的：通过全面翔实的介绍，让观众深入了解遇真宫的建筑构造、艺术成就。将遇真宫的建筑艺术成就完整地展现在观众面前。展示内容：遇真宫建筑概况，遇真宫斗拱形式，柱及柱础、梁架结构、其他石雕、砖雕、木雕艺术（须弥座、栏杆、门板等）、遇真宫风水。展示手段：图文展板、建筑模型、局部构件模型、文物陈列等配两组辅助展现手段，第一组为建筑构造模型，介绍斗拱、柱、基础、构架，并辅以影像视频模拟部件（观众可亲自动手拆装）；第二组为通过电子沙盘解读遇真宫的建筑风水，遇真宫古建筑群的选址严格按照我国的传统风水理论，四面环山，居于山间平原之中。它背依凤凰山，面对九龙山，左为望仙台，右为黑虎洞，前有水磨河，山环水绕，景色宜人。

第二部分繁华几春秋——遇真宫的坎坷命运。遇真宫经历焚毁、重建，光阴无情流逝，带走了飞檐鎏金的繁华，遇真宫的坎坷命运就如同春、夏、秋、冬四季更迭，几度兴衰但终究将冬去春来、重现光彩。风雨坎坷的岁月背后，尘封的历史往事仍然鲜活且动人。展示目的：让观众了解遇真宫的坎坷命运以及我们为了拯救遇真宫所作出的努力。

春：遇真缘起。相传张三丰曾在此修炼，遇见了太上真人，故此曰“遇真宫”。在明嘉靖十五年《大岳志略》的遇真宫舆图中，在遇真宫的东北角处有一“望仙台”；在山门的南侧除了中央的神道（现已局部发掘）之外，还有一条东西向的道路及一座石桥——会仙桥。从名称上可以判断，会仙桥和望仙台都与明成祖巧遇张三丰的传说有密切关系，因此是遇真宫丰富的历史文化价值中不可缺少的一部分。展示手段：会仙桥、望仙山以及神道按比例缩小复原模型，上面有人物模型，重现传说中张三丰遇见太上真人的故事。

夏：鼎盛时期。遇真宫在最鼎盛时，殿堂道房达400间，占地面积5.6万多平方米。其大殿是武当山保存较完好的最具明初风格的建筑。到嘉靖年间，遇真宫已经扩大到396间，院落宽敞，环境幽雅静穆。《大明御制玄教乐章》载永乐大帝亲自为武当山所作的道曲，乐曲幽婉华丽，表达了对这座大山的主神——玄武神的感激与虔诚之心；历朝历代少有帝王对一座大山如此之倾心，这也成为道教音乐史上一部巅峰之作。展示手段：建筑模型、道教音乐。

秋：多舛命运。乾隆年间失火重建，东西宫毁于清末时期。到1938年秋，国民党第五战区司令部设在武当山下，当时一个炮兵支总团就驻扎在遇真宫，为了他们需要，当时就把遇真宫的东宫和西宫的部分建筑拆除。此时遇真宫只剩下中宫大殿部分。2003年1月19日的一场大火又将遇真宫大殿烧成灰烬。展示手段：图文板。

冬：蛰伏重生。遇真宫保护方案论证工程、原地垫高保护实施过程。鸟瞰抬高复原后的遇真宫全景。展示手段：图文展板、建筑沙盘、幻影成像、文物陈列等。

第三部分武当遇真人——张三丰的传奇故事。传说张三丰懂得长生不老、生命玄妙之方术，参透人生、天地的奥秘；传说他四处云游、行踪莫测，多位帝王多方踏访，却难睹真人尊荣。永乐大帝为纪念他修建九宫十八庵、命名“遇真宫”，只为纪念云海缥渺中的一次不期而遇；后世众人纷至沓来、潜心修炼，只为参悟他那穿越千古的太极真意。展示目的：让观众了解遇真宫背后的传奇故事，感悟“真人”张三丰的传奇人生。认识他所创建的太极拳法。展示内容：张三丰与遇真宫太极介绍，张三丰的著作（《大道论》《玄机直讲》《玄要篇》《无根树》丹词等）。展示手段：图文展板、艺术雕塑、电子翻书、文物陈列等。

第四部分大道应无形——武当山太极文化的奥义。武当太极拳是一套古老的拳法，也是一幅简单的图案。今天，人们用身体、用艺术、用灵魂来诠释一个久远的名词——“太极”。它为追逐物欲、飘浮世间而无所归依的心灵指明了一条通往安宁的隐然大道。观众在这里可以体会到太极文化的博大精深，领悟道家文化所推崇的阴阳圆融，道法自然，天人合一。展示内容如下：

太极武当：传说中，武当山是离天最

遇真宫展厅面积分布位于遇真宫中宫地下部位

展区面积（灰色区域内）：约1300平方米；展厅面积（中心圆形区域内）：约750平方米

近的地方。庄子曰："世间万物气聚而生，气散而化。"人们在与天相交的绝顶，看有形无形幻化万象，寻求着与天地相通的契机。

千年太极：每天清晨，武当的道人们都会在太阳升起的时候吟诵经咒，道教称之为早课。千百年来，修行都是一样的方式开始，循环往复、穿越千年。

太极奥义：道家思想不是以思辨精神来思考生命，而是一切从生命发展、生命能量发展的角度出发来思考生命的奥义，也就是所说的"气"；这恐怕是中国思想中最玄奥、最博大精深的部分。

有形无形：道教信徒认为，太阳初升的时候，阳气生发，同时杂念也会萌发，如果随着欲念的游走而不加以控制，则背离了修道的目的。

道法自然：千百年来，武当的道人们一直寻找着与天地万物相通的契机；在他们眼中，宇宙是人身体的外化，它因为与人同体而与人相亲，因为与人相亲而成为诗意和审美的存在。云卷云舒间，武当道人们感受着天地灵气，在天人合一梦想的支撑下，遵循着天地的规律休养生息。

阴阳圆融：大道如气，若有似无，却是生存的根本，一升一降，就是太极拳的起式，好似人生的起起伏伏，有高潮、有低谷、升降往复；道人们认为，修炼太极拳，能让人心境平和，有利于人与人之间的和谐相处。

因天之序：浩瀚八百里武当是一个巨大的天然药材宝库，一直吸引着众多的仙家名人、医道圣贤。

我心无法：内心的圆满，足以乘物以游心。生命只是一段流光，在我们心中也许一直存在着一些时光都无法雕刻的简单之美；当人的心灵价值和尊严与大道自然合乎一体的时候，我们或许会在天成之境中体会到生命至真至纯的欢欣，从此逍遥于天地之间。

太极天下：一招一式中，起起落落间，每个人都在问寻自己心中的太极，而先贤们早已告诉了今天的世人，最弱小的，其实是最强大的，最坚强的，其实是最脆弱的，所以，以其不争，故天下莫能与之争。展示手段：图文展板、组群雕塑、全息影像、文物陈列等。

遇真宫展厅布局为太极八卦造型，其中中心圆形区域为主展厅，分为瑰丽的华彩、繁华几春秋、武当遇真人、大道应无形四个展示分区。外侧为乾、坤、震、巽、坎、离、艮、兑八卦造型墙。墙体上刻有太极八卦图的基本释义。游人可

遇真宫展厅布局

自由穿梭其中。与中心展厅构成完整的展示空间。

第二方案是在第一方案难以付诸实现的前提下的一套在地面上复原部分遇真宫建筑，并在部分建筑中布展的方案。展览将安排在东宫部分复建的建筑面积中，这一方案的优点是：适于许多展示手段、有利于遇真宫的影响和恢复效果、有利于形成武当山良好的旅游效果。东宫在遗址复原部分可同时布置高科技或其他展项配套进行。

第三方案是地上西宫印象陈列。西宫遗址效果如果在地上复制不成，且无地上展厅的情况下，为了充分发挥遇真宫的价值，为了提升武当山旅游的价值，再现遇真宫古代生活情景，应尽可能在不影响遗址和不复原任何遗存的情况下，用高科技手段创建遇真宫！高科技实现可能性极大，且实现的范围可大可小。

高科技实现的手段有几种：大多数高科技或LED光源手段是在夜间实施和展现的，可为旅游提供晚间的兴奋点，同时可以实现武当山的全日旅游效果。高科技展示可配合演出一并进行（张艺谋已有许多尝试），武当山遇真宫复原和非复原陈列有许多类型。

白天可见外景，晚上可见展示效果。尽可能用不同的高科技和灵活艺术展相组合创建武当山遇真宫的展示风格。使用高科技手段在武当山遇真宫展示中有所突出。

高科技手段初探一：运用电子和高科技多种手段，在遗址上虚拟复原建筑、历史和再现当年的辉煌。1. 在抬升和文物复位的过程中，根据设计，对遗址的相

关部分进行整理、标识和纳入物联网系统。2. 建立一个自成系统的物联网络，将摄自遗址的损毁建筑的图像转换成复原的完好原本建筑，并展现与此相关的历史、人物和活动。

高科技手段初探二：通过动态的重建，它向观众呈现的不仅仅是遇真宫的原本建筑，而且通过视频的投影，它重现的是遇真宫历史上那段鲜活的历史。多种映示技术和系统的综合运用，将带领观众穿越历史回到600年之前，体验建筑的修建和遇真宫当年的鼎盛场面等。还可将遗址和复原高度艺术直接地集合在一起，同时提升了两种主要展示手段的作用和效果。

高科技手段初探三：利用一侧墙可以建立整体效果。根据遗址抬升后的平面布局，选择东宫遗址的一侧，修建一个与这侧的边线平行的一座演示墙（可以延伸图像）。尺寸：根据预算的数目，确定演示屏幕（墙）的大小，以不小于15米宽和8米高为佳。

高科技手段初探四：可以先从顶部观看，这样可以将投影放到地下。展示区和观看区协调，可应用许多展示手段。限制性展线岛式观看区：是展览网去限定几个定点区域，这样可以针对这几个区做效果。玻璃幕墙及限定观看角度：面对遗址可以一览无余，在进行演示之前和之后都是可以观看遗址的通透景墙；还可以观看到在遗址上设计的演示内容（比如2D或3D激光成像，遗址构造上的LED轮廓演示等）。同时，室内演示的屏幕分区、分层次按程序进行演示，也是以一种或两种或以上的手段演示。

遇真宫轮廓及部分外墙展示

高科技手段初探五：利用夜间高温雾化作用的雾幕效应手段创造逼真的遇真宫效果。

高科技手段初探六：展示与演示有机结合。可以考虑演示厅两侧适当展示一些好看的相关文物，但基本不鼓励观众过多停留（只放简明扼要的标签）。展厅中的文物和古建筑部分以及复原部分，可以用玻璃介质加上HOLO膜结构制作成不同的影线连接系统，从而使整体效果相协调，影像中活灵活现的生活场面可以完好地复原在文物或复原的古建筑中。

高科技手段初探七：激光复原演示效果是目前世界较为常用的空中立体影像手段，可以很容易地体现建筑的格局造型。激光演示需要设备和材料空间，由于地下可以延伸，展区可以控制，因此，演示建筑风格可以达到与遇真宫的建筑风格相协调，但要让观众能够区别出来哪些是原始的明代建筑，哪些是清朝修建的配套建筑的效果。遇真宫的建筑形态是可以通过激光的办法在废墟上虚拟复原出来的，这项成熟的技术将会很好地实现这一目的。激光成像可以在空中实现，如加上辅助墙，效果会更好。

高科技手段初探八：从遗址上矗立起来的遇真宫西宫建筑运用物联网技术和系统，从瞬时的遗址实际图像（包括瞬时的天气、人物和废墟建筑物等）幻化成复原的原始历史建筑。选择几个关键点（建筑构造）逐一演示，最后合成完整的气势恢宏的整体建筑和周围环境。演示方式：1. 物联网的实时拍摄和传输在幕墙上的演示；2. LED灯组勾勒遗址相关建筑物轮廓；3. 幕墙凭借投影将动画和实景结合。

上述第一方案，即地下方案，利用地下架空层，既不影响地上效果，又能全面系统地讲清楚遇真宫和其背后的故事。第二方案：东宫做些复原，同时建立基本展示，可以利用复原建筑发挥新的展示效果，有效地达到对遇真宫的复原。第三方案：可以在遗址上发挥高科技展示手段效果，走一条遗址陈列的新路，可打造亮点，开创武当山旅游的良好效果。

以上是在当时的条件下对遇真宫保护和展示开展的一些探讨，其中建地下架空层的办法，从现在的情况看是可行的，其最大的好处是可以原汁原味地展示东西宫的建筑基址，可以避免因为大规模的拆迁对原建筑基址历史原貌造成的不可挽回的破坏，无论拆迁前做怎样的测绘、编号、记录，只要是拆迁就几乎不可能还原到拆迁前的原貌。当然，建设架空层，其覆盖面积过大，也必须设立若干用于架空的桩基础，也会对遗址的完整性和观赏性造成

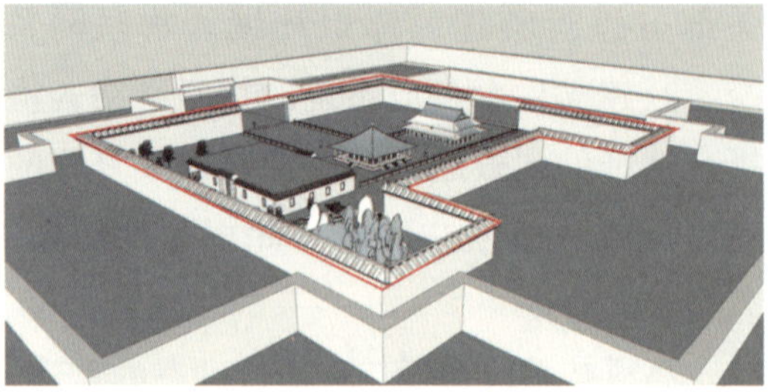

展厅效果展示

一定破坏，但总体上保存的原始状况还是真实的，这就要求在设计过程中要尽可能考虑大尺度的架空开间，这在技术上难度并不大。根据当时的记录，采取架空层在工程中的造价测算将达到3.7亿元，因此这个方案最终并没有被采纳。

按照原地垫高加局部顶升保护的遇真宫，其中，中宫复建的建筑主要是指中宫后半部分的院落，包括龙虎殿、东西配殿、东西廊庑（爬廊）及真武殿。目前，复建建筑的利用问题有待建筑彩绘工程复原实施后进行，关于遇真宫的保护和有效利用问题，武当山特区不同阶段的政府领导对此有着不同的考虑，有的比较倾向于恢复成以道教文化为主的宗教展馆，有的提出恢复以纪念张三丰为主兼顾武当武术文化的场所（类似于武校）等。湖北省文物局对此提出过要认真组织论证，指导性的意见是结合世界文化遗产申报、价值阐释和南水北调工程建设，把遇真宫作为集全面展示世界文化遗产——武当山古建筑群和以遇真宫为代表的南水北调工程遗产保护专题馆于一身的——武当山世界文化遗产主题馆，在现有建筑内通过实物+数字化的方式全面展示和解读武当山世界文化遗产的价值、武当山独特建筑，道教艺术、

音乐、武术等文化价值；全面解读南水北调工程过程中中国政府保护以武当山遇真宫为代表的文化遗产的创举，以及对大型水利工程对文化遗产产生毁灭性影响的杰出应对。同时，结合东西宫建筑基址原状展示+最新数字化手段虚拟展示遇真宫建筑的历史变迁。

总之，通过建设“武当山世界文化遗产主题馆”专题展示馆的方式，弥补武当山世界文化遗产地缺少解读世界文化遗产的专题展馆的不足，可谓一举多得，值得期待。

为做好武当山遇真宫复建后的保护利用工作，武当山特区文物局组织开展了遇真宫保护展示立项工作。

2022年底，国家文物局下发给湖北省文物局的《国家文物局关于湖北省2023年度全国重点文物保护单位保护项目（不含安防消防防雷古遗址古墓葬）计划的批复》附件3：“2023年度全国重点文物保护单位保护项目（不含安防消防防雷古遗址古墓葬）计划由省级文物行政部门统筹支持项目名单”中“遇真宫展示工程”时指出：“展示陈列项目由你局统筹考虑。建议进一步明确展陈方案与开放形式，对遇真宫文物建筑特征、历史及保护工作进行全面展示，注意做好与装修、基础管线等的衔接。”

遇真宫保护展示工程立项后，2023年3月，武当山文物局组织编制了《武当山遇真宫展示工程项目申报文本》：

> 1. 项目定位：武当山旅游地标性公共文化项目，打造世界文化遗产保护的成功典范、武当山文化遗产的保护与研究中心、传统文化（武术、道乐等）教育基地平台，同时具备满足多重社会需求的功能。一是展示被誉为“中国古代建筑成就的博物馆”古建筑群风貌，推动武当山5A级景区

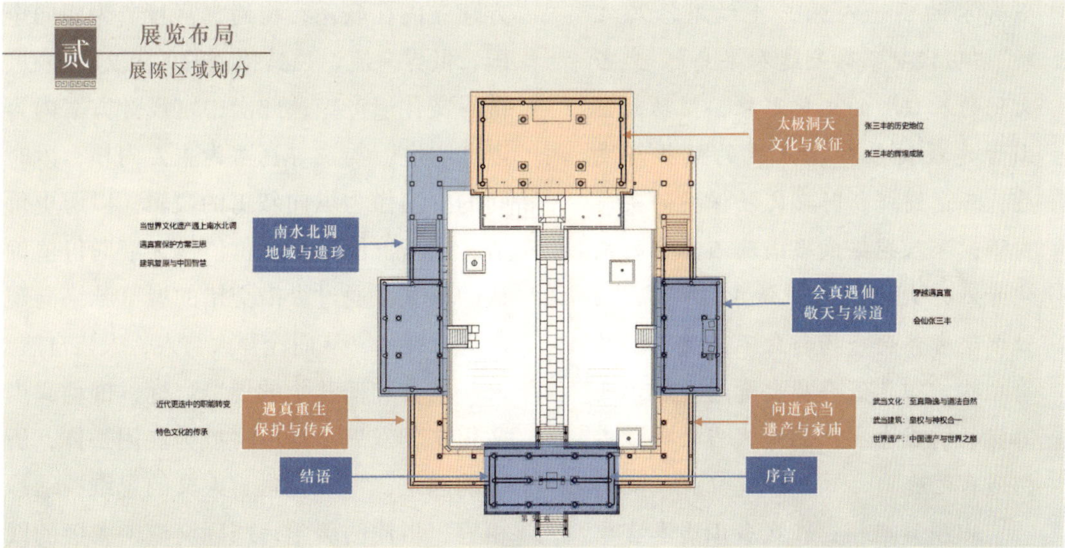

展陈区域划分

的建设与传播。二是依托遇真宫展示项目建立太极文化交流平台、道家文化研究中心、文物活化利用和文化互动体验式教育基地。三是作为弘扬武当文化的重要窗口和城市会客厅。四是作为连接武当过去与现在的桥梁，唤起人们对世界文化遗产的传承与保护，增强文化传承的自豪感，增加外地人对武当山的认同感。

2. 项目目标：打造设计思路创新、展陈形式领先、文化内涵丰富的一流专题馆。一是全面展现遇真宫总体规划严密，主次分明大小有序，布局合理。建筑位置选择注重环境氛围，讲究山形水脉布置疏密有致。纵观遇真宫经营布置，或宏伟壮观，或小巧精致，或静观水渊，均达到了建筑与自然的高度和谐，它们本身就是道家思想精粹——和谐共生的最好体现。二是打造具有鲜明地域特色的主题馆，成为“中华武术重要流派武当武术的创始人张三丰结庵修炼之所”“明代皇家御制迷人半岛”“武当文化的入口”的文化形象，推动武当山古建筑群世界遗产地的保护与发展。三是围绕新时期文物保护的实质内涵，深入挖掘武当山及遇真宫的文化资源，大力弘扬并传承传统文化，让参观者体会一场与众不同的精神教育之旅。四是保存历史资料、展示遇真宫的前世今生，感知武当之美、感悟遇真之魂。

3. 项目规模：在武当山遇真宫中宫建筑群内进行数字化展示。主体建筑面积1932平方米，其中展厅面积1280平方米，展厅展示武当山及遇真宫重建的建筑光影随风入仙境，古建筑的美学尺度衬于可见的山石、水幕、折阶、庭树，与无限绵长的人文底蕴相和，构建出一方灵韵天成而隐逸自在的天地。

4. 内容功能：在遇真宫现有的正殿、东西配殿等空间布置间内布置基本陈列，内容包括遇真宫的历史沿革、考古成果、遗产价值和抬升保护工程历程展示等，利用现有历史照片、出土文物和设计图纸布置基础陈列展馆，帮助观众理解遇真宫的历史和文化内涵，了解保护工程的伟大意义。在此基础上，可根据预算适当配置互动设备和虚拟现实设备，丰富展示手段和展陈内容。

回望武当历史，依托武当文化资源，使武当山、遇真宫、太极文化、参观者四方建立内在联系；将遇真宫打造为面向全国、世界一流、独具特色的太极文化中心、世界文化遗产馆；此次中宫设计方案内容以“问道”与“寻真”为主要内核，以时间的推演作为纵向叙事的逻辑，以历史价值、艺术价值与文化价值作为横向价值确认的根基，通过纵横交错的展览脉络向观众进行展示，从而诠释人与人、人与自然、人与社会和谐共生的展览目标，推动武当文化蓬勃发展。这里将成为展用一体，历史的建筑；古今交融、人文的思维；动静相宜、当代的美学；国际交流、太极的殿堂。这里将融合为自然观光的游园，人文体验的乐园、太极文化的祖庭、对外交流的中心四位一体的集散地。

2023年3月13日，武当山特区管委会领导听取了《武当山遇真宫展示工程项目》方案，并提出如下修改和完善意见：①增加入口处的青龙白虎塑像；②张三丰、真武大帝塑像按原展厅位置保留；③准确把握遇真宫功能定位，深度挖掘张三丰及道教的展示内容。

2023年5月20日，武当山特区管委会组织召开文物保护与展示专家咨询会，提出方案应作如下修改和完善：①展陈内容要突出重点，区分重点展示和一般展示，展览的形式和内容要有创新，把展示工程变成文物活化利用的典范；②遇真宫展陈的形式要利用声、光、电、演出等多种手段，打造沉浸式、互动式、数字化体验；③准确把握遇真宫功能定位，充分考虑可利用空间，合理利用东西宫遗址，突出重点展示遇真宫保护工程和武当太极文化，达到白天、夜间不同的展示效果。

2023年6月1日，武当山特区管委会再次召开专家咨询会，会上听取了方案编制单位关于项目方案修改完善的汇报，评审专家对项目方案进行点评，主要提出三个方面的意见：一是展览定位要准：要把遇真宫作为武当山景区的展厅打造，要有景区的卖点。体现出文物价值的活化利用。要打造成太极文化、三丰文化的展示中心，要以太极文化为主体。建议以“寻真问道、遇真成神”为纲领，展示太极之道、养生之道、敬畏之道。二是展览突出亮点：要充分了解张三丰，把张三丰打造成武当山最大的IP。要展示遇真宫原址抬升15米且保存完好的实施工程。要用现代的数字技术手法，展示武当文化。三是展示内容讲述：把张三丰简介放到前厅位置。要把遇真宫在九宫八观的地位及其历史演变表现出来。在文化方面重点围绕太极文化展示，不需要体现建筑文化。要将太极拳的创始，

滑动轨道屏

太极十三式的演变体现出来。

从几次方案评审和咨询上的情况看，武当山特区领导和地方史志文化研究方面的专家比较倾向于把遇真宫恢复或打造成以道教（张三丰和武当拳）为主的展示利用场所，也适当考虑了遇真宫在南水北调中线工程过程中的保护内容。这与文物部门的专家提出的观点有一些出入，同时由于遇真宫原大殿及东配殿摆设的真武及张三丰的铜像已经作为可移动文物收藏在博物馆并在武当山博物馆的展览中展出，重新放到遇真宫进行展示的可行性基本不存在，且提出在遇真宫复建的龙虎殿入门的东西两侧增设青龙白虎塑像的做法也不切实际。

2023年7月，设计单位在听取武当山特区相关领导和文物部门组织的专家提出的意见和建议后，编制了“武当山遇真宫展示工程设计方案”，并从遇真宫遗址概况、展示主题及内容框架、展陈设计及布局、展示形式和重点展项五个方面对方案进行了详细介绍。希望通过回望武当历史，依托文化资源，提炼展陈内核，力求使武当山、遇真宫、参观者三方建立内在联系，将遇真宫营造为面向全国、世界一流、独具特色的世界文化遗产馆。展览的展标：寻真由心、归逸山水。展览内容设计以“寻真”与“归逸”为主要内核，展厅共分五个单元，以时间的推演作为纵向叙事逻辑，以历史价值、艺术价值与文化价值为横向价值确认的根基，通过纵横逻辑的交错排列向大众展示“武当第一宫”“中华武术发祥地”“中华武术创始人张三丰结庵修炼之所”“明代御制皇室家庙”“武当文化的入口”的文化形象，推动武当山古建筑群世界遗产地的保护与发展，展览由序厅、问道武当——遗产与家庙、会真遇仙——敬天与崇道、隐秘洞天——根脉与象征、

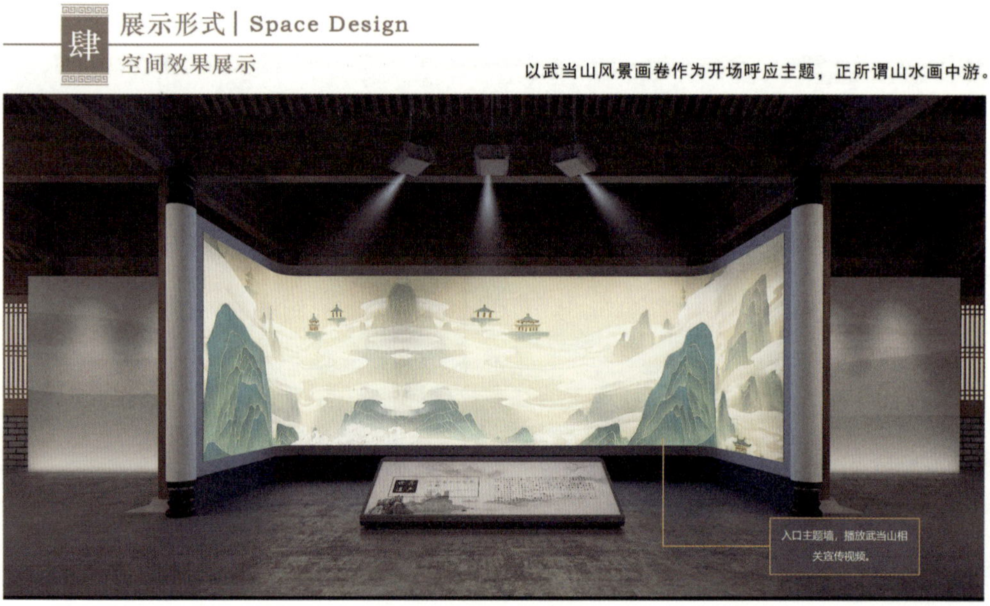

空间效果展示

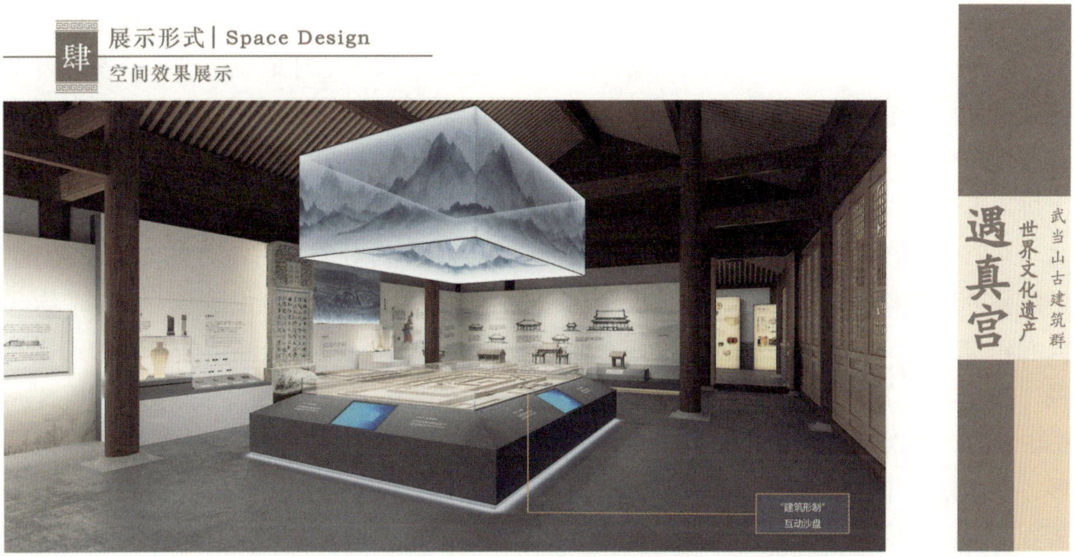

空间效果展示

南水北调——地域与遗真、遇真重生——保护与传承、结语等部分组成。在展览空间上，主要是利用遇真宫中宫复建建筑的龙虎殿、东西配殿和大殿四个主体建筑及连接上述建筑的连廊和爬廊构成的建筑空间布展，由于连廊及爬廊面向中庭的一侧均是格栅窗，所以只能用有墙的一面布展，整体展陈面积十分有限。

在东西宫建筑遗址展示方面，对西宫遗址设置导视和展板，以平面图配合古建筑立面图的形式进行介绍。东宫遗址通过设置造型展板对东宫遗址上的原建筑进行详解。

方案在展示形式方面对五个单元的空

空间效果展示

间展示效果和立面板式形式都做了初步设计。此外在重点展项方面，分别在真仙殿、西廊道和西配殿三个空间中，结合展示内容分别布置了互动沙盘、滑轨屏幕和监测大屏，真仙殿设置智能沙盘投影，展示遇真宫东宫、中宫和西宫的建筑格局，用投影结合分层沙盘的形式生动形象地展示古人在建筑上的高超造诣。在西廊道南水北调工程单元布置一块高3.09、宽0.56、长6.45米的轨道滑动屏，采用高分辨率LED屏，显示细节丰富、色彩还原度高，参观者在滑动屏幕时能够实时观看对应地图上的数字化信息，展示“南水北调中线工程”的信息以及贯通后对周边地区的影响。在西配殿设置“武当山世界文化遗产监测中心大屏”使用高清屏，展示武当山世界遗产地的遗产点及相关古建筑、文物保护实施情况，让参观者生动、形象、准确地了解武当山古建筑群的总体情况和遗产点分布情况、周边地理地貌特点，给参观者带来强烈的视觉冲击效果和震撼体验。通过对展示内容视频、声音、动画等媒介加以组合运用，以期让传统展示空间极具吸引力，将陈列对象背后蕴含的知识、文化、背景、意义更直观地传播给受众，带给观众更新奇、沉浸的交互体验，跨越式提升展示效果。

调整后的遇真宫展示方案，总体是符合遇真宫及武当山古建筑群保护和展示实际的，除个别地方如大殿等建筑因大木彩绘全面实施后，展陈布置需要进一步做适应性调整完善外，整个展览设计已经达到实施深度，但后来由于与地方的一些观点没有协商一致及布展经费问题，该方案一直没有得到实施。

四、遇真宫整体建筑环境的营造

早在2015年7月23日遇真宫顶升工程和垫高工程验收完毕时，就启动了遇真宫周边环境景观工程。为此，2016年4月，清华大学建筑设计研究院建筑与文化遗产保护研究所编制了《武当山遇真宫环境景观工程设计方案》。该方案对遇真宫场地现状的山水环境、东西宫考古遗址情况、周边考古情况、填筑岛屿人工环境等方面进行了深入分析，提出

场地绿化前现状鸟瞰

策略二环境治理绿化后的效果

了结合考古、重现历史风貌，道法自然、融入山水环境，置入功能、满足景区服务这三套设计策略。认为道教讲究道法自然，在处理建筑、人与环境的关系时强调与环境的和谐统一。遇真宫建筑群背依凤凰山，面对九龙山，左为望仙台，右为黑虎洞，山水环绕如护城。此外，还对策略二进行了系统分析设计。

2016年制定的遇真宫环境景观工程方案最终并没有付诸实施，其原因较多，其中比较重要的原因就是方案在环境景观设计、绿化、配套设施、道路铺设等方面没有充分考虑遇真宫文物本体的特殊性，以及其作为世界文化遗产武当山古建筑群重要组成部分所应该保持的文物建筑周边环境的原真性，在景观设计上存在偏城市广场和城市园林公园的倾向，大面积的石质材料铺装和神道及广场的设计、节点小景的营造，已经与遇真宫这座有着600年历史的文物建筑缺少呼应且不相协调。此外就是停车场及配套服务设施体量过大，大面积使用石质材料铺装等工程造价高，环境景观面积约7.59公顷，景观投资估算达2800万元。

遇真宫垫高保护工程完工后，形成了总面积大约为10.8公顷的裸露台地（台地的形状已经调整，改变了原如意造型，扩大了两翼填筑面积）。2019年9月、2020年12月，遇真宫原顶升垫高保护工程通过水利部、国家文物局组织的技术性验收和行政性验收后，如何把遇真宫利用好，对遇真宫宫墙外周边垫高后的台地环境的恢复营造是亟待解决的问题。2020年6月，武当山特区文物局委托清华大学建筑设计研究院编制武当山遇真宫景观绿化方案，希望通过周边环境景观的绿化，尽可能还原遇真宫原有的自然环境效果。景观绿化工程面积为10.8公顷。设计以遇真宫垫高工

垫高体宫墙外区域绿化及道路、配套设施布置图

停车场和道路铺装设计图

程形成的半岛为界，北至316国道，南至驳岸下缘线范围内的广场、道路、绿化种植、配套服务设施（管理用房及停车场）等设计内容，亦包含整个设计范围内的铺装、竖向、排水、海绵城市等专项设计内容（不包括遇真宫遗址部分及泰山庙、襄府庵、皇经楼等建筑）。

根据绿化方案，遇真宫垫高台地总体景观设计以自然风格的传统审美意趣为出发点，结合现有场地状况及遗址，同时与整个武当山遗产地的环境风貌协调，塑造场地整体的基本山水地貌及建筑群骨架。道路布局延续遇真宫主要建筑轴线，结合考古遗址的位置，将其纳入到整体设计当中。延续遇真宫舆图中的记载，山门南侧设置神道，结合铺装、景观小品、微地形及大乔木等景观元素的使用，塑造古朴、庄重的空间。整体遇真宫岛屿的景观体系从空间格局上看左右均衡；同时保证两侧景观风貌有一定差异，符合新建场地功能需求的同时弱化人工构建痕迹，以期达到遗址景观与公共空间的功能和形式的统一。以植草沟景观串联会仙桥、古井、泰山庙、襄府庵等遗址遗迹，贯穿场地成为串联各展示点的线索。

在节点局部形成放大空间，以景观置石、古树、碑碣等作为景观核心，形成展示空间或景观节点。同时，植草沟作为雨水花园景观，成为海绵城市景观的重要组成部分，集水点均埋暗管通向箱涵的集水口，结合微地形的塑造，对场地的排水组织具有重要的意义。竖向地形以遇真宫垫高后的场地标高为基准，整体向驳岸放坡，场地内则结合旱溪景观形成局部堆砌的微地形，除了增加景观层次，同时分区组织排水。植草沟与微地形分别象征阴阳，形

上善若水节点鸟瞰图

策略二对遇真宫山门前神道及广场的绿化设计图

原方案中轴线设计节点效果

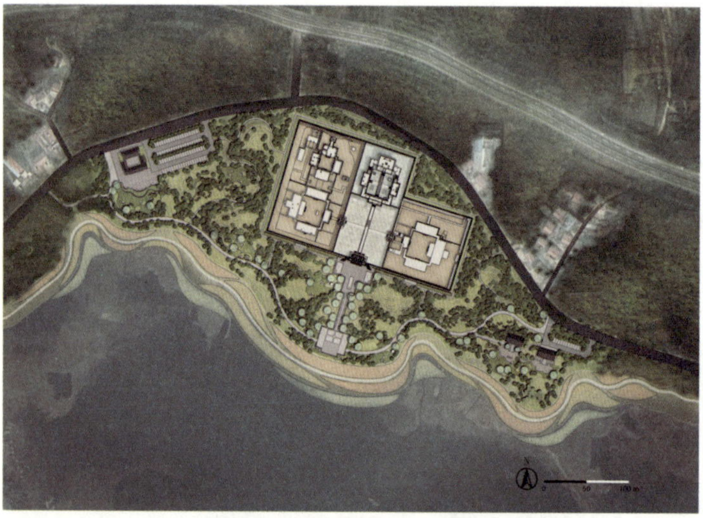

景观绿化设计总平面图

东入口原设计效果图

成互补的啮合关系，在岛上的小尺度里也完善了场地的风水格局，并划分出不同的小空间，结合植被形成高低错落且疏密有致的林地、花境、疏林草地等园林景观。

该绿化方案在2016年方案的基础上重新做了调整和设计，解决了原来存在的一些问题，同时兼顾了遇真宫东侧复建的襄府庵和泰山庙项目，使整个遇真宫周边垫高区域的环境景观得到了相对较好的效果，由于减少了不必要的节点景观和大面积石质材料铺装，相应的工程投资估算也大幅度调整到1997万元。

2021年12月8日，武当山特区文物局分两个标段开始公开招标，其中遇真宫周边环境景观工程一标段估算价741.67万元、二标段最高限价755.56万元。截至2022年12月，整个遇真宫环境绿化工作已全面完成，施工过程中尽可能减少过于城市广场化和园林公园化的效果，回归遇真宫历史上的自然面貌。总体在2023年5月份将呈现出较好的绿化效果并得到全面检验。

绿化效果设计鸟瞰图

复建和绿化后的东入口及襄府庵周边情况

垫高后的遇真宫及前面场地绿化后的整体效果图

简化后遇真宫前场地绿化以自然草皮为主

参考资料

[1] 国家文物局:《武当山古建筑群》(申报世界文化遗产文本),1993年。

[2] 金影:《武当山古建筑群》,吉林文史出版社,2010年。

[3] 陶真典、范学锋:《世界文化遗产——武当山》,山西科学技术出版社,2011年。

[4] 湖北省文物局、湖北省移民局、南水北调中线水源有限责任公司:《武当山遇真宫遗址》,科学出版社,2017年。

[5] 北京清华城市规划设计研究院、清华大学文化遗产保护研究所:《遇真宫保护方案可行性研究报告》,2005年1月。

[6] 北京清华城市规划设计研究院、清华大学文化遗产保护研究所:《武当山遇真宫原定顶升保护方案初步设计》,2006年6月。

[7] 北京清华城市规划设计研究院、清华大学文化遗产保护研究所:《武当山遇真宫原地垫高保护方案初步设计》,2007年6月。

[8] 湖北省文物局:第六批全国重点文物保护单位推荐材料《武当山遇真宫》,2005年4月。

[9] 湖北省文物考古研究所:《丹江口水利枢纽大坝加高工程水库淹没区湖北省文物保护专题报告》,2004年11月。

[10] 陕西省古建设计研究所:《湖北武当山遇真宫搬迁保护方案》,2006年5月。

[11] 长江水利委员会长江勘测规划设计研究院:《丹江口库区遇真宫防护工程可行性研究深化设计报告》,2007年3月。

[12] 长江水利委员会长江勘测规划设计研究院:《南水北调中线水源工程丹江口库区遇真宫防护工程可行性研究报告》,2004年7月。

[13] 长江水利委员会长江勘测规划设计研究院:《南水北调中线一期工程可行性研究总报告》附件四《工程建设征地移民规划设计报告第四分册——文物保护规划》,2005年12月。

[14] 清华大学建筑设计研究院文化遗产保护研究所、长江勘测规划设计研究有限责任公司:《遇真宫垫高保护工程》,2011年6月。

[15] 付蕾:《武当山遇真宫整体顶升六项核心技术揭密》,《中国建设报》2012年10月31日。

[16] 朱宇华、张卫喜:《武当山遇真宫山门及东西宫门顶升工程方案简述》,《古建园林技术》,2012年。

[17] 清华大学建筑设计研究院文化遗产保护研究所、长江勘测规划设计研究院有限责任公司:《遇真宫

垫高保护工程（上、下册）》，2011年6月。

［18］湖北省文物局资料：《世界文化遗产——武当山古建筑群突出普遍价值回顾声明》，2012年。

［19］湖北省文物局：《湖北省文物局关于报送“遇真宫保护方案可行性研究”的函》，鄂文物函〔2005〕1号。

［20］湖北省文物局：《湖北省文物局关于报送遇真宫保护方案的请示》，鄂文物发〔2005〕100号。

［21］国家文物局：《关于对遇真宫保护方案的意见》，文物保函〔2005〕1187号。

［22］湖北省文物局：《湖北省文物局关于报送南水北调工程武当山遇真宫文物保护方案的请示》，鄂文物发〔2006〕58号。

［23］长江勘测规划设计研究院：《丹江口库区遇真宫保护垫高工程地质勘察报告（初步设计阶段）》，2011年10月。

［24］湖北省文物局：《关于上报〈遇真宫垫高保护工程设计〉的请示》（鄂文物发〔2011〕123号），2011年。

［25］国家文物局：《关于遇真宫垫高保护工程设计方案的批复》（文物保函〔2011〕1154号），2011年6月。

［26］北京建工建筑设计研究院：《湖北省十堰市丹江口市武当山遇真宫大殿（真仙殿）建筑油饰彩画复原修缮设计方案》，2021年7月。

［27］北京北建大建筑设计研究院有限公司：《武当山遇真宫建筑油饰彩画工程设计》，2022年2月。

［28］清华大学建筑设计研究院有限公司建筑与文化遗产保护研究所：《武当山遇真宫环境景观工程设计方案》，2016年4月。

［29］清华大学建筑设计研究院有限公司：《武当山遇真宫景观绿化方案》，2020年6月。

［30］其他资料参见湖北省文物局、武当山特区文物局相关工作记录资料及设计单位、建设单位、监理单位的工程资料。

书中照片除署名者及部分由武当山文物局任鹏飞总工程师提供外，均为笔者在日常工作中拍摄。本书中所用照片，如有异议，请与作者联系。

后　记

在浩荡北流、润泽千里的南水北调工程与六百年古建筑命运的碰撞中，武当山遇真宫的抢救保护工程，不仅是一次技术与历史的对话，更是一场关于文明传承的深刻实践。有幸作为这一事件的组织决策者、经历者、记录者，我试图通过本书还原这场“抢救”的艰辛与智慧，也希望通过记录这段历程，折射出当代中国在现代化进程中守护文化遗产的担当与探索。

遇真宫，是世界文化遗产——武当山古建筑群的重要组成部分，这座明永乐年间为纪念张三丰而建的宫殿，承载着道教文化、明代建筑艺术与皇家政治的多重历史记忆。然而，随着南水北调中线工程启动，丹江口水库水位从156米升至170米，海拔仅160余米的遇真宫面临被永久淹没的危机。这一困境，既是对“人定胜天”的挑战，也是对“天人合一”理念的拷问。在这个宏大的世纪水利工程面前，遇真宫的命运转折，从某种意义上说折射出的是水和文明的一场博弈。面对遇真宫被永久淹没的风险，我们积极应对，提出了异地搬迁、筑堤围堰、原地顶升三种保护方案，如何抉择，这是对世界文化遗产原真性与保护工程可行性的艰难权衡。异地搬迁：虽成本最低（约1000万元），但割裂了遇真宫与武当山古建筑群的整体性，破坏了武当山世界文化遗产的宏观布局，也违背了《世界遗产公约》对“原真性”的要求。筑堤围堰：试图以物理屏障隔绝洪水，但地下渗水、百年一遇洪水的威胁及长期维护成本使其难以为继，也无法保证遇真宫“万无一失”。原地顶升：虽技术复杂、耗资巨大（最终投资达1.85亿元），却能最大限度保留建筑与环境的原真关联。经过7次国家级论证，2011年，国家文物局最终批复“部分顶升、垫高复建”的方案，将山门及东、西宫门整体顶升15米，其余建筑拆卸后原地垫高复建。这一选择，既是对文物保护原则的坚守，也是对工程技术的极限挑战。

实施顶升工程的技术难度堪称世界罕见，山门重达4600吨，需72台千斤顶同步发力，以每天25～28厘米的速度抬升，累计安装近百根钢箱梁作为支撑。多学科技术攻坚、15米的顶升高度创造了多项世界纪录，这项千斤顶上的文明托举，使遇真宫在诞生了600年后又焕发了新的荣光。考古发掘同步推进，清理面积达1.95万平方米，首次完整揭示了遇真宫东西宫的建筑布局与兴废脉络。施工前采用数字激光扫描技术，对地面现存建筑及东西宫建筑基址的每一块砖瓦、每一处残迹进行三维建模，确保复建时“严丝合缝”。工程中，既有传统工匠对古法工艺的坚持，也有现代科技对精准度的极致追求。这场“钢筋铁骨”与“木石之魂”的协作，成为世界文化遗产保护史上的标志性案例。2023年，垫高顶升后的遇真宫以三面环水的姿态重现于世，600年来玄岳之上这组错落有致、气势恢宏的建筑群与巍峨的大山间天人合一的宏观布局得以真实而完美地传承下来。被大火焚毁的主殿按原貌复建，东、西宫遗址拂去历史尘埃以考古遗址现场的形式展示，这种“残缺与完整并存”的状态，既是对历史的尊重，也是对未来的留白。

遇真宫的抢救保护引发了广泛的社会关注，媒体与公众对方案透明度、资金使用及后期展示利用提出质疑，促使国家文物局公开回应，强调“科学论证与公众意见结合”的重要性。这一过程既体现了大型工程中文保决策的复杂性，也展现了公众参与对文化遗产保护的推动作用。遇真宫的抢救保护也引发了世界遗产组织对世界文化遗产——武当山古建筑群的反应性监测，中国政府高度重视、积极应对，也促进了武当山世界文化遗产地保护能力的提高和保护水平的提升。

遇真宫的抢救保护，是南水北调工程中单体投资最大、保护级别最高的文保项目，更是中国在现代化进程中平衡发展与传承的缩影。它告诉我们：文化遗产的守护，不仅是技术问题，更是价值选择。当千斤顶缓缓擎起这座600年宫殿建筑时，托举的不仅是砖石梁柱，还体现出了文明的温度与重量，更是一个有着悠久历史的伟大民族对自身文明的敬畏与对世界文化遗产保护的神圣承诺。

本书的完成，得益于无数专家学者、技术团队、考古和文物保护工作者与记录者的心血，在此对每一位遇真宫抢救保护的参与者表示衷心的感谢。愿这段历史，能为未来的文化遗产保护提供镜鉴，亦能为世人留存一份关于抢救保护遇真宫的集体记忆。

2025年2月于武昌